Rainer Fromm/Barbara Kernbach

# Rechtsextremismus im Internet

W0244906

Rainer Fromm/Barbara Kernbach

# Rechtsextremismus im Internet

## Die neue Gefahr

OLZOG

Die Deutsche Bibliothek - CIP-Einheitsaufnahme

**Fromm, Rainer :**
Rechtsextremismus im Internet : Die neue Gefahr / Rainer Fromm;
Barbara Kernbach. - München : Olzog, 2001
ISBN 3-7892-8055-0

ISBN 3-7892-8055-0

© 2001 Olzog Verlag GmbH, München

Internet: http://www.olzog.de

Umschlagentwurf: Gruber & König, Augsburg
Druck- und Bindearbeiten: Presse Druck, Augsburg
Printed in Germany

# Inhalt

# Einleitung

Das „Internet als Propagandawaffe", das ist die Vision des amerikanischen Neonazis Gerhard Lauck, Chef der Nationalsozialistischen Deutschen Arbeiterpartei/Aufbau- und Auslandsorganisation (NSDAP/AO) mit Sitz in Lincoln in Nebraska. Auch deutsche Rechtsextremisten verbinden mit dem neuen Medium große Hoffnungen. Sie wollen das Netz gegen „Gleichschaltung, Geschichtsfälschung und Ausgrenzung" nutzen, wie beim Kongress „National 2000" der Gesellschaft für Freie Publizistik (GFP) bekräftigt wurde (vgl. Kongress-Protokoll 2000, S. 108). „Die Meinungswächter werden den Wettlauf mit denen, die ihre Meinung sagen wollen, ohne Zweifel verlieren. Sie werden wie in der Fabel vom Hasen und vom Igel immer der Hase sein", prophezeite Hans-Ulrich Kopp bei der GFP-Tagung (Kongress-Protokoll 2000, S. 111). Denn die „Dezentralität des Netzes – die Schwierigkeit, den Datenweg vorherzubestimmen und abzuschneiden – macht Kontrollmechanismen wenig aussichtsreich. Die Technik ermöglicht es zudem, dass Seiten, die an einer Stelle gesperrt werden, anderswo 'gespiegelt' wieder zum Vorschein kommen." (Kongress-Protokoll 2000, S. 111)

## Bilanz 2000

Fast 500 Homepages stellten deutsche Rechtsextremisten Mitte 2000 ins Internet. Diese Zahl nannte der Präsident des Bundesamtes für Verfassungsschutz, Heinz Fromm, im Juni dieses Jahres. Allein in den ersten vier Monaten seien 140 neue Seiten hinzugekommen. Ein Rückblick: 1996 waren es 32 Websites, 1997 rund 100, 1998 mehr als 200 und 1999 über 330. Mittlerweile sind fast alle in Deutschland aktiven rechtsextremen Parteien, zum Teil bis auf Kreis- und Ortsverbandsebene, Vereinigungen und Publikationen mit einem eigenen Angebot im Netz präsent. „Dazu kommen etwa 2.000 Homepages aus dem US-Bereich", erläutert Markus Kaiser, Leiter des Referats „Neue Medien" beim Landesamt für Verfassungsschutz Baden-Württemberg (*www.baden-wuerttemberg.de/ verfassungsschutz*). Diese „explosionsartige Entwicklung" im rechtsextremen Spektrum muss allerdings auch vor dem Hintergrund des allgemeinen Anstiegs des Interneteinsatzes beurteilt werden.

# Vernetzung

Die meisten Websites sind durch Verweise, sogenannte Links, miteinander verknüpft. Deshalb genügen in der Regel eine Einstiegsadresse und ein Mausklick, um ein ganzes Netzwerk absurfen zu können. Eine besondere Rolle spielen in diesem Kontext sogenannte Portale, deren Ziel es ist, durch Linksammlungen in die nationale und internationale rechtsextreme Internetszenerie einzuführen. Alarmierend ist ferner die Kommunikation über die Gästebücher der Homepages. Hier kommentieren die Besucher das „Produkt" und werben häufig zugleich für ihre eigene Seite, die dann nur angeklickt zu werden braucht. Über die Einträge in einem RAC (Rock against Communism)-Guest Book etwa gelangt der Surfer zu einer Seite über die deutsche Neonaziband „Macht & Ehre", zur slowenischen Sektion der NS-Skinorganisation „Blood & Honour" oder zu einem Internetverzeichnis des Ku-Klux-Klan. Jede dieser Homepages verfügt ihrerseits über eine umfangreiche Linkliste. Das Jugendschutz.net (*www.jugendschutz.net*), die bundesweite Zentralstelle für den Jugendschutz in Mediendiensten, hat seit Februar 2000 einschlägige Websites gesichtet und systematisch ausgewertet. „Die Analyse von 800 Gästebuch-Einträgen in einem Zeitraum von vier Wochen erbrachte ca. 600 Web-Adressen und etwa 800 Kontaktadressen." Gerade in diesen Foren werde die braune Gesinnung voll ausgelebt: „Die rechtsextremistischen Gästebücher gleichen heute vielfach 'befreiten Zonen', in denen unwidersprochen Hasstiraden gegen Minderheiten und Geschichtsklitterung verbreitet werden kann."

# Anspruch dieses Buches

Wir wollen die unüberschaubar gewordene Flut des rechtsextremen Internetangebotes strukturieren, Schwerpunkte setzen und damit Jugendlichen, Eltern, Erziehern, Lehrern und Dozenten der politischen Bildung einen Leitfaden an die Hand geben. Kritische Stimmen könnten beanstanden, das Buch möge vielleicht als Einführung für Rechtsextremisten missverstanden werden, wenn wir etwa interessante Seiten mit umfangreichen Linklisten etc. thematisieren. Es ist jedoch schlechterdings unmöglich, sich dem Gegenstand zu nähern, ohne Ross und Reiter zu nennen. Im Übrigen: Wer rechtsextreme Inhalte im Internet sucht, findet sie ohnehin schnell und problemlos. Hier genügt beispielsweise die Eingabe einer einschlägigen Organisation bei gängigen Suchmaschinen.

Das Buch bilanziert die aktuelle Lage. Stand der Übersicht ist, falls nicht anders vermerkt, August bis November 2000. Die Situation im neuen Medium ist ständig im Fluss und ändert sich sehr schnell. Seiten verschwinden und tauchen woanders wieder auf. Selbst Websites, die schon jahrelang im Netz sind, wechseln den Server oder werden umgestaltet.

Zunächst stellen wir exemplarisch drei wesentliche US-Homepages vor, denen auch für Deutschland besondere Bedeutung zukommt, nämlich die Seiten der NSDAP/AO, der National Alliance und Stormfront. Im Mittelpunkt der Publikation steht das Internet-Angebot der deutschen rechtsextremen Parteien, der NPD, der national-freiheitlichen Organisationen und der so genannten „Republikaner" und des jeweiligen Umfeldes. Thematisiert werden auch viele kleine Gruppierungen, Internet-Radioprojekte wie Radio Wolfsschanze, Radio Germania oder Radio Preußen, die „Nationalen Infotelefone" und die so genannte Anti-Antifa, die Jagd auf den „politischen Gegner", die sich auch im Netz ausbreitet.

Weitere Abschnitte widmen sich Jugendsubkulturen wie Skinheads im Internet. Aber auch Teile des Black Metal und des Dark Wave driften neuerdings ab und weisen mittlerweile nicht mehr zu vernachlässigende rechtsextreme Flügel auf. Nicht in allen Fällen ist die Ideologie sofort klar erkennbar. Gerade hier wollen wir dazu beitragen, Erwachsene in virtuelle Welten einzuführen, in denen sich Jugendliche häufig schon selbstverständlich bewegen. Die Erläuterung subkultureller Termini soll der gegenseitigen Kommunikation dienen und eine Brücke zwischen den Generationen schlagen.

Ein Einordnungsproblem besteht auch beim so genannten „Revisionismus", der die Verbrechen des „Dritten Reiches" und den Holocaust verharmlost und relativiert. Die „Revisionisten", die inzwischen massiv das Internet nutzen, präsentieren sich scheinbar seriös und wissenschaftlich und können oft nicht gleich als Geschichtsverdreher identifiziert werden. Hier ist unser Hauptanliegen, Pseudoinstitute und Rechtsextremisten zu entlarven und die Argumentationsmuster der „Revisionisten" kritisch zu durchleuchten. Die „revisionistische" Propaganda kann heute im Geschichtsunterricht nicht mehr übergangen werden, sondern bedarf einer kritischen Reflexion. Der Lehrer darf die Schüler mit den Fälschungen aus dem Internet nicht allein lassen. „Er muss", wie der Leiter des Zentrums für Antisemitismusforschung in Berlin (*www.tu-berlin.de/~zfa*), Wolfgang Benz, postuliert, „die Wahrheit im Kontext der Lüge darstellen, und er muss sie verteidigen." (Interview mit den Autoren, Anfang 2000)

Während wir das Buch schrieben, sind wir auf eine neue Tendenz gestoßen, die Instrumentalisierung von Computerspielen durch die rechtsextreme Szene. Die NSDAP/AO beispielsweise bot im Herbst 2000 „Nazi-Doom", eine rassistische Variante des Ego-Shooters Doom, zum Herunterladen an, außerdem vorübergehend eine „Nazi-Moorhuhnjagd", bei der Moorhühner abgeschossen werden müssen, die gängige NS-Klischees von Juden transportieren. Die NS-Moorhuhn-Version verschwand im Oktober 2000 allerdings wieder von der Lauck-Seite, weil die Erfinder des ursprünglichen Spieles den US-Neonazi verklagt haben (vgl. Frankfurter Rundschau online, 20.10.2000). Dennoch versuchen Rechtsextremisten, zum Teil erfolgreich, in die Gamerszene einzudringen, was bereits zur Entstehung rassistischer Spiele-Clans im Internet geführt hat. Experten wie der Vizepräsident des baden-württembergischen Verfassungsschutzes Hans-Jürgen Doll warnen in Zusammenhang mit rechtsextremen Ego-Shootern vor „Mordsimulatoren online".

Das neue Medium zeigt, dass rechtsextremes Gedankengut nicht einfach aus der Gesellschaft verbannt werden kann und die inhaltliche Auseinandersetzung geboten ist. Unsere kritische Darstellung des „Rechtsextremismus im Internet" versteht sich als Teil dieser Aufklärungsarbeit. Zum einen informieren wir über staatliche, universitäre und sonstige Einrichtungen, die weiterführende Informationen zum Thema liefern, und falls diese bereits im World Wide Web präsent sind, verweisen wir auch gleich auf die Domainadresse. Der Band ist ferner ein kleines Kompendium von Personen, Organisationen, Verlagen, Publikationen und Bands, die im rechtsextremen Umfeld agieren, natürlich ohne Anspruch auf Vollständigkeit zu erheben. Damit reagieren wir auf das Problem, dass oft nicht ersichtlich ist, mit wem man es im Internet zu tun hat. Allgemein gilt, dass sich die „Zuverlässigkeit und Unzuverlässigkeit von Informationen (...) kaum aus dem Netz heraus hinlänglich erschließen" lässt (Heyl

12

1999, S. 16, *www.fasena.de*) und in vielen Fällen eine zusätzliche Recherche notwendig ist.

In dieser Einleitung diskutieren wir mögliche Strategien gegen die Ausbreitung des Rechtsextremismus und nennen Initiativen, die das Internet selbst kreativ im „Kampf gegen rechts" nutzen. Für die Schule und die politische Bildung stellen die Entwicklungen der vergangenen fünf Jahre eine neue Herausforderung dar. Lehrer, Erzieher und Dozenten stehen häufig allein. Besonders für das Thema „Holocaust" existieren aber inzwischen eine Reihe von Angeboten (für Links vgl. *www.erziehung-nach-auschwitz.de* und *www.fasena.de*). Das „Transatlantische Klassenzimmer" gibt Tipps für Online-Projekte wie eine „Guided Tour" zum Thema Holocaust im Internet (*www.tak.schule.de/*). Unter der Domain *www.erinnern-online.de* werden Unterrichtsmaterialien für die Sekundarstufe I und II vorgestellt. Sie knüpfen an biographische Berichte von deutschen Holocaust-Überlebenden an und wurden im Auftrag der Survivors of the Shoa Visual History von Steven Spielberg entwickelt. Solche Anregungen sind gefragt, denn wie der Leiter der Hamburger Arbeitsstelle „Erziehung nach/über Auschwitz", Matthias Heyl, bilanziert, „in Deutschland beginnen wir erst damit, Erfahrungen im Bereich der pädagogischen Arbeit mit dem Medium Internet zu sammeln. Die methodisch-didaktischen Überlegungen stecken noch in den Kinderschuhen." (Heyl 1999, S.1)

Im Anhang geben wir einen Überblick über aktuelle Literatur zu den verschiedenen Facetten des „Rechtsextremismus im Internet" und verweisen, wie schon in den einzelnen Kapiteln des Buches, besonders auf entsprechende Online-Angebote. Außerdem listen wir wichtige Archive, Dokumentationszentren, Forschungsinstitute, Museen, Gedenkstätten, pädagogische Einrichtungen und Initiativen auf, die für eine weitergehende Beschäftigung mit dem Thema von Interesse sein könnten.

## Entwicklung des Rechtsextremismus im Internet

Technisch gesehen war „Grundlage für die Entstehung des Internet (...) die Gründung des Computernetzes 'ARPANET' ('Advanced Research Projects Agency Net') in den USA, welches vier Computer über eine neue Netzwerksoftware miteinander verband. Das 'ARPANET' diente in der Folgezeit als Vorbild für die Entwicklung weiterer Computernetze, insbesondere im universitären und administrativen Bereich. 1982 entstand durch das Zusammenlegen verschiedener Netzwerke unter der Bezeichnung 'Internet' ein überregionales Datenverbundsystem." (BfV: Rechtsextremistische Bestrebungen im Internet, März 1998, S. 1, *www.verfassungsschutz.de*)

Als erste rechtsextreme Seite im Netz gilt „Stormfront". „The first White Nationalist site on the Web" erschien am 27. März 1995, lanciert von dem amerikanischen Neonazi Stephen Donald Black alias Don Black aus West Palm Beach in Florida, einem ehemaligen Anhänger der Knights of the Ku-Klux-Klan von David Duke. Nach eigenen Angaben sollen im August 2000 über 120.000 Personen die „Stormfront"-Hauptseite angeklickt haben. Die meisten Besucher kämen aus den USA, an zweiter Stelle stehe Deutschland, erläutert die Website-Statistik. Symbol der Homepage ist das Keltenkreuz mit dem Logo „White Pride World Wide", Zielgruppe „those courageous men and women fighting to preserve their white Western culture".

In Deutschland lässt sich eine verstärkte Agitation im neuen Medium seit Mitte 1997 beobachten. Aber bereits 1995, im Jahr, in dem Don Black online ging, vermerkte das Bundesamt für Verfassungsschutz (*www.verfassungsschutz.de*) erstmals, dass „auch in Deutschland ansässige rechtsextremistische Gruppen das Internet" (Verfassungsschutzbericht 1995, S. 193) nutzen. Damals waren „u. a. eine Gefangenenliste der 'Hilfsorganisation für nationale politische Gefangene und deren Angehörige e.V.' (HNG), ein Unterstützungsaufruf mit einer Liste von 'Anti-Antifa-Gruppen' sowie eine Aufzählung von 'Nationalen Infotelefonen' (NIT) abrufbar." (Verfassungsschutzbericht 1995, S. 193) Seit 1996 sind die NPD und die „Republikaner" mit Homepages im Internet vertreten. Außerdem existierte seit Oktober 1996 eine Zeitlang die Seite „Das Abendlandprojekt", als dessen Förderer der NIZ-Verlag (Nationales Informationszentrum) des Rechtsextremisten André Goertz, der Tonträgervertrieb des ehemaligen NF-Funktionärs Jens Pühse und das JN-Blatt 'Einheit und Kampf' genannt werden. (vgl. Verfassungsschutzbericht 1996, S. 166) Insgesamt registrierte das Bundesamt 1996 über 30 rechtsextreme deutsche Websites.

Zuvor hatten deutsche Rechtsextremisten zunächst versucht, über Mailboxsysteme zu kommunizieren. Eine Mailbox ist ein an das Telefonnetz angeschlossener Computer, der als Datenbank und zur Kommunikation innerhalb einer Interessengruppe dient. Besondere Bedeutung kam dabei dem seit Frühjahr 1993 bestehenden Thule-Netz zu. Es bot „zwar die Möglichkeit eines schnellen, abgeschotteten Nachrichtenaustausches. Im Vergleich zum Internet erreichen solche szenebezogenen Mailbox-Netze jedoch nur einen begrenzten Nutzerkreis." (BfV: Rechtsextremistische Bestrebungen im Internet, März 1998, S. 6) 1999 ging die Nutzung der Mailboxen, die vor allem der internen Diskussion über Ziele und Strategie der Bewegung dienten, stark zurück. Der Betrieb der letzten Mailbox „Propaganda.BBS" des „Thule-Netzes" wurde zum 1. Juli 1999 eingestellt. „Als Nachfolger fungiert das bereits im November 1998 von ehemaligen Usern des ‚Thule-Netzes' gegründete ‚Thing-Netz'." (Verfassungsschutzbericht des Landes Nordrhein-Westfalen über das Jahr 1999, S. 56, *www.verfassungsschutz.nrw.de*) Parallel zu den Boxen hatte die Szene seit Mitte der neunziger Jahre die Präsenz im Internet ausgebaut, in dem auch das „Thule-Netz" seit 1996 vertreten ist. Allerdings sind personelle Veränderungen eingetreten, eine „Identität zwischen dem Homepage- und dem ehemaligen Mailboxenbetreiber ist daher nicht wahrscheinlich." (ebd., S. 57)

## Internet als Propagandaplattform

Das NPD-Organ ‚Deutsche Stimme' sieht im Internet „in Zeiten absoluter Medienkontrolle (...) das letzte Medium, das eine tatsächliche Informationsfreiheit gewährleistet." (DS, Nr. 9, September 2000) Dadurch entstehe ein „wichtiger Gegenpol zum herrschenden Zeitgeist."

Das Internet erreicht schnell und günstig eine Vielzahl von Nutzern. Einen großen Stellenwert nehmen inzwischen die individuelle Kommunikation per E-Mail und Diskussionen in so genannten Chatrooms ein, vor allem aber dient das Internet der Selbstdarstellung und Propaganda. Über Mailinglists können Nachrichten oder elektronische Zeitschriften jenseits von Postweg, Kontrolle und Zensur an viele Adressaten verschickt werden. Außerdem erleichtert das WWW die Mobilisierung für Veranstaltungen. „Ob Zeitschriften, programmatische Texte, aktuelle Meldungen, rechtliche Informationen, Flugblattvorlagen, Diskussionsforen oder komplette Versandkataloge: Alles ist problemlos im Internet abrufbar," bilanziert die NPD die neuen Möglichkeiten. (Deutsche Stimme, Nr. 9, September 2000)

Im Oktober 2000 hat das Bundeskriminalamt (BKA) darauf hingewiesen, dass das Internet mittlerweile „neben volksverhetzender Musik als ‚Propagandanetz' das wichtigste Medium" sei, „um rechtsradikale Inhalte zu vermitteln und auszutauschen." (epd, 19.10.2000)

## Jugend im Visier

Das Internet ist das Medium der Jugend. Das haben rechtsextreme Kreise erkannt. Für die NPD ist das „vor allem junge Publikum im weltweiten Datennetz" die „Info-Elite der Zukunft", mit der sie „gegen den Zeitgeist" angehen will." (Deutsche Stimme, Nr. 9, September 2000) Der „Revisionist" Germar Rudolf, der die Massenvergasungen in Auschwitz in Zweifel zieht, formuliert, ein wichtiger Ansatzpunkt der Arbeit müsse „die Jugend" sein:
„Da wir (...) gegen die alten Medien keine Chance haben, im Internet aber – einem Medium der Jugend! – mit so ziemlich allen relativ leicht mithalten können, haben wir uns (...) entschlossen, dort ein kühnes Projekt zu starten." (VffG, 2/1999)

Das Jugendschutz.net (*www.jugendschutz.net*) kommt zu dem Ergebnis: „Potenziell jugendgefährdend wirkt rassistische Propaganda vor allem dann, wenn sie Jugendliche mit kurzen Texten, 'frecher', 'oppositioneller' Sprache und durch moderne Gestaltung direkt anspricht (z. B. interaktive Elemente wie Gästebücher, Soundfiles zum Download)." Rechtsextremisten gehen auf die Bedürfnisse der Jugendlichen ein. Das Angebot ist in den vergangenen Jahren technisch attraktiver geworden. Beliebt sind Musiktitel im MP3-Format, die problemlos heruntergeladen werden können, und Computerspiele. Inzwischen schöpfen Rechtsextremisten „das gesamte Spektrum multimedialer Möglichkeiten aus: Auch Radio- und TV-Sendungen über Internet sind keine Seltenheit mehr. Ziel (...) ist es, ein Gegengewicht zu den 'Systemmedien' zu bilden." (Verfassungsschutzbericht 1999, S. 82)

# Verschlüsselung von Botschaften

Sicherheitsbehörden sehen weiterhin in Zukunft eine Gefährdung durch die Verschlüsselung von Botschaften:
„Es ist (...) zu erwarten, daß der Einsatz von Kryptographieverfahren im Kommunikationsbereich angesichts der fortschreitenden technischen Entwicklung in wenigen Jahren selbstverständlich sein wird. Gerade Extremisten würden von der Möglichkeit verschlüsselter Kommunikation unter Ausschluß der Sicherheitsbehörden nachhaltig profitieren." (BfV: Rechtsextremistische Bestrebungen im Internet, März 1998, S. 3) Zur Zeit spiele diese Problematik zwar noch keine bedeutende Rolle. Im Juni 1999 beschloss die Bundesregierung so genannte „Eckpunkte zur deutschen Kryptopolitik". „In diesen ist festgelegt, dass in Deutschland – zunächst für einen Zeitraum von zwei Jahren – Verschlüsselungsverfahren ohne Einschränkung entwickelt, hergestellt, vermarktet und genutzt werden können." (BfV: Rechtsextremistische Bestrebungen im Internet, Februar 2000, S. 6)

# Militarisierung

Darüber hinaus lässt sich eine zunehmende Militarisierung der Szene beobachten. „Auf anonymen Internet-Seiten finden sich seit einiger Zeit vermehrt 'schwarze Listen' oder 'Hass-Seiten', in denen politische Gegner und andere 'unliebsame Personen' benannt und deren Adressen sowie Telefonnummern veröffentlicht werden." (Verfassungsschutzbericht 1999, S. 83) In der Schweiz stellte ein 20jähriges Mitglied der rechtsradikalen St. Galler Rheinfront den Vermerk „Born to get killed" neben Namen und Anschrift von zwei Männern, denen die Verbreitung von „antifaschistischer Propaganda" vorgeworfen wurde. Die Skinorganisation „Blood & Honour" verbreitet auf der Website ihrer skandinavischen Sektion ein Strategiepapier mit dem Titel „Der Weg in die Zukunft" in dem zum Aufbau bewaffneter Untergrundstrukturen aufgerufen wird. Bundesinnenminister Otto Schily hat den deutschen Ableger des „Blood & Honour"-Netzwerks und deren Jugendverband „White Youth" im September 2000 verboten.

Am 25. Mai 2000 fragte ein Besucher aus dem „Raum MA/HD" im Chatroom einer NS-Website nach „Ausrüstungsgegenständen" für „eine groß angelegte Säuberungsaktion. Wir wollen unsere Heimat wenigstens von einigen dieser Zecken befreien." Die Antwort kam am selben Tag. „Na Sieg Heil!!! Das lobe ich mir doch, Einsatzfreude!!! Ich kann dir leider keine Wummen beschaffen, aber schau mal hier nach." Es folgt die Internetadresse von „Das kleine Bomben 1x1". Auf die Warnung, „dass es absolut illegal ist, Bomben irgendeiner Art herzustellen und/oder zu verwenden, nein, es ist auch noch kreuzgefährlich" folgen praktische Tipps zur „elektrischen Zündung von Ladungen", einer „Überraschungsei-Bombe", „Splittergranaten aus dem Supermarkt" oder „Anreißzündern aus Kinderfeuerwerk".

Die Seite „Der arische Ansturm", die von Februar bis Dezember 1998 über einen amerikanischen Provider betrieben wurde, enthielt unter anderem „präzise deutschsprachige Anleitungen zur Herstellung von Sprengstoff und Bomben." (BfV: Rechtsextremistische Bestrebungen im Internet, Februar 2000, S. 32) Der Polizei gelang es Anfang 1999, den anonymen Betreiber zu identifizieren. Bei einer Hausdurchsuchung bei dem 17jährigen wurden neben Propagandamaterial auch umfangreiche Mittel zur Herstellung von Sprengstoff gefunden.

Experten befürchten, dass die virtuelle Gewalt in bestimmten Fällen durchaus in die Realität überschwappen könnte. So argumentiert der Vizepräsident des Landesamtes für Verfassungsschutz Hamburg, Manfred Murck: „Ich sehe das so, dass nicht der einzelne Mordaufruf oder die einzelne verachtende Botschaft im Internet unmittelbar in eine Handlung umgesetzt wird. Dass aber insgesamt in dieser rechtsextremistischen Szene in ihrer Vernetzung mit der Skinszene durch die permanente Thematisierung von Gewalt, von Menschenverachtung, eben doch Legitimationsgrundlagen geschaffen werden dafür, dass der Einzelne dann ausrastet." (ZDF-Magazin Kennzeichen D, 1.9.1999)

## Probleme bei der Strafverfolgung

Die Kontrolle und die eventuelle Strafverfolgung von Internetangeboten sind schwierig, was zum einen mit der dezentralen Struktur des Netzes, zum anderen mit dem Fehlen einer einheitlichen internationalen Rechtslage zusammenhängt.

Viele deutsche Rechtsextremisten nutzen, zum Teil anonym, ausländische Server, um ihre Seiten einzustellen. Markus Kaiser vom Landesamt für Verfassungsschutz (LfV) Baden-Württemberg erklärt, nach seinen Schätzungen stünden hier an erster Stelle mit 90 Prozent amerikanische Server, zwei bis drei Prozent gingen über Kanada, einzelne auch über Russland oder asiatische Länder (*www.baden-wuerttemberg.de/verfassungsschutz*). Das LfV in Stuttgart hat ein eigenes Referat „Neue Medien" eingerichtet, das den Extremismus im Netz beobachtet. Die Provider seien durchaus kooperativ, eventuell auch Websites zu sperren, falls man sie auf Probleme aufmerksam mache, sagt Markus Kaiser. Aber „wenn jemand aus dem Netz gedrängt wird, wird er immer ein Land finden," über das er sein Angebot einspeisen kann.

Das Ausland ist vor allem deshalb interessant, weil dort juristisch andere Normen gelten. „Deutsche Seiten aus Deutschland enthalten fast nichts Strafbares", so Markus Kaiser. Bei deutschen Homepages, die via USA ins Netz gelangen, könne man in rund 50 Prozent der Fälle strafbare Inhalte registrieren. Bei rechtsextremen amerikanischen Angeboten, eingestellt über amerikanische Server, seien es 80 Prozent, nach deutscher Rechtsauffassung. Die Strafverfolgung wird dadurch erschwert, dass verschiedene Möglichkeiten existieren, anonym eine Domain anzumelden. „Wenn jemand wirklich schlau ist, geht da gar nichts", sagt Markus Kaiser.

So fiel die Bilanz einer internationalen Tagung zum Thema „Verbreitung von Hass im Internet" Ende Juni 2000 in Berlin, die vom Bundesjustizministerium, dem Simon-Wiesenthal-Center und der Friedrich-Ebert-Stiftung veranstaltet wurde, denn auch eher ernüchternd aus. Die so genannte Berliner Erklärung, die die Ergebnisse der Konferenz dokumentiert, unterstreicht den „globalen Charakter des Internet" und formuliert als Ziel „einen globalen Wertekonsens zu schaffen und international wenigstens einen Mindestbestand an Strafbestimmungen zu vereinbaren", gesteht aber zugleich ein, dass „wir heute meilenweit davon entfernt sind." Als Gegenmaßnahmen werden die „technische Entwicklung und der Einsatz geeigneter Filterprogramme" empfohlen, weiterhin wird an die „Selbstverpflichtung" von Internet-Unternehmen, -Musikverlagen und -Providern appelliert. „Wir wollen Straftaten im Internet und die globale Verbreitung und kommerzielle Ausbeutung von gesellschaftszerstörerischem Hass via Internet auch nicht wehrlos dulden oder einfach hinnehmen." Gefordert wird deshalb die „Ächtung der Verbreitung von Hass gegen Minderheiten, von fremdenfeindlicher Hetze und rassistischen Parolen" nach dem „Grundsatz, dass auch online verboten sein muß, was offline verboten ist." (vgl. Berliner Erklärung, *www.fes.de*)

Genau hier jedoch liegt das Problem. Denn in den USA beispielsweise ist auch „offline" vieles erlaubt, was in Deutschland unter Strafe steht. So machte FBI-Direktor Mike Vatis bei der Berliner Konferenz den fundamentalen Unterschied des Verständnisses von Meinungsfreiheit in beiden Staaten deutlich. Die freedom of speech garantiere das Recht auf die Leugnung des Holocaust ebenso wie die anonyme Verbreitung von Informationen und Propaganda. Unterstützung für diese Position, die die Eigenverantwortung des Bürgers in den Mittelpunkt rückt, kam auch von einem anwesenden amerikanischen Holocaust-Opfer. „Was mir in Deutschland auffällt, ist der Mangel an Vertrauen in das eigene Volk." (vgl. blick nach rechts, 13.7.2000)

In den USA kam es 1996 zu Protesten, nachdem Präsident Clinton im Februar das Telekommunikationsgesetz Communications Decency Act (CDA) unterzeichnet hatte. Es sah eine Verantwortung der Provider vor, die anstößige und unmoralische Inhalte nicht verbreiten sollten. Aktionen wie die Blue Ribbon Campaign der Electronic Frontier Foundation (EFF) gegen staatliche Zensur wurden ins Leben gerufen. Im Juni 1996 erklärte ein Bundesgericht in Philadelphia den CDA in dieser Form für verfassungswidrig, ein Jahr später bestätigte der oberste Gerichtshof der Vereinigten Staaten diese Entscheidung.

Die Blue Ribbon Campaign, symbolisiert durch ein blaues Band, tritt für den Schutz der freien Meinungsäußerung im Internet ein. Befürworter „spiegeln" von Verboten bedrohte Homepages, indem sie Kopien dieser Seiten oder Teile davon ins WWW einstellen, auch wenn sie deren ideologische Ausrichtung nicht teilen bzw. sogar ablehnen.

## Gegenstrategie: Strafen und Verbote

In Deutschland steht die Diskussion eher unter dem Zeichen von Sanktionen. Sicherlich kommt Verboten eine gewisse Symbolwirkung zu, der demokratische Rechtsstaat zeigt, dass er nicht alles mit sich machen lässt, Strukturen können zumindest kurz- und mittelfristig zerschlagen werden. Doch gerade das internationale Medium Internet verweist die Verbotspolitik in ihre Grenzen.

Im Sommer 2000 forderte der Düsseldorfer Regierungspräsident Jürgen Büssow „die 190 in Nordrhein-Westfalen tätigen Provider auf, Internetseiten mit rechtsextremem Inhalt aus dem Netz zu nehmen." (Frankfurter Rundschau, 12.8.2000) Andernfalls müssten sie mit Bußgeld bis zu 500.000 Mark rechnen. Handhabe der Androhung ist der Mediendienste-Staatsvertrag, der Angebote im Internet untersagt, die etwa zum Hass gegen Teile der Bevölkerung oder gegen eine nationale, rassische oder religiöse Gruppe aufstacheln. Der Sprecher des Internet-Betreibers AOL, Carsten Meinke, sagte, die Bußgelddrohung zeuge von „absoluter Unkenntnis" der Kontrollmöglichkeiten. AOL-Deutschland hat nach eigenen Angaben rund 1,5 Millionen Online-Kunden.

## Gegenstrategie: Information

Eine Diskussion über den Sinn von Zensur entzündete sich Anfang 2000 daran, dass amerikanische Verlage die antisemitische Schrift „Die Protokolle der Weisen von Zion" über das Internet zum Verkauf anboten. Die Anti-Defamation League vertrat den Grundsatz, in einer demokratischen Gesellschaft sollten Bücher nicht verboten werden. „We believed, and continue to believe, that in a free, democratic society, books should not be banned, no matter how reprehensible they are." (Online booksellers selling anti-semitic publications, ADL 2000, *www.adl.org*) Notwendig sei vielmehr die verstärkte Aufklärung, gerade im Internet, das den Konsumenten mit einer Fülle von Nachrichten überschüttet. Ergebnis der Gespräche zwischen der ADL und Amazon.com sowie Barnes & Noble.com war, dass die Verlage auf ihren Homepages Informationen der ADL zu den „Protokollen" platzieren. Außerdem machen sie in ihren

Buchbesprechungen im WWW darauf aufmerksam, dass es sich um eine Fälschung aus dem 19. Jahrhundert handelt, die unterstellt, eine jüdische Geheimgesellschaft wolle die Weltherrschaft erringen. Die ADL zieht folgendes Fazit im Hinblick auf Handlungsperspektiven für den Umgang mit problematischen Netzangeboten:

„In the age of Internet, the bad comes with the good (...). In this new universe (...) suggesting to an online bookseller like Amazon.com or Barnes & Noble.com that they should limit the availability of a publication is like swimming upstream. Not only is the concept of banning books offensive, it is archaic. Offering navigational aids, however, is perfectly appropriate." (*www.adl.org*)

## Gegenstrategie: Zusammenarbeit mit Providern

Experten setzen auf Kooperation mit den Betreibern. Um eine Offensive gegen rechtsextremistische Propaganda und Agitation im Internet zu starten, trafen sich im Oktober 2000 Vertreter des Bundeskriminalamtes (BKA) und der Telekommunikationsdienstleister. Anwesend waren rund 100 Provider, die Bereitschaft signalisierten, die Verbreitung des Rechtsextremismus im Netz zu bekämpfen. (vgl. epd, 19.10.2000) Auch das Jugendschutz.net in Mainz erklärt: „Nur in enger Zusammenarbeit mit der Internet-Industrie kann der rechtsextremistischen Propaganda schnell und wirksam der Boden entzogen werden." Die Einrichtung hat einen Katalog von Gegenmaßnahmen erarbeitet. Denkbar wäre eine Sperrliste mit bekannten rechtsextremen Internet-Adressen, die von Suchmaschinen genutzt werden könnte, um die jeweiligen Angebote aus dem Suchindex zu löschen.

Ferner will das Jugendschutz.net eine „Bad-Word-Liste" zusammenstellen, damit Anbieter von Free-E-Mail-Adressen, Chatrooms oder ähnlichen Diensten die Anmeldung eines Kunden unter einem rassistischen oder nazistischen Pseudonym (wie türkenkiller, adolf88) ablehnen können. Eine solche Liste könnte auch verwendet werden, so der Vorschlag des Jugendschutz.net, um die Registrierung bei der Zentralstelle für Internet-Domain-Namen in Deutschland, Denic, zu verhindern. Die Vergabe der Adresse „*www.heil-hitler.de*" im August 2000 an einen Oberfeldwebel der Bundeswehr hatte für Aufregung gesorgt. Der Eintrag wurde umgehend gelöscht.

Die meisten Angebote der rechtsextremistischen Jugendszene residieren bei so genannten Freehostern in den USA. Deshalb will das Jugendschutz.net Kontakte mit ausländischen Providern aufnehmen, um die Schließung solcher Seiten zu erreichen. Nicht nur in Europa ist mittlerweile eine Sensibilisierung der Öffentlichkeit und auch der Betreiber eingetreten. So warnt Stormfront:

„Please don't ask us to link sites at Geocities or other free webhosting services. These companies (...) have adoopted policies censoring pro-White pages as soon as they find them. (...) America Online has also fallen into this category."

Nach dem Hinweis eines Journalisten hatte AOL die Homepage des „Bund für Gesamtdeutschland" gesperrt und den Mitgliedsvertrag gekündigt. Auf der Seite war die Rede von der „dem Naturgesetz folgenden Kraft des deutschen Volkes, sich gegen Eindringlinge in unserem Lebensraum zu wehren." (Frankfurter Rundschau, 12.8.2000) In Deutschland ist der Verein „N@IIN - No Abuse in Internet" entstanden, um rechts- und sittenwidrige Inhalte aus dem Netz zu verbannen. Zu den Gründungsmitgliedern gehören die Gewerkschaft der Polizei und die Jüdische Gemeinde zu Berlin. Der Provider Puretec „hat gegen rechtsradikale Domains einen umfangreichen Maßnahmenkatalog beschlossen", berichtet die Hamburger Arbeitsstelle „Erziehung nach/über Auschwitz" auf ihrer Website in dem Beitrag „Rechtsextremismus im Internet – Man kann was dagegen tun!" (*www.fasena.de/*) Puretec fordert alle Surfer auf, „auffällige Internet-Seiten an die dafür eigens eingerichtete 1&1-Adresse *netwatch@puretec.de* zu melden. Sofern Hinweise über neonazistische Inhalte (...) vorliegen, kündigt 1&1 den Anbietern. Durch die Zusammenarbeit mit den Landeskriminalämtern ist es jedoch aus ermittlungstechnischen Gründen teilweise nötig, Angebote länger als erwünscht online zu lassen."

In ähnlicher Weise hat der Internet Service Provider Austria (ispa) eine Hotline für die Meldung von kinderpornografischen oder neonazistischen Angeboten eingerichtet. „Unsere Mitarbeiter überprüfen innerhalb von 24 Stunden, ob es sich bei dem gemeldeten Inhalt tatsächlich um illegales (...) Material handelt. Wenn ja, wird der betreffende Provider verständigt (sofern dieser seinen Sitz in Österreich hat) und gebeten, die entsprechenden Maßnahmen zu veranlassen." (*www.hotline.ispa.at*)

In diesem Zusammenhang sei daran erinnert, dass das Herunterladen von Kinderpornografie nach deutschem Recht strafbar ist und verfolgt wird, selbst wenn die Ergebnisse den Behörden gemeldet werden.

Im Bereich des Rechtsextremismus zeigt der öffentliche Druck Wirkung, wie die Reaktionen der Szene belegen. So wurden die Seiten des Bundesvorstands der NPD im Sommer und Herbst 2000 mehrfach gesperrt. Zeitweise fand sich folgender Protest im Internet: „Auf Grund des derzeitigen Gesinnungsterrors gegen national denkende Menschen in der Bundesrepublik Deutschland – dem freiesten Staat, den es auf deutschem Boden je gab – ist die angeforderte Netzseite derzeit nicht erreichbar." Der „nationale Liedermacher" Frank Rennicke resümiert, „das amerikanische Mammutunternehmen AOL" habe "dutzende Male meine Seite sabotiert und die Untergruppen der Daten gelöscht. (...) In der gegenwärtigen Pogromstimmung gegen alles ‚Rechte' hat nun auch mein zweiter ‚Server', die Firma Strato weisungsgemäß gehandelt und mir meine Seiten mit der vorgeschobenen Begründung auf ‚rechtswidrige Verweise' abgeschaltet. Natürlich sind die Verweise von meiner Seite juristisch geprüft worden und mittlerweile ohnehin durch die politische Schikane zu gut 80% ‚abgeschaltet' gewesen". (Brief an die Autoren vom 11.10.2000)

## Gegenstrategie: Aufklärung im Internet

In Deutschland machen sich verschiedene Projekte das Interesse für rechtsextreme „Kultbegriffe" zunutze und bieten unter „belasteten" Domain-Namen Aufklärung an. Seit 1998 existiert die „Initiative Dialog" (*www.initiative-dialog.de*), die unter der Adresse *www.nazis.de* ein „Diskussionsforum für und mit Rechtsextremisten" unterhält. Unter *www.thulenet.de* ist eine Seite für Aussteiger erreichbar. Leitmotiv der Homepage: „Erst dann, wenn keine Asylbewerberheime mehr brennen, erst dann wenn kein Polizist mehr jüdische Kindergärten schützen muß, erst dann hat sich unser Volk vom Faschismus befreit! Hass ist ... Gift für den Verstand." Die Initiative will den „Antifaschismus (...) nicht den Linksextremisten überlassen, deren Engagement sich bei vermeintlich gutem Willen oft als kontraproduktiv darstellt, denn auch dort ist Haß ein vielfach anzutreffendes Motiv und äußert sich in naiven, gleichwohl kriminell-gefährlichen Versuchen, den Konflikt mit linksextremer Gegengewalt anstatt mit bürgerlichem Gesetz und Polizei zu lösen."

In manchen Fällen drängt sich jedoch der Eindruck auf, das öffentliche Interesse für Rechtsextremismus werde vor allem für die eigene Publicity genutzt. Das Mainzer Unternehmen „Erodata – Treuhänder gegen Unfug", ein Anbieter von Pornomaterial im Internet, meldete die provokative Adresse „*adolfhitler.de*" an. Es will „mit der Reservierung (...) einem Missbrauch zuvorkommen und helfen, dass das Internet von der rechten Schmutzpropaganda befreit wird." Der Geschäftsführer der Firma, Tobias Huch, schlägt vor, unter dieser Domain eine Informationsseite über die Verbrechen im „Dritten Reich" aufzubauen. Nachzulesen unter „*nationaler-widerstand.de*", ebenfalls in der Hand von Erodata.

Auf sachliche Information setzt das deutschsprachige Internetportal *www.shoa.de,* dem verschiedene Domains wie *www.auschwitzluege.de, www.endloesung.de,www.wannsee-konferenz.de, www.propagandafilme.de, www.der-ewige-jude.de* oder *www.jd-suess.de* angehören. Die Seiten stellen Material über den Holocaust, das Konzentrationslager Auschwitz, die Geschichte des Antisemitismus, das „Dritte Reich" oder den Zweiten Weltkrieg für professionelle und private Recherchen zur Verfügung, präsentieren eine ausführliche Link- und Literaturliste zum weiteren Studium und wollen so der Prävention gegen „revisionistische" und pseudo-wissenschaftliche Desinformation dienen. Insgesamt existieren zurzeit mehr als 600 in Themen gegliederte Links. Darüber hinaus besteht die Möglichkeit, Fragen zu den Komplexen Holocaust und Nationalsozialismus (z. B. Medizingeschichte, Antisemitismus, Militärgeschichte, Sinti und Roma etc.) an ein internationales Expertenteam zu stellen. Betreut wird das Projekt unter anderem von der Schweizer „Aktion Kinder des Holocaust" (AKdH), einem internationalen Zusammenschluss von Nachkommen Holocaust-Überlebender (*www.-akdh.ch*).

Immer mehr setzt sich auch in universitären Kreisen und in der politischen Bildung die Einsicht durch, das Internet selbst zur Aufklärung zu nutzen und das Feld nicht den Gegnern der Demokratie zu überlassen. Es ist nicht hinnehmbar, dass Hitlers „Mein Kampf" im Internet abrufbar ist, Eugen Kogons Standardwerk „Der SS-Staat" hingegen nicht. Wissenschaftliche Institute wie das Zentrum für Antisemitismusforschung der Technischen Universität Berlin (*www.tu-berlin.de/~zfa*) haben erkannt, dass es nicht ausreicht, Forschungsergebnisse in Fachzeitschriften zu publizieren, sondern dass diese ins Netz eingestellt werden müssen. Die Bundeszentrale für politische Bildung *(www.bpb.de)* bietet Publikationen zum Nationalsozialismus und zum Zweiten Weltkrieg jetzt auch online an. Diese Internetpräsenz hat zudem einen beabsichtigen und erwünschten „Nebeneffekt". Suchmaschinen listen bei Stichworten zur Zeitgeschichte verstärkt demokratische Seiten auf und die Rechtsextremisten bekommen im Netz Konkurrenz.

## Gegenstrategie: Filterprogramme

Da Rechtsextremisten sich häufig an junge Internetsurfer wenden und sogar spezielle Angebote für Kinder und Jugendliche entwickelt haben, wird vermehrt der Ruf nach Filterprogrammen laut. Auch das Bundeskriminalamt fordert, den Einsatz und die Wirkung von derartiger Software und von Bildmustererkennungen zu prüfen. In der Vergangenheit wurden die Erwartungen an diesen technischen Jugendschutz allerdings meist enttäuscht. Es gibt zwar eine ganze Reihe von so genannten „Software-Nannies, die von sich behaupten, sie könnten problematische Inhalte ausfiltern. Die meisten sind nicht wirksam genug und inhaltlich bedenklich," kritisiert das Jugendschutz.net. Die Einrichtung selbst arbeitet unterdessen an einer Liste mit bekannten rechtsextremen Internet-Adressen, die „im Rahmen des rechtlich Zulässigen – Herstellern von Filtersoftware zur Verfügung gestellt werden oder in pädagogischen Einrichtungen (...) eingesetzt werden" könnte. Dennoch ist bekannt, dass gerade Jugendliche solche Sperrprogramme innerhalb kürzester Zeit knacken. „Elterliche Aufsicht oder pädagogische Begleitung können sie nicht ersetzen." (*www.jugendschutz.net*)

## Gegenstrategie: Breite gesellschaftliche Diskussion und Toleranz

„Da es aber angesichts der Internationalität des Mediums nie möglich sein wird, alle rechtsextremistischen, rassistischen Angebote im Netz zum

Schweigen zu bringen, muss auch die argumentative Auseinandersetzung forciert werden", fordert etwa das Jugendschutz.net. in Mainz.

Doch nicht nur taktische Überlegungen gebieten die Beschäftigung mit rechtsextremem Denken. Sanktionen allein können das Problem nicht lösen. Rassistische und menschenverachtende Agitation im Internet und die Gewalt auf der Straße, die allerdings zum großen Teil nicht von organisierten Tätern ausgeht, lösen Betroffenheit aus und führen oft zu hilflosen (Über-)Reaktionen. Die gegenwärtige gesellschaftliche Debatte ist geprägt von Ausgrenzungen. Die Einführung von Schnellgerichten wird angedacht, Beschränkungen von Grundrechten sind im Gespräch. Von vielen Seiten wird das Verbot der NPD gefordert, ein Verdikt, das sicher Symbolwirkung hätte und ein politisches Signal setzen würde. Skeptiker bezweifeln allerdings die längerfristige Wirkung. Ähnliche Maßnahmen in der Vergangenheit haben lediglich dazu geführt, dass sich die Szene neu organisiert und eventuell in den Untergrund abtaucht.

Die Berliner Tageszeitung (taz) veröffentlicht eine steckbriefähnliche Fahndungsliste mit Fotos von „22 wichtigen Akteuren der rechtsradikalen Szene". (taz, 19./20.8.2000) Sie greift damit ein Projekt aus Schweden auf. Dort hatten die vier größten Tageszeitungen Ende November 1999 einen identischen Leitartikel publiziert und über 60 Rechtsextremisten mit Gesicht, Namen und Adresse geoutet. Die Informationen waren auch im Internet abrufbar. Mit diesem für Schweden unüblichen Vorgehen reagierte die Presse auf die Eskalation der rechtsextremen Gewalt: zwei erschossene Polizisten, ein Sprengstoffanschlag auf einen Journalisten und der Mord an einem Gewerkschafter. Als „Erfolg der Kampagne" wertet die taz: „Acht der gelisteten Neonazis wurden aus verschiedenen Gewerkschaften ausgeschlossen, drei verloren ihren Job." Es kann nicht das Ziel von Initiativen sein, die sich als demokratisch verstehen, Menschen arbeitslos zu machen. Übergriffe werden ausgeblendet: „Kein Fall wurde bekannt, in dem es individuelle oder organisierte Gewalttaten gegen einen der öffentlich Angeprangerten gegeben hat." Vielleicht nicht gegen eine Person, die auf der Liste stand. Aber das Klima verschlechtert sich. Bei Auseinandersetzungen zwischen Antifaschisten und Neonazis in der südschwedischen Kleinstadt Klippan Anfang August wurde ein 25jähriger Rechtsextremist durch Schüsse in den Rücken verletzt. „Wie die Polizei (...) mitteilte, galt ein in der Nacht zum Samstag verübter

Anschlag mit einer Brandbombe wahrscheinlich ebenfalls Neonazis. Die Bombe landete aber in der benachbarten Wohnung einer Einwandererfamilie und richtete dort erheblichen Sachschaden an." (Frankfurter Rundschau, 7.8.2000)

Eine Studie der Sozialwissenschaftler Richard Stöss und Oskar Niedermayer von der Freien Universität Berlin verweist darauf, dass sich die Demokratie nicht nur um Organisationen, sondern auch um Einstellungen Gedanken machen muss. Sie fanden heraus, dass in Berlin und Brandenburg nur noch knapp 30 Prozent der Menschen mit der Demokratie zufrieden sind, fast 40 Prozent seien als „politikverdrossen" einzustufen, weitere 30 Prozent als „systemverdrossen". Die Ergebnisse seien auf die ganze Bundesrepublik übertragbar. Die Wissenschaftler verwiesen darauf, dass Rechtsextremismus kein Jugendproblem sei, auch wenn in dieser Gruppe die Gewaltbereitschaft höher sei. Unterstützung erhielten die Jungen jedoch von vielen Älteren. Am stärksten verbreitet seien ultrarechte Einstellungen bei den über 55jährigen. Erschreckend viele Menschen stimmten dem Satz zu: „Anschläge auf Asylbewerberheime kann ich gut verstehen."

Die Fakten dokumentieren, dass uns das Internet endlich zwingt, über Inhalte zu diskutieren und offensiv mit Rechtsextremismus umzugehen, anstatt Demokratie an Polizei und Verfassungsschutz zu delegieren. Insofern produziert das World Wide Web hoffentlich auch wehrhafte Demokraten, die diese Herausforderung annehmen.

# 1. Internationale Seiten

## 1.1. Stormfront

„Friday, September 08, 2000 (...) you are visitor 721 today!" Die „Stormfront"-Seite registriert alle Surfer und informiert über die Tagesstatistik. Das World Wide Web gibt Extremisten die Möglichkeit, ein Millionenpublikum zu erreichen.

„The Internet has, for the first time, provided individuals and small organizations the means to effectively compete with the controlled media monopoly. The major television networks and the big publishing conglomerates no longer control what news the world will hear."

Diese verschwörungstheoretische Selbstüberschätzung des amerikanischen Neonazis Don Black alias Stephen Donald Black auf seiner Website wird wohl glücklicherweise nicht Realität, dennoch hat das Internet die Kommunikation tief greifend verändert.

„Stormfront was the first White Nationalist site on the Web, going online in March 1995." (Stormfront, Links page) Die Seite ist seitdem eine der erfolgreichsten im rechtsextremen Spektrum. Von hier aus kann man direkt Blacks „personal homepage" anklicken und dort etwas über seinen Werdegang erfahren. „I have been active in the White patriot movement for 30 years, beginning when I was fifteen years old." In der Vergangenheit war Black in der National Socialist White People's Party (NSWPP) und später bei David Dukes Knights of the Ku-Klux-Klan aktiv. 1981 wurde er verhaftet, weil er mit anderen Klanmitgliedern eine Invasion der Karibikinsel Dominica geplant hatte. Während seiner Haftstrafe bis 1985 lernte er mit Computern umzugehen. Heute gehört Black keiner Organisation an, sondern agitiert über das World Wide Web.

Neben der Verbreitung von Propaganda nutzt Black das Internet für seinen Versandhandel. Auf seiner Website der Aufruf: „Help support Stormfront by ordering now!" Im Angebot sind Flaggen, Hemden, Sticker und keltischer Schmuck. Lieblingsmotiv ist das Keltenkreuz, bei den T-Shirts zum Teil mit dem Logo „White Pride World Wide".

Neben den Hauptseiten auf Englisch führt „Stormfront" eine spanische und eine deutsche Abteilung. Letztere enthält eine kleine Sammlung von Texten, ohne Quellenangabe, die aus dem „Theorie- und Strategieorgan" des Nationaldemokratischen Hochschulbundes (NHB) 'Vorderste Front' (VF), stammen, darunter „Schafft befreite Zonen!", „Zentrale Thesen des dritten Weges" oder „Das Ende des Parteienzeitalters". Auf Spanisch existiert ein Aufsatz über den „Märtyrer des Nationalsozialismus" Horst Wessel, „Die Bedeutung der persönlichen Integrität" aus der Feder der mittlerweile aufgelösten spanischen Neonazigruppe CEDADE (Círculo de Amigos de Europa) und die „66 Fragen und Antworten zum Holocaust" des „revisionistischen", die Gräueltaten des „Dritten Reiches" verharmlosenden Institute for Historical Review. Dort wird beispielsweise behauptet, es gäbe keine Beweise dafür, dass in Auschwitz Gaskammern für die Ermordung von Menschen existiert hätten (Frage 5), die Zahl der in Konzentrationslagern umgekommenen Juden wird auf 300.000 bis 500.000 beziffert (Frage 36).

Die umfangreiche Linksammlung enthält über 70 Verweise, untergliedert in Rubriken wie „White Nationalism/ White Patriotism", „White Rights/ Racially Conscious Conservatism", „Eugenics", „Academic Studies of Ethnology and Race", „White Roots: our Heritage and Culture", „Political Campaigns", „Revisionism", „Opposition to Zionism and Israeli Terrorism", „Christian Identity", „Ku-Klux-Klan", „Skinheads" oder „White Power Music". Der Schwerpunkt liegt bei amerikanischen Organisationen. In der Spalte „International" werden lediglich zwei Gruppen aufgeführt, der französiche Front National und das deutsche Thule-Netz. Mehr Raum nimmt dagegen „the other side", der politische Gegner, ein, mit „Hatewatch", „Nizkor", dem „Simon Wiesenthal Center", der „Anti-Defamation League" und der „Jewish Defense Organization". Möglicherweise kann sich Don Black bei seinen Anhängern sicher sein, dass sie diese Seiten mit einer vorgefassten Meinung besuchen. Surfer, die zufällig auf die „Stormfront"-Website geraten sind, erhalten jedenfalls dort die Gelegenheit zur Information – und einen Anstoß zum Nachdenken.

„Stormfront" tritt als Host auf, unter anderem für die Seite „White Singles", die „Rudolf Hess Memorial Page", „The Library" („Collecion of articles on eugenics, race, morality, thought and other subjects") oder „White Nationalist News Agency". Die Preise liegen je nach Speicherkapazität zwischen zehn und 30 Dollar. Ein weiterer „Stormfront"-Service: Der Besucher kann sich in Mailinglists eintragen und so Online-Nachrichten und -Zeitschriften abonnieren, etwa den 'Duke Report'.

Die Kinderseite „Stormfront for Kids" präsentiert sich als „the site of the new millenium" und wird angeblich von Blacks Sohn verwaltet. „I will start by introducing myself, my name is Derek. I am eleven years old and I am the webmaster." Er erzählt, dass er nicht mehr zur Schule geht und jetzt zu Hause unterrichtet wird. „White people are taught in school to be ashamed of their heritage." Derek glaubt, „that there is a subtle genocide of the white race". Ziel seiner Homepage ist „White pride, keeping the race alive." ('Weekly Planet', 9.12.1999, abrufbar von „Stormfront") Die „14 words", ein Satz mit 14 Wörtern, geprägt vom amerikanischen Rechtsterroristen David Lane, steht denn auch als Leitmotiv auf seiner Seite. Er lautet: „We Must Secure The Existence Of Our Race and a Future for White Children." Lane, Ex-Aktivist des KKK und Mitglied der Gruppe „The Order", wurde unter anderem wegen Beteiligung am Mord an dem jüdischen Rundfunkreporter Alan Berg in Denver zu insgesamt 190 Jahren Haft verurteilt. „The Order Bruder Schweigen was formed by Robert Jay Matthews in late September 1983. His aim was (...) ultimately total Aryan victory", heißt es auf der Seite von „Fourteen Word Press", die mit „Stormfront" verlinkt ist. „Several incarcerated members, most notably David Lane, continue to propagandize from their prison celles, and continue to wield influence in the movement."

Derek Black bietet neben Informationen über Europa „The History of the White Race" auch Attraktives für die jugendlichen Surfer: Musik, einen Chatroom und „Games". So lässt sich von hier das Computerspiel „White Power Doom" herunterladen, eine rassistischen Variante des Egoshooters „Doom" (Verhängnis). „Doom" ist, ähnlich wie „Quake" (Beben) oder „Duke Nukem", auch in Deutschland bei Jugendlichen sehr beliebt und hat trotz (oder wegen) der Indizierung durch die Bundesprüfstelle für jugendgefährdende Schriften (BPjS) Kultstatus erlangt. Die BPS kritisierte im Mai 1994 die „bedenkenlose, realistisch inszenierte

Tötung, unter anderem von Gegnern in Menschengestalt" (vgl. Indizierungsentscheidung). In der NS-Version „White Power Doom" verdeutlichen der Davidstern an den Wänden des Labyrinths und die für rechtsextreme Propaganda typische Stilisierung eines Juden plakativ die stereotypen Feindbilder. Der Missbrauch von „Doom" durch NS-Kreise bietet sich an. Die Spieler befinden sich „im stetigen Kampf um das eigene Überleben, (...) nonaggressive Konfliktlösungen" existieren nicht, so die BPjS. Dieses Konzept passt ins braune Weltbild. Parallelen zu rechtsextremem Denken drängen sich auf, denn auch dort gilt Gewalt als Daseinsprinzip.

Nicht zuletzt führt Derek eine Geburtstagsliste, in die er alle aufnimmt, die stolz auf ihre weiße Rasse sind und „Arier", die in ihrem Leben Großes vollbracht haben. Bislang ist dort allerdings nur ein Eintrag: „Adolph Hitler is turning 111 years on: Birhthday: April 20th. Happy Birthday Adolph!!!" Das ergänzt sich gut mit der Website seines Vaters. In dessen Textarchiv befindet sich ein Artikel der rassistischen National Alliance zu Hitlers 100. Geburtstag 1989. Der „Führer" wird dort als „the greatest man of our era" gewürdigt. Der Autor bedauert: „Only a few thousands of men and women (...) will celebrate his birthday with love and revernce on April 20, while all of the scribblers and commentators of the controlled news media, the controlled politicians, and the controlled churchmen will pour out their hatred and venom and lies against him." (National Vanguard Editorial von 1989)

## 1.2. National Alliance

Für Schlagzeilen auch in Deutschland sorgte die amerikanische NS-Gruppe National Alliance, als Ende August 2000 in der Nähe ihres Anwesens in West Virginia der so genannte Satansmörder Hendrik Möbus verhaftet wurde.

Nach einem Bericht der Washington Post ist er im Dezember 1999 unter seinem richtigen Namen in Seattle im Bundesstaat Washington in die USA eingereist. Auf Bitten des deutschen Justizministeriums hätten Beamte einer US-Spezialeinheit seine Spur aufgenommen und seinen Weg durch die USA verfolgt, auf dem er einen falschen Namen annahm. Er hielt sich in mehreren US-Bundesstaaten auf, wo er von rechten Gruppen unterstützt wurde. Seit einigen Wochen lebte er auf dem Anwesen des Chefs der National Alliance, William Pierce, in West Virginia. Nach Angaben des Landeskriminalamtes (LKA) Thüringen verdiente Möbus seinen Lebensunterhalt in den USA zum Teil mit dem Verkauf rechtsradikaler Musik-CDs für einen Verlag. (vgl. dpa, 29.8.2000)

Nach der Verhaftung sagte Pierce gegenüber der Presse: „Seit ich Hendrik Möbus kenne, hat er sich völlig korrekt und ehrenvoll verhalten. Er ist ein intelligenter junger Mann, der seine Ideale sehr entschlossen vertritt, ein wahrer Nationalsozialist. Und ich bin stolz darauf, in ihm einen guten Freund und Kameraden gefunden zu haben." (Spiegel TV, 3.9.2000)

Mittlerweile hat William Pierce politisches Asyl für Möbus beantragt, einen Unterstützerfonds ins Leben gerufen und sammelt Spenden, um seine Abschiebung nach Deutschland durch einen Spitzenanwalt verhindern zu lassen. „I want to hire the best extradition attorney I can find to fight the Clinton government's effort to turn Hendrik Möbus over to the German government." Diese Informationen verbreitete Pierce in seiner eigenen wöchentlichen Radiosendung „American Dissident Voices" (ADV) am 9. September 2000, abzurufen von der National-Alliance-Homepage. „Hendrik is an extremely intelligent young man, quite serious, and entirely committed to our struggle." Vor drei Monaten sei Möbus zu ihm gekommen, habe im Musikversand der National Alliance geholfen und neue Absatzmärkte nach Europa aufgebaut. Er sei beim Einkaufen brutal verhaftet, sein Arm gebrochen worden. Der NA-Chef klagt: „Hendrik is a quiet, skinny, non-violent intellectual", er werde lediglich wegen seiner Meinung in Deutschland gesucht. Pierces Fazit: „in 1945 we didn't liberate the Germans; we took away their freedom."

Die National Alliance (NA) wird von der Anti-Defamation League als „most dangerous organized hate group in the United States today" eingestuft (Explosion of hate, ADL 2000, *www.adl.org*). Die Mitgliederzahl habe sich seit 1992 mehr als verdoppelt, mit 1.000 Anhängern sei die NA die größte und aktivste Neonazigruppe in den USA, besonders aktiv in den Bundesstaaten Ohio, Florida, Michigan, New York, Maryland, North Carolina, Virginia und New Mexico. Ihr Erfolg beruhe auf verschiedenen Faktoren, so der Bereitschaft mit anderen extremistischen Organisationen zu kooperieren, dem aktiven Einsatz bei der Rekrutierung, einer geschickten intellektualisierten Propaganda, vor allem aber auch dem professionellen kompetenten Einsatz neuer Technologien. Die Internetseite der Gruppe beurteilt die ADL als „one of the most technically sophisticated hate sites on the World Wide Web".

„Die National Alliance wurde im Februar 1974 gegründet", ist auf der Homepage nachzulesen. „Viele Mitglieder der ersten Stunde kamen von einer anderen Organisation her, der National Youth Alliance, die 1970 von Dr. William Pierce, einem jungen Physikprofessor, der seinen Lehrstuhl an der Universität von Oregon aufgab, um fortan seinem Volk zu dienen, gegründet worden war." Laut ADL schloss sich Dr. William Pierce 1970 der National Youth Alliance an, die damals unter der Führung von Willis Carto stand. Pierce übernahm die Gruppe, die er 1974 in National Alliance umbenannte. Zuvor war er bei der American Nazi Party (ANP) und bei deren Nachfolgeorganisation National Socialist White People's Party (NSWPP) aktiv. Im August 1985 verließ die NA ihr Hauptquartier in Washington, D.C., und siedelte nach West Virginia über.

Von der Hauptseite der National Alliance im Internet sind Texte zur Ideologie der Gruppe abrufbar, neben englischen Versionen auch in Schwedisch, Niederländisch und Deutsch. Zu den allgemeinen Prinzipien gehört das „Gesetz der Ungleichheit". Die Standortbestimmung lässt an Deutlichkeit nichts zu wünschen übrig und behauptet die Überlegenheit der weißen Rasse:
„Unsere Welt ist hierarchisch strukturiert. Wir gehören der arischen (europäischen) Rasse an, die sich über viele Jahrtausende hinweg entwickelt und sich durch natürliche Selektion optimal an ihren Lebensraum angepasst hat. Jene Rassen, die sich in den rauhen und unwirtlichen Gegenden des Nordens entwickelten, wo das Überleben im Winter Planung und Selbstdisziplin erforderte, brachten viel schneller Individuen mit hohen geistigen Fähigkeiten hervor (...) als jene, die in den Tropengebieten mit stets gleichen Temperaturen lebten. Folglich unterscheiden sich die Rassen heute in ihrer Fähigkeit, eine zivilisierte Gesellschaft aufzubauen."

Ihre Ziele umreißt die NA mit den Schlagworten „Weißer Lebensraum" und eine „Arische Gesellschaft".

„In geistig gesünderen Tagen nahmen unsere Vorfahren all jene Teile der Erde in Besitz, die klimatisch zu ihrer Rasse passten: ganz Europa, die gemässigteren Zonen des amerikanischen Kontinents, Australien und die Südspitze Afrikas. All diese Gebiete (...) müssen wieder vollkommen weiß werden. Nach Bekämpfung jener multikulturellen Seuche (...) müssen wir wieder einen Teil der Erde besitzen, der rassisch rein ist und in dem sich unser Volk frei entfalten kann. Wir benötigen weiße Schulen, weiße Wohngebiete und Erholungsräume, weiße Arbeitsplätze und weiße Farmen. Nichtweiße dürfen in unserem Lebensraum nicht länger geduldet werden.“

Nicht nur inhaltlich, auch sprachlich macht die National Alliance in ihrem Kampf für die Errichtung einer „arischen Gesellschaft“ Anleihen bei der NS-Ideologie, wenn sie fordert: „Semitische und andere nichtarische Sitten und Werte müssen (...) unter allen Umständen ausgemerzt werden.“ In Amerika, so die Sichtweise der NA, begann der Verfall mit „dem Aufkommen der Massendemokratie (und zumal mit der Verleihung des Stimmrechts an Frauen und Nichtweiße)“, außerdem dem „wachsenden Einfluss der Massenmedien, die mehr und mehr unter jüdischen Einfluss gerieten.“ Auch die „Lösungsvorschläge“ erinnern an Hitlers „Drittes Reich“, wenn die Rede ist von der „rassischen Reinigung unseres Landes“, der „Neutralisierung destruktiver Institutionen“ und „langfristigen Eugenikprogrammen“. In ihrem Programm proklamiert die National Alliance als ihr „wichtigstes Ziel“ die „Übernahme der Regierungsverantwortung“, denn die „weißen Regierungen überall auf der Welt sind hoffnungslos korrupt und im Würgegriff judenfreundlicher Elemente.“

Mitglied werden kann nur „jede weiße Person nichtjüdischer und gänzlich europäischer Herkunft, die mindestens 18 Jahre alt und bereit ist, die National Alliance bei der Erreichung ihrer Ziele vorbehaltlos zu unterstützen“. Ausgeschlossen sind „Homosexuelle oder bisexuelle, drogensüchtige oder alkoholkranke, mit einem Nichtweißen verheiratete oder eine Freiheitsstrafe verbüßende Personen“. Hier gibt sich die NA legalistisch, sie könne „illegale Aktionen keinesfalls gutheißen“. Außerdem wird den Mitgliedern auf Wunsch Anonymität zugesichert. Es besteht die Möglichkeit, sich unter einem Pseudonym einzuschreiben.

Es stellt sich allerdings die Frage, ob es sich bei der Ablehnung „illegaler Aktionen" nicht lediglich um ein Lippenbekenntnis, ein unter taktischen Gesichtspunkten formuliertes Postulat handelt. Zu stark kontrastieren diese gesetzestreuen Äußerungen mit den Gewaltphantasien in der berühmtesten und berüchtigsten Schrift der National Alliance, den „Turner Diaries". Dieser von Pierce unter dem Pseudonym Andrew Macdonald verfasste Roman aus dem Jahr 1978 erzählt von der erfolgreichen Machtübernahme durch eine weiße Armee und der systematischen Auslöschung von Schwarzen, Juden und anderen Minderheiten. Das Werk gilt vielen Kritikern, aber auch vielen Extremisten als Handbuch des Terrorismus und als Vorlage für verschiedene Gewalttaten, darunter der Bombenanschlag von Oklahoma City, bei dem 1995 mehr als 160 Menschen starben. Die „Turner Diaries" gehörten nach Zeugenaussagen zur Lieblingslektüre des Attentäters, des amerikanischen Rechtsextremisten Timothy McVeigh. In dem Wagen, den er am Tag der Explosion fuhr, fand das FBI Auszüge aus der Schrift. – Natürlich können die „Turner Diaries" von der Webseite der National Alliance abgerufen werden, unter anderem in Französisch und Deutsch.

Zur Verbreitung ihres Gedankengutes setzt die National Alliance auf eine Propagandaoffensive an allen Fronten und in allen Medien, die zur Verfügung stehen. Seit Dezember 1991 existiert das wöchentliche Radioprogramm „American Dissident Voices" (ADV). Es wendet sich an ein allgemeines Publikum und erreicht via Kurzwelle Hörer auf der ganzen Welt. „Seit 1992 wird die Sendung auch von einigen amerikanischen Stationen regional auf Mittelwelle ausgestrahlt," informiert die NA auf ihrer Homepage, von der das aktuelle Programm direkt abrufbar ist. Außerdem bietet das ADV-Archiv die Möglichkeit, frühere Beiträge herunterzuladen. Ferner gibt Pierce die interne Publikation 'National Alliance Bulletin' und die Zeitschrift 'National Vanguard' heraus. Letztere existiert auch als Online-Version, ebenso wie der monatliche Nachrichtendienst 'Free Speech'. Der Verlag 'National Vanguard Books' bietet Interessenten einen umfangreichen Katalog, als Print und im World Wide Web. Feilgeboten werden vor allem Bücher, unter Rubriken wie „European Prehistory", „Race: Science and Sociology", „Communism, Zionism, Feminism, and the Jews" oder „Survival and Selfdefense", aber auch Audio- und Videokassetten, darunter die Filme „Jud Süss" und „The eternal Jew".

Pierces letzte Neuerwerbung sind das Plattenlabel „Resistance Records" und die damit verbundene Zeitschrift ‘Resistance’ Ende 1999. Damit erschließt sich der National Alliance eine weitere, lukrative Einnahmequelle. „We want to sell more resistance music than ever has been sold before," erklärte Pierce in der ‘Resistance’-Ausgabe vom Winter 2000. Außerdem erreicht die NA ein neues Publikum. „We want millions of young, white Americans and Europeans to make resistance music their music of choice, instead of the Negroid filth churned out by MTV and the other Jewish promoters." Im Herbst 1999 kaufte Pierce das Lager des schwedischen NS-Versands „Nordland" auf. „That buyout doubled the size of our inventory and also doubled the number of titles we are able to offer." Der aktuelle Katalog hat über 250 Titel im Angebot, das Geschäft prosperiert. Die Vermarktung läuft über die Zeitschrift ‘Resistance’ und über das Internet, in dem der Versand eine eigene Website eingerichtet hat, die unter anderem von der NA-Hauptseite aus angeklickt werden kann. Aus dem Internet lassen sich Musikclips, Zeitschriftenbeiträge und das Programm von Resistance Radio herunterladen.

Der Einstieg ins Musikgeschäft gab Pierce die Gelegenheit, seine internationalen Kontakte auszubauen, auch nach Deutschland: „I was in Germany in October for a congress of the Junge Nationaldemokraten, the youth division of the NPD, and I met several producers and distributors of resistance music while I was there." (‘Resistance’, Winter 2000) Die Verbindungen zu den Jungen Nationaldemokraten und zu deren Mutterpartei NPD bestehen schon länger, wie in der Ausgabe 117 von ‘National Vanguard’ (März-April 1997) im Beitrag „Friends in Germany: The National Democratic Party" nachzulesen ist. Der Artikel, der auch online abgerufen werden kann, erwähnt einen JN-Kongress im September 1996, an dem Vertreter der National Alliance teilnahmen, und der NPD-Vorsitzende Udo Voigt bestätigt im Interview: „Recently we have been collaborating successfully with the US-based National Alliance." Zum „Europäischen Kongress der Jugend" der JN im Oktober 1997 schickte William Pierce eine Grußbotschaft. Zeitweise existierten auf der NPD-Website auch Links zu den amerikanischen Homepages Stormfront und The National Alliance, die mittlerweile jedoch „vermutlich aufgrund rechtlicher Bedenken wieder entfernt worden sind." (BfV: Rechtsextremistische Bestrebungen im Internet, März 1998, S. 10) Im Februar 1998 war Pierce zu Gast auf dem „Tag des Nationalen Widerstandes" der NPD in Passau.

## 1.3. NSDAP/AO

„Deutsche Websiten in den sicheren USA!" Mit diesem Angebot wirbt der amerikanische Neonazi und Chef der Nationalsozialistischen Deutschen Arbeiterpartei/Aufbau- und Auslandsorganisation (NSDAP/AO), der sich auf seiner Homepage als der „bekannte Menschenrechtler Gerhard Lauck" vorstellt und auf diesem Weg an „in der Bananen-Republik-Deutschland verfolgte, nationale Dissidenten" herantritt. Vorteile seien „1. die Websiten in den USA werden höchstwahrscheinlich nicht gesperrt, 2. man hat einen politisch zuverlässigen, deutschsprachigen Geschäftsmann und erfahrenen Mitarbeiter in den USA, der alles regelt." Außerdem gibt es ausführliche und präzise Tipps darüber, „Wie man eine gesperrte/verbotene Netzseite aufrufen kann!"

Lauck gründete die NSDAP/AO, die für die „Reinhaltung der Rasse", die „Ausschaltung des jüdischen Einflusses" und „die Lehre Adolf Hitlers – den Nationalsozialismus" kämpft, 1972 in Lincoln in Nebraska. Zu ihren politischen Zielen schreibt die Organisation im Internet: „Im besetzten Reichsgebiet führt die NSDAP/AO einen entschlossenen Kampf gegen das NS-Verbot und für die Zulassung der NSDAP als eine wahlberechtigte Partei. Endziel unseres Strebens ist die Schaffung eines nationalsozialistischen Staates in einem freien, souveränen und neuvereinigten Großdeutschen Reich und die Errichtung einer Neuen Ordnung auf einer rassischen Grundlage in der ganzen arischen Welt."

Erreicht werden sollte das über ein Netz unabhängiger, im Untergrund operierender Aktionszellen. Tatsächlich baute Lauck vor allem den Handel mit Schulungsunterlagen und NS-Devotionalien auf, zeitweilig galt er als „weltweit größter Produzent und Vertreiber von NS-Propagandamaterial" (Verfassungsschutzbericht 1994, S. 108).

Seit 1973 erscheint auf Deutsch das Heft 'NS-Kampfruf', mit dem Untertitel: „Kampfschrift der Nationalsozialistischen Deutschen Arbeiterpartei Auslands- und Aufbauorganisation", seit 1975 auf Englisch „The New Order". Außerdem veröffentlicht Lauck ähnliche Publikationen, unter anderem auf Schwedisch, Ungarisch, Dänisch, Französisch, Niederländisch, Italienisch, Spanisch und Portugiesisch. Auf der aktuellen Website heißt es: „Die NSDAP/AO gibt NS-Zeitschriften in zwölf Sprachen heraus."

Lauck agitiert verstärkt online, seitdem er am 23. März 1999 nach der Verbüßung einer vierjährigen Haftstrafe in die USA abgeschoben wurde. Der selbst ernannte „Propagandaleiter" der NSDAP/AO war am 20. März 1995 auf Ersuchen der deutschen Behörden in Dänemark festgenommen und im September nach Deutschland ausgeliefert worden. Im folgenden Jahr verurteilte ihn das Landgericht Hamburg unter anderem wegen Volksverhetzung und Aufstachelung zum Rassenhass. Im Internet warnt Lauck jetzt vor Reisen nach Deutschland: „Travellers Alert! American citizens are now being arrested without warning at German airports! (...) Stay out of prison! Stay out of Germany!" Im August 1999 wurde ein Flugblatt mit diesem Text vor dem Lufthansaschalter am Flughafen von Los Angeles verteilt. Für Lauck ist diese „Kampagne gegen den BRD-Tourismus" der Beginn einer „Gegenoffensive". In einem „Frontbericht" im Internet outet er die „Handlanger der Tyrannei", die „höchstpersönlich die Verantwortung" für die Beteiligung an den „Verbrechen dieses Regimes" tragen. Lauck benennt konkrete Zielscheiben seiner Vergeltung: „Die Staatsanwälte und die Richter sind die Hauptschuldigen. Nicht die Kripo." An sie geht die Warnung: „Berufen sie sich auf einen 'Beamtenstatus' und auf die Ausrede 'Befehl ist Befehl', werden sie zu jenem Zeitpunkt daran erinnert, dass ihre Vorgänger in Nürnberg dasselbe sagten – aber sie wurden trotzdem von ihren 'Befreiern' erhängt" (Der Frontbericht, Herbst 1999) – in Laucks Diktion „ein Plan für (streng legale) Gegenmaßnahmen".

Der NSDAP/AO-Chef war schon des Öfteren mit der deutschen Justiz in Konflikt geraten. Bereits 1972 wurde er mit mehreren tausend Hakenkreuzaufklebern verhaftet und abgeschoben. 1974 hielt er in Hamburg eine Lobrede auf Hitler und hatte danach Einreiseverbot. Ein Versuch, 1976 erneut NS-Material nach Deutschland zu schmuggeln, scheiterte. Er wurde verhaftet und nach vier Monaten Haft in die USA abgeschoben. 1990 reiste er auf Kosten eines deutschen Journalisten für zwei Tage nach Ost-Berlin und traf dort den deutschen Neonazi Michael Kühnen: „Aufbauarbeit und vor allem die Vorbereitungen für eine Propagandaoffensive wurden mit Kameraden in Ost- und Westberlin besprochen." (NSK, September/Oktober 1990)

Anfang Juni 1995, während Laucks Inhaftierung, erschien die Partei-Publikation 'NS-Kampfruf' (Nr. 113/Mai-Juni 1995) erstmalig auf einem Nachrichtenbrett (Newsgroup/Usenet). Der „Koordinierungsausschuss Europa der NSDAP/AO" forderte dazu auf, den „gemeinsamen politischen Kampf zum Sieg" zu führen. „Der Kampf geht weiter!!! (...) Wir werden den Bonner Vasallen des Zionismus keine Ruhe lassen! (...) Wir müssen uns wieder zu Volk, Rasse und Nation bekennen oder untergehen, eine andere Alternative gibt es nicht! Ob Nationalsozialistin oder Nationalsozialist, ob in Deutschland oder einem anderen weißen Staat, Kameraden gebt den Kampf nie auf, kämpft mit äußerster Radikalität und bis zum Letzten, achtet nicht auf Euch, sondern auf das Wohl Eurer Rasse und niemand wird den Sieg des Nationalsozialismus aufhalten können." (NSK Nr. 113/95)

In der folgenden Ausgabe 114 rief der 'NS-Kampfruf' offen zur Gewalt auf. Ziel der Drohung war der damalige Generalbundesanwalt Kay Nehm, der als „Drahtzieher des Terrors" bezeichnet wurde: „Kay Nehm (54), Generalbundesanwalt: Verantwortlich für die jetzige Terrorwelle gegen die Untergrundkämpfer im Reichsgebiet. Eines Tages werden diese Politbonzen ihrer absolut notwendigen Beseitigung hinzugeführt werden! Für das System keinen Millimeter Boden, sonden neun mm." (NSK Nr. 114/95, zit. nach Verfassungsschutzbericht 1995, S. 113)

Nach Laucks Freilassung intensivierte sich die Propaganda der NSDAP/ AO. Bis November 1999 erschienen unter seiner Federführung allein fünf neue Ausgaben des 'NS-Kampfrufes'. Auch im Internet zeigt die Gruppe verstärkt Präsenz. Am 6. Oktober 1999, so vermerkt die Chronologie der Partei im WWW, „startet eine zweite, zweisprachige Website – Herkunft: Schweden." Inzwischen verfügt die Organisation über eine eigene Domain, die über den Server Earthlink läuft. In der Vergangenheit „stellte die NSDAP/AO über den Provider AOL im Bereich des WWW ausschließlich englischsprachige Texte ein. Mittlerweile bietet sie ihre eigene Homepage über den amerikanischen Provider 'Alpha' an," schrieb das Bundesamt für Verfassungsschutz 1998. (BfV: Rechtsextremistische Bestrebungen im Internet, März 1998, S. 14/15)

Die aktuelle Hauptseite ist weitgehend zweisprachig auf Deutsch und Englisch aufgemacht. Das ist zwar für US-Seiten außergewöhnlich, erklärt sich jedoch durch Laucks engen Deutschlandbezug. Darüber hinaus werden die wichtigsten Texte in weiteren Sprachen wie Dänisch,

Spanisch, Italienisch, Französisch, Ungarisch, Russisch und sogar Japanisch angeboten. Das „Standardangebot" konzentriert sich nach wie vor auf „Bücher über den Nationalsozialismus" sowie „diverses Propagandamaterial", darunter Hakenkreuzaufkleber, die wahlweise mit den Slogans „Ausländer Raus!" oder „Stop Non-White Immigration!" bestellt werden können. Außerdem bietet Lauck „Nazi Nudes (...) Aktfotografie der 30er & 40er Jahre" feil, weiterhin das Buch „SS-Rassenkunde und Richtlinien zur Gattenwahl" und für 120 Mark die „Nachbildung eines Zyklon B Kanisters in Museumsqualität – Marke Konzentrationslager Auschwitz". Direkt herunterladen lassen sich unter anderem die vollständige Version von „Mein Kampf" auf Deutsch und auf Englisch, die Broschüre „Die NSDAP/AO: Strategie, Propaganda und Organisation", als MP3-Dateien das „Horst Wessel Lied" und das „Deutschlandlied" sowie verschiedene Computerspiele wie „Nazi Doom" und die beiden älteren Spiele „Hitler" und „Anti-Türkentest". „Dank dem ersten Computer-Spiel der NSDAP/AO – Nazi Doom (NSDAP/AO) – hat die (...) Website mehr Besucher als je zuvor!", stellt Lauck fest. Dieser Zuspruch hat ihn vielleicht dazu bewogen, Ende September 2000 eine Nazi-Version der „Moorhuhnjagd" anzubieten. Die NS-Variante verschwand im Oktober 2000 allerdings wieder von der Lauck-Seite, weil die Erfinder des ursprünglichen Spieles den US-Neonazi verklagt haben. (vgl. Frankfurter Rundschau online, 20.10.2000)

In Laucks Linkliste nehmen die Verweise nach Deutschland den ersten und den größten Platz ein. Vertreten sind hier etwa die 'Berlin-Brandenburger Zeitung' von Frank Schwerdt, das Deutsche Rechtsbüro, die NPD-Zeitung 'Deutsche Stimme', die Hilfsorganisation für nationale politische Gefangene und deren Angehörige (HNG), das Thule-Netz, Radio Germania, die Website des Nationalen Widerstandes, das Zentralorgan und die NPD. International präsentiert Lauck eine brisante Mischung von British Movement, British National Party, der italienischen Alleanza Nazionale bis hin zur russischen Pamjat. Insgesamt liegt der Schwerpunkt bei Gruppen aus dem NS-Spektrum, es werden aber auch rechtspopulistische und nationalistische Organisationen aufgeführt. Rückverweise zur NSDAP/AO existieren in der Regel nicht, zum einen wohl aus strafrechtlichen Gründen, zum anderen dürfte sich ein Teil der „Verlinkten" nicht mit Laucks Partei identifizieren.

# 2. Deutsche Parteien und deren Umfeld

## 2.1. Nationaldemokratische Partei Deutschlands (NPD)

### 2.1.1. Bundesvorstand

„In Zeiten absoluter Medienkontrolle ist das Internet das letzte Medium, das eine tatsächliche Informationsfreiheit gewährleistet," so das Fazit eines Beitrags im NPD-Organ 'Deutsche Stimme' (Nr. 9, September 2000), der die Rolle des Internet „für die nationale Opposition" beleuchet. Besonders interaktiven Bereichen wie Foren, Gästebüchern und Chatrooms misst die NPD große Bedeutung zu. Hier „können sich die Nutzer auch untereinander austauschen und werden so zu medialen Multiplikatoren (...). Somit entsteht ein wichtiger Gegenpol zum herrschenden Zeitgeist." (Deutsche Stimme, Nr. 9, September 2000) Weiter heißt es: „Vor dem Hintergrund der übermächtig erscheinenden gleichgeschalteten Presse bilden die Neuen Medien den Schwerpunkt der nationalen Gegenöffentlichkeit." (Deutsche Stimme, Nr. 9, September 2000) Das WWW sei schnell und „eine kostengünstige Möglichkeit, sich an die breite Masse zu wenden." (Deutsche Stimme, Nr. 9, September 2000)

Die Nationaldemokraten haben sich schon früh auf die Neuen Medien konzentriert. So sagte der Vizepräsident des Landesamtes für Verfassungsschutz Baden-Württemberg, Hans-Jürgen Doll, im August 2000 in der ZDF-Dokumentation „Hass und Propaganda":

„Die NPD war die erste rechtsextremistische Partei, die über ein eigenes Angebot im Internet und später über einen eigenen Providerdienst verfügte. (...) Heute nutzt die NPD das Netz vor allen Dingen, um Kontakte zu Gleichgesinnten zu knüpfen und die Meinungsbildung in ihrem Sinne voranzubringen."

Bereits auf dem Parteitag 1991 gründete die NPD einen „Arbeitskreis Medien und Technik" unter der Leitung von Herbert G. Welsch. Ab Januar 1992 bot sie ihre Propaganda im Btx-Dienst der Telekom an. Der

Durchbruch kam allerdings erst mit dem Internet, in das die NPD im Februar 1996 mit einer eigenen Homepage einstieg. Diese wurde von einem Funktionär aus dem Kreisverband Augsburg eingerichtet. Bei einer Pressekonferenz am 27. März 1996 in München bezeichnete der NPD-Vorsitzende Udo Voigt „die Intensivierung der elektronischen Vernetzung und die verstärkte Nutzung des Kommunikationssystems Internet sogar als ein politisches Hauptziel der Partei." (BfV: Rechtsextremistische Bestrebungen im Internet, März 1998, S. 5, *www.verfassungsschutz.de*) Im Juli veranstaltete der NPD-Kreisverband Augsburg einen „Internet-Kongress" unter dem Motto „Zusammenarbeit und Vernetzung der an moderner Informationstechnik beteiligten nationalen Gruppen". Ziel des Treffens, an dem unter anderem „Betreiber von 'Thule-Netz'-Mailboxen und Neonazis teilnahmen, war in erster Linie die Abstimmung der Homepages im Internet. (...) Die NPD scheiterte mit ihrem Bemühen, sich als organisatorisches Dach für das 'Thule-Netz' zu etablieren." (ebd., S. 9)

Im Juli 1996 richtete der NPD-Kreisverband Köln eine eigene Homepage ein. Im September desselben Jahres folgte der NPD-Landesverband Nordrhein-Westfalen, dessen Seite im Dezember 1996 von dem Provider America Online (AOL) gesperrt wurde. (vgl. BfV: Rechtsextremistische Bestrebungen im Internet, Februar 2000, S. 14) Die NPD meldete im Februar 1997 eine eigene Domain an, über die alle Homepages der NPD und ihr nahe stehender Organisationen erreichbar waren. Anfänglich existierten auch Links zu den amerikanischen Seiten Stormfront und The National Alliance, die mittlerweile jedoch „vermutlich aufgrund rechtlicher Bedenken wieder entfernt worden sind." (BfV: Rechtsextremistische Bestrebungen im Internet, März 1998, S. 10)

Besonders im Sommer und Herbst 2000 gerieten auch das NPD-Internetangebot und die Provider, darunter Puretec, vermehrt unter Druck. Zeitweise waren insbesondere Seiten der NPD-Bundesebene gesperrt. Zum Teil stieß der Surfer auf Mitteilungen wie diese:
„Auf Grund des derzeitigen Gesinnungsterrors gegen national denkende Menschen in der Bundesrepublik Deutschland – dem freiesten Staat, den es auf deutschem Boden je gab – ist die angeforderte Netzseite derzeit nicht erreichbar."

Der NPD-Pressesprecher, Klaus Beier, erklärte: „Eine Verbannung der Partei aus dem www wird es nicht geben. (...) Puretec ließ sich vom kommunistischen VVN (Verein der Verfolgten des Naziregimes, d. Verf.) nötigen und kündigte den Vertrag. Inzwischen ist auch das geregelt", das Informationsangebot sei wieder abrufbar. „Diese Zwischenfälle haben gezeigt, dass es genug Provider in Deutschland und auch im Ausland gibt, die die NPD-Seiten hosten wollen." Täglich kämen zwischen 2.000 und 4.000 Besucher zu den NPD-Seiten. Die Verbotsdiskussion habe „die Zugriffe pro Tag fast verdoppelt. Die meisten Anfragen seit Beginn der Verbotsdiskussion wegen Werbematerial kommen über das Internet und auch die meisten Anforderungen von Aufnahmeanträgen." Demnächst sollten auch „Parteitage und andere wichtige Veranstaltungen im Internet übertragen werden." (Brief an die Autoren vom 16.10.2000)

Wegen der Sperrung verschiedener Homepages hat die Partei eine „Sonderseite" eingerichtet, beheimatet auf der Internetseite des Landesverbandes Sachsen. „Die Zusammenarbeit zwischen dem Webmeister der Bundesseiten und dem Webmeister des Sachsen-Angebotes" sei „sehr eng", sagte Klaus Beier. Verschiedene NPD-Homepages sind auf Jens Lehmann in Baerenstein registriert, der auch als Domain-Inhaber der sächsischen Website „Kulturkammer" fungiert. (vgl. Kapitel 2.4.)

Die zunächst als vorübergehendes Angebot gedachte „Sonderseite" hat sich als feste Einrichtung etabliert. Hier lassen sich zum einen die Bundesebene der Partei betreffende Informationen abrufen, darunter das „Programm für das Volk!" mit angeblich „Neuen Lösungen", die in verschiedenen Punkten abgehandelt werden, darunter „Grundlage des Staates ist das Volk", „Grundlage unseres Volkes ist die deutsche Familie", „Die raumorientierte Volkswirtschaft", „Deutschland muß wieder deutsch werden" oder „Deutschland in seinen geschichtlich gewachsenen Grenzen". In der Einleitung heißt es, die „Konzepte und Positionen der Nachkriegszeit" hätten „ausgedient".

„Die Vereinigung der bisherigen Teilstaaten BRD und DDR, der Zusammenbruch des kommunistischen Systems, die Wanderungsbewegungen nach und in Europa (...) haben neue Fragestellungen hervorgerufen. (...) Zunehmend wird als einziger Lösungsansatz die 'multikulturelle Gesellschaft' gesehen, die durch Austausch des Volkes die tragenden Schichten

an der Macht halten soll. Im Gegensatz dazu strebt die National-
demokratische Partei Deutschlands den Austausch der Mächtigen an, um
dem deutschen Volk im Rahmen der europäischen Völkerfamilie eine
Zukunft zu geben."

Zum anderen widmet sich die „Sonderseite" der aktuellen Initiative „Argumente statt Verbote! Nein zum NPD-Verbotsantrag!". Mit einer „unglaub-
lichen Hetzkampagne" werde „zur Zeit versucht, die Nationale Opposition in Deutschland zu kriminalisieren." Die Partei präsentiert sich als
verfassungskonform und distanziert sich von Gewalt:
„Es gibt schlimme Übergriffe auf Ausländer, Obdachlose und andere
Gruppen. Die Frage ist nur, welcher Personenkreis diese Straftaten be-
geht. Dazu muß gesagt werden, daß Personen, die solche Taten begehen,
unterstützen oder gutheißen, in der NPD nichts verloren haben."

Es stimmt zwar, dass für die meisten Gewalttaten mit rechtsextremis-
tischem Hintergrund nicht Personen aus dem organisierten Spektrum
verantwortlich sind. Richtig ist aber, dass verstärkt von NPD-Anhängern
und -Umfeld Gewalt ausgeht, worüber im Übrigen auch „oppositionel-
le" Medien berichten, wie etwa das Nationale Infotelefon (NIT) des Hamburger Rechtsextremisten André Goertz. In dessen Internet-Ausgabe war
am 21.7.2000 zu lesen:
„In Wuppertal verübten fünfzehn Personen einen Überfall auf ein Treffen der linksextremen Organisation VVN/BdA. Obwohl es sich bei deren Anhänger überwiegend um Senioren handelt, griffen die Täter diese
mit Schlagwerkzeugen an. Besonders befremdlich ist, daß die meisten
Tatverdächtigen, die zum Teil noch am Tatort festgenommen wurden,
der NPD angehörten. Unter ihnen der Funktionär Thorsten Crämer, der
bisher für die NPD im Gemeinderat der Stadt Schwelm saß. Auch er hat
inzwischen ein Geständnis abgelegt."

Im Mittelpunkt der Kampagne „Argumente statt Verbote!" steht die
„Unterschriftenaktion von Horst Mahler", zu deren Unterstützung die
NPD aufruft. Der ehemalige Linksterrorist hat sich im August 2000 den
Nationaldemokraten angeschlossen. Ob sich die Partei mit der Wahl die-
ses seltsamen Bundesgenossen einen Dienst erweist, wird sich zeigen.
Provokativ ist Mahler auf alle Fälle. Seine „Unterschriftensammlung"
stellte er im September bei einer Pressekonferenz im NPD-Hauptquar-

tier in Berlin der Öffentlichkeit vor. Ebenfalls anwesend bei dem Medienspektakel waren der NPD-Vorsitzende Udo Voigt, der ehemalige „Republikaner"-Chef Franz Schönhuber, der einstige Marxismus-Leninismus-Dozent Dr. Michael Nier und der ehemalige APO-Aktivist und inzwischen zum rechtsextremen Theoretiker gewandelte Dr. Reinhold Oberlercher. (vgl. Junge Freiheit, Nr. 38, 15.9.2000 „Das letzte Aufgebot. NPD versucht Verbot mit eigenen Initiativen zu verhindern"). Schönhuber wurde auf einer verteilten Erklärung Mahlers als Erstunterzeichner genannt, „sein Name" soll aber „überraschenderweise nicht mehr unter dem Aufruf stehen" (Junge Freiheit, Nr. 38, 15.9.2000) Allerdings stelle sich „der Mitbegründer der Republikaner (...) vor die NPD, genauso wie er sich, nach eigenem Bekunden, auch vor die PDS stellen würde." (ebd.) Im Internet führt die NPD Schönhuber allerdings noch als einen der Unterzeichner auf (Stand: 4.10.2000).

Auf der NPD-Kampagnen-Seite nachzulesen sind ferner weitere Texte von Mahler, darunter der „Appell an die Bürger des Deutschen Reiches". „Horst Mahler, in Geschäftsführung ohne Auftrag für das Deutsche Reich" knüpft hier an die „Reichsregierung Dönitz" an, und behauptet, seit deren „völkerrechtswidriger Verhaftung (...) durch die Siegermächte" seien „die Staatsorgane des Deutschen Reiches handlungsunfähig." Das ehemalige Mitglied der „Roten Armee Fraktion" (RAF) entwickelt Ideen von einer angeblichen jüdischen Verschwörung. Als einen „Drahtzieher" und „Schattenkanzler" in Deutschland macht er den Vorsitzenden des Zentralrates der Juden, Paul Spiegel, aus. Rechtsextremismus und Fremdenfeindlichkeit sind für Mahler lediglich Hirngespinste, die er als „deutschfeindliche Umtriebe" abqualifiziert. Der Kritik an diesen Missständen schreibt er die Schuld daran zu, „dass die natürliche – quasi instinktive – Gegenwehr des Deutschen Volkes gegen seine Umvolkung zu einer afro-euro-asiatischen Mischrasse keinen politischen Ausdruck finden kann und deshalb sich hilflos und ohnmächtig in verbrecherischen Gewaltakten zeigt."

Mahler beschwört ein vermeintliches Schreckensszenario: „Wir alle müssen uns gegenwärtig halten, dass wir uns im Krieg befinden." Er sucht und findet seinen Sündenbock in der braunen Mottenkiste. Die Verantwortung für alles Übel gibt er dem jüdischen Gott:

„Der Zeitgeist, indem er die Abwehr des Fremden verurteilt, ist ein Völkermörder – wie Jahwe; (...) indem er die Deutschen zwingt, an den Holocaust zu glauben, zerstört die Freiheit im Innersten der menschlichen Existenz und erweist sich dadurch als Despot – wie Jahwe."

An anderer Stelle wartet er mit einer Mischung von Antisemitismus und Antikapitalismus auf: „Die Menschheit wird sich – wie es der Jude Karl Marx schon 1843 gefordert hat – vom Judentum emanzipieren." Voll auf Linie der NS-Propaganda liegt er mit der „Einsicht, daß die Weltherrschaft des Geldes den Juden nicht von den historischen Nationalsozialisten angedichtet worden ist. Sie ist vielmehr eine Realität." Angeblich befinden wir uns in einem Schicksalskampf: „Die Systemlinge stellen jetzt unser Volk vor die Alternative: Bürgerkrieg oder nationale Erhebung nach dem Vorbild unserer mitteldeutschen Landsleute im Jahre 1989." Pathetisch faselt er von „persönlichen Opfern", vom „Beitrag zur Verteidigung des Deutschen Volkes", vom Einreihen in die „Front des Nationalen Widerstandes", von der „Reichsbürgerpflicht zur Verteidigung von Volk und Reich", denn es sei an der Zeit, „uns unserer Ahnen würdig zu erweisen." Unerwartet trivial dann die Lösung, nämlich das „Bekenntnis" zur NPD.

Die „Verweise ins Weltnetz" der „Kampagnen"-Seite führen neben Untergliederungen der eigenen Partei, Homepages von Horst Mahler, Franz Schönhuber und Reinhold Oberlercher auch die Websites von Nation & Europa, die Junge Landsmannschaft Ostpreußen, das Nationale Infotelefon des Rechtsextremisten André Goertz, den Skingirlfreundeskreis Deutschland, das Störtebeker-Netz, das Deutsche Rechtsbüro oder die neonazistische „Hilfsorganisation für nationale politische Gefangene und deren Angehörige" auf.

Mit der Verbotsdebatte ist die derzeit älteste rechtsextreme Partei Deutschlands massiv unter Druck geraten. Sie existiert seit 1964 und wurde ursprünglich als Sammlungsbewegung des zersplitterten rechtsradikalen Lagers gegründet. In den sechziger Jahren konnte sie die größten Erfolge verzeichnen und bis zu 28.000 Anhänger um sich scharen. Zwischen 1966 und 1968 zog sie in sieben Länderparlamente ein, scheiterte jedoch bei der Bundestagswahl 1969 knapp mit 4,3 Prozent und geriet danach in eine tiefe Krise. Seitdem der damalige bayerische Landesvorsitzende Udo Voigt 1996 die Führung der Partei übernahm, setzt die NPD verstärkt auf sozialpolitische und Wirtschaftsthemen. Diese Neuorientierung und die Öffnung gegenüber dem Neonazispektrum hat Zulauf gebracht. Nach dem historischen Tiefststand von 3.500 Anhängern im Jahr 1996 hatte die Organisation 1999 laut Verfassungsschutz 6.000 Mitglieder. Nach eigenen Angaben auf der Homepage soll diese Zahl bis Mitte 2000 auf 7.000 gestiegen sein. Die NPD wird „wegen ihrer offenen Systemfeindlichkeit" von Sicherheitsbehörden als „die radikalste der rechtsextremistischen Parteien" eingeschätzt. Sie „hält weiterhin an ihrem ‚Drei-Säulen-Konzept' von 1997 fest. Neben dem ideologischen ‚Kampf um die Köpfe' zählen dazu der ‚Kampf um die Straße' und der ‚Kampf um die Parlamente'. (...) Die Parteiführung setzt weiter auf eine außerparlamentarische Opposition (‚Kampf um die Straße'), mit deren Hilfe sie langfristig eine parlamentarische Verankerung (‚Kampf um die Parlamente') zu erreichen glaubt." (Verfassungsschutzbericht des Landes Nordrhein-Westfalen 1999, S. 78/79, *www.verfassungsschutz.nrw.de*)

Die aktuellen Mitteilungen der NPD kreisen vor allem um ein mögliches Verbot der Partei und die öffentliche Debatte darüber. Naturgemäß werden in diesem Kontext besonders Stimmen gesammelt, die sich kritisch zu einem derartigen Vorgehen äußern. Berichtet wird ferner über die (meist erfolglose) Teilnahme an Wahlen. Ausnahmen gibt es auf Gemeindeebene. „Bei der Kommunalwahl in Sachsen am 13. Juni 1999 konnte die nationale Opposition acht Mandate erringen!!!", heißt es auf der Homepage. Bei den Kommunalwahlen in Sachsen-Anhalt am 13. Juni und am 12. September 1999 in Nordrhein-Westfalen seien es jeweils ebenfalls „drei Mandate" gewesen. Traditionelle Hochburgen hat die NPD in Hessen. In Wölfersheim im Wetteraukreis zog sie bei den Gemeindewahlen 1997 mit sieben Abgeordneten (22,7 Prozent der Stimmen) ins Rathaus ein. In Ehringshausen im Lahn-Dill-Kreis erreichte sie bei derselben Wahl 22,9 Prozent und sieben Sitze. (Hessisches Statistisches Landesamt, *www.hsl.de*)

Außerdem werden die Mitglieder des amtierenden Bundesvorstandes vorgestellt. Über den Parteivorsitzenden Udo Voigt („Jahrgang 1952") erfährt man, er sei „bereits seit seiner Jugend in der NPD aktiv. Der gelernte Flugzeugbauer war von 1972 bis 1984 Berufssoldat bei der Bundeswehr, die er als Hauptmann verließ. Anschließend studierte er in München politische Wissenschaften." Erwähnung finden ferner unter anderem der Bundespressesprecher Klaus Beier, der Jurist Dr. Hans-Günther Eisenecker, Leiter der NPD-Rechtsabteilung, der stellvertretende Parteivorsitzende Jürgen Schön, Holger Apfel, „seit Anfang der 90er Jahre führend bei den Jungen Nationaldemokraten (JN) aktiv, von 1998 bis 1998 (...) JN-Bundesvorsitzender", der „Finanzexperte der NPD" und „Geschäftsführer des Deutsche Stimme Verlages" Erwin Kemna oder die hessische NPDlerin Doris Zutt. Am interessantesten ist vielleicht das, worauf die Partei nicht näher eingeht, etwa der politische Lebenslauf von Sascha Roßmüller. Dieser wurde beim Bundeskongress am 10. April 1999 zum neuen JN-Bundesvorsitzenden gewählt. „In seiner Schlussansprache kündigte Roßmüller einen radikaleren politischen Kurs an. Roßmüller war Aktivist des 1993 verbotenen neonazistischen Nationalen Blocks (NB). Seine Wahl unterstreicht deutlich die neonazistische Ausrichtung der JN." (Verfassungsschutzbericht Bayern 1999, S. 40, *www.verfassungsschutz.bayern.de*) Weiterhin sitzen im Bundesvorstand der NPD die Neonazis Jens Pühse, früher bei der 1992 verbotenen Nationalistischen Front (NF), und Frank Schwerdt. Letzterer, Vorsitzender der Gruppe „Die Nationalen" bis zu deren Selbstauflösung 1997, hat im Raum Berlin-Brandenburg einen Kreis um sich geschart, der sich als „Sammelbecken für organisierte und unorganisierte Neonazis" versteht. (Verfassungsschutzbericht des Bundes 1999, S. 35) „Insgesamt haben derzeit elf Mitglieder der Bundesebene von NPD und JN einen neonazistischen Vorlauf. Auf der Ebene der Landesverbände sind dies gegenwärtig 59." Zu diesem Ergebnis kommen Berichte, die von Arbeitsgruppen der Innenminister-Konferenz zusammengestellt wurden. (Frankfurter Rundschau online, 20.10.2000)

Von der NPD-Seite gelangt man zur Parteipublikation ‚Deutsche Stimme. Monatszeitung für Politik und Kultur', die auf einer eigenen Domain angesiedelt ist. Einige Ausgaben können online gelesen werden, ebenso die neue „NPD-nahe Zeitung" ‚Nationale Nachrichten'. Zu den Themen der ersten Nummer gehören „Unser Programm für Arbeit und Wirtschaft" („Arbeitsplätze zuerst für Deutsche", „Sondersteuer" für Unternehmen, die Ausländer beschäftigen), „Vertreibt die Dealer von den Schulen" oder „Legt den Fälschern das Handwerk" („Aus für Anti-Wehrmachts-Schau").

## 2.1.2. Junge Nationaldemokraten (JN) und Nationaldemokratischer Hochschulbund (NHB)

Die NPD verfügt „als einzige rechtsextremistische Partei (...) über eine zahlenmäßig relevante Jugendorganisation", konstatiert der Verfassungsschutz, der 350 Mitglieder der Jungen Nationaldemokraten (JN) für 1999 nennt. (Verfassungsschutzbericht 1999, S. 66) Die JN sind im Weltnetz derzeit nur über die Mutterpartei zu erreichen, denn „unsere Internetseiten wurden uns rechtswidrig und kommentarlos gesperrt, sogar die eBrief-Konten wurden geschlossen." Die Jungen Nationaldemokraten verstehen sich als „weltanschauliche-geschlossene Jugendbewegung neuen Typs mit revolutionärer Ausrichtung und strenger innerorganisatorischer Disziplin". Sie orientieren sich am „Leitbild des politischen Soldaten (...), der von seinen Idealen angetrieben wird, der unzweideutig handelt, wenn es gilt, unseren politischen Auftrag zu erkämpfen." Zu den „Leitsätzen" der Gruppe gehört „ein auf der Basis der Verschiedenartigkeit der Menschen erstelltes, realistisches und lebensrichtiges Welt- und Menschenbild", ferner die „Nation". Diese ist „das Volk, das sich einer Abstammung, Tradition und gemeinsamen Lebens- und Schicksalsgemeinschaft bewusst geworden ist und damit die höchste Form kollektiver Identität entwickelt hat."

Zu den Aktionen der JN zählen, „um das Kameradschaftsbewusstsein unserer Bewegung zu stärken", auch „Zeltlager (...), Fahrten in die deutschen Länder und ins europäische Ausland, (...) Orientierungsmärsche und sportliche Aktivitäten, Ausrichtung traditioneller Feiern und Gedenkveranstaltungen". Bleibenden Eindruck hinterlassen hat bei den Beteiligten das Pfingstlager 2000, zu dem auch „ca. 30 Kameraden aus Schweden" gekommen waren. „Als Austragungsstätte diente uns das Gelände einer ehemaligen Nationalsozialistischen Bildungseinrichtung des Dritten Reiches in Sachsen-Anhalt." Auf dem Programm standen ein Ausflug zu einem Hexenkultplatz „sowie eine Besichtigung der Festung Falkenstein, nachdem uns leider die Führer für eine Stadtführung in Quedlinburg kurzfristig eine Absage erteilten (das typische BRD-Manko: Führerprobleme seit 1945!)." Als ein „Höhepunkt dürfte wohl allen Teilnehmern die Führung durch das ehemalige Napola-Gelände mit seinen Gebäuden und einer kleinen eigens für uns organisierten Ausstellung empfunden worden sein." Napola war im „Dritten Reich" die „volkstümliche Abkürzung für Nationalpolitische Erziehungsanstalt", vermerkt das „Lexikon Deutsche Geschichte im 20. Jahrhundert", herausgegeben vom mittlerweile verstorbenen der NPD nahe stehenden Verleger Waldemar Schütz. (Schütz 1990, S. 295) Weiter heißt es dort: Die Nationalpolitischen Erziehungsanstalten „verbanden die wissenschaftliche Ausbildung (...) mit der Vermittlung der nationalsozialistischen Weltanschauung und umfassender körperlicher Erziehung durch Leibesübung und Wehrsport, sollten zur Gemeinschaft erziehen und auf lange Sicht den nationalsozialistischen Führernachwuchs im Staat stellen." (Schütz 1990, S. 298)

Neben den JN verfügt die NPD über den Nationaldemokratischen Hochschulbund (NHB), der von sich behauptet, „die einzige nationalistische und fundamentaloppositionelle Studenten- und Akademikerorganisation in der BRD" zu sein. Seine Hauptaufgabe sieht er nicht im „Nebenschauplatz" der Hochschulpolitik, sondern in der „Erarbeitung geistiger Grundlagen für nationale Politik". Sein Ansatz zielt auf die Überwindung des Systems unter dem Motto „Denken – Handeln – Siegen", denn angeblich lassen sich die „Probleme der Gegenwart und der Zukunft (...) weder nur auf parlamentarischen Wege noch mit Lösungen vergangener Tage und schon gleich überhaupt nicht innerhalb der derzeit gegebenen gesellschaftlich politischen Strukturen bewältigen."

Der NHB versteht sich als „Ideenwerkstätte und Diskussionplattform für die unterschiedlichsten Denkansätze". Ein Forum stellt das „Theorie- und Strategieorgan" der Organisation ‚Vorderste Front' (VF) dar. In diesem Heft wurde etwa die „Dritte Position" jenseits von Kommunismus und Kapitalismus debattiert (Ausgabe 2). Der NHB fühlt sich „geistig, nicht aber organisatorisch" dieser Richtung und der rechtsextremistischen britischen „International Third Position" zugehörig. (Stand: Mai 2000, aktuell nicht im Internet erreichbar) Der berühmt-berüchtigste Text, der in der ‚Vordersten Front' erschien, ist der Aufruf „Schafft befreite Zonen!". Dort wird die „Etablierung einer Gegenmacht" und die Brechung des staatlichen Machtmonopols gefordert:
„Wir müssen Freiräume schaffen, in denen **wir** faktisch die Macht ausüben, in denen **wir** sanktionsfähig sind, das heißt **wir** bestrafen Abweichler und Feinde, **wir** unterstützen Kampfgefährtinnen und -gefährten, **wir** helfen unterdrückten, ausgegrenzten und verfolgten Mitbürgern. Das System, der Staat und seine Büttel werden in der konkreten Lebensgestaltung der politischen Aktivisten der Stadt **zweitrangig**."

## 2.1.3. Landes-, Kreisverbände und andere

„Das ganze Deutschland soll es sein! Niemals vergessen: Jenseits von Oder und Neiße leben – trotz Austreibung und Völkermord – noch immer mehr als zwei Millionen Deutsche!" – so das Leitmotiv, das zu den regionalen Parteiuntergliederungen führt.

Zur Zeit haben 15 Landes- und verschiedene Kreisverbände Material ins Internet gestellt. Die Landesverbände präsentieren auf ihren Seiten in der Regel den Vorstand, die Kreisverbände und, falls vorhanden, ihre Publikationen wie die ‚Bayern Stimme', ‚Südwestecho' (Rheinland-Pfalz), ‚Zündstoff' (Berlin-Brandenburg), ‚Deutsche Zukunft' (Nord-rhein-Westfalen) oder die ‚Neue Thüringer Zeitung' und berichten über regionale Aktionen, die allerdings meist von bundesweiten Schwer-punkten wie dem NPD-Verbotsantrag überlagert werden. Auch in Landesverbänden spielen Neonazis zum Teil eine große Rolle. Der neo-nazistische „Thüringer Heimatschutz" (THS) unter der Führung von Tino Brandt etwa gewann 1999 „im Landesverband und den Kreisverbänden der NPD Thüringens einen erheblichen Einfluss; von den elf Kreis-verbänden Thüringens stellt der THS vier Kreisvorsitzende. Im elfköpfi-gen Landesvorstand der NPD ist er mit gleichfalls vier Funktionären vertreten." (Verfassungsschutzbericht Thüringen 1999, S. 53)

Ein immer wiederkehrendes Thema ist das Problem mit Internetprovi-dern. So klagt der Landesverband Baden-Württemberg, „Demokratie? Meinungsfreiheit, -vielfalt? Alles Vergangenheit. Vor ein paar Jahren war Zensur noch eine Todsünde im Internet – heute alles 'kalter Kaffee'. Durch die anhaltende Medienhetze lassen Unternehmen beirren und einschüch-tern. Sie sperren wahllos (...) Internetangebote mit nationalem Inhalt."

Weiter heißt es: „www bedeutet weltweiter Widerstand gegen Zensur und Meinungsdiktatur." Rund ein Dutzend gesperrte Seiten der NPD und des NPD-Umfeldes werden aufgelistet, außerdem die „verantwort-lichen" Server. Für ein Drittel der Fälle werden „Ersatzadressen" ange-geben. (Stand: 9.10.2000) Ende Oktober war die baden-württembergische Website auch nicht mehr erreichbar. Der Kreisverband Dresden stellt einen Teil seines Angebotes über ausländische Provider ein und argumentiert: „Da es in diesem ekelhaften System scheinbar nicht mehr möglich ist, seine Meinung frei zu äußern, hat sich die Netzmeisterei Dresden, wie auch andere Netzmeistereien, dazu entschlossen, kostenlose Adressen und Speicherplatz im demokratischen Ausland zu mieten."

Unter den Landesverbänden nutzt Sachsen das Weltnetz am ausgiebigsten für die Verbreitung seiner Propaganda, was auch NPD-intern bestätigt wird. „Die NPD Sachsen gehörte hinsichtlich des Internet zu den Pionieren in der Partei. Das Angebot der meisten Kreisverbände dort ist sowohl von der Gestaltung als auch vom Nachrichtenwert hervorragend." (NPD-Pressesprecher Klaus Beier, Brief an die Autoren vom 16.10.2000) Online ist auch die ‚Sachsen-Stimme', die über die Arbeit des Skingirl Freundeskreis Deutschland (SFD) oder eine „Sachsen-Fahrt" des „nationalen Aktivisten und Freund der NPD Friedhelm Busse" berichtet. Busse war bis zum Verbot Vorsitzender der Freiheitlichen Deutschen Arbeiterpartei (FAP). „Er sprach unter anderem in Dresden, Königstein, Wurzen und Chemnitz. Am 27. März referierte Busse in Leipzig zu Mitgliedern der NPD, die neben jungen Leuten von freien Kameradschaften den Raum füllten." (Sachsen-Stimme online)

### 2.1.4. Horst Mahler

Auf den seit einiger Zeit im rechtsextremen Dunstkreis agierenden und mittlerweile der NPD beigetretenen Horst Mahler sind die Domains der Horst Mahler-Seite, der Website der Bürgerbewegung „(Für) Unser Land" und die der „Werkstatt Neues Deutschland" registriert. Eine „Ausrufung des Aufstandes der Anständigen" vom 15. Oktober 2000, unterzeichnet von Horst Mahler, Reinhold Oberlercher und Uwe Meenen, knüpft an Gerhard Schröders Aufstand der Anständigen an und verdreht diesen in menschenverachtenden Rechtsextremismus. Verlangt wird „das Verbot der jüdischen Gemeinden" und das „Verbot aller vom jüdischen Volksgeist beeinflußten Vereinigungen und Einrichtungen, weil sie Völkervertreibung und Völkermorde unterstützen." Unter der Überschrift „Der Judaismus ist eine tödliche Gefahr für die Völker" wird behauptet: „Der Krieg der jüdischen Organisationen gegen das deutsche Volk dauert an." Außerdem werden „revisionistische" Sprüche und NS-Propaganda wiedergekaut:

„Wir haben mit großen Anstrengungen in Erfahrung gebracht, daß die beiden Weltkriege gegen das Deutsche Reich unter maßgeblicher Beteiligung jüdischer Bankiers und jüdischer Medien organisiert wurden, in der Absicht, das Deutsche Reich für immer zu zerstören, weil es Anfang des Jahrhunderts durch friedlichen Handel das von jüdischen Bankiers beherrschte Britische Empire herausgefordert hatte und ungeachtet der militärischen Niederlage im I. Weltkrieg dem erwachten Weltmachtstreben der US-Ostküste im Wege stand."

An anderer Stelle wird der Mythos der reinen Rasse beschworen: „Wir erkennen in der massiven Überfremdung unseres Volkes und der anderen europäischen Völker die Strategie zur Auslöschung der Gojim-Völker. Die auf diesem Wege entstehende rassisch, völkisch und kulturell durchmischte Weltbevölkerung ist der jüdischen Welthirtschaft wehrunfähig preisgegeben."

Die „ersten praktischen Schritte zur Befreiung vom Judaismus" seien der „friedliche Aufstand der Anständigen mit dem Ziel, eine Deutsche Nationalversammlung zu berufen." Diese solle eine „provisorische Reichsregierung" berufen, die zunächst ein „Hunderttageprogramm" umsetzen solle. Auszüge aus dem vorgeschlagenen Maßnahmenkatalog, der teilweise direkt an den Nationalsozialismus erinnert: „Beendigung der Ausländerbeschäftigung, (...) Pflicht zur Meldung aller von Ausländern besetzten Arbeitsplätze beim Arbeitsamt als freie Arbeitsplätze, die an volksdeutsche Bewerber vergeben werden müssen." Ferner wird die „Ausweisung aller arbeitslos gewordenen Ausländer" gefordert, das heißt wohl aller Ausländer, weil sie ja zwangsweise ihre Arbeit verloren haben. Der Katalog gipfelt in Vorschlägen wie diesen: „Pflicht in Deutschland lebender Ausländer, grundsätzlich öffentliche Verkehrsmittel zu benutzen" oder „Verbot des Straßentransits für ausländische PKWs und LKWs; Vorschrift von nächtlichen Auto-Zügen für die Durchreise." Auch die Kultur soll „gesäubert" werden: „Beschränkung des Fernsehens auf zwei nationale Programme (für deutsche Volkskultur und deutsche Hochkultur samt Wissenschaftspflege) und auf je ein Regionalprogramm alle deutschen Stammeskulturen" usw. usf. (Internetseite von Werkstatt Neues Deutschland)

Horst Mahler hat Texte, die er im Verlauf von drei Jahrzehnten verfasst hat, auf seiner Homepage eingestellt. Sie dokumentieren seine ideologischen Wandlungen. „Man begreift nicht die Zerstörungen, die die Nazibarbarei in uns angerichtet hat, wenn man den Staat nur äußerlich als ‚Unterdrückungsmaschine' faßt und nicht auch als reale Existenz des allgemeinen Willens", schrieb er 1978 in der Haftanstalt Tegel. „Der Faschismus", sinnierte er und meinte den Nationalsozialismus, „war die Vernichtung der letzten Reste von Sittlichkeit im öffentlichen Leben. Er hat eine eiternde Wunde in unserem Bewußtsein hinterlassen."

Von dort ist es ein weiter Weg bis zur so genannten „Kanonischen Erklärung zur Bewegung von 1968", die Mahler gemeinsam mit den ehemaligen Anhängern des Sozialistischen Deutschen Studentenbundes (SDS) Günter Maschke und Reinhold Oberlercher verfasst hat. Es geht um den Versuch, die Studentenrevolte für die nationalistische Sache zu vereinnahmen und umzuinterpretieren. Die „Bewegung der Jahre um 1968" sei „weder für Kommunismus noch für Kapitalismus, weder für drittweltliche oder östliche noch für (eine) westliche Wertegemeinschaft" aufgestanden, „sondern allein für das Recht eines jeden Volkes auf nationalrevolutionäre wie sozialrevolutionäre Selbstbefreiung". Aus dieser Strömung seien angeblich „zwei nationalrevolutionäre Flügel entstanden, die Neue Linke und die Neue Rechte." Dass man Horst Mahlers Gedankenspielereien nicht allzu ernst nehmen sollte, zeigt einmal mehr seine „Einleitende Betrachtung zur Skizze für eine Reichsordnung", in der er die Forderung nach einem neuen Kaisertum aufstellt.

Horst Mahler trat auf „Veranstaltungen der unterschiedlichsten rechtsextremistischen Organisationen als Referent auf, (...) veröffentlichte in den verschiedenen rechtsextremistischen Publikationen Interviews und Kommentare und scheute selbst Kontakte in das neonazistische Lager nicht." (Verfassungsschutzbericht 1999, S. 71) Im März 1999 fand unter dem Motto „Von ‚Terrorist' zu ‚Terrorist'" ein Treffen zwischen dem ehemaligen Rechtsterroristen Peter Naumann und Horst Mahler statt, das die neonazistische „Kameradschaft Karlsruhe" organisiert hatte. (vgl. ebd., S. 30/31) Zeitweise waren Texte der Bürgerbewegung „Für unser Land" auf der Internetseite des Landesverbandes Berlin der Republikaner abrufbar. (vgl. Kapitel 2.3.)

## 2.2. Nationalfreiheitliche Organisationen

### 2.2.1. Deutsche Volksunion (DVU)

Die Homepage der Deutschen Volksunion (DVU) gehört zu den weniger spannenden im Netz. Dennoch ist zu beobachten, dass die Partei das Internet verstärkt nutzt. Sie ist mit einer eigenen Domain über den Server Europost im Internet vertreten, die DVU-Landtagsfraktionen haben zum Teil eine Domain angemeldet, ebenso sind einige Landesverbände, der „DSZ-Druckschriften- und Zeitungsverlag GmbH" und der „FZ-Freiheitlicher Buch- und Zeitschriftenverlag GmbH" mit eigenen Angeboten präsent. Trotzdem entsteht der Eindruck, dass immer noch stark auf Printmedien gesetzt wird, vielleicht um den Senioren unter der DVU-Anhängerschaft gerecht zu werden. „Die Angebote des traditionellen, organisierten Rechtsextremismus scheinen für Jugendliche wenig interessant zu sein", resümierte das „jugendschutz.net", eine gemeinsamen Einrichtung der Länder für den Jugendschutz in Mediendiensten. (*www.jugendschutz.net*) Diese Feststellung trifft zum Teil auf die DVU im Internet zu.

Dabei ist die Organisation laut Verfassungsschutzbericht 1999 in Deutschland die größte rechtsextreme Partei mit schätzungsweise 17.000 Mitgliedern (vgl. Verfassungsschutzbericht 1999, S. 49, *www.verfassungsschutz.de*). Die Homepage des DVU-Landesverbandes Berlin spricht von „über 18.000 Anhängern". Die Publikationen der Partei zählen zu den auflagenstärksten im rechtsextremen Lager. Der Verfassungsschutz schätzt die wöchentliche Auflage der „National-Zeitung/Deutsche Wochen-Zeitung" (NZ) (ab Nr. 36/99) auf 48.000 Exemplare (Verfassungsschutzbericht 1999, S. 49), der bayerische Verfassungsschutz schreibt von 50.000 Exemplaren (Verfassungsschutzbericht Bayern 1999, S. 76, *www.verfassungsschutz.bayern.de*). Die Deutsche Volksunion (DVU) entstand 1971 zunächst als Verein. 1987 konstituierte sie sich als Partei und nannte sich bis 1991 DVU-Liste D. Sie „wird von ihrem Bundesvorsitzenden Dr. Gerhard Frey zentralistisch und autoritär geführt." (Verfassungsschutzbericht 1999, S. 49) Dieser, so eine DVU-Pressemitteilung online, „erzielte auf dem Bundesparteitag am 12.2.2000 in München mit 98,9% der Stimmen einen überwältigenden Vertrauensbeweis."

Große Bedeutung für die Partei hat die alljährliche Großkundgebung in der Passauer Nibelungenhalle, diesmal am 23. September 2000 und unter dem Motto „Recht und Freiheit für das deutsche Volk". Hauptredner war wie üblich der Parteivorsitzende Dr. Gerhard Frey. Weiterhin waren ein „großes Rahmenprogramm mit vielen Überraschungen, hochkarätige Ehrengäste" sowie der „nationale Liedermacher und Protestsänger René Heizer" mit „aktuellen Weisen und Heimatliedern" angekündigt. So überbrachten „zwei hochrangige Vertreter des ‚Front National' (...) beste Wünsche des FN-Chefs Jean-Marie Le Pen (...): Professor Phillipe Bernard und Thibault de la Tocnaye, beide Regionalräte und Vorstands- bzw. Präsidiumsmitglieder des ‚Front National'. Die Repräsentanten der französischen Rechten (...) erhalten rauschenden Beifall, als sie ein ‚Europa der Vaterländer' einfordern und ein ‚Europa von Brüssel' ablehnen." (DVU-Homepage)

Einem Print-Flugblatt konnte man entnehmen, dass der britische „Revisionist" David Irving „über Großleinwand" – das heißt in Abwesenheit – zum Thema „Der verschwiegene Holocaust am deutschen Volk" sprechen sollte. Das tat er auch, denn die Stadt Passau versuchte vergeblich, die Aufführung des Videos mit der Irving-Rede zu verhindern. „Zwei Verwaltungsgerichte hatten in Eilverfahren (...) für die rechtsextreme Partei entschieden." (Die Welt online, 24.9.2000, *www.welt.de*)

Ausführlich berichtet die DVU auf ihrer Homepage über den „Tag der Nationalen" im September 2000 und grenzt sich zugleich gegenüber anderen „Nationalen" ab, Skinheads wurden diesmal „von der DVU konsequent nicht in die Halle gelassen." Die Distanz war nicht immer so klar. So erklärte der Starredner Franz Schönhuber bei der DVU-Großkundgebung im September 1998 zum Thema Skinheads: „Nicht das ist entscheidend, was man an der Kopfhaut heroben hat, sondern was man darunter denkt." Damals waren Vertreter des „Thüringer Heimatschutzes" (THS), darunter der Führungskader Tino Brandt, nach Passau gekommen. Der DVU-Landesverband Thüringen kooperierte in der Vergangenheit zum Teil mit Neonazis des militanten THS. Im Interview bestätigte der DVU-Landespressesprecher Karl Hoppe:
„Zwischen dem Thüringer Heimatschutz gibt es insofern eine Zusammenarbeit, daß sie uns beispielsweise bei der Wahl unterstützt haben. Also: Aufhängen von Plakaten, Verteilen von Sachen, also es gibt von unserer Seite keine finanziellen Zuwendungen in diese Richtung. Also das übersteigt unsere Kräfte. Das geht also nicht. Und wir sind, ich muß das einmal ganz deutlich sagen, persönlich bin ich mit den Jungs sehr gut –

nicht mit allen, aber mit der Führungsspitze, sehr gut in Kontakt, und schätze die als sehr redliche und vernünftige Leute ein." (Landeszentrale für politische Bildung Thüringen: Rechtsextremismus in Thüringen. Begleitmaterial zum Film von Rainer Fromm, Teil 2, Erfurt 1999, S. 8)

Dr. Gerhard Frey bot auch dem inzwischen verstorbenen Altnazi und Holocaust-Leugner Thies Christophersen, Verfasser der „Auschwitz-Lüge", juristische Unterstützung an. In dem Organ „Die Bauernschaft 4/1986 fragte er Christophersen „ob ich Ihnen nicht durch Anwälte helfen kann, Ihr Verhältnis zur Justiz in Ordnung zu bringen." Der Verfassungsschutzbericht des Bundes stellte 1994 fest: „Publizistische Fürsprache fanden der Hitler-Stellvertreter Rudolf Heß und die vor der deutschen Strafjustiz nach Spanien und Dänemark geflohenen Altnazis Otto Ernst Remer und Thies Christophersen." (S. 127) 1996 erlangte der rassistische Rechtsanwalt Jürgen Rieger in Freys Gunst. Er erhielt den so genannten Freiheitspreis der Nationalzeitung (vgl. Verfassungsschutzbericht des Bundes 1996, S. 128) und war in Freys Presse Interviewpartner. (DNZ 39/1997)

Im Internet abrufbar war eine Liste von Mitfahrgelegenheiten nach Passau, ebenso eingestellt ist eine umfangreiche Übersicht über Stammtische, Klönschnack und sonstige Versammlungen quer durch die Republik. Herunterladen kann man auch das Parteiprogramm, in dem sich die DVU selbstredend zur freiheitlich-demokratischen Grundordnung bekennt. An erster Stelle steht die „Bewahrung der deutschen Identität. Deutschland soll das Land der Deutschen bleiben. (...) Daraus folgt: Begrenzung des Ausländeranteils, Stopp dem zunehmenden Ausländerzustrom, Beschleunigung der Asylverfahren, Ausweisung von kriminellen Ausländern." Weitere Programmpunkte sind „Kein Verzicht auf berechtigte deutsche Interessen", „Gleichberechtigung für Deutschland", „Familien- und kinderfreundliche Politik", „Schutz vor Kriminellen", „Hilfe für den Mittelstand und die deutschen Bauern", „Direkte Demokratie für deutsche Bürger".

Der hauseigene „DSZ-Druckschriften- und Zeitungsverlag" verfügt über eine eigene Domain, die auf den Namen des Chefs vom Dienst der 'National-Zeitung', Erik Janus, registriert ist. Hier sind unter anderem Informationen über die 'National-Zeitung' abrufbar. Untertitel der Publikation ist seit September 1999 „Deutsche Wochen-Zeitung". Bis zu diesem Zeitpunkt gab der DVU-Bundesvorsitzende Dr. Gerhard Frey die 'Deutsche National-Zeitung' (DNZ) und die 'Deutsche Wochen-Zeitung/Deutscher-Anzeiger' (DWZ/DA) getrennt heraus. Der Verfassungsschutz attestiert der Frey-Presse „fremdenfeindliches Gedankengut", „einseitige Berichterstattung über Ausländer und Ausländerkriminalität", „unterschwelligen Antisemitismus", „Relativierung und Infragestellung des Holocaust" und der deutschen Schuld am Zweiten Weltkrieg und „Agitation gegen das Demokratieprinzip". (Verfassungsschutzbericht 1999, S. 49f) „DNZ und DWZ/DA und jetzt NZ sind die auflagenstärksten rechtsextremistischen Publikationen in Deutschland." (ebd, S. 49)

Die Titel der Publikationen belegen die „revisionistische" und rassistische Tendenz. Beispiele: „Betrug mit Holocaust? Prof. Finkelstein deckt auf" (NZ, 15.9.2000), „Holocaust: Der große Betrug: Jüdischer Wissenschaftler rechnet ab" (NZ, 28.7.2000), „KZ-Lüge geplatzt: Wie gelogen und phantasiert wird" (NZ, 16.6.2000) , „Vorsicht, KZ-Lüge!: Holocaust-Buch aus dem Verkehr gezogen" (NZ, 22.10.1999), „Holocaust-Mahnmal: Der wahre Sinn – Deutschland gefesselt und geknebelt" (DNZ, 25.6.1999), „Auschwitz: Lüge und Wahrheit: Was die Deutschen glauben sollen" (DNZ, 19.1.1998), „Das Geheimnis von Auschwitz: Welche Zahlen darf man glauben?" (DNZ, 30.1.1998), „Die KZ-Buchenwald-Lüge: Was dort wirklich geschah" (DWZ, 26.4.1996), „Deutsche bald in der Minderheit? Wohin die Überfremdung führt" (NZ, 6.10.2000), „Zu viele Ausländer in Deutschland!" (NZ, 14.7.2000), „Einwanderung: Gift für Deutschland?" (NZ, 21.7.2000), „Wird Deutschland überrannt?: Masseneinwanderung durch EU-Osterweiterung" (NZ, 2.6.2000), „Wie Asyl-Betrüger absahnen: Die neuesten Gaunereien" (NZ, 9.6.2000), „Massen-Einwanderung aus dem Osten: Was Deutschland bevorsteht" (DNZ/DWZ, 23.6.2000), „Wie sich illegale Ausländer einschleichen" (NZ, 26.11.1999), „Vor den Türken kriechen" (NZ, 30.7.2000), „Ausländerbanden im Vormarsch: Kripo schlägt Alarm" (DNZ, 2.4.1999).

Der „DSZ-Druckschriften- und Zeitungsverlag" verweist im Internet auf seine Geschäftsstelle, bei der man sich über „das Angebot des Deutschen Buchdienstes" oder „unsere große Medaillenauswahl" informieren kann. Bestellungen sind auch online möglich. Das Angebot reicht vom Deutschen Kalender 2001 („Die neue Ausgabe des traditionellen Jahrweisers für alle Nationalgesinnten") über Bücher wie „Jüdische Kriegserklärungen an Deutschland" über CDs mit „Deutschen Nationalhymnen" bis zu „Deutschen Medaillen" mit Ebert, Döhnitz, Oberst Dahl oder Bismarck. Im Internet verfügbar ist auch eine Übersicht über die wichtigsten Titel der aktuellen 'National-Zeitung' nebst kurzem Kommentar. In der Ausgabe vom 1. September 2000 ging es unter anderem um die „Lügen-Orgie gegen Rechts", „Finkelstein: Die Holocaust-Industrie" und „Große deutsche Soldaten", in der 'National-Zeitung' vom 8. September 2000 um „Skinheads: Rechte oder Irre?", „Euro: Droht Super-Inflation?". Titel der Nummer vom 27. Oktober 2000 waren: „Gefälschte 'Holocaust'-Bilder", „ Ausländer-Zuwanderung als Tabu?", „Galoppierende Inflation durch Euro", „Israels Wahl zwischen Krieg und Frieden" und „NPD-Verbot – Ja oder Nein?"

Die aktuelle Rechtsextremismusdebatte, in deren Mittelpunkt die konkurrierenden Nationaldemokraten stehen, bewegt auch die DVU. So stellte Dr. Frey, laut einer DVU-Pressemitteilung, bei einer Veranstaltung in Niedersachsen im Oktober 2000, „eindringlich die Rechts- und Verfassungstreue der Volksunion heraus." Das Problem wird auf die Medien, Skins und angeblich Verrückte verlagert, mit der Behauptung: „Dass Wahnsinnige, darunter auch 'Skinheads', das üble Spiel des 'Schweinejournalismus' mitmachten und sich dabei wie 'Feinde des deutschen Volkes' aufführen, ist der deutschen Rechten nun wirklich nicht anzulasten." Anscheinend macht sich die Deutsche Volksunion Gedanken um die eigene politische Zukunft. Zitiert wird folgende Erklärung des bayerischen Innenministers Dr. Günther Beckstein aus dem Magazin 'Focus': „Sollte erkennbar werden, dass aggressiv-kämpferische und verfassungsfeindliche Protagonisten der NPD massiv zur DVU oder zu den Republikanern abwandern, würden wir gegen die DVU und die Republikaner Verbotsanträge stellen." Demgegenüber beteuert die DVU ihre Abgrenzung „seit bald einem Jahrzehnt gegenüber Skinheads und NS-Personen wie -Gruppen wie auch (...) die übergenaue Einhaltung dieser Abgrenzung". In dem Artikel „Hass und Gewalt statt Anstand und Recht?" setzt sich Dr. Gerhard Frey auf der DSZ-Homepage mit den „12 Kardinal-Irrtümern pseudorechter Krimineller" auseinander. „Fernsehen, Rundfunk und Presse zeichnen das Bild einer tödlichen Bedrohung Deutschlands durch einen vor nichts zurückschreckenden 'Rechtsradikalismus'." Dann macht er deutlich, wo seiner Meinung nach die eigentlichen Probleme liegen. „Dass, das deutsche Volk, wenn die gegenwärtige Politik fortgesetzt wird, stirbt, interessiert die Medien nicht. Dass die Deutschen bei Fortsetzung der Massenzuwanderung ihre Heimat und Identität zu verlieren drohen, freut die Journaille." Rechtsextreme Gewalt reduziert Dr. Frey auf „einige tausend kriminelle Pseudorechte", die angeblich einer „antideutschen Meinungsindustrie und deutschfeindlichen Geheimdiensten geradezu in die Hände arbeiten." Vor diesem Hintergrund gibt sich Dr. Frey verfassungstreu, bezeichnet „unser freiheitliches Staatswesen" als „die beste Ordnung", lobt das Grundgesetz und fragt: „Ist nicht ein Ausländer, der Deutschland liebt, einem Deutschen, der sein Land hasst, vorzuziehen?" Von Gewalt, Skinheads, „White Power" und der Konkurrenzpartei NPD setzt sich der DVU-Chef ab: „Tatsächlich sind die Bürger von der Maskerade als Skin außerordentlich beeindruckt, nämlich geschockt und abgeschreckt. Wenn die NPD mit Skins aufmarschiert und sich sodann zur Wahl stellt, geht sie jedesmal erst recht total unter. Wozu eine widerwärtige Darstellung, die in der deutschen Tradition überhaupt keine Stütze findet, gut sein soll, bleibt des Geheimnis der für diese Aufmärsche Verantwortlichen."

Mittlerweile sind verschiedene Landesverbände, darunter Brandenburg, Bremen, Hamburg, Rheinland-Pfalz, im Internet präsent. „In den etablierten Medien werden wir entweder totgeschwiegen oder man zeichnet ein Zerrbild", beklagt sich der Landesverband Baden-Württemberg. Der Berliner Landesverband, der Material auf Deutsch und Englisch einstellt, behauptet, die DVU sei „nicht rechtsradikal, nicht ausländerfeindlich und schon gar nicht ewiggestrig (...) sondern demokratisch, sozial, europäisch und antiimperialistisch."

Die Partei sitzt derzeit in drei Bundesländern im Parlament, nämlich in Brandenburg, Bremen und Sachsen-Anhalt. Bei der Wahl in Brandenburg am 5. September 1999 errang die DVU 5,3 Prozent und entsandte fünf Abgeordnete in den Potsdamer Landtag, die auf der Homepage unter der Rubrik „Biographien" vorgestellt werden.

„Die Wahlwerbung der DVU zielte auf Wähler, die mit der wirtschaftlichen und politischen Entwicklung insgesamt unzufrieden und für populistische Parolen empfänglich sind. So lautete die zentrale Wahlkampfaussage unbestimmt genug: ‚Diesmal Protest wählen! – Die Partei für die Deutschen in Brandenburg'." (Verfassungsschutzbericht Brandenburg 1999, S. 57, *www.brandenburg.de/land/mi*)

Bei der Wahl zur Bremer Bürgerschaft am 6. Juni 1999 erhielt die DVU landesweit 3 Prozent der Stimmen. Aufgrund des Ergebnisses in Bremerhaven (6 Prozent) konnte sie mit einem Abgeordneten in die Bürgerschaft einziehen: Siegfried Tittmann. Dieser ist seit 1991 auch Mitglied der Stadtverordnetenversammlung Bremerhaven.

Den größten Erfolg konnte die DVU 1998 bei der Wahl in Sachsen-Anhalt mit 12,9 Prozent und 16 Abgeordneten verbuchen. Nach ihrem Einzug in den Landtag „bemühte sich die DVU, flächendeckend Parteigliederungen zu errichten". Im Jahr 1999 „erfolgten die Gründungen der Kreisverbände Halle-Saalkreis, Merseburg-Querfurt, Ohrekreis und Jerichower Land. (...) Der DVU gehören in Sachsen-Anhalt über 700 Mitglieder an, die in Kreisverbänden organisiert sind." (Verfassungsschutzbericht Sachsen-Anhalt 1999, Rechtsextremismus, *www.mi.sachsen-anhalt.de*) Die Situation des Landesverbandes „ist geprägt von internen Querelen und Auseinandersetzungen mit dem Bundesvorsitzenden. Ursache hierfür sind Bestrebungen von Teilen des Landesverbandes, die auf eine Abspaltung von der Bundespartei und auf eine Loslösung von Dr. Frey abzielen. Für diese Tendenz steht insbesondere Claudia Wiechmann, während der DVU-Landesvorsitzende Dieter Kannegießer weiterhin strikt den Kurs des Bundesvorsitzenden verfolgt." (Verfassungsschutzbericht Sachsen-Anhalt 1999, Rechtsextremismus, *www.mi.sachsen-anhalt.de*)

Die Streitigkeiten werden auch im Internet ausgetragen. Laut einer DVU-Pressemitteilung beschloss der Bundesparteitag am 12.2.2000, „den Ausschluss von C. Wiechmann und H. Wolf, also jener Magdeburger Abgeordneten, die Wählerverrat verüben und die eine an deutschen Interessen orientierte Politik der DVU in Misskredit bringen wollen. Der Bundesparteitag hat (...) einstimmig der Restgruppe unter Wiechmann und Wolf untersagt, den Namen Deutsche Volksunion (DVU) weiterhin zu führen." (DVU-Pressemitteilung online)

Mittlerweile existieren in Sachsen-Anhalt zwei Fraktionen, einmal die Frey-treue Deutsche Volksunion – Freiheitliche Liste unter dem Vorsitz von Dieter Kannegießer, zum anderen die abtrünnige Freiheitliche Deutsche Volkspartei (FDVP) unter der Leitung von Claudia Wiechmann. Einige Parlamentarier wechseln hin und her. So erklärte die DVU in einer Pressemitteilung vom Juli/August 2000: „Die vor gut fünf Monaten gegründete Fraktion der Freiheitlichen Deutschen Volkspartei (FDVP) im Landtag von Sachsen-Anhalt bricht auseinander. Die Abgeordneten Wolfgang Buder (46/Stendal) und Rudi Czaja (61/Wolfen) erklärten vergangene Woche ihren Austritt. Sie schlossen sich der DVU an."

## 2.2.2. Freiheitliche Deutsche Volkspartei (FDVP)

Die DVU-Konkurrenz Freiheitliche Deutsche Volkspartei (FDVP) unter Vorsitz von Claudia Wiechmann kontert auf ihrer Website: „Am 27.07.2000 gingen die Abgeordneten Buder und Czaja von Bord der FDVP-Fraktion, um auf das sinkende Schiff der DVU-FL aufzuspringen. Eine Rückkehr ist auf Dauer ausgeschlossen." In einem offenen Brief rechnet die FDVP-Chefin detailreich mit den ehemaligen Kollegen ab, denen sie unter anderem schlampige Parlamentsarbeit vorwirft. Auch Dr. Frey bleibt Kritik nicht erspart. Es sei nicht geglückt, die „'Funkstille' zwischen München und Magdeburg zu überwinden." (FDVP-Homepage)

Die Freiheitliche Deutsche Volkspartei versucht, sich bundesweit zu etablieren und hielt am 15. Februar 2000 ihren Gründungsparteitag ab, bei dem Claudia Wiechmann zur Bundesvorsitzenden gewählt wurde. Bislang existieren Landesverbände in Sachsen-Anhalt und in Thüringen sowie diverse Kreisverbände. In ihrem Programm, beschlossen auf dem Bundesparteitag am 7. Mai 2000 in Naumburg, präsentiert sich die FDVP als „moderne, basisdemokratische, national-freiheitliche, zukunftsorientierte, sich von Gewalt und Extremismus distanzierende sowie die soziale Gerechtigkeit als auch die allgemeinen sittlichen Normen und Werte fördernde politische Partei des deutschen Volkes". Weiterhin setzt sich die FDVP „für die Stärkung und den Schutz der nationalen Interessen, die Wahrung der deutschen Identität, der plebiszitären Selbstbestimmung sowie den besonderen Schutz und die Förderung der auf christlich-ethischen Werten gegründeten Familie ein."

Vorbild der neuen Gruppierung scheinen Jörg Haider und seine in Österreich erfolgreiche FPÖ zu sein. Der Landeshauptmann von Kärnten war auch zum Oktoberfest der FDVP eingeladen, konnte aber „aufgrund terminlicher Überschneidungen leider nicht nach Naumburg kommen". Insgesamt versucht die Freiheitliche Deutsche Volkspartei, sich staatstragend und legalistisch zu geben, was sich auch in der Linkliste wiederspiegelt, die zum Landtag von Sachsen-Anhalt, zur Online-Ausgabe der 'Welt', zum Bundeswahlleiter, dem Deutschen Bundestag, dem Bundesrat und dem Statistischen Landesamt Sachsen-Anhalt verweist.

Inhaltlich greift die Partei klassische rechtsradikale Themen auf. Besonders am Herzen liegen ihr die Heimatvertriebenen. So nahm Claudia Wiechmann, Vorsitzende „der FDVP-Fraktion im Landtag von Sachsen-Anhalt, auf Einladung am 2. Landestreffen der Sudetendeutschen Landsmannschaft Sachsen-Anhalt in Hedersleben teil." Sie erklärte dort: „Die Vertreibung ganzer Volksgruppen ist ein Verbrechen gegen die Menschlichkeit und erfüllt den Tatbestand des Völkermordes (...), die davon betroffenen Menschen haben ein Recht auf die Rückkehr in die Heimat und auf Wiedergutmachung." Die Fraktion stellte im Landtag einen Antrag auf „Ächtung von Vertreibung und Entrechtung", die FDVP „unterstützt die Forderung der Sudetendeutschen nach Entschädigung aus dem Deutsch-Tschechischen Zukunftsfonds." Außerdem legte die Fraktion „einen Kranz am Gedenkstein für die Opfer von Flucht und Vertreibung auf dem Westfriedhof in Magdeburg anlässlich einer Feierstunde am Vorabend des Tages der Heimat nieder." Auch bei der Veranstaltung des Bundes der Vertriebenen (BdV) zum „10. Tag der Heimat in Magdeburg" war die Fraktion anwesend. Allerdings erhielt „die Fraktionsvorsitzende C. Wiechmann (...) kein Rederecht für ein Grußwort an die Heimatvertriebenen." Bei den Spitzenfunktionären des BdV stoßen rechtsradikale Einstellungen auf wenig Gegenliebe. So erklärte die Vorsitzende des Verbandes, Erika Steinbach:
„Extremistisches Gedankengut hat im Bund der Vertriebenen über die fünf Jahrzehnte seines Bestehens hinweg nicht Fuß fassen können (...). Es ist immer ein Randproblem gewesen. Aber wo es aufgetreten ist, hat es konsequente Einschnitte gegeben. Von der Jungen Landsmannschaft Ostpreußen zum Beispiel hat sich der Mutterverband getrennt. (...) Unsere Grenze ist, auch wenn es manchen schmerzt, die vom Deutschen Bundestag bestätigte Grenze zwischen Polen und Deutschland. Im Zentrum unserer Aufgaben stehen, wie schon in unserer inzwischen berühmten Charta von 1950, die Menschenrechtsfrage, der Versöhnungs-

willen und ein friedliches Miteinander der Völker Europas." (Frankfurt Rundschau online, 17.8.2000)

Außerdem versucht die Freiheitliche Deutsche Volkspartei sich über „Law and Order"-Themen ins Gespräch zu bringen. So lehnt die Fraktion „'Fixerstuben' kategorisch ab", kündigte an, „dem verschärften Polizeigesetz" zuzustimmen. Außerdem stellte die FDVP im Landtag einen Antrag auf „Beschaffung von mannstoppender Munition und Kettenhemden für Polizeivollzugsbeamte in Sachsen-Anhalt".

Die Bundesvorsitzende der FDVP Claudia Wiechmann nahm am 6.6.2000 neben Vertretern anderer rechtsextremer Gruppen an einer Konferenz der „Deutschen Aufbau-Organisation 2000" (DAO) von Alfred Mechtersheimer teil. (vgl. Kapitel 2.4.1.)

## 2.3. Die „Republikaner"

### 2.3.1. Bundesvorstand

Die „Republikaner" (REP) entstanden 1983 als eine „Art ‚Rechtsabspaltung' der CSU". (Pfahl-Traughber 1999, S. 31) Zu ihren Gründern gehörten neben dem Fernsehjournalisten Franz Schönhuber die beiden früheren Bundestagsabgeordneten Franz Handlos und Eckardt Voigt, „die die CSU aus Protest gegen das Gebaren des damaligen Ministerpräsidenten und Vorsitzenden Franz Josef Strauß sowie dessen Einfädeln eines Milliardenkredits an die DDR ohne erkennbare Gegenleistung verlassen hatten." (ebd., S. 31) Der Verfassungsschutz schätzt die Zahl der Mitglieder für das Jahr 1999 auf 14.000, die Partei selbst gibt höhere Zahlen an. (vgl. Verfassungsschutzbericht des Bundes 1999, S. 38)

Im Internet sind die „Republikaner" seit August 1996 mit einer Domain präsent. Seit Anfang 1997 steigerten sie ihre Netzaktivitäten erheblich. (vgl. BfV: Rechtsextremistische Bestrebungen im Internet, April 2000, S. 16) Die Partei führt auf ihrer Linkliste „Republikaner online" mittlerweile mehr als 70 Websites auf. Es dürften allerdings noch mehr sein, weil nicht alle regionalen Untergliederungen erfasst sind. Neben dem Bundesvorstand haben Fraktionen, Landes-, Kreis- und Ortsverbände sowie einzelne Funktionäre und Parteiverbände, darunter die Republikanische Jugend, der Republikanische Bund der Frauen und der Republikanische Hochschulverband (RHV), Homepages eingerichtet.

Die aktuelle Diskussion um Rechtsextremismus und Gewalt ist für die „Republikaner" lediglich eine „Hetzkampagne gegen Rechts". In einer Pressemitteilung vom 1.8.2000 im Internet behaupten sie: „Vereinte Linke inszeniert Hexenjagd gegen Konservative." Sorgen macht der Partei offensichtlich die Verbotsdebatte. So erklärte der REP-Chef Rolf Schlierer, „der politische Stil und die Wählerschaft von Republikanern und NPD" seien „nicht vergleichbar. Darüber hinaus hätten sich die Republikaner mehr als genug klar und deutlich von der NPD distanziert." (REP-Homepage, Pressemitteilung vom 30.10.2000)

In der Zeitschrift ‚Der Republikaner' war die angebliche Verfassungstreue der Partei im September 2000 Thema des Monats und wurde unter dem Titel „ Wir sind die Grundgesetz-Partei" behandelt: „Zwischen Republikanern und NPD gibt es keine Gemeinsamkeiten und keine Kooperation." Dort betonen die „Republikaner" ihr Bekenntnis zur „freiheitlichen demokratischen Grundordnung und verurteilen Gewalt gegen Personen und Sachen." Außerdem distanzieren sie sich „von Zielen, Inhalten und Erscheinungsbild der NPD" und erklären, diese habe sich durch „ihr demonstrativ zur Schau getragenes ambivalentes Verhältnis zu Rechtsstaat und Demokratie und ihre ‚nationalrevolutionäre' systemüberwindende Attitüde (...) selbst zur Hauptzielscheibe der aktuellen undifferenzierten Kampagne gegen ‚rechts' gemacht." Die REP zitieren im Wortlaut aus dem so genannten Ruhstorfer Abgrenzungs-Beschluss, der auf dem Bundesparteitag am 8.7.1990 verabschiedet worden war und in dem es heißt: „ Niemand, der in extremistischen und verfassungsfeindlichen Organisationen (z.B. NPD, DVU, EAP, ANF, Wiking-Jugend etc.) eine aktive Rolle gespielt hat, darf in Zukunft eine Funktion in unserer Partei übernehmen. (...) Wir Republikaner lehnen jegliche Zusammenarbeit mit NPD oder DVU kategorisch ab." (Der Republikaner 9/00, Online-Ausgabe)

Demgegenüber kommt das Innenministerium Baden-Württemberg zu dem Ergebnis, „offizieller Kurs der REP seit Anfang der 90er Jahre" sei zwar, „sich gegenüber anderen rechtsextremistischen Gruppen und Parteien abzugrenzen." Auch sei der Ruhstorfer Beschluss „später mehrfach erneuert worden, aber innerhalb der Partei überaus umstritten. Die zahlreichen Kontakte zwischen REP und anderen Rechtsextremisten auf allen Ebenen zeigen, dass der Abgrenzungsbeschluss lediglich auf dem Papier steht." (Landtag Baden-Württemberg, August/September 2000)

Als Beleg werden eine ganze Reihe von Beispielen angeführt. So veranstaltete die „Republikanische Jugend" (RJ) Hessen „am 6. Juni 1998 (...) in Kassel unter Beteiligung so genannter ‚Freier Nationalisten' (Selbstbezeichnung von Neonazis) eine Demonstration gegen die Ausstellung ‚Vernichtungskrieg – Verbrechen der Wehrmacht 1941-1944' (...). Dabei begrüßte Christian Käs, stellvertretender Bundesvorsitzender der REP und baden-württembergischer Landesvorsitzender, in seiner Rede neben ‚Patrioten aus dem bürgerlichen Lager' ausdrücklich auch jene, die unter schwarz-weiß-roten Fahnen erschienen seien. Als Vertreter der ‚Freien Nationalisten' sprach dort der Neonazi Thomas Wulff, der unmittelbar hinter Käs stehend ein Transparent der REP hielt. Unter den Teilnehmern (300-350, davon ca. 250 Anhänger der NPD, JN und Neonazis) befanden sich auch die führenden Neonazis Friedhelm Busse und Thorsten Heise." (Landtag Baden-Württemberg, August/September 2000)

Das baden-württembergische Innenministerium verweist weiterhin auf Kontakte mit der DVU. So habe Ende August 1994 ein Treffen zwischen dem damaligen REP-Bundesvorsitzenden Franz Schönhuber und dem Chef der Deutschen Volksunion Dr. Gerhard Frey stattgefunden, „um der ‚linken Volksfront' eine ‚rechte Abwehrkraft' entgegenzusetzen. Dieser Vorgang führte zu einem parteiinternen Machtkampf, als dessen Ergebnis der damalige Stellvertreter Schönhubers, Dr. Schlierer, im Dezember 1994 die Führung der REP übernahm. Ähnliche Kontakte gab es Ende 1998. Noch bis kurz vor dem REP-Bundesparteitag Ende November 1998 hatte Dr. Schlierer offiziell wiederholt Kontakte und Gespräche mit Vertretern der DVU kategorisch abgelehnt. So äußerte er in einem parteiinternen Schreiben vom 22. September 1998, ‚dass es mit der DVU keine Zusammenarbeit geben kann', und bezeichnete Dr. Frey in einem im Internet veröffentlichten Interview vom Juni 1998 als ‚politikunfähig und unwillig'. Trotz seiner Festlegung ‚Ich bin nicht käuflich und werde es daher nicht Herrn Schönhuber gleichtun' erwähnte Dr. Schlierer auf dem Bundesparteitag im November 1998 eher beiläufig, dass er mit

dem Bundesvorsitzenden der DVU am 17. November 1998 übereinge-
kommen sei, künftig bei Wahlen nicht mehr konkurrierend anzutreten.
Diese Übereinkommen und seine Interpretation durch führende Funktionäre belegen auch, dass beide Parteien die gleiche Klientel ansprechen.
In einem Schreiben vom 16. Juni 1999 bestätigte Dr. Frey, dass es Verein-
barungen mit Dr. Schlierer gegeben hat: ‚Mit den Republikanern unter
Dr. Schlierer ist der Anfang einer Normalisierung eingeleitet, indem in
Bremen und Brandenburg wir und in Hessen und Berlin die andere Seite antrat bzw. antritt.' Zwar bestritt Dr. Schlierer noch im September
1999, dass es für die Wahlen in Berlin und Brandenburg Absprachen
gegeben habe. Doch verzichtete die DVU in Berlin auf eine Kandida-
tur, in Brandenburg traten die REP nicht an." (Landtag Baden-Württemberg, August/September 2000)

In ihrem Programm „Politik für Deutsche" setzen die „Republikaner"
das „Deutschlandlied" mit allen drei Strophen an den Anfang. Wesentliche Punkte der Präambel sind das Eintreten „für den Erhalt des im Grundgesetz verankerten Abstammungsrechtes (...). Wir bekennen uns zur deutschen Nation. Wir wollen ein Europa der Vielfalt und nicht der Brüsseler
Einfalt." Im Hinblick auf die Vergangenheit lehnen die REP „grundsätzlich eine Stigmatisierung und Kriminalisierung der gesamten deutschen
Geschichte ab." In dieser Allgemeinheit eine nichts sagende Forderung.
Weiterhin heißt, der „angestammte Platz der Deutschen" sei „nicht der
Pranger der Weltgeschichte. Die geistige babylonische Gefangenschaft
der Deutschen muß ein Ende finden." Kapitel eins ist dem „Bekenntnis
zur demokratischen Grundordnung" gewidmet, weitere Kapitel des umfangreichen Werks befassen sich mit der „Deutschland-, Außen- und Si-
cherheitspolitik", „Europapolitik", „Innere Sicherheit, Rechts- und
Ausländerpolitik, Asylrecht und Verfassungsreform" usw.

Knapp und simpel erläutern die „Republikaner" in flugblattartigen Texten ihre Vorstellungen. Im Mittelpunkt stehen dabei, selbst beim „Schutz
von Umwelt und Heimat", die Ausländer: „Wer Natur und Heimat erhalten will, muß Zuwanderung verhindern."
Weiterhin heißt es:
„Mehr Sparsamkeit mit Steuergeldern. (...) die Milliardenverschwendung
für überhöhte EU-Beiträge, Auslandszahlungen und illegale Zuwanderung stoppen. (...) Mehr Chancen für die Jugend. (...) Zukunft für junge

Deutsche. Wir kämpfen gegen Gewalt, Drogen und ‚Multikulti'-Konflikte an den Schulen. (...) Schluß mit Sozialabbau. (...) Für Solidarität zuerst mit dem eigenen Volk! Schluß mit Massenarbeitslosigkeit. (...) Für Arbeitsplätze zuerst für Deutsche! Schluß mit Zuwanderung. (...) Wir Deutsche werden Fremde im eigenen Land. (...) Für den Wegfall des Grundrechtsanspruch auf Asyl!"

Dem Landesamt für Verfassungsschutz Baden-Württemberg zufolge schüren die „Republikaner" „Feindseligkeiten zwischen Deutschen und Ausländern in der Bevölkerung". Ausländer und Asylbewerber würden „häufig pauschal diffamiert. Wiederholt werden dabei zum Teil gewalttätige und bürgerkriegsähnliche Auseinandersetzungen in der Bundesrepublik Deutschland prognostiziert, wenn die Zuwanderung nicht gebremst würde." (LfV Baden-Württemberg, August 2000, S. 7, *www.baden-wuerttemberg.de/verfassungsschutz*) So stand in der Zeitschrift „Der Republikaner" (1-2/99): „Wir sind nicht mehr Herr im eigenen Land. Zuwanderer, die wir nicht gerufen haben, haben Deutschland zum Bürgerkriegsland gemacht. Wer Multi-Kulti sät, wird Bürgerkrieg ernten! (...) Durch ihre Feigheit und Realitätsverweigerung haben die Altparteien uns diesen Bürgerkrieg ins Haus geholt." Weiter war in derselben Ausgabe zu lesen: „Die Messer sitzen locker in Multi-Kulti-Kreuzberg (...) Fazit: Multi-Kulti taugt nur bei Sonnenschein. Im Ernstfall wird blutiger Bürgerkrieg daraus". (zitiert nach LfV Baden-Württemberg, August 2000, S. 7)

Der Bundesvorsitzende Dr. Rolf Schlierer stellt sich auf einer eigenen Homepage vor und gibt Platitüden zum Besten wie „Ohne die Nation als politisch verfaßtes Staatsvolk kann es keine Volksherrschaft, keine Demokratie geben." Auch der stellvertretende Bundes- und baden-württembergische Landesvorsitzende, Christian Käs, hat eine Website. Der Rechtsanwalt engagiert sich seit 1989 bei den „Republikanern". Auf seiner Homepage hatte er „zumindest bis August 1999 (...) ‚Links' zu rechtsextremistischen Publikationsorganen gesetzt. Genannt waren dort neben einzelnen Tageszeitungen die rechtsextremistische Zeitschrift ‚Nation & Europa – Deutsche Monatshefte' und das rechtsextremistische Vierteljahresheft ‚Signal – Das patriotische Magazin'. Auf den aktuellen Seiten des ‚radio-internet', für das Käs als verantwortlicher Leiter steht, finden sich Kontakte zum ehemaligen REP-Bundesvorsitzenden

Franz Schönhuber. Noch im Januar 2000 wurde im Rahmen einer Umfrage als Preis ein handsigniertes Buch von Schönhuber ausgelobt. Unter der Rubrik ‚Frühere Sendungen' wurde auf ‚Schönhubers neues Buch' und auf ein ‚Franz Schönhuber Interview' verwiesen. Schönhuber steht als ehemaliger Bundesvorsitzender der REP für eine Zusammenarbeit innerhalb der rechtsextremistischen Szene und distanziert sich vom Abgrenzungsbeschluss der REP." (Landtag Baden-Württemberg, August/September 2000)

## 2.3.2. Landes- und Kreisebene

Seit 1992 sitzen die „Republikaner" im Landtag von Baden-Württemberg. Sie erhielten damals 10,9 und vier Jahre später 9,1 Prozent der Stimmen. (vgl. Statistisches Landesamt Baden-Württemberg, *www.statistik.baden-wuerttemberg.de*) Die „14 für unser Land", wie sich die Fraktionsmitglieder auf der Homepage präsentieren, sind ausschließlich Männer und außer Dr. Schlierer und Christian Käs überregional nicht bekannt. In einer Grundsatzerklärung setzt die Gruppe auf die bekannten Schwerpunkte:
„Sicherheit wahren (Angst muß ein Fremdwort sein, wenn es darum geht, sich in seiner Heimat sicher zu fühlen), Freiheit verteidigen, Wirtschaft sozial einbinden, Familie schützen, Heimat erhalten, Masseneinwanderung stoppen (Keine Einwanderung, solange Deutsche ohne Arbeit und ohne Wohnung sind)."

Die Landesverbände der „Republikaner" bieten auf ihren zum Teil optisch ähnlich gestalteten Homepages in der Regel Informationen über Programmatik, den Landesvorstand, die Lage und REP-Projekte im jeweiligen Bundesland, Pressemitteilungen, Termine und sonstige Initiativen. Der hessische Landesverband richtet sein Angebot „an alle Politikinteressierten, die sich vollkommen unverbindlich über unsere Partei informieren wollen," und betont die Rolle des WWW. „In unserer heutigen Medienlandschaft ist dies leider nicht mehr möglich, deshalb werden wir uns in Zukunft verstärkt auf das Internet konzentrieren." Links werden meist zu anderen REP-Seiten gelegt, darunter auch Untergliederungen im eigenen Land, die inzwischen zahlreich im Netz vertreten sind. Der Landesverband Bremen verweist darüber hinaus zu Publikationen wie der ‚Jungen Freiheit' und den ‚Staatsbriefen'.

Der Landesverband Berlin beklagt die angebliche Situation in der „Hauptstadt":

„Regierungsviertel und historische Mitte sind heute von einem Ring verwahrlosender, orientalisch anmutender Einwanderungsgettos umschlossen. Diese Gettos zerstören durch ihr metastasenhaftes Wuchern den europäischen Charakter dieser Metropole, schwächen unsere Wirtschaftskraft und entfremden uns eingesessenen Bürgern unsere Heimatstadt."

Daraus werden folgende Forderungen abgeleitet: „Rigoroser Zuzugsstopp für Ausländer nach Berlin, ein Ende der gescheiterten so genannten Integrationspolitik, massive Rückkehrhilfen, aber auch Ausweisungen, ein Ende der massenhaften missbräuchlichen Einbürgerungspolitik dieses Senats."

Zeitweise hatte der Berliner Landesverband „neben interessanten Artikeln zu Themen des Zeitgeschehens aus republikanischer Sicht" auch Texte der Bürgerbewegung „Für unser Land" und von Horst Mahler auf seiner Website eingestellt (Stand: 16.5.2000). Damals hieß es: „Außerdem finden Sie bei uns die aktuellen Dokumente der Bürgerbewegung ‚Für unser Land'." Diese sind mittlerweile nicht mehr vorhanden, möglicherweise um den angeblich staatstragenden und verfassungstreuen Kurs der Partei nicht zu offensichtlich zu konterkarieren.

„Durch unsere Herkunft und unsere Kultur sind wir das Volk der Deutschen. Deutschland ist unser Land – unsere Heimat," steht in „Unsere Argumente" der Bürgerbewegung „Für unser Land". „Die Politik in unserem Lande hat deutsche Interessen zur Geltung zu bringen und durchzusetzen. Das Erbe folgt dem Blut. Dieser unser Wille ist Gesetz. (...) Die hier lebenden Ausländer sind Gäste in unserem Land. Es ist unser Recht – und Pflicht um unserer Kinder Willen – sie zu bitten, in ihre Heimat zurückzukehren." (Homepage der „Republikaner" Berlin, Stand: 16.5.2000)

Bei den „Republikanern" konnte man auch einen Briefwechsel Horst Mahlers mit einem türkischen Studenten nachlesen. Dieser hatte Mahler in einem Schreiben vom 4. Juli 1999 vorgehalten:

„Was muß denn ein Ausländer in Deutschland überhaupt leisten, um integriert zu sein? Nach ihren Vorstellungen hätte er nur die Möglichkeit, sich in Luft aufzulösen, eine reale Möglichkeit, sich einzubinden in die Mehrheit, hätte er nicht, er hat ja die falsche Nationalität. Hier liegt auch Ihr Fehler: Sie bewerten Menschen nach ihrer Herkunft, oder anders ausgedrückt, nach ihrem Stamm, anstatt Maßstäbe anzulegen wie zum Beispiel Menschlichkeit, Integrationsbereitschaft oder auch Demokratieverständnis."

Mahler antwortete überheblich und unmissverständlich: „Sie haben überhaupt nicht bemerkt, daß ich ein Gegner der sogenannten Integration bin. Ich setze mich dafür ein, daß das deutsche Reichs- und Staatsangehörigkeitsgesetz unangetastet bleibt. (...) Die Ausländer in unserem Land sollen sich auch nicht ‚in Luft auflösen'. Sie sollen, wenn wir sie darum bitten, Deutschland verlassen – am besten in ihre Heimat zurückkehren." (Homepage der „Republikaner" Berlin, Stand: 16.5.2000)

### 2.3.3. Frauen, Studenten, öffentlich Bedienstete und Jugend

Online-Präsenz zeigen auch der „Republikanische Bund der Frauen" (RBF), der „Republikanische Hochschulverband" (RHV), der „Republikanische Bund der öffentlich Bediensteten" (RepBB) und die „Republikanische Jugend" (RJ). Der „Republikanische Bund der Frauen" (RBF) besteht seit 1995. Sein Ziel ist es, „das politische Selbstbewusstsein der Frauen zu stärken, sie zur Mitarbeit und Übernahme von Verantwortung auf sämtlichen Gebieten der Politik zu ermutigen." Allerdings will sich der RBF nicht „in Frauenquoten und Emanzipationsdebatten (...) verlieren", sondern „dem Zeitgeist eines immer weiter entartenden Feminismus" entgegentreten. Ein Plakat mit der Abbildung von drei Kindern und dem Slogan „Wir möchten lieber, daß unsere Mutti zu Hause bleiben kann ..." verdeutlicht den Kurs der Gruppierung. Anscheinend ist das Vertrauen in die Kompetenz der Väter nicht sehr groß.

Der „Republikanische Hochschulverband" (RHV) versteht sich als „Zusammenschluß deutscher Studenten und Akademiker mit dem Ziel, für eine freiheitliche Ordnung des deutschen Bildungs- und Hochschulwesens einzutreten" und „sich an der Mitarbeit in den Selbstverwaltungsgremien der Hochschulen zu beteiligen". In Marburg zog der RHV 1997 mit 3,6 Prozent der Stimmen ins Studentenparlament ein und erreichte ein Jahr später 3,2 Prozent, was der Verband als „Etablierung rechts von dem CDU-Hochschulableger RCDS" interpretiert. Das besondere Engagement des RHV gilt den Burschenschaften und Korporationen und deren „Bekenntnis zur deutschen Nation und zum deutschen Vaterland".

Der „Republikanische Bund der öffentlich Bediensteten" (RepBB) betont die Treuepflicht: „Als Arbeiter, Angestellte, Soldaten und Beamte im öffentlichen Dienst stehen wir in einem besonderen Treuverhältnis zur Bundesrepublik Deutschland und ihrer freiheitlichen demokratischen Grundordnung. Die Verpflichtung, die freiheitliche demokratische Grundordnung jederzeit aktiv zu verteidigen, ist für uns nicht bloßes Lippenbekenntnis." Dezidiert wird erklärt: „Keine Zusammenarbeit mit Neo-Nazis. Die Republikaner lehnen jegliche Zusammenarbeit mit NPD, DVU u. a. ab" und „für nationalsozialistisches Gedankengut haben wir weder Platz noch Verständnis."

Weniger strikt scheint das die „Republikanische Jugend" (RJ) zu sehen. Zwar fordert sie auf ihrer Website: „Nazis raus aus dem Netz" und schließt sich dem Distanzierungskurs an. Der Verfassungsschutz analysierte jedoch für das Jahr 1999:
„Auf der Suche nach Auswegen aus der tiefen Krise der REP lässt die ‚Republikanische Jugend' (RJ) Hessen in einer an die Mutterpartei und die ‚nationale Bewegung in Deutschland' gerichteten Resolution Parallelen zur strategisch-ideologischen Ausrichtung der NPD erkennen: Die REP hätten eine Zukunft, wenn sie sich als Speerspitze und Forum einer nationalen Bewegung begriffen, die entschlossen sei, alle Lebensbereiche zu durchdringen, um das herbeizuführen, was allein die Existenz des deutschen Volkes im 21. Jahrhundert zu gewährleisten im Stande sei: ‚die nationale Kulturrevolution'. Die Zukunft der Partei liege gerade darin, ‚mehr als nur Partei zu sein – Bewegung zu sein!' Die parlamentarische Arbeit werde dazu eine sinnvolle Ergänzung darstellen." (Verfassungsschutzbericht 1999, S. 45)

Im Internet berichtet die „Republikanische Jugend" Hessen davon, dass sie 1999 „mit einer starken Delegation (...) an der 1. Mai-Kundgebung des Front National (FN) Jean Marie Le Pens, wie auch des Front National-Mouvement National (FN-MN) Bruno Mégrets in Paris teilgenommen" habe. Angestrebt wird eine „intensive Zusammenarbeit mit den französischen Patrioten". Erwähnung findet auch die „Sonnwendfeier der Republikanischen Jugend (RJ) Hessen am 19. Juni 1999", die „unbeeindruckt vieler Einschränkungen und Schikanen seitens der politisch mißbrauchten Polizei" stattgefunden habe.

„Wie schon unsere Vorfahren, so wollte die nationale Jugend an diesem Tag die Erinnerung daran wachrufen, daß mit dem Höchststand der Sonne und ihrem mystischen Tod in der Nacht der Sonnenwende ein neuer Zyklus im Naturgeschehen wie im Weltgeschehen eingeleitet wird, der unweigerlich mit der naturgesetzlich zu erwartenden Wintersonnenwende zur Wiedergeburt der Sonne und dem symbolischen Sieg des Lebens in der tiefsten Mitternacht führen muß. In seiner (...) begeistert aufgenommenen Rede wies Andreas Lehmann, der Landesvorsitzende der Republikanischen Jugend Hessen, auf die bestehende Parallele zur politischen Wirklichkeit in unserem Lande und zur Lage unseres existentiell bedrohten Volkes hin, das – ebenso wie die nationale Bewegung in Deutschland und die Republikaner – seine Wiedergeburt erst noch vor sich hat."

## 2.4. Sonstige

Das Kapitel ist eine Zusammenfassung wichtiger Organisationen, Einzelpersonen, Publikationen und Informationsdienste aus dem gesamten rechtsextremen Spektrum, die im Internet vertreten sind. Die Palette der thematisierten Seiten reicht von gemäßigteren Homepages bis hin zu neonazistischen Kameradschaften, in deren Gästebüchern zum Teil offen Gewalt diskutiert wird. So rufen die „Besucher" im Guestbook von „Radio Germania" unverhohlen „zum Heiligen Rassenkrieg" auf. (vgl. Verfassungsschutzbericht Berlin 1999, S. 76) Darüber hinaus umfasst das Kapitel auch kulturelle Angebote wie rechtsextremistische Radioprogramme oder Liedermacher, die in der Szene einen zunehmenden Beliebtheitsgrad verbuchen können. Die Sendung von Radio Germania zum 110. Geburtstag Adolf Hitlers etwa war für die Betreiber ein „großer Propagandaerfolg". (vgl. Verfassungsschutzbericht Berlin 1999, S. 75, *www.berlin.de/verfassungsschutz*) Ziel der Online-Angebote ist es nach Selbstaussagen der Macher oftmals, zur demokratischen medialen Mehrheitskultur ein publizistisches Gegengewicht aufzubauen. Neben traditionellen Homepages, die rein inhaltlich orientiert ihre Organisationen samt Programm und Kontaktadresse vorstellen, finden sich auch immer modernere Internetangebote, die nicht selten von medial versierten Einzelpersonen oder Kleinstgruppen ins Netz gestellt werden. Eine bedeutende Funktion haben rechtsextremistische Chartlisten, in denen der Surfer gleich 50 bis 100 neonazistische Seiten kennen lernt und so mit einer Adresse Zugang in die weltweite NS-Szene bekommt. Bei der Flut neuer Internetseiten kann das Kapitel keinen Anspruch auf Vollständigkeit erheben. Die Auswahl orientiert sich primär am szeneinternen Beliebtheitsgrad, das heißt der Präsenz auf rechtsextremen Chartlisten, und den Besucherzahlen einer Seite.

## 2.4.1. Rechtsextreme Sammelbewegungen und parteiübergreifende Projekte

### Bündnis Rechts (BR)

Die Organisation wurde im Mai 1998 gegründet, das Ziel der Gruppe unter Vorsitz von Dieter Kern ist es, „die Zusammenarbeit der Rechten in Deutschland" zu forcieren. Das „Bündnis rechts ist ein Zusammenschluß von ‚losen Kameradschaften, die abgrenzende Parteistrukturen ablehnen' ebenso wie von ‚Mitgliedern von NPD, ‚Republikanern', DLVH und DVU'". (Verfassungsschutzbericht Schleswig-Holstein 1999, S. 25, *www.schleswig-holstein.de/landsh/im/verfassungsschutz*) Seit Juli 1999 veröffentlicht das „Bündnis rechts" das Printorgan ‚Lübscher Aufklärer', dessen Autoren aus den unterschiedlichsten rechten Gruppen kommen.

Im „Manifest der Wählergemeinschaft" beschreibt sich das Bündnis Rechts als „eine unabhängige Gemeinschaft sozialer und demokratischer Patrioten", die sich „zur Wertordnung des freiheitlichen Rechtsstaates" bekennt. Ziel sei es, „Deutschland als Land der Deutschen zu erhalten, seine Identität zu schützen und seine nationalen Interessen nach innen und nach außen zu vertreten." Außerdem wendet sich die Gruppe „gegen maßlose und unkontrollierte Einwanderung, gegen Asylmißbrauch und Überfremdung".

Die Homepage der Gruppe ist in der rechtsextremistischen Szene sehr gefragt. Domain-Inhaber ist der Vereinsvorsitzende Dieter Kern. Im Monat August 2000 konnte die Seite nach eigenen Angaben einen „neuen Besucherrekord" mit „insgesamt 12.409 Besuchen" verzeichnen. Für Juli wird die Zahl der Hits mit 7.325 angegeben, im März mit 4.840, was fast einer „Verdreifachung der Besuche innerhalb eines halben Jahres" gleichkommt. (vgl. BR-Pressemitteilung, 11.9.2000)

Publizistische Kontakte der Organisation existieren beispielsweise zur NPD. In der September-Ausgabe des Parteiorgans „Deutsche Stimme" darf Dieter Kern seine Gruppierung ausführlich vorstellen. Das Neonazi-Organ „Hamburger Sturm" wirbt für das BR-Infotelefon und den „Lübscher Aufklärer" (Verfassungsschutzbericht Schleswig-Holstein 1999, S. 26)

Im Gegenzug veröffentlicht „Bündnis rechts" am 6.8.2000 eine Pressemitteilung „Nein zum NPD-Verbot!" und fordert eine „Solidarisierung aller nationalen Kräfte mit den Nationaldemokraten". Weiter heißt es: „Wir solidarisieren uns mit der NPD – der ältesten und traditionsreichsten Partei Deutschlands."

So trägt der Verein im Internet auch zur Vernetzung der unterschiedlichsten rechten Strömungen bei. Die Linkliste verweist auf die rechtsextremen Internet-Seiten „Bund Freier Bürger", „Deutscher Freundeskreis Schwaben", „Junge Nationaldemokraten", „Nation und Europa", „Nationaler Beobachter", „FPÖ", „FIT", Horst Mahler, David Irving, „National Journal", „Radio Germania", Frank Rennicke, „Störtebeker-Netz", „Die Kommenden", „Eichenlaub", „Thüringer Heimatschutz", „White Unity" und das „Zentralorgan". (Stand: 26.10.2000)

**Vereinigte Rechte (VR)**
Die ca. 50 Mitglieder starke Organisation wurde Ende 1997 gegründet und ist ein Sammelbecken aus „zum Teil aktive(n) oder ehemalige(n) Funktionären und Mitglieder(n) der REP, NPD, DLVH und DVU. Das Programm der VR enthält nationalistische Zielsetzungen." (Verfassungsschutzbericht des Bundes 1999, S. 68, *www.verfassungsschutz.de*) Verantwortlich für die Homepage der „Vereinigten Rechten" zeichnet Klaus-Peter Seifert aus Gunzenhausen. Inhalt der Startseite sind Links zu anderen rechtsextremistischen Internetseiten und einschlägige Texte mit verfassungsfeindlichem Inhalt. Beispielhaft heißt es in einem Aufsatz des VR-Vorsitzenden Mario Hans Meurer, „die doppelte Staatsbürgerschaft ist ein erneuter Versuch der rotgrünen Multi-Kulti-Ideologen, auf juristischem Weg das deutsche Staatsvolk endgültig abzuschaffen." In seinem Alptraumbild einer offenen Gesellschaft analysiert Meurer weiter, sei „der Übergang von multikulturell zu multikriminell (...) erfahrungsgemäß fließend". Auch ginge „die Saat der Multi-Kulti-Pharisäer (...) jetzt auf. Gewalt, Terror, Schutzgelderpressung, Ghettoisierung, Prostitution,

ausländische Jugendbanden und Islamisierung – heißen die neuen Begleiterscheinungen der rotgrünen Integrationspolitik".

Auf der Homepage findet sich auch der „Offene Brief von Horst Mahler an Michel Friedman", der vor antisemitischen Tiraden strotzt:
„Der Sieg der Deutschen über Jahwe wird zugleich die Götzendämmerung des Mammon, des weltlichen Gottes der Juden, sein. (...) Darin liegt die in unserem kulturellen Erbe wurzelnde geistesgeschichtliche Berufung der Deutschen."

Als Ziel erklärt die Gruppe auf ihrer Homepage unter der Rubrik „Was will die Vereinigte Rechte" auf der gleichnamigen Seite:
„Wir wollen, daß in Deutschland eine einzige und starke Rechtspartei entsteht, die als nationale Opposition dafür sorgt, daß im deutschen Bundestag und in den Länder- und Kommunalparlamenten, in erster Linie Politik für die Deutschen und für deutsche Interessen gemacht wird."

Dabei sieht sich die VR auch als Basisbewegung und beklagt, „weil die Parteiführer der deutschen Rechtsparteien und Rechtsgruppierungen die Einigung des nationalen Lagers ablehnen, (...) sind wir entschlossen mit der Vereinigten Rechten den Weg der Einigung aller nationalen Kräfte in unserer Heimat selbst in die Hand zu nehmen." Im Schulterschlussduktus heißt es dann weiter: „Alle deutschen Rechtsparteien sind für uns Bruderparteien!" Und diese Brüderlichkeit der angeblich „national-konservativen Partei" wird gemeinsam mit der rechtsextremistischen NPD umgesetzt. Zur Gemeinderat- und Kommunalwahl in Baden-Württemberg am 24.10.1999 gingen beide Organisationen ein Bündnis ein, das allerdings in Stuttgart mit 0,1 bis 0,2 Prozent der Stimmen zu keinerlei politischer Bedeutung kam. (vgl. Verfassungsschutzbericht Baden-Württemberg 1999, S. 82) Auf Kooperationskurs ist die „Vereinigte Rechte" auch mit dem „Bündnis rechts" und schließt sich der Organisation Dieter Kerns an. (Pressemitteilung des Bündnis rechts, 27.3.2000)

Die Homepage der „Vereinigten Rechten" verweist zu den rechtsextremistischen Zeitungen „Der Scheinwerfer" und „Der Schlesier" sowie zu den Homepages von NPD, FIT, NIT, HNG, „Nation und Europa" und „Radio Germania". (Stand: 26.10.2000)

## Deutschland-Bewegung/DAO

Betreiber der Homepage der Deutschland-Bewegung im Internet ist der Organisationsvorsitzende und ehemalige Bundestagsabgeordnete der Grünen und Friedensforscher Dr. Alfred Mechtersheimer, der sich anscheinend anschickt, zu einer wichtigen Integrationsfigur des deutschen Rechtsradikalismus zu werden. Auf der Web-Seite beschreibt Mechtersheimer die Gruppe als „eine demokratische und patriotische Bewegung, die sich gegen die Rücksichtslosigkeit und wachsende Gewalt wendet und Gemeinschaftsbewußtsein und Solidarität in allen gesellschaftlichen und politischen Bereichen fördert. Wir wollen die Bevölkerung aufklären über die Politik fremder Mächte, die alles, was deutsch ist, demontieren wollen." Die Mittel, mit denen das „Gemeinschaftsbewusstsein" und die „Solidarität" erzeugt werden sollen, sind jedoch auf der Homepage der „Deutschland-Bewegung" nicht selten Solidaritätsaufrufe mit rechtsradikalen Bewegungen oder fremdenfeindliche Ressentiments. Der Surfer wird auf der Seite mit offenen Sympathiebekundungen für Jörg Haider begrüßt: „Jetzt erst recht: Urlaub in Österreich! Erholung von der EU-Hysterie." Nicht umsonst heißt es in den ebenfalls auf der Homepage veröffentlichten „Frieden 2000: Nachrichten für die Deutschland-Bewegung", zum Wahlsieg Haiders: „Der Wahlerfolg der Freiheitlichen Partei bei den Österreichischen Nationalratswahlen am 3. Oktober 1999 ist nach dem Ende des Ost-West-Konflikts und der deutschen Wiedervereinigung das wichtigste Ereignis in Europa." (Nr. 9-10/1999) Auch für den Wahlerfolg der rechtsextremistischen Deutschen Volksunion finden die im Internet publizierten „Nachrichten für die Deutschland-Bewegung" lobende Worte:
„Die Reaktionen auf den DVU-Erfolg in Sachsen-Anhalt zeigen die Kleinkariertheit der deutschen Politik. In diesem nach der Bevölkerungszahl zweitgrößten neuen Bundesland ist der epochale Konflikt deutlich geworden, der die Zukunft unseres Kontinents bestimmt: der Kampf zwischen Nation und Internationalismus. Es geht um die Existenz der europäischen Völker, die den Preis für die Politik der supranationalen Mächte und Ideologien zahlen." (Nr. 3-4/1998)

In der inhaltlichen Bewertung beschreiben die deutschen Verfassungsschutzbehörden Alfred Mechtersheimer als „Rechtsextremisten". (Verfassungsschutzbericht des Bundes 1999, S. 46, *www.verfassungsschutz.de*)
Ein wichtiger Beleg für die rechtsextremistische Gesinnung Mechtershei-

mers sind unter anderem seine Ausführungen auf REP-Parteitagen, die im Verfassungsschutzbericht des Landes Nordrhein-Westfalen 1997 thematisiert werden:

„Mechtersheimer sprach unter anderem am 6. März 1997 auf einer Veranstaltung des Landesverbandes Nordrhein-Westfalen als Hauptredner und hielt kurz darauf auf Einladung Schlierers einen Vortrag bei der REP-Fraktion Baden-Württemberg zum Thema ‚Multiethnische Entwicklungen und Demokratiegebot‘." (*www.verfassungsschutz.nrw.de,* S. 55)

Links setzt die Deutschland-Bewegung unter anderem zum „Verlag Bublies", der „Deutschen Burschenschaft" und dem „Friedenskomitee 2000" – Region Bayerisches Oberland. Neuestes Projekt von Alfred Mechtersheimer ist die von ihm initiierte „Deutsche Aufbau-Organisation 2000" (DAO), die sich am 6.6.2000 konstituierte. Mitorganisatoren der Gruppe sind der Grünen-Urvater Baldur Springmann und Harald Neubauer, Mitherausgeber des wichtigsten rechtsextremistischen Theorieorgans Deutschlands „Nation Europa". Geschäftsführer der DAO ist Hans-Ulrich Pieper, der als Veranstalter der bekannten Berliner „Dienstagsgespräche" bekannt geworden ist (Frieden 2000, 9/2000), welcher sich als „Kreis von Führungskräften aus Wirtschaft und Medien" etabliert hat. (Junge Freiheit, 4/93) Zu Piepers Gästen gehörte schon Jörg Haider.

Zur „ersten bundesweiten Konferenz" der DAO in Fulda am 6.6.2000 kam zahlreiche rechtsextremistische „Prominenz" wie die Bundesvorsitzende der FDVP Claudia Wiechmann (MdL), der hessische REP-Vorsitzende Haymo Hoch, der hessische REP-Generalsekretär Gottfried Burischeck, die hessische REP-Landesgeschäftsführerin Verena Zastrau, der REP-Bundesvorständler Bernhard Pappert, zahlreiche Präsidiumsmitglieder des „Bundes Freier Bürger" oder aus dem rechtskonservativen Spektrum der DSU-Bundesvorsitzende, Roberto Rink. Aus Österreich reiste der „Doyen des nationalfreiheitliche Lagers, Dr. Otto Scrinzi, an." (vgl. Nation Europa, 7/8 2000). Harald Neubauer setzt in Fulda auf rechtsradikale Effektivität für kommende Wahlen und erklärt, es sei notwendig, „die Zahl patriotischer Parteien zu reduzieren." (vgl. Nation und Europa, 7/8 2000, S. 77) Bereits der derzeitige DAO-Sprecherkreis mit bekannten Rechtsaußen wie dem Rechtsanwalt Heinz Flöter, Klaus Häßler, Dr. Alfred Mechtersheimer, Harald Neubauer, Roberto Rink,

Baldur Springmann und Claudia Wiechmann dokumentiert das gefährliche Potential der neuen Organisation.

Am 21.6.2000 kommt es in Düsseldorf zu einer weiteren regionalen DAO-Veranstaltung mit Harald Neubauer, die von der rechtsextremen Theoriezeitung „Signal" unterstützt wird (Signal, Nr. 133, 3/2000, S. 29). Damit wird deutlich, dass die DAO versucht die Köpfe traditioneller rechter Organisationen mit Theoretikern der Szene zu verknüpfen. Neu an dem Sammelansatz ist, dass es nicht um eine Bündelung von Organisationen, sondern von Personen geht.

**Franz Schönhuber**
Der Mitbegründer und ehemalige Bundesvorsitzende der „Republikaner" ist inzwischen vor allem publizistisch tätig. Regelmäßig schreibt er Kolumnen für die ‚National-Zeitung' des DVU-Chefs Dr. Gerhard Frey und für das Monatsheft 'Nation & Europa', die auf seiner Homepage abrufbar sind. Politisch sieht Schönhuber, wie er im Internet deutlich macht, „seine Hauptaufgabe in der Zusammenarbeit der politikfähigen und demokratischen Kräfte in den rechten Parteien in Deutschland. Dem bisherigen sinnlosen Gegeneinander soll ein Ende bereitet werden. Außerdem befürwortet er eine enge Zusammenarbeit mit dem französischen Front National und eine Vernetzung der europäischen Rechtsparteien."

Gemeinsam mit Horst Mahler hat Schönhuber in der Verlagsgesellschaft Berg das Buch „Schluß mit dem deutschen Selbsthaß. Plädoyers für ein anderes Deutschland" veröffentlicht. Vorgestellt wurde das Werk am 11. Juli 2000 in Berlin. „Dabei ging es vor allem um den jetzigen Zustand der Bundesrepublik und deren politischen und moralischen Tiefstand." Beide Autoren „erwiesen sich (...) als Tabu-Brecher in einem bisher ungekannten Ausmaß":
„Schonungslos kritisierten Mahler wie Schönhuber den Weltherrschaftsanspruch der amerikanischen Ostküste, der die Völker zerstört und die Menschen ins Elend stürzt. Sie stellten fest, erst wenn die Deutschen aufhörten, die Geschichte als moralische Veranstaltung zu betrachten, und sich wieder auf die Wahrung nationaler Interessen besännen, könnten sie wieder zum aufrechten Gang zurückfinden, der ihnen von den Siegermächten ausgetrieben wurde."

Bei der Buchpräsentation seien „nahezu alle führenden Vertreter der deutschen Rechtsparteien anwesend" gewesen. Sie hätten „die Gelegenheit zu unverkrampften Gesprächen am Rande der Veranstaltung" genutzt.

„Von der DVU waren erschienen die Fraktionsvorsitzende im Brandenburger Landtag, Liane Hesselbarth, der Landesvorsitzende Axel Hesselbarth, der Berliner REP-Vorsitzende Dr. Konrad Vogt und der Vorsitzende des REP-Bundesschiedsgerichtes Wolfgang Seifert, von der NPD der Bundesvorsitzende Udo Voigt und Mitglieder des Bundesvorstandes, sowie Vertreter des Bundes Freier Bürger." (Homepage Franz Schönhuber, Stand: 3.11.2000)

### Das „Thule-Netz": Mailboxsystem und Internetprojekt

„Als Pionier im modernen Kommunikationswesen galt lange Zeit das Thule-Netz, ein analoger Verbund aus insgesamt zwölf Mailboxen. Mit diesem überparteilichen Netzwerk verfügten nationale Zeitschriften und Gruppierungen erstmals über einen leistungsfähigen elektronischen Informationsdienst", so der Rückblick des NPD-Organs 'Deutsche Stimme' (DS, Nr. 9, September 2000) auf den Einstieg der „nationalen Opposition" ins so genannte „Zweite Medienzeitalter".

Zentralfigur des Netzes war Thomas Hetzer aus Erlangen, der zeitweilig als presserechtlich verantwortlich und Postfachinhaber für die national-revolutionäre Publikation 'Die Saufeder' in Franken fungierte. Ende 1992 eröffnete Hetzer die Mailbox „Widerstand BBS" einsam mit der „Phantom Mailbox" aus Nürnberg gründete er das „Deutsche National Netz", das am 20. März 1993 in „Thule-Netz" umbenannt wurde. Dieses ist hierarchisch aufgebaut. Die Nachrichten koordiniert die zentrale „Widerstand BBS" von Hetzer (alias Alfred Tetzlaff). Zu Beginn gehörten dem Verband fünf Boxen an, Mitte der neunziger Jahre ware es teilweise 14, die nicht in der Hand von Parteien oder Organisationen waren. Lediglich die Betreiber standen solchen Gruppierungen nahe. Neben Einzelpersonen speißten die NPD, die DVU, die Republikaner, die „Hilfsorganisation für nationale politische Gefangene und deren Angehörige" (HNG), die Freiheitliche Deutsche Arbeiterpartei (FAP) und die Hamburger Nationale Liste (NL) Informationen in das „Thule-Netz" ein. (vgl. Verfassungsschutzbericht 1995, S. 191/192, *www.verfassungsschutz.de*)

Das Jahr 1997 war geprägt von internen Auseinandersetzungen. Parallel zum „Thule-Netz" entstand das „Nordland-Netz". Beide Verbände dienten den insgesamt rund 200 angeschlossenen Nutzern vor allem als interne Foren, in denen über Ziele und Strategie der Bewegung debattiert wurde. Ein Nachteil des Systems war die Beschränktheit des Besucherkreises. Jeder neue User musste sich registrieren lassen.

„Der Sysop (Systemoperator, Betreiber einer Mailbox) entscheidet (...) über eine Beteiligung (...). Vertrauenswürdigkeit und die Aktivität im Netz sind entscheidend dafür, wie umfangreich die Zugänge innerhalb der Box gestattet (...) werden." (Verfassungsschutzbericht Baden-Württemberg 1996, S. 106)

Technisch gesehen hat das Internet die Mailboxen überholt, die „nur über eingeschränkte Möglichkeiten in der Gestaltung (keine graphischen oder akustischen Darstellungen)" verfügten. (BfV: Rechtsextremistische Bestrebungen im Internet, März 1998, S. 6) 1999 ging die Nutzung der Mailboxen stark zurück. Mitte des Jahres stellten das „Thule-Netz" und das „Nordland-Netz" ihre Aktivitäten ein. Die Betreiberin der führenden Box des „Nordland-Netzes" erklärte das Projekt für gescheitert. Das ursprüngliche Ziel, nämlich der Aufbau von Strukturen, sei verfehlt worden. Es existiert mit dem „Thing-Netz" allerdings ein Nachfolgeprojekt. (vgl. Verfassungsschutzbericht des Landes Nordrhein-Westfalen über das Jahr 1999, S. 56, *www.verfassungsschutz.nrw.de*)

Parallel zur Mailbox-Existenz war das „Thule-Netz" seit dem 8. Juli 1996 mit einer eigenen Domain im World Wide Web vertreten, in die auch umfangreiches Material aus dem Boxbereich eingestellt wurde. Im März hatte der Betreiber der (damaligen) „Elias.BBS" eine Internet-Homepage eingerichtet. „Diese (...) blieb auch nach der Auflösung des Mailboxverbundes im Juli 1999 bestehen und wird derzeit unter dem Pseudonym ‚Garfield' über einen in den USA ansässigen Provider betrieben. Sie ist jedoch den früheren Betreibern des Mailbox-Netzes nicht mehr zuzurechnen." (BfV: Rechtsextremistische Bestrebungen im Internet, Februar 2000, S. 21)

Auf seiner Webseite stellt sich das „Thule-Netz" als „offenes Kommunikationsmedium" und „unabhängiger und überparteilicher

Zusammenschluß von Mailboxen in Deutschland und Europa" vor. Die Intiatoren fühlen sich „den Ideen der sogenannten 'Neuen Rechten' wie Alain de Benoist, Pierre Krebs, Arthur Korsenz, Sigrid Hunke, Detlev Promp, Guillaume Faye oder Jean Haudry verbunden." Der Name „Thule-Netz" sei in „Anlehnung" an den deutschen Ableger des Projekts, das Kasseler „Thule-Seminar" gewählt. Die Nouvelle Droite unter ihrem Chefideologen Alain de Benoist entstand in Frankreich Mitte der sechziger Jahre als Reaktion von jungen Intellektuellen gegen die ihrer Meinung nach ideologische Verkrustung der „alten" Rechtsextremen.

In der aktuellen Ausgabe seiner Zeitschrift 'Metapo' distanziert sich das „Thule-Seminar", das sich als „Forschungs- und Lehrgemeinschaft für die Indoeuropäische Kultur" definiert, allerdings vom „Thule-Netz". Dieses sei zwar ursprünglich aus dem Seminar hervorgegangen, habe sich jedoch zu einer Unternehmung „weltfremder und ausgesprochen kontraproduktiver" Vorstellungen entwickelt. Die Erklärung ist auch ins WWW eingestellt, da die Kasseler Gruppe mittlerweile über eine eigene Domain verfügt: „Dies ist nicht das Thule-Netz, welches sich zwar inhaltlich auf das Thule-Seminar und seine Vordenker beruft, aber weder personell noch organisatorisch dem Thule-Seminar untersteht." Dem Seminar ginge es „um eine Klärung fundamentaler Fragen (...), um eine Neubestimmung der kulturellen Schlüsselbegriffe sowie um das Aufdecken neuer Alternativen gegenüber den Kernproblemen der Gegenwart", nämlich die „Breitenwirkung der multirassischen und multikulturellen Zersetzung". In diesem Zusammenhang versteht sich das Projekt „als geistig-geschichtliche Ideenschmiede für eine künftige europäische Neuordnung aller europäischen Völker unter besonderer Berücksichtigung ihres biokulturellen und heidnisch-religiösen Erbes."

Demgegenüber wendet sich das „Thule-Netz" eher konkreten politischen Fragen zu, aktuell der „BRd 2000", der in einem kürzlich eingestellten Text die „Legitimation" abgesprochen wird, denn sie „tritt Grundrechte und Menschenwürde der nationalen Opposition mit Füßen (...), unterstützt Antifa-Terroristen (...), unterzieht Polizei und Justiz einer rigorosen Säuberung" usw. usf. Vor diesem Hintergrund wird das „Recht zum Widerstand" propagiert, taktisch allerdings eingeschränkt: „Gewalt ist dabei kein erfolgversprechendes Mittel, sie würde der BRd lediglich eine Rechtfertigung für ihr Verhalten geben." Die Initiative profitiert davon, dass „der Server dieser Domain im Ausland plaziert ist und die Betreiber zudem anonym sind". In der Tat ist die Website auf den fiktiven Namen Max Mustermann registriert und liegt auf dem US-Server Dreamhaven. Als Besitzerin soll eine nicht zu verortende „Janus-Kommunikation" am Alexanderplatz in Berlin fungieren. Folglich „braucht sich das Thule-Netz (...) nicht an die Regeln der BRd zu halten. Wir können 'das Kind beim Namen nennen'", heißt es im Internet:

„Die BRd mag es 'Demokratie' nennen, wir nennen es eine Gesinnungsdiktatur. Die BRd mag es 'MultiKulti' nennen, wir nennen es einen Völkermord an den europäischen Ureinwohnern. Die BRd mag es 'Kampf gegen Rechts' nennen, wir nennen es Staatsterrorismus. Die BRd mag es 'den freiheitlichsten Staat, den es je auf deutschem Boden gegeben hat' nennen, wir nennen es eine kriminelle Vereinigung."

Insgesamt ist das Angebot des „Thule-Netzes" recht umfangreich. Vieles wurde jedoch lange, manchmal seit Jahren nicht mehr aktualisiert. Seit Mitte 1999 enthält die Thule-Homepage einen Aufruf zum „Farbball für Nationalisten", eine „paramilitärische Ausbildung ohne die Gefahr, wegen 'unerlaubten Waffenbesitzes' oder 'Mitgliedschaft in einer kriminellen Vereinigung' belangt zu werden". In den Vereinen biete sich die Gelegenheit, durch Kontakte mit Ausländern „den Feind im Auge zu behalten" und „am lebenden Objekt" zu trainieren. Das „Thule-Netz" malt ein Schreckensszenario an die Wand: „Die multikulturellen Vorbilder – Ruanda, Jugoslawien, Kosovo – weisen den Weg in Deutschlands Zukunft. Auch das deutsche Volk wird in absehbarer Zeit in seiner eigenen Heimat um sein Überleben kämpfen müssen." Dazu die Tipps: „Achtet auf realitätsnahe Ausbildung. Natürliche Umgebung und Häuserkampf sind besonders wichtig. (...) Denkt an die Albaner im Kosovo – lieber Täter als Opfer."

„Seit im September 1998 die Zuständigkeit für die Aktualisierung der Homepage gewechselt hat, ist eine bis dahin für die ‚Thule'-Homepage atypische Agitationsform festzustellen. Unter einer eigens eingerichteten Rubrik enthält die Homepage strafrechtlich relevante Inhalte. In einem Text zur Bundestagswahl wurden Nationalisten aufgefordert, in den Untergrund abzutauchen und sich auf den ‚Tag X' vorzubereiten." (BfV: Rechtsextremistische Bestrebungen im Internet, Februar 2000, S. 21/22)
In der Abteilung „Strafbare Inhalte" mit der Unterzeile „Volksverhetzung,

Denkverbrechen usw." finden sich neben „Grafiken, Bildern, Kennzeichen" auch „Software und Computerspiele", „Witze, Karikaturen, Kunst". Bei „Bücher und Essays" kann man unter anderem Hitlers „Mein Kampf" und „Die Protokolle der Weisen von Zion" herunterladen. Zur letztgenannten Schrift heißt es, ihre „Authentizität" sei „nach wie vor umstritten." Tatsache ist, dass seriöse Historiker das Werk als „antisemitisches Falsifikat" einstufen. (vgl. Benz 1992, S. 165) Laut „Thule-Netz" dagegen sei „die Übereinstimmung mit den herrschenden Zuständen nicht zu übersehen. Der Inhalt beschreibt das Konzept einer zionistischen Weltverschwörung." Zum Bereich „Lieder und Musik" wird provokativ erläutert, man könne „keine Garantie dafür übernehmen", dass alle Titel „tatsächlich ohne Ausnahme strafrechtlich relevant sind." Zum Download werden über 280 Titel als MP3-Dateien angeboten, von „Stolz Deutscher zu sein" der Band Arisches Blut bis „Negerhäuptling aus Uganda" der Gruppe Zillertaler Türkenjäger.

Interessant sind nach wie vor die Links der „Thule"-Homepage, eine lange Liste, alphabetisch geordnet. Hier gelangt der Surfer zu offen rassistischen Seiten wie „14 Words", „American Whites Homepage". Vertreten sind die „Revisionisten" unter anderem mit dem Adelaide Institut, AAARGH oder CODOH. Der illegale Online-Buchladen „1984 Press" mit Sitz in Uckfield in Großbritannien „bietet Bücher, Broschüren, Plakate, CDs und Postkarten zum Kauf an, von denen einige nur auf illegale Weise in manche mitteleuropäische Länder und aus diesen heraus versandt werden können, zum Beispiel Deutschland und Österreich." Aufgeführt sind auch Skingruppen wie „Blood & Honour" Sektion Skandinavien. Umgekehrt läßt sich sagen, dass das „Thule-Netz" in sehr vielen Linklisten auftaucht, auch bei Websites aus dem NS-Spektrum, auf die es selbst (wohl aus juristischen Gründen) nicht hinweist, wie Laucks NSDAP/AO-Seite und die amerikanische „Stormfront".

Eingestellt ist auch das Strategiepapier „Schafft befreite Zonen!", ursprünglich im Organ des Nationaldemokratischen Hochschulbundes (NHB) 'Vorderste Front' (Ausgabe 2) erschienen. Im Editorial erklärte der NHB, „das herrschende System" sei „nicht mehr zu reformieren. (...) Weil der Feind international organisiert ist, müssen dies auch die Nationalisten sein." Er zeigte sich beeindruckt von der Parole „Intifada weltweit!", die 1991 von der rechtsextremistischen englischen Gruppe International Third Position ausgegeben worden war, betonte aber die Gewalt-losigkeit des Widerstands: „Bei der ‚Intifada' handelt es sich bekanntlich um den unbewaffneten Volksaufstand der Palästinenser gegen ihre zio-nistischen Unterdrücker." (NPD-Homepage, Stand: Mai 2000)

Die Sommer-Debatte 2000 um rechtsextreme Gewalt hat das Schlagwort von den „Befreiten Zonen" aufgegriffen und einer breiten Öffentlichkeit bewusst gemacht. Der NHB griff nationalistische Bedürfnisse vor allem in der ehemaligen DDR auf, denn es wird „automatisch vorausgesetzt, daß diese Zonen in erster Linie in Mitteldeutschland zu schaffen sind." Es handelte sich um den Versuch, für diese Situation einen ideologischen Überbau zu formulieren. Kernpunkt ist die „Etablierung einer Gegen-macht", das heißt von informellen Strukturen, jenseits des staatlichen Machtmonopols. (vgl. Kap. 2.1.2.) Bei seiner Gründung knüpfte das „Thule-Netz" an diese Gedanken an und wollte „durch Vernetzung eine be-freite Zone im Mailbox-Bereich schaffen!" Dieses Projekt ist gescheitert.

### 2.4.2. Rechtsextreme Kulturangebote und Liedermacher

**Kulturkammer**
Die sächsische Domain ist im Weltnetz unter ganz unterschiedlichen Be-zeichnungen erreichbar, deren Namen wie „Sturmschritt" oder „Braun-hemd" allerdings sehr schnell den ideologischen Hintergrund verraten. Domain-Inhaber ist Jens Lehmann, der auch diverse NPD-Seiten ange-meldet hat. Die Homepage dokumentiert das völkische Gesicht der rechts-extremistischen Szene und fordert bereits auf der Startseite ihre Besu-cher auf, sich „mit ursprünglicher europäischer Kultur auseinander zu setzen." Dabei legt sie besonderen Schwerpunkt auf altdeutsches Brauch-tum und widmet sich in der Rubrik „Feiergestaltung" beispielsweise der „Deutschen Weihnacht", „Sonnwendfeiern", dem „Erntedankfest" und der „Heldengedenkfeier". Hier zeigt sich auch die politische Ausrich-tung, wenn „unserer im Felde der Ehre gefallenen Helden" gedacht wird. Weiter heißt es: „Es sind nicht nur die Toten der zwei großen Weltkrie-ge, sondern alle unsere Urväter, welche für die Freiheit ihres Vaterlan-des kämpften und starben, um das Gedeihen von Hof und Haus, Sippe und Familie zu sichern." Zur praktischen Umsetzung empfiehlt die Homepage NS-belastetes Liedgut wie „Wenn alle untreu werden".

In einem Pressedienst informiert die „Kulturkammer"-Seite über politische Neuigkeiten mit besonderem Schwerpunkt auf Ereignisse, die die rechtsextreme Szene betreffen, wie staatliche Maßnahmen gegen die NPD oder die Schüsse auf den NPD-Funktionär Siegfried Weiß-Stüßgen in Göppingen. (Stand: 28.10.2000)

Mit der Rubrik „Freizeitgestaltung" versuchen die Rechtsextremisten der „Kulturkammer"-Seite gezielt Jugendliche anzusprechen, die für Gemeinschaftserlebnisse empfänglich sind und einen Freundeskreis suchen: „Deshalb fordern wir euch auf, hinaus aus den Stuben in die frische Natur zu wandern und zwar zu jeder Jahreszeit. (...) Und befreit euere Seele durch gemeinschaftliches Singen und musizieren." Im Folgenden werden Aktivitäten wie „Wandern", „Tanzen" und „Turnen" vorgestellt. (Stand: 29.10.2000) Getreu dem Anspruch, „das fröhliche Singen im deutschen Volke zu neuem Leben (zu) erwecken", bietet die Website auch MP3-Dateien. Im Repertoire sind die nationalistischen Liedermacher „Eichenlaub", „Quasimodo", der „Singkreis Theodor Körner" und die „Wanderjugend Gibor" (WJG). Zu ihren Texten schreiben die Musiker: „Wir singen aus allen deutschen Epochen: Landsknechtslieder, bündische Lieder, Lieder der HJ. Und FDJ. (...)."

Verweise setzt die „Kulturkammer" unter anderem zu „Kunstschaffende(n) (...) welche ihr Schaffen nicht dem Zeitgeist unterordnen", wie „Heidnischwerk". (Stand: 28.10.2000) Andere Links führten schon zu den Burschenschaften „Germania Hamburg" und „Danubia München" sowie zu den Musikprojekten „Rock Nord", „Burzum" oder „Eichenlaub" und zur „Deutschen Heidnischen Front".

**Eichenlaub**
Zu den bekannteren Szenegruppen gehört auch „Eichenlaub" aus Jena, die sich als „junge Singgruppe aus Mitteldeutschland" präsentiert. Das Balladenduo besteht aus einer Sängerin und einem Gitarristen. Ziel der Gruppe ist es, „anspruchsvolle Balladenmusik für den rechten Musikmarkt zu bieten." (Blood & Honour, Nr. 8) Auf ihrer Homepage ist eine „Vorstellung" abgedruckt, in dem die im Mai 1999 gegründete Band Eckpfeiler ihrer rechtsextremen Ideologie nennt: „Besonderes Augenmerk von Eichenlaub sind die geraubten Deutschen Gebiete, das Unrecht von Flucht und Vertreibung, die Hetze gegen unsere Soldaten und allgemein

Heimat sowie tagespolitische Themen." Zum eigenen subkulturellen Hintergrund erklären die Musiker weiter:

„Es ist richtig, wir sind keine Skinheads und zählen uns eher zu dem nationalen völkischen Lager, aber wir lehnen die Skinheadszene nicht ab, wie es manch andere tun. (...) Es geht nicht darum, wie viel Bier man trinken kann, ohne Alkoholvergiftung zu bekommen oder wie viele CDs ich zu Hause horte, sondern es geht um die elementaren Werte der Skinheadbewegung, welche erst durch namhafte Leute wie Ian Stuart das wurde, was sie heute ist: eine stolze, weiße Arbeiterbewegung, die sich zu den weißen Wurzeln ihrer Ahnen bekennt und dem Kommunismus in Europa und überall dort, wo er versucht, Völker zu fesseln, Einhalt gebietet."

Die Sympathie der Band gilt den Anhängern der „Blood & Honour"-Bewegung, die „sich von der rein musikalischen Schiene entfernen und auch Tagespolitik (...) machen." (Stand: 28.9.2000) Konsequenterweise ist „Eichenlaub" auch in den Print-Skinhead-Magazinen wie „Blood & Honour" (Nr. 8) und „Rock Nord" (Ausgabe Mai 2000, S. 12 f) vertreten.

Auf der interaktiven Homepage existieren neben Chatroom und Gästebuch auch Eichenlaub-MP3s zum Downloaden wie das „Germanenlied" oder „Deutscher Osten". Links setzt die Band zum „NPD Kreisverband Dresden", „Junge Landsmannschaft Ostpreußen" und der „Kulturkammer".

### Frank Rennicke

Der Liedermacher betreibt seit Februar 1997 eine so genannte „Heimatseite" im Internet. Um einer „möglichen Zensur" in Deutschland „zuvorzukommen", hat Frank Rennicke eine inhaltsgleiche Homepage „an die schwedische rechtsextremistische Domain ‚Nordland' angebunden." (Bundesamt für Verfassungsschutz: Rechtsextremistische Bestrebungen im Internet, Köln, Januar 1998, S. 8) Als Grund für sein musikalisches Engagement im Internet erklärt Rennicke in einem Brief an die Autoren vom 11.10.2000 :

„Ich möchte mit meiner Musik zur ‚politischen Hygiene' (ein tolles Schlagwort, nicht wahr – es stammt von den ‚Führern' der Postbank) beitragen, da ich meine, Familie, Volk und Vaterland sind ewiggültige Werte, die auch besungen und mittels elektronischer Medien im Sinne des Grundgesetzauftrags als Meinungsäußerung vertreten werden sollten. Als zeitkritischer Sänger möchte ich bewußt an der Meinungsbildung mitwirken, da in der gleichgeschalteten Medienlandschaft der BRD ohnehin patriotische Meinungen schwerlich zu finden sind."

Rennicke beklagt Probleme mit Providern:
„Vor zwei Jahren war ich noch im Irrglauben, Meinungsfreiheit im Internet würde auch durch die sogenannten gewerblichen Anbieter ‚Server‘ gewährleistet, sofern unsereiner sich an die Gesetze hielt. Leider hat mir schon das amerikanische Mammutunternehmen AOL diesen Glauben eingeengt, hatte man mir doch Dutzende Male meine Seite sabotiert und die Untergruppen der Daten gelöscht. Auf Anfragen kam immer die Unschuldsantwort ‚... das kann ja gar nicht sein ...‘! Fazit: Man wird hinausgeekelt!"

Inzwischen habe sein „zweiter ‚Server‘, die Firma Strato weisungsgemäß gehandelt" und die „Seiten mit der vorgeschobenen Begründung auf ‚rechtswidrige Verweise‘ abgeschaltet. Natürlich sind die Verweise von meiner Seite juristisch geprüft worden und mittlerweile ohnehin durch die politische Schikane zu gut 80% ‚abgeschaltet‘ gewesen – aber mit der Wahrheit nimmt man es bei Strato ebensowenig genau wie in dem BRD-Innenministerium. Erneutes Fazit: Man kann noch so gesetzestreu sein und versuchen, die ‚Spielregeln des juristischen Labyrinths der BRD‘ zu beachten – man wird abgeschaltet, ausgegrenzt, als ‚Verbrecher‘ verunglimpft und letztlich ins Exil getrieben!"

Was Frank Rennicke als Staatstyrannei bezeichnet, dem steht auf der anderen Seite der Jugendschutz entgegen. „Wegen des Verbreitens volksverhetzender Tonträger und jugendgefährdender Schriften fand auch 1999 eine Hausdurchsuchung bei ihm statt." (Verfassungsschutzbericht Baden-Württemberg 1999, S. 39) So liest sich denn auch die Liste indizierter Tonträger der „Bundesprüfstelle für jugendgefährdende Schriften" wie ein Stichwortverzeichnis der Rennicke-Musik-Kollektion. Hier sindunter anderem seine Tonträger „An Deutschland!", „Lieder gegen die Zensur – Deutschland", „Protestnoten für Deutschland", „Ich bin nicht modern ... Ich fühle deutsch" etc. aufgeführt. (BPjS aktuell, 4/99, S. 41 ff) Auf Rennickes Homepage finden sich Verkaufsangebote wie die CD „Balladen des Nationalen Widerstandes", auf der er gemeinsam mit den Szene-Liedermachern Jörg Hähnel und Sleipnir spielt.

Links setzt der Musiker unter anderem zur NPD, „Bündnis rechts", den „Unabhängigen Nachrichten", Dr. Claus Nordbruch, Horst Mahler, „Die Kommenden", „Signal", „PHI" und „Nation & Europa" (Stand: 23.10.2000) Er ist in der deutschen Szene eine Integrationsfigur und gehörte dem Vorstand der am 10. November 1994 verbotenen Wiking-Jugend an. Bereits seit Mitte der achtziger Jahre tritt der nationalistische Barde auf und spielt seither vor „Republikanern", Nationaldemokraten, Vertriebenen und Neonazis. Beispielhaft hierfür ist ein Liederabend beim Landesverband der hessischen REP-Jugendorganisation „Republikanische Jugend", der am 24.9.1999 gemeinsam mit dem REP-Ortsverband Biblis veranstaltet wurde. Vielen seiner Lieder gemeinsam ist die Sehnsucht nach einem völkischen deutschen Großreich in den alten Grenzen, frei von Multikultur und Amerikanismus.

Seit Herbst 1997 ist der Musiker Mitglied der NPD und konnte so „seine Popularität ausbauen sowie neue Verdienstmöglichkeiten und Geldquellen erschließen, da er seitdem zu zahlreichen NPD-Veranstaltungen eingeladen wurde." (Verfassungsschutzbericht Baden-Württemberg 1998, S. 49)

Zahlreiche Lieder Rennickes finden sich im Internet als MP3-Dateien zum Downloaden. Bei MP3-Com verbucht er derzeit den größten Popularitätserfolg seiner Karriere. Auf der amerikanischen Homepage kann jeder seine Lieder veröffentlichen, der es möchte, eine redaktionelle Auswahl findet nicht statt. Alleine die Zahl der Downloads entscheidet über die Platzierung. Juni 2000 besetzt Rennicke mit „Für Deutschland", „Nürnberg 1946 – Rudolf Hess" und „Rosen im November" die Plätze vier, elf und 13. In den Top 40 ist er gleich neunmal vertreten. (vgl. Spiegel online, 23. Juni 2000) Hier wird deutlich, dass der Rechtsextremist via Internet zum beliebten deutschen Exportschlager mutiert.

Bei MP3-Com wird Rennicke auch als „volkstreuer Barde und Liedermacher" mit einer riesigen Seite promotet. Der Besucher kann sich hier Lieder des Musikers wie „Sie liegen im Osten und Westen: Ein Lied für unsere gefallenen Soldaten", „Deutscher Schwur/Treue Liebe: Ein Liebeslied ans Vaterland", „Das Verfassungsschutz-Ständchen: Dem deutschen Widerstand" oder auch den „Razzia-Walzer: Ein Lied über Hausdurchsuchungen" herunterladen. Darüber hinaus gibt es bei der amerikanischen Domain die „Rennicke MP3 Sampler 2000" und

„Rennicke MP3 Sampler 1999" für weniger als 10 Dollar zu kaufen. Dass zahlreiche Stücke des NPD-Streiters die Indizierungslisten der Bundesprüfstelle zieren, dürfte im Land der unbegrenzten Möglichkeiten kaum von Interesse sein.

Fragt sich nur, ob MP3-Files nicht das Geschäft eines politischen Liedermachers zerstören, der von der Musik lebt?

„Da es mir nicht nur um den schnöden Mammon geht, hier aber die Haifische der Musikmafia ihre Felle davon schwimmen sehen, habe ich zur zeit noch keine Sorgen mit MP3. Auch die Tatsache, welche Hysterie in einigen BRD-Lizenzmedien ausbrach, nachdem Musikstücke von mir dort unter den „Top Ten" zu finden waren (und schließlich für den deutschsprachigen Bereich sogar die Plätze 1 – 10 vollständig belegten), beweist doch nur: Die Musik wird abgefragt, man ist daran interessiert und es ist im demokratischen Sinne richtig und wichtig für einen Liedermacher wie mich, dort musikalisch abrufbar zu sein. Auch habe ich durch die MP3-Seiten weltweit neue Musikfreunde und -interessenten gefunden, wie z. B. Interviewanfragen sogar aus Israel beweisen."

Hat Ihnen Ihre Musik auch persönlich schon geschadet?

„Über 15 Jahre bin ich nun als nationaler Liedermacher tätig, der abseits von Gewalt und Schlagerfuzzytum eine patriotische Meinung als Liedermacher zu Volk, Familie und Heimat geäußert hat. Bei über 650 Auftritten und über 20 Tonträgern habe ich viel Zustimmung von Zuhörern erfahren und ich denke an nette und schöne Stunden zurück. Letztlich musste ich aber auch die Intoleranz politischer Gegner und willfähriger Büttel in Ämtern und Behörden erleben. So wurden zehn meiner Tonträger ‚indiziert' (mir als fünffachem Familienvater wollte man eine ‚Jugendgefährdung' durch Liedworte wie ‚Breslau' oder ‚Reich' unterstellen), meine Familie und ich mussten Hausdurchsuchungen mit lächerlichsten Begründungen erfahren, meine Auftritte wurden von Prügeleinheiten der Polizei heimgesucht, meine Familie durch Anarchos bedroht, ich wurde mehrfach überfallen und fast totgeschlagen. (...) Wegen des seit 15 Jahren nicht beanstandeten Heimatvertriebenen-Liedes, in welchem ich die völkerrechtswidrige Vertreibung aus dem Sudetenland anklagte und einen Vergleich mit der Heimatvertreibung durch Überfremdung in der Gegenwart wagte, wurden nicht nur ich, sondern auch meine Frau (Sippenhaft gibt es wieder in Deutschland!!!) angeklagt."

Frank Rennicke in seiner neuen Funktion als Märtyrer der rechten Szene. Insgesamt ist der Musiker wohl einer der wichtigsten Überzeugungstäter des rechtsradikalen und zum Teil auch rechtsextremistischen Wortes in Deutschland.

### 2.4.3. Theoriezeitungen und Informationsdienste

**Nation und Europa**

Inzwischen ist auch eines der ältesten rechtsextremistischen Politmagazine online: 'Nation Europa' mit Sitz in Coburg. Mit einer Auflage von 16.000 Exemplaren monatlich erscheint das Heft auch im Printformat und „gehört zu den wichtigsten rechtsextremistischen Theorieorganen." (Verfassungsschutzbericht Bayern 1999, S. 53, *www.verfassungsschutz.bayern.de*) Das Blatt wurde bereits 1951 von dem ehemaligen SS-Sturmbannführer Arthur Erhardt gegründet, der bis zu seinem Tod im Jahre 1971 Herausgeber war. Seine Nachfolger sind die Funktionäre der „Deutschen Liga für Volk und Heimat" (DLVH) Peter Dehoust und Harald Neubauer. Die DLVH versuchte über Jahre vergeblich, die Sammelpartei des Rechten Lagers in Deutschland zu werden. Die Bemühungen scheiterten allerdings daran, „dass die anderen rechtsextremistischen Parteien nicht gewillt waren, ihre Eigenständigkeit aufzugeben." (Verfassungsschutzbericht des Bundes 1999, S. 68, *www.verfassungschutz.de*)

Mitglieder der „Nation Europa"-Redaktion sind neben Peter Dehoust auch Werner Baumann, Karl Richter und Dietmar Engelhard, der auch für die Internetseite verantwortlich zeichnet. In den Grundsatzaussagen beschreibt sich das Heft als „überparteilich". Die fremdenfeindliche Diktion richtet sich „gegen die ‚multikulturelle' Zerstörung der Volksidentität, gegen Masseneinwanderung und Asylmissbrauch". Demgegenüber setzt sich das Blatt „für den Schutz aller Völker vor Überfremdung" ein. (Stand: 27.10.2000)

Die Schrift hat unregelmäßige Rubriken wie „Eurorechte im Blickpunkt", „Neues von der Überfremdungsfront" bzw. „Aktuelles aus Multikultopia", „Von Menschen und Verbänden", „Zeitschriftenschau", „Deutsche in aller Welt" und „Zeitgeschehen klar gesehen". „Aktuelles aus Multikultopia" umfasst ausschließlich Negativmeldungen über Asylsuchende und in Deutschland lebende Ausländer aus Zeitungsberichten etablierter Blätter. Ziel ist es, der NE-Leserschaft die angeblich überproportional hohe Kriminalität von Menschen anderer Herkunft zu verdeutlichen. Für rechtsextreme Gruppen vor Ort ist das eine wichtige Argumentationshilfe. Insgesamt verbreitet das Organ nationalistische, „revisionistische" und rassistische Thesen sowie eine ungezügelte Systemfeindschaft. Eine Umfrage unter der Leserschaft von „Nation Europa", veröffentlicht im Mai-Heft 1998, ergibt, dass 30,2 Prozent der Leser sich den REP zuneigen, 27,5 Prozent der NPD, 16 Prozent der DVU und 9,6 Orizent dem BFB, was dokumentiert, dass die Publikation in der gesamten rechtsextremen Szene Deutschlands als Informationsquelle Bedeutung hat.

Die Rubrik „Eurorechte im Blickpunkt" widmet sich der Zusammenarbeit und den Erfolgen ultrarechter Parteien in ganz Europa. Das Hauptaugenmerk richtet sich aber auf Italien (Lega Nord, Alleanza Nationale), Österreich (Freiheitliche Partei Österreich), Frankreich (Front National), Belgien (Vlaams Blok), Schweiz (Schweizer Volkspartei) und Norwegen (Fortschrittspartei). Auffällig sind hier die Positivberichte über populistische rechte Parteiführer oder Gastbeiträge ausländischer Rechtsextremisten, was eine Schulterschlussstrategie nahe legt. So schreibt der bayerische Verfassungsschutz, dass „Nation und Europa" als Strategieorgan seit Jahren „ohne Erfolg dafür eintritt, die Zersplitterung der rechtsextremistischen Parteien durch die Orientierung an ausländischen Sammlungsparteien wie dem Front National (FN) und dem Vlaams Blok (VB) in Belgien zu überwinden." (Verfassungsschutzbericht Bayern 1999, S. 53, *www.verfassungschutz.bayern.de*)

Im Internet liefert die Nation-Europa-Homepage ein umfangreiches Stichwortarchiv für das rechtsextremistische Theorieorgan und den angeschlossenen Verlag. Im Prospekt finden sich Bücher von Rechtsextremisten wie Franz Schönhuber, Horst Mahler, Dr. Gerhard Frey, David Irving oder des Vordenkers der Neuen Rechten in Deutschland Pierre Krebs. Links setzt die Web-Seite zu in- und ausländischen Gleichgesinnten wie NPD, JN, REP, „Republikanische Jugend", DVU, „Vereinigte Rechte", „Freiheitliche Deutsche Volkspartei", „Thule-Netz", NIT, „Junge Freiheit", „Signal" sowie „Vlaams Blok", „Front National", „Alleanza Nationale", „Forza Nova", „Sinn Fein", „British National Party" und zur „Liberal-Demokratischen Partei Russlands" von Wladimir Schirinowksi.

## Signal

„Signal" gilt als eines der wichtigsten deutschen Theorieorgane der „Neuen Rechten" **u**nd erscheint bis zur Umbenennung zur Juni-Juli-Ausgabe 1998 seit 1987 unter dem Titel „Europa Vorn". Herausgeber ist der Rechtsextremist Manfred Rouhs, der für die seit 1998 existierende Homepage verantwortlich zeichnet. Autoren seiner Zeitschrift sind unter anderem Christian Rogler, Emil Schlee, Rolf-Josef Eibicht, Wolfgang Strauss und Franz Schönhuber. Der Inhalt des Heftes spannt sich von neurechten Theorieansätzen bis zur Reproduktion fremdenfeindlicher Klischees. So propagiert Herausgeber Rouhs den „Kampf des deutschen Volkes um Kulturerhalt": „In Köln, Berlin und Hamburg geht es darum, deutsche Substanz zu erhalten gegen den Überfremdungsdruck ausländischer Zuwanderer und das Übergewicht des american way of life in der großstädtischen Massenkultur." (Signal, Nr. 127, 1/99, 3). Im Interview mit den Autoren ergänzt er im neurechten Theorieansatz: „Deutsche und Ausländer sollten sich von den Multikulturalisten nicht ausspielen lassen, sondern in der neuen Weltordnung der amerikanischen Ostküste ihren gemeinsamen Feind erkennen." (28.10.2000) Dementgegen setzen Signal-Autoren auf ein völkisch-homogenes Großreich und fordern die alten Reichsgrenzen ein: „Verzicht ist Verrat: Sudeten- und Ostdeutschland bleiben unser." (Signal, Nr. 130, 4/99, Titelseite) Rolf-Josef Eibicht droht: „Die polnischen und tschechischen Vertreibernationen werden auf Dauer mit ihrer anhaltenden Raubsicherungspolitik keinen Erfolg haben. Uns kann man nicht auf ewig zumuten, dies hinzunehmen. Der deutsche Erfindergeist wird nicht ruhen." (Signal, Nr. 130, 4/99, S. 22 ff)

Bemerkenswert ist ein Online-Dienst, der seit September 1998 „täglich aktuell" über Neuigkeiten in der Politik mit besonderem Schwerpunkt auf die rechtsextremistische Szene berichtet. (Signal, Nr. 126, 4/98, S. 3)

Über die Gründe seines verstärkten Engagements schreibt Rouhs: „Fernsehen und Rundfunk sind bei den Herrschenden monopolisiert. Das Netz stellt den Wettbewerb der Argumente wieder gleich. Hier sind die Chancen für Etablierte und Nonkonforme gleich (...). Wir wollen die geistige Käseglocke zerstören, die die ‚Diktatur der Guten' über unser Land gestülpt hat. Wir werden sie von innen zerschlagen, nicht von außen. Und das Internet wird dabei unser wichtigstes Werkzeug sein." (Signal, Nr. 126, 4/98, S. 5)

Rechtsextremistische Tonträger der Skinhead-Subkultur stehen auch auf der Homepage von „Signal: Das patriotische Magazin" zum Verkauf an. Beispielhaft hierfür stehen CDs der Bands „Rufmord", „Reinheitsgebot", „Westsachsengesocks" oder „Sturmwehr" (Stand: 22.10.2000). In seinem „Verlag Manfred Rouhs" finden sich noch weitere Szene-Tonträger wie von „Asgard", „Ervolk", „Normannen", „Oidoxie", „Oi Dramz", „Zerstörer" und „Brutale Haie". Buchtitel im Programm sind ebenfalls eindeutig rechtsradikal zu verorten wie Franz Schönhuber: „Ich war dabei", Julius Evola: „Revolte gegen die moderne Welt", Jürgen Schwab: „Die Meinungsdiktatur" oder von Stefan Ulbrich „Multikultopia".

Unter der Rubrik „Kleinanzeigen" suchen nationale Skinheads gleichgesinnte Skinfrauen, im Szeneslang Reenes. Auszüge: „Suche Kontakt zu süßen Reenes", „24-jähriger Nationalist sucht intelligente, treue, gleichgesinnte Frau", „19-jähriger Skinhead sucht nette Mädels aus Niedersachsen", „Nationalist aus Sachsen – sucht Sie, Alter egal.", „Er sucht Sie – 19-jähriger Germane sucht eine national-revolutionäre Frau ohne Kind" oder „Rechter sucht Frau, mit der man politische Meinungen teilen kann." (Stand: 27.10.2000)

Links setzt die Signal-Homepage zu Alfred Mechtersheimers „Deutschland-Bewegung", „Nit-Online", Franz Schönhuber, den Wahlparteien FPÖ, REP, DVU sowie zu Harald Schmidt, laut Rouhs „gepflegter deutscher Humor". (Stand: 22.10.2000) Inzwischen verzeichnet „Signal" 150 bis 200 Besucher am Tag, was monatlich fast 5.000 Zugriffe ausmacht. 1998 waren es täglich 30. Das stellt bis heute eine Vervielfachung dar. (Manfred Rouhs: Interview mit den Autoren, 28.10.2000)

**Junge Freiheit (JF)**
Als Scharnier zwischen der rechtsextremistischen und der rechtskonservativen Szene Deutschlands gilt die Zeitung „Junge Freiheit". Chefredakteur und Geschäftsführer ist Dieter Stein, andere Redakteure sind Thorsten Thaler (CvD), Jörg Fischer, Steffen Könifger, Moritz Schwarz und Ekkehard Schultz. Nach der Analyse des Verfassungsschutzes bemüht sich das Blatt „extremistisches Gedankengut als ‚national-konservatives' zu verschleiern und nutzt hierzu immer wieder geschickt die Bereitschaft von Politikern und sonstigen Personen zu Interviews aus, um so ihre wahren Absichten zu verschleiern. (Verfassungsschutzbericht Ba-

den-Württemberg 1999, S. 88) Die Zeitung erscheint seit 1994 wöchentlich und benennt die Auflage wie folgt: „Druckauflage 70.000 Exemplare, verkaufte Auflage 36.000 Exemplare, 14.500 Abonnenten in Deutschland und 1.000 in Österreich." (JF-Homepage, Stand: 2.11.2000) Der
Verfassungsschutz spricht von deutlich niedrigeren Zahlen und beziffert
die Auflage 1999 mit ca. 10.000 Exemplaren (vgl. Verfassungsschutzbericht Nordrhein-Westfalen 1999, S. 119). Hier wird der JF ferner eine
„rassistisch motivierte Ausländerfeindlichkeit" attestiert, die „Relativierung der NS-Verbrechen und Antisemitismus" sowie eine „Zusammenarbeit mit anderen Rechtsextremisten" (ebd., S. 119 ff). Analysen, die
den Beliebtheitsgrad kaum tangieren. Wie kann man sich sonst erklären, dass selbst der frühere Bundesinnenminister Manfred Kanther der
JF Rede und Antwort steht (Ausgabe 2/99). Ansonsten schmückt sich
die Publikation mit Autoren wie dem früheren sächsischen Justizminister
Steffen Heitmann, dem ehemalige MAD-Boss Gerd-H. Komossa, dem
früheren Berliner Innensenator Heinrich Lummer oder dem einstigen
stellvertretenden NATO-Oberbefehlshaber von Europa Günter Kießling.
(vgl. JF-Danksagungsseite 4/99, S. 20) Die „Junge Freiheit" wird damit
zum ideologischen Blockadebrecher für Rechtsextreme wie den REP-
Vorsitzenden Rolf Schlierer, Horst Mahler, den rechtsextremistischen
Publizisten Dr. Claus Nordbruch oder Franz Schönhuber, die als Autoren und Interviewpartner im Geleitschutz rechtskonservativer Prominenz salonfähig gemacht werden. Der österreichische Rechtspopulist
Jörg Haider ist regelmäßiger Interviewpartner der „Jungen Freiheit". In
der JF-Ausgabe vom 28.1.2000 fordert er eine neue deutsche Rechtspartei und verweist auf „die Notwendigkeit, dass Deutschland eine freiheitliche Alternative bräuchte. Ich könnte mir vorstellen, dass natürlich
jetzt ein günstiger Zeitpunkt wäre." Im selben Interview fordert er die
deutsche Rechte zur Vereinigung auf: „Wenn sich die zum Partikularis-
mus und zum Eigenbrötlertum neigenden freiheitlichen Gruppierungen
in Deutschland einigen würden, dann wäre das eine ganz bedeutende
politische Kraft, die hier entstehen könnte."

Im Internet besitzt das neurechte Organ seit November 1996 eine eigene
Homepage. Verantwortlich zeichnet Chefredakteur Dieter Stein für die
„Junge Freiheit Verlag GmbH & Co" in Berlin. Aufgabe der Internetseite
ist es primär für die Printversion zu werben. So werden „Testabo", „Abo",
„Online-Abo", „Geschenk-Abo" bereits auf der Startseite angeboten.

Daneben wird das Internet zu kommerziellen Zwecken genutzt, was ein breites Verkaufsangebot belegt, darunter Schriften von Alain de Benoist, Jörg Haider oder Manfred Weinhold, der über „Deutschlands Gebietsverluste 1919-1945" schreibt. Links setzt die Web-Seite unter anderem zum „Bund freier Bürger", zum „Bund der Vertriebenen", den „Republikanern" (REP), dem „Republikanischen Hochschulverband Marburg", „Nation und Europa" und zur „Deutschland-Bewegung". (Stand: 2.11.2000)

**Unabhängige Nachrichten**
Die traditionsreiche rechtsextremistische Publikation ist im Internet mit einer eigenen Homepage vertreten. Inhaber der Domain ist Georg Linke für den „Freundeskreis UN e.V." aus Oberhausen. Hier hat auch die Printversion ihre Postfachadresse. Die Schrift ist das Organ des 1969 gegründeten „Freundeskreises Unabhängige Nachrichten". Die Organisation tritt auch als „Unabhängige Freundeskreise", „Arbeitskreis Unabhängige Nachrichten OWL" und „Heimatfreunde Ostwestfalen" auf und „arbeitet eng mit der NPD zusammen." (Verfassungsschutzbericht des Landes Nordrhein-Westfalen 1998, Pressefassung, S. 93) Im Internet präsentiert sich der „Freundeskreis UN e.V." als Wahrer der „Grund- und Bürgerrechte des Einzelnen" und Kämpfer „für den Erhalt der Pressevielfalt und Meinungsfreiheit!" Zur Vorstellung der „zeitkritischen Monatsschrift" heißt es, das Organ präsentiere „tagespolitische Themen aus freiheitlicher Sicht." Auf der Internetseite können die aktuellen Beiträge abgerufen werden, das Internetarchiv ermöglicht es ferner, Artikel aus den UN-Ausgaben ab Nummer 4/1997 einzusehen. Was die Herausgeber als „Unabhängig" kennzeichnen, entpuppt sich bei näherem Hinsehen als klassisch rechtsextreme Agitation. Die Publikation verunglimpft nicht nur das Prinzip der repräsentativen Demokratie, sondern äußert sich ausländerfeindlich und „revisionistisch".

Ein weiterer Schwerpunkt des Organs ist das Schüren von Fremdenfeindlichkeit, etwa im Sonderdruck 995, 05/99: „So ist die Wirklichkeit! – Von Ausländern terrorisiert – Deutsche verlassen ihre altangestammte Heimat". Auf der Titelseite der Ausgabe 8/2000 fragt das Blatt: „Ausgenommen, abgewickelt, abgeschafft: Deutschland bald ohne Deutsche ?"

Ebenfalls im Internet ist die Informationsschrift „Auf dem Stundenplan – Ersatzblatt für fehlende oder verfälschte Schulbücher", die ebenfalls von der UN-Redaktion herausgegeben wird. Das Online-Heft richtet sich gezielt an Schüler. Der Inhalt der Publikation, die seit 1983 auch im Printformat erscheint, ist ebenfalls eindeutig rechtsextrem. Beleg sind Überschriften wie „Die Deutschen sterben aus" (Ausgabe 28, UN 1/2000). In früheren Ausgaben, die im Internet abrufbar sind, werden Hitlers Armeen glorifiziert: „So, deutsche Jugend, wird das Bild des jahrelangen Heldenkampfes im eigenen Volk in den Schmutz gezogen." Dazu fragt das Blatt „Lest Ihr, deutsche Schüler, solches in Euren Schulbüchern?" (Ausgabe 7, UN 11/83).

**Politische Hintergrundinformation (PHI)**
Hauptinteresse des PHI, der sich als „einzige wirklich unabhängige Nachrichtenagentur in Deutschland" sieht, ist es, ein Gegengewicht zur etablierten Publizistik zu bieten. Für Redaktion und Vertrieb wird eine Adresse in Litauen angegeben. Homepage-Inhaber ist der „PHI-Buchclub", für den der deutsche Thorsten Paproth aus Dahlenburg verantwortlich zeichnet.

Über die Webseite erhalten Surfer einen „relativ aktuellen Überblick über Aktivitäten und Informationen der rechten Szene" (Verfassungsschutzbericht Nordrhein-Westfalen 1999, S. 56). Im Printformat erscheint der Deutschlanddienst bereits seit 17 Jahren, zunächst über einen Verlag in London. Wegen der angeblich „unerträglich(en)" Telefonverbindungen kam es zum Umzug in die Schweiz, wo der Verein „Buchclub PHI = Pressedienst" mit Sitz in Basel gegründet wurde. Nach den schärferen Gesetzen bezüglich fremdenfeindlicher Hetze sahen die PHI-Herausgeber die „Meinungsfreiheit (...) erheblich eingeschränkt." Es kam zum weiteren Umzug nach Litauen, einem Staat, „in dem weitgehend demokratische Verhältnisse herrschen und es keine Überwachungspraxis für Zeitungsverleger gibt". Heute erscheint der „PHI-Deutschlanddienst" 52-mal im Jahr. Ständige Rubriken sind unter anderem die politischen Parteien, „Gewerkschaften, Kirchen und Religionen, Sekten, Freimaurerei und deren Vorfeldorganisationen und andere Geheimbünde und Orden, Judenfrage und Entwicklung in Israel (...), Zerstörung von Kultur- und Volksbildung, Politische Justiz und Polizeiübergriffe."

In die Medien kam der PHI im Mai 1999 im Rahmen eines Internetaufrufs im Zusammenhang mit dem Krieg der NATO gegen den Diktator Milosevic, in dem der Pressedienst Freiwillige rekrutierte. Auf der Homepage titelten die Rechtsextremen: „PHI-TV sucht Mitarbeiter für den Einsatz in Krisenregionen". Voraussetzung für den Einsatz seien „körperliche Belastbarkeit, Durchhaltevermögen, militärisches Grundwissen und unbedingte Ehrlichkeit." Aufgabe der Mitarbeiter sei es, „Korrespondentenberichte für PHI-TV zu liefern. (...) Bei einem Einsatz in Serbien würden Sie von der Seite der Angegriffenen berichten: u.a. in Gefangenschaft geratene deutsche Soldaten besuchen."

Das PHI-Programm auf CD dokumentiert rechtsradikale Veranstaltungen wie „Vorträge von Manfred Rouhs, Franz Uhle Wettler und Franz Schönhuber". Auf weiteren Internet-TV-Sendungen referiert Dr. Heiner Kappel vom „Bund freier Bürger" oder der rechtsextremistische Publizist Dr. Claus Nordbruch.

**Störtebeker**

Das „Störtebeker-Netz" ist nach eigenen Angaben seit dem 1.7.1998 online und besteht „aus Leuten aus Stralsund und Umgebung". Als Kontaktadresse geben die Homepage-Betreiber eine Postfachadresse in Stralsund an, registriert ist die Domain in Boca Raton, Florida/USA. Die Initiatoren stellen sich vor als „parteienunabhängiger, nicht kommerzieller Informationsanbieter mit thematischen Schwerpunkten Politik und Kultur". Mit der Homepage „soll eine Internet-Basis für die außerparlamentarische Opposition gegenüber den gleichgeschalteten Staatsmedien geschaffen werden." (Stand: 26.10.2000) Schwerpunkt der Seite ist es, „zynisch das aktuelle politische Geschehen zu kommentieren. Antisemitische Ausfälle sind dabei an der Tagesordnung." (Innenministerium Mecklenburg-Vorpommern, Extremismusbericht 1999, S. 6)

Unter „Nachrichten im Überblick" informiert der rechtsextremistische Online-Dienst über Szene-Demonstrationen, eine NPD-Mahnwache, Pressemitteilungen der NPD-Greifswald und neonazistische Demonstrationen wie den Dortmunder Marsch des „Nationalen Widerstandes" im Oktober 2000. Dazu werden Kontakttelefonnummern von Organisatoren gleich mit publiziert.

Die Rechtsextremisten finanzieren die Homepage nach eigenen Angaben „privat". Im Interview auf der Seite erklärt „Netz-Nestor Theodor

Manzelmann", vermutlich ein Pseudonym: „Es gab und gibt keine Werbung und keine Dotationen irgendeiner Partei. Die entstehenden Kosten werden auf freiwilliger Basis von den Mitwirkenden getragen." An anderer Stelle bezeichnet sich das „Störtebeker-Netz" „zumindest für das Jahr 2000 als werbefreie Zone". Zuvor trat die Homepage auch unter zwei weiteren Domains in Erscheinung, durch „das ausbleibende Interesse an diesen Namen werden diese Bereiche durch M. bei internic abgemeldet bzw. an einen anderen Betreiber, der die Seiten eventuell kommerziell zur Weiterleitung an erotische Angebote nutzen will, gegen Ablösung übergeben."

Dass die Homepage zu den wichtigen deutschen Neonazi-Seiten mit einer weltweiten Streuwirkung gehört, belegt eine Zugriffsstatistik für das Jahr 2000 bis zum 8. September. Nach der Auflistung hatte die Homepage 71.919 Hits aus Deutschland, gefolgt von Österreich (4.189), der Schweiz (1.674), den Niederlanden (1.371) und Japan (459). Weitere Besucher kamen aus Mauritius (54), Brasilien (24), Taiwan (24), Saudi-Arabien (10) oder Neuseeland (5). Verweise setzt das „Störtebeker-Netz" zur „Burschenschaft Markomania Aachen-Greifswald", zum NPD Kreisverband Greifswald, NIT, FIT und zur „Kulturkammer" (Stand: 26.10.2000).

### 2.4.4. Neonazistische Organisationen und Kameradschaften

**Kampfbund Deutscher Sozialisten (KDS)**
Der „Kampfbund Deutscher Sozialisten" KDS ist eine rechtsextreme Organisation, die am 1. Mai 1999 gegründet wurde und von dem früheren stellvertretenden Vorsitzenden der „Kommunistischen Partei Deutschlands – Ost", Michael Koth, und dem früheren Stellvertreter des Neonazi-Führers Michael Kühnen ‚Thomas Brehl, geleitet wird. (vgl. Verfassungsschutzbericht des Bundes 1999, S. 37) Koth zeichnet als Domain-Inhaber im World Wide Web verantwortlich. Der KDS definiert sich als „ein partei- und organisationsungebundener Zusammenschluss auf der Basis des Bekenntnisses zu Volk und Heimat". Das „Internetangebot richtet sich an Bürger aller Klassen und Schichten, die mit der morschen Welt der kapitalistischen BRD im Widerspruch stehen." Zu den Besucherzahlen sagt Koth: „Über so genannte Zugriffe machen wir keine Detailangaben, aber die Tendenz ist bei einer fünfstelligen Zahl auch täglich stark steigend. Das ist für uns umso erstaunlicher, da wir unseren Anbieter wechseln mussten, weil jener wohl dem ‚Antifa'-Druck nicht

standgehalten hat. Jene ‚Antifa'-Kräfte machen sich damit nur zum nützlichen Idioten der Bourgeoisie." (Brief an die Autoren)

Als gesellschaftliche Grundlage diagnostiziert der KDS eine „erfolgte Annäherung ‚rechter' und ‚linker' Sozialisten", die „die Gründung eines Diskussions- und Kampfforums" unabdingbar mache. So kam zur Gründungsversammlung am 1.5.99 nach Cottbus neben Brehl und Koth auch neonazistische Prominenz wie der Bundesvorsitzende der 1992 verbotenen „Deutschen Alternative" (DA), Frank Hübner, und der frühere NRW-Landesvorsitzende der DA, Michael Thiel. Auf dem Treffen bekräftigte die rot-braune Bündnis-Organisation ihre „Empörung über die barbarische Aggression des US-Imperialismus und seiner Bonner Marionetten gegen das Land und das Volk Jugoslawien" und die „Verbundenheit mit allen antiimperialistischen Staaten der Welt". So forderten die Teilnehmer: „Hände weg von Kuba, KDVR, China, Irak und Libyen! Solidarität mit den nationalen Befreiungsbewegungen in Irland, Kurdistan, Korsika, Schottland, Baskenland ist uns eine Herzenssache." (Der Gegenangriff, Nr. 1, Juli 1999, S. 1) „Der Gegenangriff" ist neben „Wetterleuchten" ein Printorgan des KDS. Die hier angeschlagenen Töne dokumentieren die Grauzone zwischen linksextremer und rechtsextremer Gesellschaftskritik. In „Der Gegenangriff", Nr. 2, 1999, heißt es:
„Wir sind eine antiimperialistische Organisation und solidarisch mit allen Völkern, die sich im Abwehrkampf gegen den verbrecherischen US-Imperialismus und seine Helfershelfer befinden. (...) Es ist unser erklärter Wille, ein politisches Bollwerk gegen den Global-Internationalismus des Großkapitals zu sein und gegen die Zerstörung der über Jahrhunderte gewachsenen deutschen Nation und ihrer Kultur. (...) Die Mehrheit unserer Mitglieder ist im 8. Jahr des Beitritts der DDR zur BRD der Meinung, daß die DDR das bessere Deutschland war. Wir wollen deshalb die positiven Erfahrungen aus der DDR in die deutsche Politik einbringen."

Noch deutlicher wird Michael Koth in einem Brief an die Autoren vom 23.10.2000:
„Der KDS lehnt Gewalt zur Durchsetzung seiner Ziele als nicht dem Bewusstseinsstand der deutschen Arbeiterschaft entsprechend entschieden ab. Gleichzeitig unterstützen wir weltweit, also von Palästina über Jugoslawien (...) den militanten (also auch bewaffneten Kampf) der Völker gegen Imperialismus, Zionismus und Reaktion."

Das Innenministerium Nordrhein-Westfalen schreibt, dass der KDS „bisher keinen größeren Einfluss auf die Neonazi-Szene gewinnen" konnte. (vgl. Verfassungsschutzbericht Nordrhein-Westfalen 1999, S. 99) Mit dem Engagement des Neonazis Axel Reitz und dessen „Kameradschaft Walter Sprangenberg Köln" im KDS sowie der Gründung einer KDS-Kameradschaft Duisburg sind jedoch Ansätze von „festeren Strukturen" dokumentiert (Verfassungsschutzbericht Nordrhein-Westfalen 1999, S. 100).

Auf seiner Homepage setzt der KDS Links unter anderem zur NPD, der „Berlin-Brandenburger Zeitung", „Hanse Records", dem „National Journal", der „Jungen Freiheit", und dem „Siegener Bärensturm".

**Der Priemaner**
Neben der Homepage des „Kampfbund Deutscher Sozialisten" ist Koth auch Domain-Inhaber von „Der Priemaner: Die Seite über einen Veteranen". Diese ist dem früheren Führer der „Kampfgruppe Priem" (KGP) und des neonazistisch-neuheidnischen Zirkels „Wotans Volk", Arnulf Winfried Priem (geb. 1948), gewidmet.

Priem stammt aus der ehemaligen DDR und wurde 1968 nach drei Jahren Haft in die Bundesrepublik ausgetauscht. Bereits 1971 engagierte er sich dann bei Gerhard Freys Deutscher Volksunion. Während jedoch die Kooperation mit der DVU nicht von Dauer war, wurde Priem in den achtziger Jahren zu den engsten Weggefährten des Neonazis Michael Kühnen. Er unterstützte Kühnen finanziell und materiell und überlässt dem „Chef" die Publicity, wie er später im Interview bestätigte. (vgl. Fromm 1993, S. 175) Priem war bis zu ihrem Verbot am 8.12.1992 Berliner Landesvorsitzender der neonazistischen Organisation „Deutsche Alternative". Daneben führte er die Gruppe „Wotans Volks", um „Exkursionen in die Berliner Umgebung" und „wehrsportähnliche Übungen abzuhalten und Schlachtfelder des Zweiten Weltkrieges nach Waffen und Militaria abzusuchen". (Verfassungsschutzbericht Berlin 1991, S. 64) Mitte der neunziger Jahre wurde es ruhiger um Priem, bis er 1999 wieder in Kooperation mit dem „Kampfbund Deutscher Sozialisten" auftauchte und über eine Homepage heroisiert wird.

Der Personenkult um Priem hat seinen Höhepunkt unter der Rubrik „Musik". Hier wird eine MP3-Datei der Band „Macht und Ehre" veröffentlicht, Titel: „Priem an die Macht". Links setzt die Homepage zur NPD, „NIT Blitz", „Berlin-Brandenburger Zeitung", „Hanse Records", „Radio Germania", „Kampfbund Deutscher Soldaten", „National Journal", „Junge Freiheit", „Siegener Bärensturm" und Frank Rennicke. (Stand: 3.10.2000)

## Freie nationale Jugend Celle

Die Homepagebetreiber stellen sich als „eine freie Kameradschaft aus dem Großraum Celle/Hannover" vor sowie als „Mitglied keiner legalen oder illegalen Organisation (NPD, JN, Blood & Honour, Hammerskins und Ähnlichen) (...), da man sich dadurch kontrollierbar und überwachbar durch die staatlichen Verfolgungsorgane macht. Wir stehen der 77er Kameradschaft Celle/Hannover nahe und organisieren gemeinsame Aktionen mit ihr." Verantwortlich für die deutsche Domain zeichnet Klaus Hellmund aus Celle. Ziel ist es, „mit dieser Homepage an junge Celler und Hannoveraner" heranzutreten, „die bisher Berührungsängste mit nationalen Gruppierungen hatten", um sich als „einzige handlungsfähige, sozialistisch-nationale Alternative zu etablieren." (Stand: 14.5.2000)

Die interdidaktische Seite mit einem Gästebuch, Szene-Interviews, Konzertberichten, Umfragen und politischen Berichten spricht auch Subkulturen wie Skins an. Zum Zusammenhalt der rechtsextremistischen Szene tragen Demonstrationsberichte bei. (Stand: 14.5.2000) Informiert wird ferner über die Aktivität im gesamten rechtsextremistischen Spektrum wie Vorträge des „revisionistischen" Publizisten Dr. Claus Nordbruch (Koblenz, 5.5.2000), Skinkonzerte mit rechtsextremen Bands wie „White Law" oder „Legittima Odessa" (Mailand/Italien, 13.5.2000), eine Veranstaltung des „Deutschen Freundeskreises" mit Harald Neubauer (Darmstadt, 19.5.2000), der „2. Tag des nationalen Widerstandes" der NPD (27.5.2000) und sogar das politisch unverfängliche „neunte Wave-Gothi-Treffen" Pfingsten 2000 in Leipzig, was belegt, dass die Grufti-Szene zunehmend für Rechtsextremisten interessant wird. Für Rüdiger Hesse, Pressesprecher des Verfassungsschutzes Niedersachsen, „eine kluge Seite", die belegt, „dass in der Szene kluge Köpfe vorhanden sind". Darüber hinaus seien dem Kreis auch „gewaltbereite Mitglieder" zuzuordnen (Interview mit den Autoren, 7.8.2000).

**Nationaler Beobachter**

Die Neonazi-Seite „Nationaler Beobachter" widmet die Startseite dem Hitler-Stellvertreter Rudolf Heß. Als Kontaktadresse dient ein Postfach in Halle sowie eine E-Mail-Adresse. Registriert ist die Homepage auf ein Postfach in Buenos Aires in Argentinien als „volkssturm productions". Die eher theorielastige Internetseite bietet eine „Bücherecke" mit Schriften von Manfred von Richthofen und Friedrich Nietzsche. Neben solch kulturellen Inhalten widmet sich die Seite auch militantem Rechtsextremismus. Im Juni 2000 durchsuchte das Landeskriminalamt Sachsen-Anhalt wegen des Verdachts auf Volksverhetzung und des Aufrufs zu Gewalttaten die Wohnung eines 25jährigen Homepagebetreibers und beschlagnahmte seinen Computer. Auf Grund der polizeilichen Schritte war die Internetseite kurzeitig nicht abrufbar.

Die Seite informiert über Veranstaltungen der rechtsextremistischen Szene und an anderer Stelle über einen Vortragsabend mit dem „revisionistischen" südafrikanischen Publizisten Dr. Claus Nordbruch am 17.5.2000, zu dem der ehemalige NPD-Landesvorsitzende eingeladen hatte, oder den „Tag des nationalen Widerstandes in Passau" am 27.5.2000: „Besonderen Applaus schon bei der Vorstellung erhielten Frank Rennicke, Horst Mahler und ein ehemaliges Mitglied der Waffen-SS. Bei der Vorstellung des letzteren erscholl es spontan im Chor aus Tausenden Kehlen ‚Ruhm und Ehre der Waffen-SS!' Ein Erlebnis, welches das berühmte Kribbeln auf dem Rücken verursachte."

Auch das Gästebuch der Homepage ist neonazistisch ausgerichtet. So verewigt sich „Radio Wolfsschanze" samt russischer Internetadresse (27.8.2000). Links setzt die Homepage unter anderem zum „Bündnis rechts", „Unabhängige Nachrichten", „Oikrach", „NIT Blitz" und der „Freien Jugend Celle". (Stand: 28.9.2000)

**Deutsche Jugend Ammerland**

Mit einer sehr aggressiven Startseite wirbt die „Deutsche Jugend Ammerland" um Besucher und betreibt sofort „Feindortung": „Diese Seite ist nur für gleich gesinnte Kameraden gedacht und nicht für Linke, Verräter, Verfassungsschützer, gewisse Ausländer und jeglichen anderen Abschaum."

Die Homepage beinhaltet eine breite Übersicht von Downloads, MP3s, Chat, Gästebuch und Forum. In der Vorstellung schreiben die Rechtsextremen:

„Wir sind cirka 25 Leute und kommen aus dem Ammerland! Wir sind alle im Alter von 18-25 Jahren. Die meisten von uns gehen noch in die Schule, manche von uns sind schon in der Lehre (...)." Die Mitarbeiter der Homepage arbeiten mit Nic-Names, beispielsweise nennt sich der Webmaster „Klansman", der HP-Designer „Patriot 88" und die Uploader „Alki" und „Badgirl 88". Die Zahl 88 steht für „Heil Hitler", 18 für „Adolf Hitler". A ist der erste, H der achte Buchstabe im Alphabet. Zum politischen Selbstverständnis schreibt die Deutsche Jugend Ammerland:

„Wie wir darauf gekommen sind? – Wenn wir in die Stadt gehen und die ganzen Jugendlichen sehen, wie sie sich mit Drogen ihr Leben versauen, könnten wir kotzen! (...) Wir haben einfach keinen Bock mehr auf diese scheiß Kanacken, die in unser Land kommen und meinen, hier könnten sie sich alles erlauben und sich von uns durchfüttern lassen. Die Jugend besteht doch heute fast nur noch aus Volksverrätern! Was zum Teufel ist denn los? (...) Erhebt euch und zerschlagt eure Ketten!" (Stand: 27.9.2000)

Augenscheinlich arbeitet die Seite mit den klassisch-elitären Szene-Attributen. Die Betreiber verstehen sich als kleine „erleuchtete Gruppe" mit Wahrheitsmonopol, die die vermeintlich dumpfe Masse wachrütteln will.

**Zentralorgan und Zentralversand**

Aus Hamburg kommt das Neonazi-Organ „Zentralorgan", das Januar 1998 erstmals erschien und „aus dem Umfeld des Hamburgers Thomas Wulff hergestellt und verbreitet wird." (Verfassungsschutzbericht Hamburg 1998, S. 63) Dieser war erster Vorsitzender der am 24.02.1995 verbotenen „Nationalen Liste", verzichtete danach auf die Gründung eines neuen Vereins und versuchte unter der Bezeichnung „Freie Nationalisten" nicht organisationsgebundene Strukturen aufzubauen. In dieser Szene nimmt das „Zentralorgan" eine integrative Funktion ein und vernetzt die lokalen Neonazi-Gruppen durch regelmäßig Demonstrationsberichte und Interviews mit Rechtsextremen aus den unterschiedlichsten Organisationszusammenhängen.

In der „zentralen Adressliste" werden Zeitschriften wie die „Unabhängigen Nachrichten", die „Huttenbriefe" und die „Nordische Zeitung" empfohlen, eine andere Rubrik widmet sich gleich gesinnten Internetangeboten wie der „Artgemeinschaft", „Radio Germania", „Rudolf Heß im Internet", „Nationaler Widerstand" oder „Skinline". Im angeschlossenen „FSN Zentralversand" aus Boizenburg kann man T-Shirts samt Logos wie „Deutsche Skins", „Skrewdriver" oder Sweatshirts mit der Aufschrift „Ich bin stolz ein Deutscher zu sein" bestellen. An das Skin-Publikum richten sich die Flaggen „Skinheads: Kämpfer für Deutschland" oder diejenigen mit dem rassistischen Logo „My race is my pride". Selbst Ku-Klux-Klan-Aufnäher sind im Angebot (Nr. 7, August 1999). Die Einschätzung des Vizepräsidenten des Hamburger Verfassungsschutzes Dr. Manfred Murck (ZDF-Magazin „Kennzeichen-D", 1.9.1999): „Die Hamburger Neonazi-Szene hat sich ein neues Organ geschaffen, das freie Infotelefon. Das ist ein Ansagedienst, der ist aber jetzt auch im Internet. Das ist eine Ergänzung zu dem, was man schon länger hatte, nämlich eine Zeitschrift, das Zentralorgan, und etwas, was man neu aufgebaut hat, den Zentralversand. Beim Zentralversand geht es in erster Linie um Geld, da werden CDs verkauft, alle möglichen Accessoires, die die rechtsextreme Szene so braucht, um sie an sich zu hängen, und das gluckt zusammen."

Die „Freien Nationalisten" um Wulff sind auch in der Homepage „Nationaler Widerstand" (NW) mit dem „Zentralorgan" und dem „Zentralversand" breit vertreten, die seit Juli 1997 über einen in den USA ansässigen Provider abrufbar ist. Weitere Unterseiten der Homepage sind das „Freie Info-Telefon Norddeutschland" (FIT), die „Rudolf Hess Seite", die „Mädelschar Deutschland", das „Bündnis rechts", „Radio Germania" und „Perspektive, eine seit Anfang 1996 (...) erscheindende Publikation, die von schleswig-holsteinischen Neonazis erstellt wird." (vgl. Extremistische Bestrebungen im Internet: Bundesamt für Verfassungsschutz, Juni 1999, S. 34). Dieser Informationsdienst richtet sich vornehmlich an die rechtsextremistische Szene. In einer Selbstdarstellung heißt es: „'Perspektive' erscheint ausschließlich im Internet. Alle Inhalte werden von volkstreuen Kameradinnen und Kameraden (hauptsächlich) aus Norddeutschland zusammengetragen. Die Inhalte sind primär für Sympathisanten der nationalen Szene geschrieben und erst sekundär für völlig unwissende (medienmanipulierte) Menschen. Hier erhaltet ihr unter anderem Hintergrundinfos, die Medien gerne verschweigen." (Verfassungsschutzbericht Schleswig-Holstein 1997, S. 26)

Das „Freie Info-Telefon Norddeutschland" wurde Anfang Juni 1999 eingerichtet und versorgt die rechtsextreme Szene über einen Rostocker und einen Hamburger Anschluss mit Informationen über Demonstrationen und andere Szene-Aktivitäten. Zur Namensgebung schreibt das „Zentralorgan": „Mit dem Begriff ‚frei' soll noch klarer die zunehmende Bedeutung freier Informationsquellen gegenüber der Nachrichtendiktatur der Oneworld-Medien unterstrichen werden" und „Der Freiheitskampf für die Freiheit unseres Volkes geht angesichts einer drohenden Weltversklavung zunehmend einher mit dem Ringen vieler anderer Befreiungsbewegungen, die sich ebenfalls aus dem Würgegriff der Oneworld-Mafia lösen wollen." (Zentralorgan, August 1999, S. 30) Die Nationale Widerstandsseite versteht sich als Plattform zur Bündelung der intern zerstrittenen rechtsextremistischen Szene. Nach dem Willen der Homepage-Organisatoren kann sich jeder der Seite anschließen, der mit „den grundsätzlichen Zielen des NW übereinstimmt:

- Ausschaltung aller volksfeindlichen und naturfeindlichen Vorgänge in unserer Heimat!
- Stopp aller internationalistischen Einheitswelt-Phantastereien! (...)
- Bekämpfung der Verteufelung, Mystifizierung und Verhöhnung unserer Vorfahren. (...)
- Verhinderung weiterer Massenzuwanderung von Fremden. (...)
- Wiederherrichtung einer autarken Volksgemeinschaft! Stopp der ‚Globalisierung'!"

Dementsprechend euphorisch sind die Hoffnungen der NS-Kleinstgruppen auf ihre neue Perspektiven im World Wide Web:
„Die Darstellung in den gleichgeschalteten Medien über Nationalisten reduziert sich auf Verschweigen, Klischees, Lügen und Verteufelung. Das einzige Medium, wo Nationalisten ihre Sicht der politischen Lage einer großen Menschenmenge präsentieren können, ist das Internet. Sozialistische Nationalisten standen schon immer neuen Techniken aufgeschlossen gegenüber. (...) Zu diesem Zweck besteht der ‚Nationale Widerstand im Internet'."

Außerdem ist das Projekt zu einer interessanten Geldquelle für die Betreiber des „Zentralversandes" geworden. Das Online-Angebot reicht von Tonträgern völkischer Liedermacher wie Daniel Eggers und Jörg Hähnel, rechtsextremer Skinhead-Bands wie „Kraftschlag", „Sturmtruppen" oder „Sturmwehr" bis zu T-Shirts mit der chauvinistischen Aufschrift „Mein Freund ist Deutscher" oder Gürtelschnallen, die nordischen Göttern vergangener Tage huldigen.

## Berlin-Brandenburger Zeitung (BBZ)

Zu den wichigsten Scharnieren des deutschen Neonazismus mit der rechten Parteienszene zählt die „Berlin-Brandenburger Zeitung", die vorübergehend den Weg vom Printmagazin zu einer Online-Zeitung fand. Verantwortlich für die Web-Seite zeichnet das NPD-Vorstandsmitglied Frank Schwerdt, Chefredakteur ist Hans-Christian Wendt. Zur Bedeutung und Verbreitung seiner Seite schreibt Frank Schwerdt im Interview mit den Autoren:

„Wenn es gelingt, die www-Präsenz des nationalen Lagers sowohl quantitativ als auch qualitativ massiv auszubauen, dann kann der Medienboykott durchbrochen werden und dann gibt es realistische politische Chancen. Der technische Fortschritt wird es möglich machen."

Zur Besucherzahl ergänzt Schwerdt: „BBZ-Online war mehr als 3 Monate im Netz und hatte in dieser Zeit gut 20.000 Zugriffe. Sobald genügend Zeit da ist, wird BBZ-Online wieder im Netz sein." Ärger im Internet hatte das Projekt noch nicht: „Mit dem Server, der die BBZ gehostet hat, gab es noch keine Probleme. Es ist nicht auszuschließen, dass die noch kommen. Sowohl in Deutschland als auch im Ausland wird es keine Probleme geben, gegebenenfalls einen neuen zu finden." (Brief an die Autoren, 16.10.2000)

Schwerdt kann auf eine lange politische Karriere zurückblicken, die bei der CDU in Berlin ihren Anfang nahm. Später war er bis 1993 Vorsitzender des DLVH-Landesverbandes Berlin-Brandenburg. (vgl. Verfassungsschutzbericht des Bundes 1995, S. 131) Am 3.9.1991 gründete er mit Mitgliedern der REP, NPD, DLVH und der FAP die „Freiheitliche Wählergemeinschaft – 'Wir sind das Volk'" (WSDV), die am 28. August 1992 in den Verein „Die Nationalen e.V." mit Sitz in Berlin umgewandelt wurde. Im November 1997 gab Schwerdt die Auflösung der Organisation bekannt, da „die Aufgaben und Ziele des Vereins, nämlich die Bildung eines informellen Netzwerkes" und „die Unterstützung ‚nationaler' Einigungstendenzen" erreicht worden seien. Innenbehörden vermuten allerdings hinter diesem Schritt eine „von rein taktischen Überlegungen bestimmte Maßnahme, die dazu diente, einem drohenden Verbot zuvorzukommen." (Verfassungsschutzbericht Sachsen-Anhalt, 1997)

Publikation der „Nationalen" und nach deren Selbstauflösung von Schwerdt und seinem „Freundeskreis" ist die „Berlin-Brandenburger Zeitung" (BBZ). Die tabulose Thematisierung der neonazistischen Kameradschaften oder von Skinhead-Szene-Vertrieben dürfte zur Verbreitung in rechtsextremen Subkulturen beigetragen haben. „Es findet sogar unter Anhängern rechtsextremistischer Parteien eine breite Leserschaft, die selbst über auflagenstarke parteieigene Zeitungsobjekte verfügen." (Verfassungsschutzbericht Hamburg 1996, S. 58)

Außerdem stieg Schwerdt ins neonazistische Musikgeschäft ein und stellt mit rechtsextremen Szenebands Tonträger her. Am 29.10.1998 wurde er vom Landgericht zu sechs Monaten Haft ohne Bewährung verurteilt. Er wurde für schuldig befunden, als maßgeblicher Leiter des rechtsextremistischen 'Vortrags-Buch-Reise'-Verlags (VBR) die gewaltverherrlichende und damit strafbewehrte CD 'Unsere Einigkeit macht uns zur Macht' der Skinhead-Band 'Volksverhetzer' produziert und den Verkauf dieser CD organisiert zu haben. Der 1990 gegründete VBR-Verlag agierte bis 1995 unter der Bezeichnung 'Verlag der Berliner Republikaner'. Inzwischen vermarktet er CDs von den rechtsextremistischen Liedermachern Daniel Eggers und Veit Kelterborn sowie der Skin-Kombo „Brutale Haie".

Auch die Homepage stellt ein Scharnier zwischen der organisiert-rechten und dem subkulturellen Rechtsextremismus dar. So erklärt Frank Schwerdt im Interview mit den Autoren:
„Wir legen Wert auf ein breites rechtes Spektrum. In den Print-Ausgaben kamen sowohl konservativ-nationale als auch mehr dem radikalen Spektrum zuzuordnende Autoren zu Wort. Parteimäßig gab es Beiträge von NPD-Leuten ebenso wie Beiträge von Mitarbeitern nicht mehr existenter Vereinigungen. Wenn BBZ-Online auch mehr Nachrichten-Charakter hat, so soll das auch hier so gehalten werden."

Schwerpunkte im virtuellen Organ sind Sozialthemen, Fremdenfeindlichkeit und Szeneberichte. Deutlich ist die Nähe zur NPD. So berichtet das Organ über „Auseinandersetzungen zwischen ‚links' und ‚rechts'" in Eberswalde, die Brandenburger Schulreform, den Berliner

Verfassungsschutzbericht unter dem Titel „VS-Bericht: auf dem linken Auge blind?" oder Horst Mahlers Forderung nach einer Nationalversammlung. (Stand: 1.7.2000)

Schwerdt will mit „dem nationalen Medienverbund (...) einmal das gesamte ‚rechte' Spektrum erreichen. Wichtiger aber ist es, eine möglichst breite Öffentlichkeit anzusprechen. Da ein sehr großer Teil nach Meinungsumfragen eine multikulturelle Gesellschaft ablehnt, gibt es hier ein großes Potential. Die Zeitungen des nationalen Medienverbundes will ich als nationalistisch, sozial und völkisch bezeichnen." (Brief an die Autoren)

Das Gästebuch ist eine parteiübergreifende Kontaktbörse für die gesamte Szene, in der sich Kontaktadressen neonazistischer Homepages des „Nationalen Beobachter" oder des „Störtebeker-Netz" befinden. Auch die zahlreichen Verweise decken die Palette vom „Thule-Netz", der „Deutschen Stimme", „Radio Germania" bis zu den „Unabhängigen Nachrichten" ab. (Stand: 1.7.2000)

### HNG-Nachrichten

Frank Schwerdts „VBR-Verlags GmbH" zeichnet als Domain-Inhaberin der Seiten der neonazistischen „Hilfsorganisation für nationale politische Gefangene und deren Angehörige". Diese wurde am 2.7.1979 in Frankfurt von den Neonazis Wilhelm Bayer alias Henry Beier und Wolfgang Koch gegründet. Vorsitzende ist derzeit Ursula Müller aus Mainz. Ziel ist es, „ein Steuerungsinstrument für neonazistische Gruppen zu schaffen." (Verfassungsschutzbericht des Bundes 1980, S. 26) Die Organisation sammelt Spenden und unterstützt inhaftierte Gleichgesinnte, um diese auch in der Haftzeit an den organisierten Rechtsextremismus zu binden. Ihr kommt die Aufgabe zu, einerseits als Sammlungshort der neonazistischen Szene aufzutreten und andererseits den so genannten nationalen Gefangenen ideologisch, materiell, sozial und juristisch Beistand zu leisten.

### Radio Germania

Bereits im Logo beschreibt das Internetprogramm von „Radio Germania", wo sich die Betreiber politisch verorten: „Wir stehen weiter im Kampf für unser Deutsches Reich!". Verantwortlich für das Online-Projekt zeichnen Mike Penkert und Rudolf Bachstein, die über eine Berliner Postfachadresse erreichbar sind. (Stand: 23.9.2000) Mike Penkert ist Gefolgsmann von Frank Schwerdt, der von einem „intensiven Erfahrungs- und Nachrichtenaustausch" zwischen BBZ und Radio Germania spricht. „Gerade in technischer Hinsicht wird es noch zur engeren Zusammenarbeit kommen." (Brief an die Autoren vom 16.10.2000) Der Analyse des Verfassungsschutz zufolge sind die Textbeiträge von „Radio Germania" „unterschwellig ausländerfeindlich und revisionistisch geprägt und stimmen inhaltlich häufig mit den Ansagen des ebenfalls von Penkert betriebenen ‚Nationalen Info-Telefon Preussen' überein." (Verfassungsschutzbericht des Bundes 1999, S. 37)

In der Rubrik „Interessantes zur Geschichte von Radio Germania" stellen sich die Macher als „ Nationale Sozialisten" vor, "die der Bewegung treu ergeben sind" und über das Internet versuchen, „den konsumorientierten Bundesbürger zu erreichen." Auszüge aus der Selbstdarstellung „ Unser Standpunkt":
„ Wir verstehen uns dabei als politische Vertretung aller Deutschen, die sich wie wir von der volksfeindlichen Politik der Masseneinwanderung und Überfremdung abwenden. (...) Jenseits der gescheiterten materialistischen Ideologien von Kapitalismus und Kommunismus stehen wir für den Dritten Weg: Den nationalen Sozialismus."

Neben der Homepage betrieben die Rechtsextremisten seit Frühjahr 1996 „Radio Germania" als Hörfunkprogramm. Es wurde im „Offenen Kanal Berlin" ausgestrahlt, 1999 gab es acht Sendungen. Damit waren Rechtsextremisten im aus öffentlichen Mitteln finanzierten „ Bürgerfunk" präsent. (Verfassungsschutzbericht Berlin 1999, S. 75 ff) Nach gerichtlichen Auseinandersetzungen zwischen „Radio Germania" und der Medienanstalt Berlin-Brandenburg schloss der Medienrat das rechtsextreme Projekt am 3. Juli 2000 dauerhaft aus dem „ Offenen Kanal Berlin" aus. Nach dem Medienstaatsvertrag sind Ausstrahlungen unzulässig, die „zum Hass gegen Teile der Bevölkerung oder gegen nationale, rassische, religiöse oder durch ihr Volkstum bestimmte Gruppen aufstacheln."

Die Hompage bietet neben politischer Agitation Szenemusik, ein Gästebuch und eine „ Nationale Hitliste". Die Bands sind offen rechtsextremistisch, wofür Titel wie „Trotz Verbot nicht tot" der Band „ Kraftschlag" oder Musikgruppen wie „Stahlgewitter", „Sturmwehr" oder „ Hauptkampflinie" stehen. (Stand: 21. 9.2000) Im Gästebuch verewigen sich unter

anderem rechtsextreme Verlage samt Homepage-Adresse sowie Besucher, die den „Heiligen Rassekrieg" ausrufen. Nicht zuletzt erklären die Macher der Homepage:
„Wir begrüßen alle Nationalen Aktivisten und Sozialisten, welche trotz Verfolgung standhaft bleiben und weiter für die Bewegung und unsere Idee streiten. Lassen wir uns niemals unterkriegen." Links legt „Radio Germania" unter anderem zum „National Journal", zum „Zentralorgan", „PHI-Pressedienst", der österreichischen „Partei Neue Ordnung", dem „Thule Netz" und dem Liedermacher Frank Rennicke. (Stand: 22.09.2000)

**Kameradschaft Germania**
Die Homepage wird von parteiunabhängigen Berliner Rechtsextremisten betrieben, die sich nach eigener Aussage 1998 zusammengefunden haben.

„Basis der Kameradschaft sind ihre Satzung und die Gesetze des politischen Soldaten. Sie und die Kontakte zu anderen Kameradschaften geben uns Rückhalt und Stärkung, den manipulierenden Mächten, die uns der deutschen Kultur weiter entfremden wollen, die die deutsche Kultur verwässern, den Kampf anzusagen."

Die Homepage setzt sich für ein „Netzwerk 2000" ein, „denn umso dichter und stärker das Netz des Nationalen Widerstandes wird, desto schwerer läßt es sich zerstören. (...) Volk steh' auf und Sturm brich los'! ‚Nichts für uns, aber alles für Deutschland'!" Um solcherlei Losungen auch die nötigen Feindbilder zu verleihen, informiert die Homepage über „Aktionen und Berichte vom linken Spektrum". Hierzu schreibt die „Kameradschaft Germania": „Wir wollen Kameraden darauf aufmerksam machen, was für Termine anstehen, um eventuell Gegenmaßnahmen zu ergreifen." Außerdem finden sich „Links" zu zahlreichen rechtsextremistischen Organisationen wie dem „Bündnis rechts", dem NPD-Organ „Deutsche Stimme", dem „Nationalen Online Anzeiger", dem „Deutschen Freundeskreis Schwaben", „Top 88/14" bis hin zur Anti-Antifa-Seite „Die Kommenden".

Das Gästebuch der „Kameradschaft Germania" dient neben der Agitation vor allem der Szene-Vernetzung, besonders in Berlin-Brandenburg. So werben die „Skinheads Potsdam" mit ihrer Homepage (25.9.2000), der „White Power Clan" (23.09.2000) oder „Der Germanische Orden"

(15.9.2000). Im World Wide Web setzt die „Kameradschaft Germania" selbst auf Anonymität. Ein Blick auf die Domain-Adresse in den USA ergibt als Owner „Drittes Reich" und Adresse „Rudolf Hess, 1488 White Power Drive". Hinter dem neo-nationalsozialistischen Namen stehen die „Hitler is GOD freepages". Zum Selbstverständnis schreiben die Betreiber:

„Wenn Du nach einem Platz suchst, um einige persönliche Webseiten einzustellen, aber Dein Internet Service Provider nicht an Freespeach oder sonst etwas Schlimmes glaubt, wenn Deine Regierung keine freie Meinungsäußerung erlaubt, dann bist Du hier am richtigen Platz. Du kannst Bilder uploaden, MP3s, HTML, Texte oder irgendetwas anderes, und es mit Deinen arischen Brüdern und Schwestern teilen."

Bedingungen für den Zutritt sind:
„*1. Keine Schwulen, Juden, Nigger oder andere Untermenschen!*
*2. Keine Kinderpornographie*
*3. Keine Bombenbauanleitungen oder sonstiger Müll (...)*
*4. Kein Material, auf dem Copyright-Rechte liegen, außer es ist Dein eigenes."*

Es folgt eine „Aryan Online User List" mit zahlreichen Homepages aus der ganzen Welt wie „confederate-nazi" („Aryans"), „white freedom" („American Nazi") oder „svenskterroraktion" („Swedish Terror").

**Hitlerisgod**
Die Homepage „Hitler is god" ist eine der radikalsten nationalsozialistischen und gleichzeitig sehr aufwendigen Homepages im World Wide Web. Auf der Startseite erscheint ein Adolf-Hitler-Bild mit dem Spruch „Mein Führer ist mein Gott". Der Homepage gehört unter der Rubrik „Free! Aryan Webpages" die „Aryan Online User List" an, der auch die „Kameradschaft Germania" angeschlossen ist. Die Internetseite präsentiert ein breites Angebot an free-Downloads, ein Gästebuch und eine Video-Gallery. Herunterladen kann man neben Hitlers „Mein Kampf" in Deutsch und Englisch das menschenverachtende Schul-Softwareprogramm „Jew-Rats", die braune Terror-Bibel „Die Turner-Tagebücher" in Deutsch (Stand: 30.9.2000) und die Filme „Jud Süß" und „Der ewige Jude". Weiterhin existiert Propagandamaterial wie „Racial Hygiene – For a healthy nation", „Woher kommt die Judennase" oder „Sick of niggers".

Adolf Hitler wird zum Gott-ähnlichen Wesen stilisiert. Besonders im Gästebuch dokumentieren zahllose – auch deutschsprachige Einträge – den politischen Fanatismus: „Sieg um jeden Preis (...) Unser Führer ist unser Gott!" (9.9.2000) Für einen internationalen rechtsextremen Zusammenschluss wirbt ein Neonazi mit dem Nic-Name „Preussen-Junge", um „dieses Ausländerniggeranarchistenpack in den Staub (...) zu treten." (12.9.2000) Auch offene Gewaltaufrufen wie: „Bitte vernichtet die verdammten Moslems" findet man im Gästebuch. (26.9.2000) Am selben Tag fordert ein Besucher aus Belgien: „Wir werden siegen!!! Weg mit der Satanssynagoge!!! Kapitaljuden in die Gaskammer!!!". Neuere Einträge signalisieren Interesse an Ego-Shootern wie „Nazi-Doom" oder an Spielen wie „KZ-Manager" und „Hitler-Diktator" (20.9.2000). Glaubt man dem Zählwerk, so wurde die Seite fast 340.000 Mal besucht. (Stand: 30.9.2000)

**Radio Wolfsschanze**

Sehr gefragt in den einschlägigen Charts ist das Internet-Radio „Wolfsschanze", das lange über einen anonymen Provider in den USA betrieben wurde und inzwischen mehrfach gespiegelt auch von Russland aus ins Netz gestellt wird. Der Inhalt des Programms ist „eindeutig volksverhetzend, gewaltverherrlichend, antisemitisch und fremdenfeindlich. Diverse indizierte und strafrelevante Lieder konnten heruntergeladen werden." (Verfassungsschutzbericht Baden-Württemberg 1999, S. 93) Beispielhaft hierfür steht eine Sendung, in der die Opfer des Erdbebens in der Türkei verhöhnt werden. Ein sogenannter „Baba Ekligmann" kommentiert: „Ich bin bewegt, ich bin tief bewegt. Zehntausende von leblosen Kanaken auf der Straße und ich kann mich vor Freude kaum halten und muss zurückgeben daher zum Studio. Wenn das der Führer noch hätte erleben können." „Radio Wolfsschanze" ist auf dauerhafte Agitation angelegt. So können alle bisher ausgestrahlten Sendungen „sowohl als MP3 als auch als Realplayerdateien" jederzeit abgerufen werden. Links existieren zu den „Top 100 Nationalist and Revisionist Sites", zu „Top 88/14", der Anti-Antifa-Seite „Die Kommenden" und dem „NS-Sturm", der auch über eine russische Adresse erreichbar ist. (Stand: 24.9.2000)

**Badfriend**

Die rechtsextremistische Homepage veröffentlicht Beiträge zum politischen Geschehen, wie zur deutschen Parteispendenaffäre oder zum

Wahlsieg Jörg Haiders in Österreich, die ideologisch eingefärbt werden: „Was für ein Wunder, in Österreich ist ein Volk aufgewacht. Doch nun haben die Zionis (...) in Israel Angst, dass sie wieder in die K. kommen, auweia nur weil ein nationaler Demokrat sich in seiner Heimat für Ehre und Recht der Bevölkerung und der Soldaten (Wehrmacht) einsetzt."

Eine Fotoabteilung zeigt Schnappschüsse der Jungen Nationaldemokraten: „Alle Bilder sind von der JN Berlin-Brandenburg. Ich bin hier nicht zu sehen!!! Und zur Selbstsicherheit verändert." Die Gesinnungsfreunde des Hompage-Betreibers müssen unverfremdet für die Webseite herhalten. Die Rubrik „88 Ecke" stellt die „Hass Front Oberhavel" vor. Diese „wurde gegründet von 20 parteiunabhängigen Skinheads und Kameraden. Diese Gruppe ist jederzeit bereit, (...) für Deutschland zu sterben'." Die „Gedenkseite" ist dem Blood & Honour-Gründer Ian Stuart Donaldson sowie Hitlers Stellvertreter Rudolf Heß gewidmet. (Stand: 24.9.2000)

Das Gästebuch gehört zu den wichtigen Kontaktbörsen im Netz. Mit E-Mail- und/oder Homepage-Adressen vertreten sind unter anderem die „Kameradschaft Wels" (14.9.2000), die amerikanische Skinhead-Band „Aggressive Force" (14.9.2000), die neonazistische Musikseite „NS Sturm" (31.8.2000) oder die „Deutsche Jugend Ammerland" (30.8.2000).

Die Inhalte sind eindeutig. So schreibt ein Rechtsextremist mit dem Nic-Name „Adolf Hitler": „Heil oich rechte gewalt nimmt zu! das ist gut! ein Zeichen das wir bald am Ziel sind!" (14.9.2000), während ein anderer Besucher sich „Mit verbotenem GruSS und gestrecktem Arm" verabschiedet (29.8.2000).

**Radio Preußen**

„Radio Preußen" ist unter anderem mit der „Badfriend"-Seite vernetzt, beide gehören dem virtuellen Neonazi-„Froindeskreis" an. (vgl. Liste Froindeskreis, 29.4.2000) Die Macher über sich: „Wir (das sind Erik und der Badfriend) kommen aus dem Land Brandenburg. Wir sind beide 16 Jahre, (...) unsere absolute Lieblingsband ist Landser." In der August-Sendung 2000 spielte das Internet-Radio Lieder von Bands wie „Neubeginn", „Landser", „Freikorps", „Sturmwehr" und „08/15", deren Bandleader auch als Balladensänger aktiv ist und bei NPD-Veranstaltungen auftritt. (vgl. Innenministerium des Landes Nordrhein-Westfalen: Skinheads und Rechtsextremismus, Düsseldorf 1999, S. 42)

Die interaktive Homepage von „Radio Preußen" hat einen Anrufbeantworter geschaltet. Zum Herunterladen werden zahlreiche MP3-Titel bekannter Szenebands angeboten, wie „Spreegeschwader" mit „Märtyrer des Friedens" oder die Skingruppe „Proissenhads" mit „Stand up and Fight". Ins Netz gestellt wurden ferner Interviews mit „Ervolk", „Kraftschlag", „Landser", „Stigger" und den „Barking Dogs". Das Gästebuch beinhaltet brisante Verweise zu Gruppen wie den „Skinheads Potsdam", „Badfriend" oder „Resistance Music". Die Betreiber sind mit Gleichgesinnten über einen Webring in Kontakt. Als „Vereinigtes Brandenburg – der Webring" haben sich neonazistische Seiten des Bundeslandes wie „Radio Preußen" als Initiatorin mit „Badfriend", „Allesweg", „Tune 88", „NS Sturm" und „Skinheads Potsdam" zusammengeschlossen.

Die Seite verfügt über eine lange Verweisliste zu MP3-Seiten wie „Bulldog 88", „RAC Zone", „Odins Lounge", zu CD-Versänden wie „Hanse Records", „Nord Versand" oder „Panzerfaust Records", ferner zu „Frontsoldat", „Nationaler Widerstand", „Eagle's Hate Page", „Aryan Alliance Network", "Der Germane" oder „SSenterprises".

**Tune 88**
Eine der wichtigen deutschen Szeneseiten, „Tune 88's Heimatseite", nimmt ebenfalls an der Online-Aktion „Vereinigtes Brandenburg" teil. Als Kontaktadressen dienen eine E-Mail-Adresse sowie eine D2 SMS Infokanal-Nummer. Der Betreiber ist nach eigenen Angaben ein „zur Zeit 19 Jahre" alter Rechter, der sein „Abitur bestanden" hat und „dann Wehrdienst" leistet, „zur Zeit parteilos, es zieht mich zur JN". Auszüge aus der Selbstdarstellung: „Wer meint, sich in seinem Land, zwischen kriminellen Ausländern und fremden Kulturen wohl zu fühlen, der hat sich schon komplett ‚multikulturieren' lassen und ist auf lange Sicht verloren!" Seine Schullaufbahn reflektiert der Rechtsextremist mit dem Nic-Name „Tune88" frustrierend und beschreibt sich als politischer Außenseiter: „Man wird verspottet und als Nazi beschimpft, viel schlimmer ist der Kampf gegen sämtliche Vorurteile, es ist schier unvorstell-

bar, was man sich tagtäglich so alles anhören darf!" (Stand: 29.9.2000) Umso radikaler sind seine Forderungen wie „Wiederherstellung der Reichsgrenzen, Rückübertragung der Deutschen Ostgebiete" oder „lebenslange Freiheitsstrafen für Volksverhetzer wie zum Beispiel Michael Friedman (CDU)".

Die Homepage stellte den Besuchern die Frage: „Welche Partei wählt Ihr oder werdet ihr wählen?" Ergebnis waren: 58 Prozent für die NPD, 14 Prozent „Republikaner" (Kommentar: „scheitern stets an sich selbst"), 13 Prozent für die „Deutsche Volks Union", gefolgt von den Grünen mit 9, der CDU mit 6 und der SPD mit 2 Prozent. „Interessant wäre ein Abschneiden der roten PDS gewesen, aber diese wäre längst verboten, deshalb stand diese Frage nicht zur Debatte!" Weiterhin sollten sich „200 Besucher" zu „dem beliebtesten nationalen Online-Radiosender" äußern. Hier entschieden sich 39 Prozent der Befragten für „Radio Wolfsschanze", 34 Prozent für „Radio Germania", während „Radio Nord" (7 Prozent), „Radio Preussen" (4 Prozent) und „Radio Barbarossa" (3 Prozent) unter 10 Prozent lagen.

Besonders auf Skinheads zielt die Rubrik „Musik", in der CD-Kritiken veröffentlicht werden. Thematisiert werden rechtsextreme Szenebands wie „Bound for Glory", „Gestapo", „Kraftschlag", „Landser" oder „Radikahl".

Für junge Neonazis ebenfalls interessant sind die Download-Programme. Hier finden sich neben dem Parteiprogramm der NSDAP die „Einführung in die Sprengchemie", die der Homepage eine militant-rechtsextremistische Ausrichtung verleiht.

Die Vernetzung dient dem „Nationalen ‚Gemeinschafts-Chat'", dem Tune 88 angeschlossen ist. Dieser wird durch andere neonazistische und Skin-Seiten wie „Das 3. Reich", „Allesweg", „Wotan" oder „Kraftland" „präsentiert und unterstützt". Umfangreich ist die Linkliste, die als „befreundete Seiten" unter anderem „Blutbad 88", „Allesweg", „DVA 88" und „Skinheads XX" sowie „White Power MP3's", „Herr Kaisers Heimatseiten", „Freya 88", „Frank Rennicke", „Siegener Bärensturm", die NPD-Kreisverbände Dresden und Zwickau oder sämtliche rechtsextremistischen Radioprogramme und kommerziellen Szenevertriebe, zum Beispiel den „K.D.F.-Versand", aufführt. (Stand: 29.9.2000)

Auf einer schwarzen Liste nennt die Seite Unternehmen, die sich gegen die rechtsextremistischen Homepages positioniert haben. Im Visier: „AOL", weil angeblich mehreren Gleichgesinnten „ohne jeglichen Grund" gekündigt wurde, „Euro-Klick (...) akzeptiert keine nationalen Seiten", „4 Students" wegen „extrem antideutsche(r) Tendenzen" und „Fortunecity.de" als „Provider, der nationale Ansichten nicht duldet". (Stand: 29.9.2000)

**Siegener Bärensturm**

Als Kontaktadresse der Homepage wird eine Siegener Postfachadresse auf den Namen Martin Scheele angegeben, der auch als Domain-Inhaber verzeichnet ist. Zum Selbstverständnis heißt es: „Die Kameradschaft 2/130 sieht sich als nationale Opposition zum derzeitigen BRDsystem! Wir gehören keiner Partei an, sondern sind im Nationalen Widerstand aktiv."

Auf der Seite finden sich Berichte über Konzerte, Demonstrationen (unter anderem am 12.5.2000 zu Ehren des Hitler-Stellvertreters Rudolf Heß) oder Saalveranstaltungen des „Deutschen Kulturwerks" und der NPD. Termine der organisierten und nicht organisierten rechtsextremistischen Szene werden angekündigt. Die Anbindung an die Skinhead-Subkultur dokumentieren „Fanzine"-Besprechungen, etwa des Heftes „Weckruf" aus Montabauer. (Stand: 26.9.2000) In der Link-Liste finden sich primär rechtsextremistische Organisationen wie der „Thüringer Heimatschutz", „Kameradschaft Gera", „Bündnis rechts", „Wolfssturm", „Kampfbund Deutscher Sozialisten" oder Publikationen wie die „Unabhängigen Nachrichten" oder der „PHI Pressedienst".

**NS Sturm**

Ebenfalls im „Vereinigtes Brandenburg – der Webring" ist die neonazistische Seite „NS Sturm", die mit riesigen Hakenkreuzen auf sich aufmerksam macht. Bereits im Einstiegsportal versuchen die Macher, mit dem Reiz des Illegalen zu ködern:

„Die folgenden Webseiten befinden sich auf einem US-Server außerhalb der BRD-Zensur, dementsprechend unzensiert sind die Inhalte! Solltest Du Dich in einem zensierten Staat wie der BRD, Österreich oder der Schweiz befinden, ist das Betreten der Seiten für dich verboten!"

Das Musikangebot ist neonazistische Provokation pur. Zum Downloaden präsentiert die Homepage Nazi-Techno-CDs wie „DJ Adolf – es spricht der Führer" oder die CD „DJ Adolf – Operation Techno-Gewitter". Weiterhin werden Texte „zu moderner Musik", das heißt der rechtsextremistischen Bands „Stahlgewitter", „Saccara" und „Oidoxie" ins Netz gestellt. Beispielhaft der Titel „Was ist geschehen":

*„Siehst Du das Leid auf unseren Straßen*
*Fremde, die uns Deutsche hassen*
*Unser Nationalstolz wird hier verboten*
*Von diesen roten Vollidioten (...)*
*Deutschland, Deutschland,*
*Was ist mit dir geschehen ?*
*Sollen wir dich so verbluten sehen?*
*Deutschland, Deutschland,*
*Ich kann es nicht mehr sehen,*
*Doch bald wird diese Zeit vorübergehen. "*

In der „Radio-Rubrik" finden sich Links zu den deutschsprachigen Programmen „Radio Wolfsschanze", „Radio Preußen", „Radio Germania" und „Whitepowerradio". Der „NS Sturm" bietet die jeweils aktuelle Sendung von „Radio Wolfsschanze" im „Real-Audioformat zum Download!" (Stand: 24.9.2000) Das „Gästebuch" liefert auch hier eine breite Sammlung rechtsextremer Internet-Adressen und Einträge. So schreibt ein Neonazi mit dem Nic-Namen „Dimitri" am 9.9.2000: „Heil Hitler! Das ist die beste nationalsozialistische Seite, die ich so in meinem Speicher hab. Vor allem die Cover und MP3's sagen mir zu. Tötet schön viele Türken." Am 5.9.2000 äußert sich ein Besucher alias „Gasmeister": „Nordland erwache! Juda verrecke!".

**Zillertaler Tuerkenjäger MP3's**
Im Internet präsent ist eine auf die neonazistische Band „Zillertaler Türkenjäger" spezialisierte Seite, die komplette Texte der Pseudo-Kombo zum downloaden anbietet. Der Betreiber sieht die Seite als einen besonderen Service an das neonazistische Publikum und schreibt: „Ladet bitte die Lieder nur runter, die ihr in gewissen demokratischen Ländern nicht bekommen könnt." Abrufbar sind MP3-Dateien mit Titeln, die Texte von bekannten Schlagern umdichten. Zur Melodie „Kreuzberger Nächte" wird offen zur Gewalt aufgerufen:

*„Ich gehe hier durch Kreuzberg in Berlin*
*und kann nur Zecken und Alibanden sehn.*
*Ich weiß nicht, wie lang ich das ertrag,*
*weil ich weder Türken noch Autonome mag.*
*Doch plötzlich kommen zwei Zecken auf mich zu,*
*zwei Tritte in die Schnauze, dann ist Ruh.*
*Sie liegen da in ihrem eigenen Blut,*
*ich muß euch sagen, dieser Anblick tut mir gut.*
*Kreuzberger Nächte sind lang, Kreuzberger Nächte sind lang,*
*erst fang'se ganz langsam an, aber dann, sind die Zecken dran. "*

Dass derlei Musikangebote in der rechtsextremistischen Szene ankommen, belegt die Rangliste von „Micetrap Distribution". Hier belegt die Seite „Zillertaler Tuerkenjaeger MP3's" am 2.10.2000 mit insgesamt 382 Besuchern den 12. Platz.

## 2.4.5. Anti-Antifa

Insgesamt ist das Internet nicht nur eine Plattform für rechtsextremistische Agitation, sondern auch für politische Menschenjagd geworden. Immer wieder erscheinen im World Wide Web auf extremistischen Seiten aller Couleur Steckbriefe von „missliebigen" Menschen, die geoutet, eingeschüchtert, bedroht oder zum Abschuss freigegeben werden sollen. Im besonderen Maß gilt das auch für die neo-nationalsozialistische Szene, die im Internet seit wenigen Monaten zu Menschenjagdlisten gleich Bombenbauanleitungen liefert, wie die Homepage der „Aryan Brotherhood". Die Professionalisierung der Hetze ist begleitet von einer Verschiebung der Feindbilder. Schon seit Jahren sieht sich ein Teil der neonazistischen Szene im Krieg mit dem Staat, der auch als „das System" deklariert wird. Unverhohlen wird in Szeneschriften Sympathie mit Polizistenmördern wie Kay Diesner oder Michael Berger geäußert. So verteilten Neonazis nach dem dreifachen Polizistenmord von Berger in Dortmund Aufkleber, auf denen die Bluttat als Drei-zu-Eins-Sieg für Deutschland gefeiert wird.

### Anti-Antifa Kurpfalz
Die Anti-Antifa-Arbeit wurde in Deutschland unter maßgeblicher Beteiligung der inzwischen verbotenen Neonazi-Organisation „Nationale Lis-

120

te" um die Rechtsextremisten Thomas Wulff und Christian Worch Anfang der neunziger Jahre initiiert. Ziel war es, die zum Teil militant auftretenden Antifaschisten einzuschüchtern. So veröffentlichte das NL-Organisationsorgan „INDEX" bereits in der August-Ausgabe 1992 über Seiten hinweg Fotos und Adressen von Lokalen, Stadtteilzentren, Parteibüros und Cafés der linken Szene. (vgl. Fromm/Kernbach: Europas braune Saat, 1994)

Ebenfalls aktiv wurde die in den Niederlanden erscheinene Neonazi-Schrift „Die Neue Front", diese veröffentlichte Mitte der neunziger Jahre wiederholt Anschriften „missliebiger" Bürger. In einer Ausgabe wird der damalige Generalbundesanwalt Kay Nehm mit einer Maschinenpistole an der Stirn abgedruckt.

Hinter der Publikation verbirgt sich unter anderem der führende niederländische Neonazi Eite Hohmann, Europa-‚Koordinator' der NSDAP/AO. Der Rechtsextremist „leitet (...) seither den Aufbau einer ‚Zentralstelle' für die Sammlung und Auswertung von ‚Anti-Antifa'-Material in Amsterdam. Als neue ‚Anti-Antifa'-Aufgabe definierte er, insbesondere ‚bundesdeutsche Staatsschutzstellen aus der Anonymität herauszuholen.' (...) Ende Dezember 1999 erschien in der Öffentlichkeit eine (...) ‚Anti-Antifa'-Broschüre mit dem Titel ‚Der Wehrwolf', herausgegeben vermutlich von neonazistischen Kreisen in Rheinland-Pfalz. Bezugsanschrift ist die Postfachadresse Eite Hohmanns in den Niederlanden." (Verfassungsschutzbericht Berlin 1999, S. 96, *www.berlin.de/verfassungsschutz*)

Inhalt der zweiten Ausgabe des „Wehrwolf" sind seitenlange Steckbriefe bundesdeutscher Politiker, sämtliche Adressen von jüdischen Gemeinden Deutschlands und Staatsanwälten bis hin zu linksradikalen Organisationen, außerdem „Namen und Adressen von Politikern aller im Bundestag vertretenen Parteien" (Verfassungsschutzbericht Rheinland-Pfalz 1999, S. 19, *www.verfassungsschutz.rlp.de/*) Als Kampfziel definiert das Organ: „Wir Nationalsozialisten wollen keinen vom System als ‚Terrorismus' kriminalisierten Widerstand, sondern durch legale Verbreitung unserer Werte die Grundlagen bereiten zur Zerschlagung der widernatürlichen, aufoktroyierten Dämocratie. Wer dies mit nackter Gewalt verhindern will, muss mit der entsprechenden Antwort rechnen!! Was wir wollen ist nichts weiter, als die Hakenkreuzfahnen zu schwingen, in SA-Uniformen zu marschieren, den Arm zum Deutschen Gruß zu heben und unsere Meinung über Juden zu äußern!!" (S. 2)

Unter derselben Adresse firmieren auch die „Pfalzfront Kameradschaft Ludwigshafen" und die „Pfalzfront Kameradschaft Neustadt/Wstr.". Die Gruppe ist auch Herausgeberin des Heftchens „Der Frontkämpfer", das ebenfalls detaillierte Angaben über Nazi-Gegner samt Privatanschrift, Rufnummer und eine Beschreibung der Person publiziert.

Die „Pfalzfront" ist auch im Internet vertreten. Die einfach gestrickte Seite informiert über Aufsätze der antifaschistischen Szene und Publikationen des Verfassungsschutzes, die über die Anti-Antifa-Bewegung berichten. Die ebenfalls auf der Homepage abrufbaren Aufkleber sind eindeutig verfassungsfeindlich und agitieren gegen die Demokratie, schüren Antisemitismus und propagieren Neonazismus: „Trotz Verbot nicht tot!! Wir kommen wieder, verlasst euch drauf!!" (Stand: 13.02.2000) Während die Internetseite derzeit nicht abrufbar ist, werden die Menschenjagdlisten der Gruppe kontinuierlich weiterverbreitet.

## Dennis Entenmann

Dennis Entenmann, der im Internet unter dem Nic-Namen des amerikanischen Rechtsextremisten und Mörders „David Lane" auftrat, steht für eine neue Form rechtsextremistischer Hatz online. Der Calwer steht hinter den ersten „konkreten Mordaufrufen" (Verfassungsschutzbericht des Bundes 1999, Pressefassung, S. 87), die er als „Davids Kampfgruppe" im Sommer 1999 ins Netz gestellt hat: „Tötet Frank S...." und „Frank S. hetzt gegen Nazis und hängt mit Russen und anderem Gesindel rum!!! (...) Wer die Fähigkeiten hat Briefbomben zu bauen – sollte ihm dringend mal eine schicken!!! Alle anderen sind aufgefordert ihn so aufzugreifen!!! Ebenfalls in Planung ist eine Zeitbombe – die an seinem Haus angebracht wird. Dann ist das Arschloch endlich tot!"

Weiter konkretisiert Entenmann: „Wer an unsere Adresse in Belgien einen Beweis für den TOT von Frank S. schickt (z. B. seinen Kopf oder eine abgehackte Hand + Personalausweis), bekommt 15.000 DM Belohnung!!!!!" Außerdem veröffentlichte Entenmann im Internet Angaben über Wohnort, Alter, Aussehen („rote Haare zur Zeit blond gefärbt") und Arbeitsweg des Hatzopfers. Doch Frank S. hatte Glück. Der Verfassungsschutz ermittelte die Adresse Entenmanns, kurze Zeit später durchsuchten Beamte des Landeskriminalamts seine Wohnung und stellten die Datei mit dem Mordaufruf sicher. Der Rechtsextremist wurde zu einer zweijährigen Haftstrafe auf Bewährung sowie 200 Arbeitsstunden verurteilt.

Dennoch ist er weiterhin im Internet aktiv und platziert als Domain-Inhaber seine Cyber-Truppe „Deutscher Freundeskreis Schwaben" mit Sitz in Glatten. Der DFS beschreibt sich als Zusammenschluss der „Nationalen Bürgerfront Calw" und der „Aktionsfront Bärensee". Ziel sei es „mit zuverlässigen Kameraden eine Aktivistengruppe aufzubauen, welche die deutsche Bevölkerung über die Missstände in dieser BRD informiert und auf die Fehler der etablierten Parteien und des Systems aufmerksam macht."

Unter der Rubrik „Propaganda" werden Zines (Szenemagazine) wie „Der Germane" oder der „Lübecker Aufklärer" angeboten. Als Kooperationspartner nennt der DFS das „Bündnis rechts", die HNG, „Anti-Antifa Saarpfalz" und „Anti-Antifa Dresden". (Stand: 29.9.2000) Links verweisen unter anderem zur „DVU", „NPD Dresden", „KKK Germany", „Kulturkammer", „Thule Netz", „National Journal", „Die Kommenden", „Radio Wolfsschanze", „Kameradschaft Germania Berlin" oder „Nationale Anarchie", die vom DFS allerdings wenig freundlich als „Volkszecken" bezeichnet werden. In der Rubrik „Aktionen" publiziert der DFS Pressemitteilungen des „Bündnis rechts", veröffentlicht einen offenen Brief von Manfred Roeder und denunziert Gleichgesinnte als „VS Spitzel", die sofort aus der Szene ausgeschlossen werden müssten. (Stand: 29.9.2000)

Auf der anderen Seite kursieren im Internet zahlreiche Warnungen vor Entenmann wie auf der Homepage „Mauerbrecher". Hier heißt es: „Der 20-jährige Entenmann versucht mit allen Mitteln Kohle zu machen. Ob Betrug oder Diebstahl, Entenmann ist mit allen ‚Wassern gewaschen'." (Stand: 13.02.2000) Auf den Seiten des „Nationalen Widerstandes" stellt ein Rechtsextremist mit dem Clan-Namen „Nordic" Recherchen über Entenmann an: „Er betrügt und verarscht seit Jahren die ‚rechte' Szene."

**Kaiser/Froindeskreis**

Die bisher detaillierteste „schwarze Liste" veröffentlichten Rechtsextremisten im so genannten „Froindeskreis", einer rechtsextremistischen Internetgemeinschaft, die als E-Mail-Verbund auftritt und zum Teil über eigene Homepages verfügt. Im April 2000 publizierte der Listenteilnehmer „badfriend88" eine Übersicht von Personen aus dem ganzen Bundesgebiet mit Adresse, Telefon, Fax, E-Mail, Homepage. Der Zusatz „Grund für Ärger" wird für Kommentare, wie „Kanake", „kooperiert mit Kanaken", „Zecke/Punk" oder schlicht und einfach „Journalist", genutzt. Unter der Sparte „In diese Liste geraten durch" folgen die E-Mail-Adressen der rechtsextremen Denunzianten.

Die „Heimatseite von Herr Kaiser" wirbt mit der Überschrift „Antifa – jetzt seid ihr dran!" In ihren „Volksverhetzer Charts" finden sich Mitglieder des Zentralrates der Juden in Deutschland und Journalisten, die sich krtitsch über Rechtsextremismus äußern. (Stand: 21.9.2000) In einer Selbstdarstellung erklärt der Autor, er stamme aus dem „Großraum Düsseldorf" und sei seit 1995/96 in der Szene aktiv:
„Ich will ein Europa der Vielfalt und nicht der Brüsseler Einfalt. (...) Willkürlich am grünen Tisch zusammengefügte multinationale Gebildesind zum Scheitern verurteilt. (...) Ich lehne grundsätzlich eine Stigmatisierung und Kriminalisierung der deutschen Geschichte ab. Der angestammte Platz der Deutschen ist nicht der Pranger der Weltgeschichte. Die geistige Gefangenheit der Deutschen muss ein Ende finden."

Ihm ist allerdings klar, dass „diese Ziele" nur erreichbar sind, „wenn wir es schaffen, größere Teile der Gesellschaft für unsere Sache zu gewinnen. Akzeptanz ist eine wichtige Voraussetzung auf dem Weg dorthin. Distanziert euch deutlicher von nationalsozialistischem Gedankengut, um die Akzeptanz zu schaffen, die für einen progressiven Fortschritt unserer Bewegung dringend vonnöten ist."

Die Seite verfügt über ein MP3-Archiv mit Titeln von Frank Rennicke, „Hauptkampflinie", „Kraftschlag", „Landser" und „Skrewdriver". Im Gästebuch tummeln sich Neonazis aus der ganzen Welt. Zu den Besuchern gehört „Radio Wolfsschanze", das sich freut, „dass die Saat aufgeht". Die Mischung aus einfachen politischen Feindbildern, einer übersichtlichen Seitengestaltung und neonazistischen MP3-Files macht die Seite gerade für den politischen Radikalisierungsprozess jugendlicher Surfer bedenklich.

## Thüringer Heimatschutz (THS)

„Freiheit für Hendrik Möbus – Schluss mit den politischen Prozessen" überschreibt der „Thüringer Heimatschutz" seine Internetseite am 18.9.2000. Damit solidarisiert sich die Organisation mit einem der wichtigsten neonazistischen Agitatoren im neuheidnischen Spektrum der Black-Metal-Subkultur. (Stand: 19.10.2000) Unzweideutig das Selbstverständnis der Gruppe des THS:

„Wir haben es uns zur Aufgabe gemacht unsere kulturelle Identität zu pflegen, zu bewahren und zu schützen. Der THS bezeichnet sich weder als ‚rechts' noch als ‚links'. Wir sind systemkritisch und -feindlich und bekennen uns zum nationalen Sozialismus, zum Kampf gegen die Herrschaft des Kapitals und die menschlich-moralische Ausbeutung durch dieses."

Hinter der Seite steht Thüringens größte neo-nationalsozialistische Vereinigung mit knapp 150 Anhängern. Ursprünglicher Name des THS war bis 1997 die „Anti-Antifa Ostthüringen", die seit Oktober 1994 öffentlich in Erscheinung trat. Der Kopf des „Thüringer Heimatschutz", Tino Brandt, sieht im „Internet zur Zeit die einzige Möglichkeit (...), sich selbst einer breiten Öffentlichkeit ohne Zensur vorzustellen." (Interview mit den Autoren am 26.10.2000) Brandt spricht für den Zeitraum „April 2000 bis Mitte Oktober 2000" von „rund 34.000" Zugriffen. „Im Sommer hatten wir etwa 1.000 Besucher täglich. Das hat wohl mit der gerade ausbrechenden Kampagne gegen alle Nationalen zu tun. Inzwischen hat sich die Zahl auf etwa 150 täglich wieder normalisiert."

Zur Anti-Antifa-Bewegung bekennt sich der THS nur zögerlich:

„Für den THS hat die Anti-Antifa keine Bedeutung. Dass sich einzelne Mitglieder des THS dort engagieren, wird hingenommen. Schließlich ist es statthaft, kriminelle Aktivitäten der Antifa aufzudecken und öffentlich zu machen." Im Fernsehinterview mit dem ZDF beschreibt Brandt allerdings den Anti-Antifa-Zusammenhang des THS noch erheblich enger: „Dieser Name (THS, die Autoren) ist sehr ernst gemeint. Wir wollen natürlich die Thüringer Heimat schützen. Wir sehen das ökologisch, Umweltschutz ist Heimatschutz. Wir sehen das aber natürlich auch vor kriminellen Subjekten in diesem Thüringer Freistaat, damit meinen wir Drogen-Dealer, Linke, Rote, Kriminelle, wir meinen alles, was in diesem Staat Probleme macht. Dieser Name ist für uns Programm." (vgl. Kennzeichen-D, 26.4.2000)

Der Rudolstadter Tino Brandt zeichnet für die Domain im Internet verant-wortlich. Der THS gliedert sich in Sektionen, wie die „Sektion Jena (früher Kameradschaft Jena), Sektion Saalfeld, Sektion Sonneberg und die freie Kameradschaft Gera". (vgl. Verfassungsschutzbericht des Landes Thürin-gen 1999, S. 52) Nach Aussagen Tino Brandts im ZDF-Magazin Kenn-zeichen-D arbeitet die Organisation seit 1999 eng mit der NPD zusammen: „Die NPD hat momentan cirka 300 Mitglieder in Thüringen, die sich in zehn Kreisverbände gliedern. Davon stellen wir vier Kreisverbände, sowie einen Landesvorstand, der aus elf Personen besteht, wovon vier dem Thüringer Heimatschutz angehören." (Kennzeichen-D, 7.7.1999)

Auf der NPD-Wahlliste zur Thüringer Landtagswahl 1999 standen mit Jörg Krautheim (Platz 2), Jan Stöckl (Platz 4) und Gordon Richter (Platz 6) drei THS-Kader aus Gera auf Spitzenpositionen. (vgl. NPD-Presse-mitteilung, 31.3.1999) Im Internet informiert der THS über die Thürin-ger NPD-Aktivität.

„Die Zusammenarbeit" mit der NPD sei „eigentlich ganz gut. Niemand vom THS wird gezwungen, der Partei beizutreten. Gerade junge Leute haben kaum einen Bezug zu Parteien und engagieren sich deshalb im vorpolitischen Raum." (Interview mit den Autoren am 26.10.2000) Im Hinblick auf die REP und die DVU sei der „THS (...) nicht in Partei-strukturen eingebunden und arbeitet mit fast allen Personen, Gruppen und Parteien zusammen, die ein ähnliches Weltbild haben und auf dem Boden des Grundgesetzes stehen. Es gibt aber keine generelle Zu-sammenarbeit mit der DVU und den ‚Republikanern'. Auf lokaler Ebe-ne kommt es aber schon mal aufgrund personeller Kontakte zu gemein-samen Aktionen."

Auf der Homepage verbreitet der THS Pressemitteilungen neo-national-sozialistischer Gruppierungen und Einzelpersonen wie der „Freien Ju-gend Celle" und des „Absurd"-Bandleaders Hendrik Möbus. Auch Aus-züge eines Interviews der österreichischen Zeitung News mit dem liby-schen Staatschef Gaddafi sind zu finden: „Hängen denn die Völker Eu-ropas von zionistischen Launen ab?" (Stand: 19.10.2000)

Typisch für die derzeitige subkulturelle Expansion rechtsextremistischer Gruppierungen ist die Linkliste des THS. Neben klassischen Verweisen auf die „NPD Thüringen", „Odins Lounge", Horst Mahler, „Wolfs-sturm", „Nation und Europa", „Berlin-Brandenburger Zeitung" und den Ku-Klux-Klan stehen Verweise auf „Heidnische Seiten" wie die „Allgermanische Heidnische Front" und die „Celtic League". Darüber hinaus setzen die Neonazis Links zur Black-Metal-Seite „Burzum", den rechten Dark-Wave-Seiten „Blood Axis", „Der Blutharsch", „Death in June" sowie „Eislicht" und zur neosatanistischen „Church of Satan". (Stand: 19.9.2000)

Hinsichtlich der Affinität zu „Dark-Wave"- und „Black-Metal"-Musik erklärt der THS im Interview:
„Diese Musik sehen wir als Alternative zur verdummenden und verflachenden Pop- und Hip-Hop-Musik an. Letzere sind reine Kommerzprodukte a la ‚Viva'. Die Texte der ‚Dark-Wave-Szene' behandeln Natur, Leben und Umwelt und sind teilweise sehr lyrisch. Black Metal ist auch eine noch nicht kommerzialisierte Subkultur. Deren Texte brechen gesellschaftliche Tabus auf krasse Art. Für das Anbringen von Verweisen ist natürlich auch der persönliche Geschmack des zuständigen Webmasters verantwortlich."

Der „Thüringer Heimatschutz" nutzt das Internet geschickt, um bereits politisierte Subkulturen an die rechtsextreme Szene zu binden, während anpolitisierte Kreise mit attraktiven Links die Gelegenheit bekommen, die Schnittstellen des eigenen Way of Life mit der neonazistischen Szene kennen zu lernen.

**Kameradschaft Gera**
Als Homepage-Betreiber tritt der Neonazi und NPD-Kandidat Jörg Krautheim auf. Er stellt seine Gruppe als „die Organisation der nationalen und sozialistischen Jugend von Gera und Umgebung vor." Zum ideologischen Repertoire der Webseite gehört offene Fremdenfeindlichkeit, die sich gegen die so genannte „volksfeindliche Politik der Masseneinwanderung und Überfremdung" richtet.

Auffällig ist die Nähe der neonazistischen Homepage zur NPD, was sich in der Rubrik „Termine" wie auch in den Verweisen widerspiegelt, wo die „Geraer Kameradschaft" mit der „NPD Bundesseite", dem „NPD-Landesverband Thüringen" und der „NPD Essen" vernetzt wird.

Hauptanliegen ist die Beobachtung des politischen Gegners. So werden Gleichgesinnte aufgefordert, „sämtliche Informationen über von Linksextremisten begangene Straftaten" zu sammeln und an die Betreiber zu senden. Den Anti-Antifa-Hintergrund der Kameradschaft dokumentieren auch immer wieder Steckbriefe, die veröffentlicht werden. Bekanntestes Beispiel war der Gewerkschaftsfunktionär Sirko M., der mit zahlreichen Fotos als „Antifaschist aus Gera" geoutet wurde, weil er angeblich durch „Provokationen am Rande von Demonstrationen" wie „Nazis-raus-Rufe" aufgefallen war. (Stand: 19.4.2000) Ende August beendete das Thüringer Oberlandesgericht die Hatz gegen den Gewerkschaftsfunktionär und untersagte dem Homepage-Betreiber, Text und Fotos zu verbreiten:

„Das Grundrecht auf freie Meinungsäußerung decke nicht die darin enthaltene Anprangerung eines politischen Gegners." (Frankfurter Rundschau, 22.08.2000)

Das Gästebuch wird ebenfalls für Anti-Antifa-Zwecke genutzt. So bietet ein Rechtsextremist den Homepage-Betreibern die Adresse des Thüringer Innenministers an. (vgl. Eintrag 24.5.2000) Links setzt die Homepage unter anderem zu den „Unabhängigen Nachrichten", der Schweizer „Kameradschaft Wolfssturm", dem „Thüringer Heimatschutz" und der amerikanischen „Stormfront". (Stand: 20.10.2000)

**Kameradschaft Jena**

Die Gruppe präsentiert sich als Zusammenschluss von „nationalen Jugendliche(n) aus Jena, die sich entweder in Parteien, Organisationen oder freien Kameradschaften organisieren". Hervorgehoben wird dabei der NPD-Kreisverband und „deren Jugendorganisation JN, der ebenfalls einen Stützpunkt in der Saalestadt vorweisen kann", sowie die „Sektion Jena" des „Thüringer Heimatschutzes", „der den größten Teil der Sympathisanten verzeichnen kann". An erster Stelle ihrer Grundsätze nennt die Homepage „unser Volk und die damit verwurzelte kulturelle Identität". Die Homepage der Kameradschaft hat ebenfalls einen Anti-Antifa-Schwerpunkt, der „Linke Übergriffe" dokumentiert. Darüber hinaus ist eine große Nähe zur NPD offenkundig. Unter der Rubrik „NPD und JN" veröffentlicht die Homepage das Parteiprogramm der Nationaldemokraten. Im „Gästebuch" verewigen sich zahlreiche kommerzielle und nicht kommerzielle rechtsextreme und neuheidnische Homepages, etwa der

Szenevertrieb „Moin Moin Records" am 17.9.2000 oder die „Kamerad-schaft Celle" am 19.9.2000.

Auch wenn die Gruppe bereits auf der Startseite „jegliche Art von Ge-walt" zur Durchsetzung der politischen Ziele „entschieden ablehnt", sind Zweifel angebracht: Für die Militanz der Jenaer THS-Sektion in der Ver-gangenheit sprechen „überwiegend nicht zündfähige Sprengkörper", die zwischen Oktober 1996 und Dezember 1997 im Raum Jena gefunden wurden. Bei Hausdurchsuchungen in Wohnungen der Jenaer „Heimat-schützer" Uwe Böhnhardt, Uwe Mundlos und Beate Zschäpe sowie in einer von diesen genutzten Garage fand die Polizei dann auch „vier funk-tionsfähige Rohrbomben". (Verfassungsschutzbericht Thüringen 1998, S. 39) Der Vollstreckung des Haftbefehls entzogen sich die Rechtsextre-misten durch Flucht. Im Januar 1997 war gegen die drei Neonazis und auch andere THS-Kader bereits ein „Ermittlungsverfahren wegen der Versendung von Briefbombenattrappen an die Thüringische Landes-zeitung, die Stadtverwaltung sowie die Polizeidirektion Jena eingeleitet worden." (Verfassungsschutzbericht Thüringen 1998, S. 39)

Links setzt die Homepage zur Anti-Antifa-Seite „Die Kommenden", zum „Nationalen Beobachter", „HNG", „Bündnis rechts", „Wolfssturm", „NPD Kreisverband Gera", „Junge Nationaldemokraten" und „Rheinwacht".

**Die Kommenden**
Auf kaum eine neonazistische Seite wird in der Szene so oft verwiesen wie auf die Anti-Antifa-Seite „Die Kommenden". Als Kontaktmög-lichkeit dienen E-Mail-Adressen des „Club 88 aus Neumünster" sowie von Christian Klee und Richard Schapke. Ein Schwerpunkt der Home-page ist „Aufklärung über Ideologie, Strategie und Aktivitäten" der anti-faschisten Szene. So sollen „Gewaltdarstellungen, Planungen und bereits durchgeführte Gewaltakte" dokumentiert werden. Zusammenfassend wolle man dem „gewalttätigen Treiben linker Politverbrecher nicht weiter tatenlos zusehen." So veröffentlichen die Neonazis im „Antifa-Reader", Ausgabe Nummer 7, Aufrufe der „Infogruppe Hamburg", der „Antifa Bergheim und Umgebung (ABUU)", „Interim" und der „Aktion Not-eingang". An anderer Stelle finden sich Fotos, Namen und Meldungen von Personen, die als Gegner der rechtsextremen Bewegung eingestuft werden.

Informationen gibt es auch zum Kampf gegen den angeblichen „Repressionsapparat" in Deutschland. Hier belehren die Herausgeber über die „Rechte von Strafgefangenen", „Dein Verhalten vor Polizei und Justiz" oder „Strafanzeigen gegen politische Gegner". Darüber hinaus finden in der Homepage „Die Kommenden" unter der Rubrik „Orga" Gleichgesinnte wie der „Nationale Sanitätsdienst", der „Club 88" oder die „Mitteilungen der Aktion Freies Deutschland" des Rechtsextremisten Wolfgang Juchem einen Weg ins Internet, „die (noch) keine eigene Webseite haben oder für die es sich nicht lohnt, eine eigene Webseite zu betreiben."

Verweise setzen „Die Kommenden" zur „Berlin-Brandenburger Zeitung", „Bündnis rechts", „Deutscher Freundeskreis Schwaben", „Deutsche Volks-Union", Frank Rennicke, „Freie Nationale Jugend Celle", „Junge Freiheit", „Kameradschaft Germania", „NPD", „Republikaner", „Joschis Heimatseite", „Thüringer Heimatschutz", „Oikrach" und „Kameradschaft Gera". (Stand: 22.10.2000) Realistisch beurteilt die Homepage die eigene Szene: „Wir haben und werden nur nichtkommerzielle Seiten linken, denn nach hiesiger Erfahrung fließen leider die Gewinne aus dem Verkauf an nationale Menschen nicht wieder in nationale – politische! – Projekte zurück, sondern werden zweckentfremdet ausgegeben. Wenn Menschen aus dem Nationalen Widerstand nur als gewinnträchtige Melkkuh betrachtet werden, liegt es uns fern, derartige Unternehmen auch nur durch Nennung zu unterstützen."

**Wolfssturm**

Aus der Schweiz kommen die Betreiber der Seite „Kameradschaft Wolfssturm", die vor allem durch ihre militante Diktion auffällt: „Wir unterstützen (...) jede Person, jede Organisation und Partei, die für bessere Zeiten in der Schweiz, in Europa und in der übrigen Welt kämpft. Alles, was hier geschrieben und gezeigt wird, geschieht in der tiefen Überzeugung, dass auch diese dunkle Zeit einmal ihr Ende finden wird und die Feinde von Volk, Rasse und Nation ihre gerechte Strafe erhalten." (Stand: 2.9.2000)

Die Anti-Antifa-Seite will über die Aktivität antifaschistischer „Methoden, Schlüsselfiguren, Organisationen" berichten und sammelt Material über die politischen Gegner des Neonazismus: „Für Berichte und sonstiges Materials sind wir jedenfalls sehr dankbar, denn nur wer seinen Widersacher kennt, kann ihn auch besiegen". Daneben publiziert die Seite neuheidnische Inhalte der nordischen Mythologie wie den Fenriswolf. Links legt „Wolfssturm" zu den deutschen Anti-Antifa-Seiten „Die Kommenden", „Siegener Bärensturm", „White Youth", „Thüringer Heimatsschutz", „Nationaler Widerstand Jena" und der „Kameradschaft Gera". (Stand: 19.10.2000)

## Aryan Brotherhood

Die neonazistische Seite grüßt die Besucher mit einem militant-rechtsextremistischen Angebot wie „vielen MP3's, Reden aus dem Reich, Terrortipps, Covern und Konzertberichten sowie einer Kameradenecke." (Stand: 2.10.2000) Die Homepage-Betreiber, die auch als „WhiteWasH-ClaN" auftreten, stellen sich als „eine weltweite Gruppe" vor, „die das Ziel hat, die 14 Wörter zu leben und eine neue reine Welt zu schaffen, so wie sie Odin einst schuf." Dabei propagieren sie offen Gewalt: „Da dieses Land dank all dem Dreck langsam zu verfaulen beginnt, gibt es für uns Nationalisten nur noch einen Weg (...) Terror!!!"
Es folgen Bauanleitungen zur Herstellung von „Rohrbomben", „Kalzium Karbid-Bomben" und „Sprengstoff". (Stand: 2.10.2000)

Auf „schwarzen Listen" finden sich Personen, die „wegen undeutschem Verhalten" aufgefallen sind, oder „Deutsche Volksverräter" usw. Neben Terrortipps gibt es eine „MP2 Alben Sektion" die ganze CDs von „Störkraft", „Notwehr", „Stahlgewitter", „Freikorps" oder „Kraftschlag" enthält. Die Lieder der Band „Frontschwein" zum Downloaden heißen „Massenmord", „Erich Priebke" und „White Power". Links setzt die Gruppe zu neonazistischen Homepages wie „Top 88/14", „Skadi", „Propatria", „Badfriend 88", „Kameradschaft Tor Berlin" und „Gegenwind 88". (Stand: 20.10.2000)

### 2.4.6. Chartlisten

### Top 100 Nationalist and Revisionist Sites

Dutzende rechtsextremistischer Homepages aus Deutschland verweisen auf die Chartliste „Top 100 Nationalist und Revisionist Sites", das so genannte „Skadi-Net", benannt nach Skadi, der „Germanischen Göttin der Unabhängigkeit, des Willens, der Jagd und des Krieges". (Skadi-Net, 24.9.2000) Die zentrale Bedeutung der Seite liegt in der Vernetzung von subkulturellen, ideologischen und parteinahen Seiten. Zum Selbstverständnis heißt es:

„Es ist ein Banner-Tausch, der Seiten mit einer im weitesten Sinne revisionistischen oder nationalistischen Einstellung gewidmet ist. (...) Wir sahen die Notwendigkeit, einen Tausch von Bannern zu schaffen, um eine Vernetzung und Verbindung solcher Seiten zu ermöglichen."

Die Liste auf der braunen Beliebtheitsskala führt mit „Rhönwacht" eine rechtsextremistische Skin-Seite an, die über 30-mal am Tag besucht wird. Danach kommen mit knapp 25 Besuchen „White Power MP3" und „Radio Preußen" mit 23 Hits täglich. Über 20 Besuche hat auf Platz 4 die „International Union of Fascists", Platz 5 belegt das „Russian/Slavic Portal", das „revisionistisch"-neonazistische „National Journal" Platz 6.

Weitere Seiten auf der Rangliste, die insgesamt 100 Einträge umfasst, sind „Russian Skinheads", „Sturmseite", „Kameradschaft Wels", „Aryan Brotherhood", „Kameradschaft Bonn", „Thüringer Heimatschutz", „Rumanian National Socialist Party" oder „Fin Wiking". (Stand: 26.9.2000). Damit wird die Seite zu einer der wichtigsten Nahtstellen der internationalen rechtsextremistischen Szene online.

**Top 88/14**
Ebenfalls online allgegenwärtig ist die Linkseite „Top 88/14", die ein Bindeglied zwischen rechtsextremistischen Polit- und Subkulturhomepages darstellt und gleichzeitig kommerzielle und nicht kommerzielle, nationale und internationale Seiten aufführt. Auf der „Rangliste" stehen nur „deutschsprachige Homepages".

Die so genannte Hitliste am 24.9.2000 wird von „WhiTe PoWeR MP3" angeführt, gefolgt von der Skinhead-Band „Rhönwacht". Danach kommen der kommerzielle Vertrieb „Musik fürs Vaterland" und das neonazistische „Radio Wolfsschanze" vor der Schweizer Seite „Kraftland". Im Repertoire auch „Radio Preußen", „NS-Sturm", „NSDAP/AO", „Lefties Homepage" oder die „Badfriend"-Seite. (Stand 24.9.2000)

Neben der Vernetzungsfunktion bindet die Homepage die Besucher in das rechtsextremistische Internet-Netzwerk ein und fordert dazu auf, die „eigene Seite in die Liste" zu setzen. Insgesamt folgten bis zum 26.9.2000 49 Homepages diesem Wunsch.

# 3. Musik und Jugend-Subkultur

## 3.1. Skinheads

Die Skinhead-Bewegung ist derzeit für Deutschlands organisierten und nichtorganisierten Rechtsextremismus das wichtigste Reservoir für Nachwuchs. Innerhalb der „gewaltbereiten Rechtsextremisten", deren Zahl nach Angaben des Bundesamtes für Verfassungsschutz von 7.600 Personen im Jahre 1997, über 8.200 im folgenden Jahr auf schließlich 9.000 Personen 1999 kletterte, stellen die Skinheads mit ca. 85 Prozent die größte Gruppe (vgl. Verfassungsschutzbericht des Bundes, Pressefassung 1999, S. 30). Trotzdem ist bereits zu Beginn des Kapitels festzuhalten, dass dem rechtsextremen Teil der Skinhead-Bewegung die anitrassistischen „Redskins" und „Sharp"-Skins (SHARP = SkinHeads Against Racial Prejudice) sowie die subkulturell- und spaß-orientierten „Oi-Skins" gegenüberstehen, die sich weder vom rechtsextremen Gedankengut noch von rechtsextremistischen Organisationen vereinnahmen lassen. Im Bereich der politisch neonazistisch orientierten Skinszene „hat sich jedoch durch die Gemengelage, bestehend aus einem diffusen politischen Weltbild, einer ausgeprägten Gewaltbereitschaft und der deutlich verminderten Hemmschwelle durch hohen Alkoholkonsum, ein besonderes Gefahrenpotential entwickelt." (Landesamt für Verfassungsschutz Baden-Württemberg: Rechtsextremismus in der Bundesrepublik Deutschland, Stuttgart, Mai 1998, S. 14) Den jüngsten Beleg für die Militanz der neonazistischen Glatzen-Szene dokumentieren die Hausdurchsuchungen in Sachsen am 24. Juni 2000 gegen die Kameradschaft „Skinheads Sächsische Schweiz" (SSS). Im Zuge der Ermittlungen fand die Polizei im Umfeld der Gruppe unter anderem zwei Kilogramm Sprengstoff, scharfe Zündvorrichtungen, Sprenggranaten, Raketenteile und größere Mengen Munition. (vgl. FAZ, 30.6.2000) Im Interview mit dem ZDF bestätigte der sächsische Verfassungsschutzpräsident Reinhardt Boos auch Wehrsportübungen der SSS: „Die Skinheads Sächsische Schweiz haben unseren Hinweisen zufolge Wehrsportübungen durchgeführt, in Sachsen aber auch grenzüberschreitend in der tschechischen Republik, und die zielten oder die dienten den programmatischen Schriften und Niederlegungen der Skinheads Sächsische Schweiz zufolge dem Kampf gegen Linke, Ausländer und Drogensüchtige." (ZDF Kennzeichen-D, 5.7.2000) Die SSS dokumentieren auch den hohen Professionalisierungsgrad der Skinhead-Szene. So richtete sich die Gruppe mit ihrer eigenen Schülerzeitung „Parole" an Lehreinrichtungen, während das Szenemagazin „Froindschaft" auf die Skinhead-Szene zugeschnitten war. Die Musikband der SSS „Vierzehn Nothelfer" gewann sogar am 4.10.1997 den Nachwuchsbandwettbewerb im Landkreis Sächsische Schweiz.

Insgesamt umfassen die Skinheads Sächsische Schweiz nach Angaben des Verfassungsschutzes ca. 300 Sympathisanten, von denen viele aus einem bürgerlichen Umfeld stammen. Der Verfassungsschutz spricht erstmals von einer „militaristisch-nationalistischen Vereinigung".

Doch angefangen hatte der Skinhead-Kult nicht als politische Kraft, sondern als jugendlicher Protest. Die Geschichte der Skinhead-Bewegung geht zurück in die 60er Jahre und wurde wie viele andere Jugend-Subkulturen in England geboren. Im Mittelpunkt der Szene stand ein rüder Working-Class-Kult: Dem konsumorientierten Way of Life vieler Gleichaltriger und der bei der Erwachsenengeneration dominierenden Anbiederung an die Mittel- und Oberschicht setzten die Skinhead-Gangs einen zur Schau getragenen Arbeiterkult entgegen: Die Jugendlichen veränderten ihr Aussehen, indem sie ihre Haare als Kontrast zu den langhaarigen Hippies kürzer schnitten und die sonst als Arbeitskleidung dienenden Jeans und Stiefel auch in der Freizeit trugen (vgl. Landesamt für Verfassungsschutz Berlin, Skinheads: Durchblicke, Nr. 9, 1998). Skinheads patrollierten als Straßengangs in bestimmten Gegenden und immer wieder kam es zu brutalen Revierkämpfen. Auffällig war der demonstrativ zur Schau getragenen Chauvinismus. Als ihre Gegner betrachteten die Skinheads der ersten Stunde „bosses", „officials", „Hippies", „Queers" (Schwule), „Juden" und „Pakistani". „Im Grunde waren sie damit fast die idealtypischen Vertreter des konservativen England: sie waren ur'british'. Die Skins besaßen eine law-and-order-Gesinnung; sie wünschten keine gesellschaftlichen Veränderungen, sondern ‚a better deal of it'." (Baacke: 1993, S. 81 f) Auch die Lebensziele vieler Anhänger der Skinhead-Bewegung waren ideologisch konformistisch und bestanden in dem Wunsch zu heiraten, einen zu Job haben und ein Häuschen. Zu einer rechtsextremistischen Radikalisierung der Skinhead-Szene kam es erst in den 70er Jahren. Besonders die rassistische, gegen die farbigen Einwanderer aus dem Commonwealth gerichtete Propaganda der „Nationalistischen Front" fiel bei vielen Skinheads auf fruchtbaren Boden.

In Deutschland fasste die Skinhead-Szene seit Ende der siebziger Jahre Fuß. Gerade in ostdeutschen Kleinstädten dominiert die rechtsorientierte Skinhead-Szene regionale Jugendstrukturen. Die Verfassungsschutzbehörden warnen: „Seit einigen Jahren hat das ‚Lebensgefühl' der Skinhead-Szene weitere Bereiche der Jugendsubkultur so sehr beeinflußt, daß die für sie typischen Attribute und Einstellungen auf zahlreiche andere Jugendkulturen abfärben." (Verfassungsschutzbericht des Landes Brandenburg 1997, S. 15)

Beleg für die wachsende Beliebtheit der rechtsextremen Skinhead-Szene ist auch ein Zahlenvergleich von Bands und Konzerten.

| *Konzerte* | *Bands* |
|---|---|
| 1993:  20 | 1993:  30 |
| 1994:  20 | 1994:  40 |
| 1995:  35 | 1995:  50 |
| 1996:  70 | 1996:  55 |
| 1997: 106 | 1997:  70 |
| 1998: 128 | 1998: 100 |
| 1999: 109 | 1999:  93 |

(Quelle: Verfassungsschutzberichte; u.a. Presseausgabe des Bundes 1999, S. 29)

Insgesamt sorgten 1999 rund 50 Vertriebe für den Verkauf der rechtsextremen Musik und szenetypischer Kleidung. In diesem Zusammenhang gewinnt auch das Internet eine „wachsende Bedeutung" (Extremistische Bestrebungen im Internet: Bundesamt für Verfassungsschutz, Juni 1999, S. 42). Während früher die Skinhead-Szene meist nur auf Konzerten oder über Szenemusikmagazine ihr ganz spezielles Publikum mit kopierten Vertriebslisten erreichen konnte, bietet das World Wide Web den rechtsextremen Unternehmen die Gelegenheit, eine quasi unbegrenzte Zahl von Lesern zu erreichen. Darüber hinaus gibt das digitale Dateiformat MP3 interessierten Hörern die Möglichkeit, Bands via Internet

Probe zu hören. Das MP3-Format ist in der Lage, den Informationsgehalt eines Tonträgers auf nur wenige Megabytes zusammenzupressen, die aus dem Internet gratis abrufbar sind. Selbst die nötige Zusatz-Software zum abspielen des Formates ist im Internet gratis abrufbar (vgl. Dieter Baacke, Klaus Farin, Jürgen Laufer: Rock von Rechts II, Bielefeld 1999, S. 167). Negative Begleiterscheinung für rechtsextreme Labels und Bands war jedoch, dass zahlreiche nichtkommerzielle Skinhead-Seiten im Internet gleich ganze CDs gratis anboten, was zum Teil zu schmerzlichen Umsatzeinbußen geführt hat. Auf der anderen Seite steht ein beträchtlicher Werbeeffekt für illegale Tonträger, die zuvor konspirativ und über illegale Vertriebswege nach Deutschland geschleust werden mussten. So vermeiden es die meisten deutschen Versandunternehmen ohnehin, indizierte oder volksverhetzende Tonträger in ihr Angebot aufzunehmen. Einer der wichtigsten deutschen Vertriebe heißt „Creative Zeiten" und ist an das Rechts-Rock Magazin „Rock Nord" angeschlossen. (vgl. Extremistische Bestrebungen im Internet: Bundesamt für Verfassungsschutz, Juni 1999, S. 42)

### 3.1.1. Vertriebe

**Rock Nord/Creative Zeiten**
Seit vielen Jahren dominiert der Creative Zeiten-Verlag die rechte Skinhead-Musikszene. Seit 1996 erscheint das Hochglanzmagazin „Rock Nord" als Nachfolgeorgan des professionellen Fanzines „Moderne Zeiten". Die Auflage des „Rock Nord"-Magazins liegt bei ca. 15.000. Herausgeberin des Organs ist die „Creative Zeiten Verlag und Vertrieb GmbH" im nordrhein-westfälischen Langenfeld. (vgl. Verfassungsschutzbericht Nordrhein Westfalen 1996, S. 103) Jahrelang leitete Thorsten Lemmer den Musik-Verlag und gleichzeitig das Label „Funny Sounds". 1998 ging die Geschäftsführung des Creative Zeiten-Verlags an den früheren Bundespressesprecher der NPD-Jugendorganisation Jan Zobel über (vgl. Interview mit dem Verlag am 6.9.2000), der den Verlag gemeinsam mit dem früheren FAP-Aktivisten Andreas Zensdorf leitet.

Seit der „Rock Nord"-Ausgabe 2/1997 wird in dem Heft auch eine Internetadresse angeboten, deren Seiten bis November 2000 rund 59.000 Zugriffe verbuchen konnte. (vgl. Interview mit den Autoren, 6.11.2000) Neben einer ausführlichen Übersicht über den Inhalt des Heftes bietet die Internetseite auch ein breites Devotionalienangebot. Darüber hinaus offeriert die Internetseite auch die Möglichkeit, einige der angebotenen CDs Probe zu hören wie die der Skinhead-Gruppen „Kraftschlag", „Body Checks", „Sturmwehr" oder „Rheinwacht".

Auffällig sind in den Interviewtexten neben einer rechtsorientierten Haltung zahlreicher Gruppen auch rassistische beziehungsweise NS-nostalgische Positionen, die von „Rock-Nord"-Interviewpartnern propagiert werden. So preist die Skinhead-Band „Division Wiking" die gleichnamige Waffen-SS-Division als Einheit „aus vielen weißen europäischen Kämpfern, die nur eines als Ziel hatte: Ein freies Europa, in dem ihre Familien stolz und in Frieden leben konnten." (vgl. Rock Nord , Juni-Juli 2000)

Neben Informationen über Bands und die Szene präsentiert „Rock Nord" einen Online-Shop, der von Musik-CDs über Anstecker und Bekleidung, wie Gürtelschnallen, Polohemden, Schals und Sweat-Shirts mit Szenelogos, reicht. Für 88 DM wird beispielsweise am 2.9.2000 ein komplettes Ku-Klux-Klan-Set verkauft, das eine KKK-Fahne, eine KKK-CD, ein KKK-T-Shirt sowie Abzeichen, Aufnäher und Aufkleber des KKK umfasst.

Das gesamte Angebot bietet der geschäftstüchtige Szenevertrieb in der Printausgabe von „Rock Nord" an. Ca. 10 Seiten des 50 Seiten dicken Musikmagazins werden Ausgabe für Ausgabe für Werbung reserviert. Die Warenpalette bietet die englische Neonazi Kultband „Skrewdriver" „Skrewdriver-Jogginghosen", „Skrewdriver-Kapuzenpulli" bis hin zu „Skrewdriver"-Kissen. Dass die „Rock-Nord"-Betreiber mit ihrem Angebot sehr weit gehen, belegen die Ausgaben Nr. 25, 26 und 27, in denen unter anderem auch indizierte CDs zum Kauf angeboten wurden. (vgl. Verfassungsschutzbericht Nordrhein-Westfalen 1996, S. 105)

Eng verflochten ist die „Rock Nord"-Webseite mit dem Hamburger André Goertz, der in Deutschland mehrere Nationale Info-Telefone (NIT) betreibt und als NIZ-Verlag für die Internetdomain von „Rock Nord" verantwortlich zeichnet. Goertz ist darüber hinaus Inhaber der Homepage „NIT – Nachrichten Informationen Theorie" und tritt mit seinem Vertriebsdienst „Nord-Versand" in Erscheinung. (Verfassungsschutzbericht Schleswig-Holstein 1999, S. 25) Der Rechtsextremist war Hamburger Landesvorsitzender und Kassierer der am 24.2.1995 verbotenen

neonazistischen „Freiheitlichen Deutschen Arbeiterpartei". In den Folge-
jahren propagierte Goertz einen so genannten „Progressiven Nationa-
lismus". An der fremdenfeindlichen Agitation und den antidemokratischen Ressentiments, die das NIT schürt, ändert das freilich nichts. Beispielhaft für einen zynischen Rassisismus ist die Ansage vom 16.10.1998,
in der Goertz verkündet:
„Das NIT empfiehlt daher, den Holocaust-Unterricht bereits mit dem
Kindergarten einzuführen und ihn auch in den neudeutschen Sprachen
wie Türkisch, Serbisch und Vietnamesisch zu erteilen."

Im Laufe des Jahres 1998 wurden neben den Info-Telefonen in Hamburg und Schleswig-Holstein zwei weitere NITs in Mecklenburg-Vorpommern und Düsseldorf installiert, die beide „inhaltlich identische
Ansagetexte" enthalten. (Verfassungsschutzbericht Hamburg 1998, S.
103) Darüber hinaus veröffentlichte Goertz im August 1998 die erste
Ausgabe seines „NIT-Radio – Stimme der Freiheit" im Internet. Ende
November 1998 folgt als weiteres Internetangebot „NIT Blitz", ein täglich erneuerter Informationsservice, der primär über Neuigkeiten aus
der rechtsextremistischen Szene berichtet. Inhalt sind unter anderem
Presseerklärungen der NPD-Jugendorganisation „Junge Nationaldemokraten" (3..9.2000) oder des „Bündnis Rechts" (25.8.2000).

Die Zusammenarbeit mit „Rock Nord" dokumentiert auch das Radioprogramm „Radio Nord – Das Internetradio für Rechtsrock und OI!-Mu-
sik". Das Internetprogramm präsentiert neonazistische und rechtsextremistische Bands wie „Kraftschlag", „Konkwista 88", „Sturmbrigade",
„Noie Werte" oder „Volkszorn". Das Internetangebot versteht sich als
„kostenloser Service zahlreicher Vertriebe und Musikproduzenten".

Die Internetaktivität von Goertz dokumentiert überdeutlich, dass Rechtsextremisten inzwischen die Gesamtbreite multimedialer Möglichkeiten
nutzen können, um Jugendliche in den Bann ihrer Inhalte zu ziehen.

**Nord Versand**
Der Nord-Versand bietet eine 24-stündige Orderline mit einer
Pinneberger Rufnummer. Verlagssitz ist eine Postfachadresse im nord-
deutschen Halstenbek. Im Angebot findet sich auch so genannter RAC/
Rechtsrock; RAC steht in der Szene für „Rock Against Communism".

Dahinter verbirgt sich eine Auswahl der härtesten rechten Skinhead-Bands wie „Foierstoss", „Oithanasie", „Triebtäter", die Band der „Skinheads Sächsische Schweiz" „Vierzehn Nothelfer" oder „Volksaufstand" mit der CD „Der Sieg ist unser". Auch die Präsentation der Kombos ist politisch eindeutig. Beispielhaft hierfür steht die Vorstellung der CD „Reich uns die Hand" der Band „Neubeginn":

„Dieses Album ist ein echter Kracher. Prima Rechtsrock, gute Musik, krasse Texte. Zeilen wie ‚Rache für Rudolf Heß' oder ‚Kämpft mit uns für eine weiße Nation' sagen wohl alles."

Neben den klassischen rechtsextremen Skinhead-Bands beinhaltet das Verlagsangebot „Viking Rock" von Bands wie „Nordwind" oder „Odins Erben" sowie so genannten „Oi!Punk" á la „Bierpatrioten". Darüber hinaus vertreibt der Nord Versand neonazistische Fanzines wie „Aryan Law", „Blood & Honour" oder „Der braune Bär". Das Musikforum des Musikversandes ist eine Kontaktbörse für die komplette rechte Skin-Szene.

**Deutscher Versand Nord**
Der Verlag präsentiert sich auf seiner Internetseite mit einer Kontakt-Handynummer, die täglich erreichbar ist. Domain-Inhaber ist Alexander Weber aus Bergen. Im Angebot des Verlags findet sich eine nahezu komplette Auswahl rechtsextremistischer Bands bis hin zu Musikgruppen aus dem Umfeld des Ku-Klux-Klan. Beispiele für das Sortiment sind „Brutal Attack", „Freikorps", „Hauptkampflinie", „Klansmen", „Kraftschlag", „Ian Stuart", „Sturmwehr", „Volksaufstand" oder „Wolfsrudel". Viele der Liedtexte sind eindeutig fremdenfeindlich und offen rassistisch. Beispielhaft hierfür steht die CD „Lieber tot als ohne Ehre" der Band „Rheinwacht" mit Texten wie:
*„Die Flut der Fremden zog schnell ins Land*
*Und wir Deutschen hatten es zu spät erkannt*
*Kann man hier denn noch existieren?*
*Ohne Gleich sein Gesicht zu verlieren.*
Refrain
*Wann ist Deutschland in ihrer Hand?*
*Wann werden wir aus unserer Heimat verbannt?*
*Wann können wir Deutschen in Freiheit leben?*
*Denn dafür würden wir alles geben (...)."*

Die Linkliste des Verlages umfasst die „Blood & Honour"-Bewegung Deutschland, „Bündnis Rechts", die Skinhead-Band „Aufmarsch", Frank Rennicke, die „Kameradschaften Gera und Jena", den „Thüringer Heimatschutz", die NPD, den Vertrieb „Hanse Records", den „Patria Versand" sowie die „KKK – International Knights of the KKK" Deutschland und Österreich.

## Hanse Records

Der Bremer Versand stellt sich als Webseite für „Oi-RAC-Skin & Punk Musik" dar und vertreibt T-Shirts, Zines, Bücher und CDs.

Bereits auf der Startseite schreibt der Verlag: „Liebe Besteller! Wir führen weder verbotene, indizierte oder links-/rechtsextreme Artikel und CDs."

Ein Blick auf die im Internet feilgebotenen „Hanse Records Produktionen" lässt an obiger Aussage jedoch Zweifel aufkommen. So werden einige der aufgeführten Bands, wie die 1994 gegründete Berliner Gruppe „Spreegeschwader", von Verfassungsschutzbehörden als rechtsextrem eingestuft.

Einen weiteren Beleg liefert die ebenfalls im Repertoire befindliche, 1999 aufgelöste Kombo „Die Weissen Riesen" aus dem sächsischen Riesa. Mitgliedern der Musikgruppe werden auch „Bezüge zur ‚Blood & Honour'-Sektion Sachsen" zugeschrieben. (Broschüre „Rechtsextremistische Skinheads im Freistaat Sachsen", Hrsg.: Landesamt für Verfassungsschutz Sachsen, o. J.)

Als „CD Neuheiten" 6/2000 werden wiederum rechtsextremistische Bands wie „Noie Werte", „Nordfront" oder „Skrewdriver" angeboten. Daneben sind aber auch unpolitische Gruppen im Programm. Zu der angebotenen Bekleidung gehören Bomberjacken, Donkey-Jacken, Lonsdale-T-Shirts und Rangers, kurz alles, was ein Skinhead braucht, um sich subkulturell korrekt zu kleiden.

## NAF Wikinger-Versand

Aus dem baden-württembergischen Winnenden kommt der „Wikinger-Versand", Domain-Inhaber ist Rainer Steffens. Das Angebot des Vertriebs beinhaltet rechtsextreme Szene-Fanzines wie die Mannheimer Szeneheftchen „Rippenbrecher" oder „Der Feldzug". Die Musik im Programm umfasst alte Titel der „Böhsen Onkelz" bis hin zu neuen, rechtsextremistischen Politbands wie „Noie Werte" aus Stuttgart oder die Potsdamer Gruppe „Proissenheads", die vom Verfassungsschutz des Landes Brandenburg „dumpfe Rassismus-Klischees" bescheinigt bekommt. (Verfassungsschutzbericht des Landes Brandenburg 1998, S. 24) Im Szene-Interview mit einem Skinhead-Zine sagt die Band: „Das Einzige, was uns Antrieb gibt, ist das Ideal einer Zukunft, die weißen Kindern die Möglichkeit gibt, ihr Leben zu gestalten, ohne Angst zu haben, von ‚importierten Affen' umgebracht zu werden." Die Titel anderer CDs im Musikangebot wie „Weiße Krieger" der Band „Schlachtruf" oder „Im Zeichen des Blutes" der Skinhead-Band „Sturmflagge" dokumentieren selbstredend die politische Intension des Angebots.

**White Music Records**
In den Vereinigten Staaten von Amerika sitzt die Domain des Versandes „White Music Records", der mit Musik „Von der Bewegung – für die Bewegung" und Billigpreisen wirbt. Im Angebot ist die ganze Auswahl rechtsextremistischer Szenebands wie „Spreegeschwader", „Sturmgesang" oder „Balladen des Nationalen Widerstands". Darüber hinaus verkauft der Vertrieb Accessoirs wie Reichskriegsflaggen und Anstecker mit Schriftzügen wie „Skinheads", „Skrewdriver" oder Symbole wie das „Keltenkreuz" und die „White Power Faust".

Das kommerzielle Angebot wird in der Rubrik „Rede und Antwort" ergänzt durch ein Interview mit der Gruppe „Hatecore", das 1999 geführt worden ist. Zum Bandnamen führen die Musiker aus: „Hatecore kommt von der Musik, die wir machen (...) purer HASS."

Im Gästebuch des Vertriebs finden sich ebenfalls neonazistische Hass- und Gewaltphantasien. Ein Neonazi mit dem Nic-Namen „Himmler" schreibt am 31.10.2000: „Ich hasse Ausländer, weil sie stinken und einfach eklig sind. Sie sind der Abschaum der Menschheit, besonders die slawischen Völker, aber vor allem die Juden, die scheiß Semiten. 88 und ein hoch auf das IV. Reich das wir bald ausrufen werden!!!!!!" Die Abkürzungen 18 und 88 stehen in der rechtsextremen Szene für „Adolf Hitler" bzw. „Heil Hitler". A ist der erste, H der achte Buchstabe im Alphabet.

In dasselbe dumpfe Horn bläst am 26.7.2000 „EnForcer", der bekennt: „Ich hasse Ausländer!" Am 31.8.2000 skandiert „Markus" online: „Wir werden ewig kämpfen, für unser Land, unsere Rasse, die Musik!"

**Hagal Records**

Aus Neustadt in Sachsen kommt der Verlag Hagal-Records, der im Internet eine Postfachadresse angibt. Verlagsboss und Domain-Inhaber ist der Hohwalder Mirko Hesse, der auch für den Hammerskin-nahen Vertrieb „Hate Records" verantwortlich zeichnet. Beide Unternehmen „laufen parallel", um das „Absatzfeld zu erweitern", beobachtet das Landesamt für Verfassungsschutz Sachsen, wie der Verfassungsschutzpräsident Reinhard Boos am 6.10.2000 im Interview bestätigt.

Im Programm des Internet-Mailorders befinden sich CDs der Skinhead- und der Black-Metal-Szene wie „Absurd", „Barad Dur", „Graveland", „Celtic Warrior", „Dark Sanctuary", „Höllenhunde", „Thor's Hammer", „Trabireiter", „14 Nothelfer" oder „Legion Ost" aus Gera, deren Sänger „Stärzel" wegen Landfriedensbruch, schwerer Körperverletzung und Sachbeschädigung einschlägig vorbestraft ist. (vgl. Landesamt für Verfassungsschutz Thüringen, Monat im Amt 12/98)

Die einfach gestrickte Homepage dient dem effektiven Verkauf der rechtsextremistischen Tonträger und verknüpft unterschiedliche Jugend-Subkulturen.

**TTV Ton- und Textilvertrieb**

Der aus Hamburg stammende Szenevertrieb gibt eine Postfachadresse in der Hansestadt als Verlagsanschrift an, verantwortlich für die Homepage zeichnet Lars Georgi. Georgi war früher in der rechtsextremen Szene Hamburgs aktiv, hat aber inzwischen das kommerzielle Interesse der Ideologie übergeordnet. Auf seiner Homepage können die Interessierten mit einer Telefonnummer Kontakt zum Verlag halten. Im Angebot sind Kleidungsstücke wie Sweatshirts, Rangers, Bomberjacken, Polohemden und T-Shirts, Gürtelschnallen mit einschlägiger Symbolik sowie Reichskriegsflaggen.

Zu den Musikangeboten gehören Tonträger von rechtsextremistischen Bands wie „Landser", „Kraftschlag", „Endstufe", „Hauptkampflinie", „Reichssturm", „Dragoner" und „Spreegeschwader".

## DIKOTEX

Den Dikotex-Vertrieb im nordrhein-westfälischen Sprockhövel betreibt der NPD- und JN-Aktivist Dieter Koch, der auch als Domaininhaber im Internet auftritt. Die Web-Seite Kochs ist primär kommerziell ausgerichtet und beinhaltet das komplette Sortiment Skinhead-subkultureller Kleidung wie Schuhe von „Shellys London", Hemden und Sweatshirts von „Ben Sherman" oder Jacken von „Lonsdale". Der politisch rechtsextreme Hintergrund offenbart sich im Katalog des Unternehmens. Hier finden sich Aufnäher mit Keltenkreuz, mit den Grenzen des Deutschen Reiches von 1939 oder dem Motiv „Ich bin stolz ein Deutscher zu sein". Unübersehbar ist auch ein Kult um Neonazi-Bands wie „Skrewdriver" oder „Kraftschlag", von denen ein breites Merchandising-Angebot vertrieben wird. (Stand: 30.9.2000) Diese offenen Scharniere der subkulturellen Verlagstätigkeit zum Rechtsextremismus sind bei Dieter Koch nicht neu. Bei Hausdurchsuchungen im Jahr 1997 wurden „auch in seinen Geschäftsräumen von ihm in einer Versandliste angebotene indizierte Tonträger sichergestellt. Die Texte enthalten fremdenfeindliche, volksverhetzende und antisemitische Passagen." (Innenministerium des Landes Nordrhein-Westfalen: Skinheads und Rechtsextremismus, Düsseldorf 1999, S. 62)

### Ohrwurm

Mit einem riesigen Online-Angebot an Textilien, Schmuck und Tonträgern wirbt der Szeneverlag „Ohrwurm-Records" aus Sprockhövel-Haßlingshausen. Das propagandistische Angebot ist an der „Blood & Honour"-Szene orientiert und beinhaltet „Ian Stuart", „Skrewdriver", „White Power", „Klansmen" und „White Warrior". T-Shirts sind bedruckt mit Logos wie „Skinhead stolz und national", „Skrewdriver", „Nationaler Widerstand" oder ganz einfach gestrickt „200% deutsch", „Rassist", „Faschist" und „Wir sind Gewaltforscher". (Stand: 29.09.2000) Hinzu kommt ein riesiges Angebot an Szeneschuhen (Ranger Boots, Shelly Ranger), Schals, Kleidung (Donkey-Jacken, Bomberjacken) bis hin zu Flaggen mit rassistischen Motiven wie „White Power", „KKK" oder „Natural Born Skinheads". Der Verlagschef belässt es jedoch nicht bei radikalen Angeboten. Der Inhaber von „Ohrwurm-Records" „wurde im April 1998 wegen eines Vergehens nach § 130a Abs. 2 Nr. 1a StGB zu einer Geldstrafe rechtskräftig verurteilt." (Innenministerium des Landes Nordrhein-Westfalen: Skinheads und Rechtsextremismus, Düsseldorf 1999, S. 65) Die Werbung für den Vertrieb erfolgt nicht nur im World Wide Web, sondern auch in der rechtsextremistischen Publizistik. So wirbt das Unternehmen in der „Westdeutschen Volkszeitung" (August/September 1997, S. 6) mit einer „großen Auswahl an nationalen Tonträgern, Aufnähern, Flaggen und diversen Requisiten unserer Zeit."

**Moin Moin Records**
Der Vertrieb Moin Moin Records aus Leer integriert in seinem Programm neben Skinhead-Musik und rechtsextremen Liedermachern auch Black Metal-CDs mit Titeln wie „The Majesty German Black Metal Art", „Winterblut" oder „Witchburner – Blasphemic Assault." Daneben befinden sich bekannte Szenebands wie „Aufmarsch", „Brutal Attack", „Edelweiß", „Foierstoss", „Freikorps", „Kraftschlag", und „Halgadom", die mit „germanisch-heidnischen" Balladen werben. „Halgadom" ist ein Projekt zwischen rechtsextremistischen Musikern der Bands „Stahlgewitter" und „Absurd".

Ebenfalls im Repertoire befinden sich rechtsextremistische Skinhead-Magazine wie „Der braune Bär" oder „Kreuzritter", Anstecker mit den Symbolen „88", das für „Heil Hitler" steht, der „Lebensrune-Anstecker" sowie Ansrecker mit dem Spruch „White Pride World Wide" komplettieren das neonazistische Angebot. (Stand: 10.10.2000)

**Panzerfaust Records**
Auf zahlreichen Links rechtsextremer europäischer Homepages, wie beispielsweise der „Allgermanischen Heidnischen Front", findet sich der amerikanische Skinhead-Vertrieb „Panzerfaust Records" aus Newport. In dem riesigen Angebot werden neonazistische Skinhead-CDs wie „White Noice: The final solution", „White Wash: Unity Through Agression", „Battlefront: Into the Storm" oder „Griffin" mit seinen „White Racial Ballads" und zahlreiche NS-Bands aus der ganzen Welt angeboten. Darüber hinaus wirbt der Versand mit einer umfassenden Musiksammlung der Kult-Nazi-Band „Skrewdriver" mit CD-Angeboten wie „Hail the new Dawn", „White Rider" (Anspielung auf den Ku-Klux-Klan) oder „Blood & Honour".

Genauso illegal wie einige Musikangebote ist auch die Auswahl unter der Rubrik „Flags, Stickers & Patches". Das Sortiment bietet für 15 Dollar die Hakenkreuzfahne, die Flagge der Hitlerjugend oder die SS-Fahne. Insgesamt ist „Panzerfaust Records" eine der großen amerikanischen Materialquellen für die westeuropäische Nazi-Skinhead-Szene.

## Micetrap Distribution

Über deutsche Neonazi-Skinhead-Seiten verlinkt ist der amerikanische Versand „Micetrap Distribution", der in Maple Shade, New Jersey, eine Postfachadresse unterhält. Als Oberstes „Business Statement" versichert der Vertrieb, „Pro Weiße Posten" aus einer ständig expandierenden Auswahl schnellstmöglich und zu den besten Kundenbedingungen zu liefern. Das Angebot gibt einen Überblick über die gesamte Palette verfassungsfeindlicher Propaganda. Erhältlich sind neben Ku-Klux-Klan-Flaggen auch Hakenkreuzflaggen und Fahnen der SS. Unübersehbar zelebriert der Verlag auch einen Kult um Person und Band des verstorbenen britischen Nazi-Skinheads Ian Stuart, von dem alleine über 20 LPs und CDs im Angebot sind. Andere Bands im Programm heißen „Angry Aryans", „Blue Eyed Devils", „Brutal Attack", „Landser", „Max Resist", „SS-Totenkopf" oder „Volksverhetzer". Die 1996 gegründete Sonneberger (Thüringen) Band „Volksverhetzer" tritt vor allen Dingen in Sachsen und Sachsen-Anhalt auf. Ihre Texte beinhalten zum Teil offene Gewaltdarstellungen wie im Lied „Blutrausch":
*„ Du hast ihn vor Dir liegen,*
*hilflos und am Boden.*
*Da nimmst Du noch mal Anlauf*
*Und springst ihm in die Hoden. "*

Im Buchangebot von „Micetrap Distribution", auf der Homepage als „White Power Books" angepriesen, finden sich die „Turner Diaries" des William Pierce oder George Lincoln Rockwells rechtsextremistisches Standardwerk „White Power". Damit wird deutlich, dass der Vertrieb die politischen Botschaften, die über Musiktexte der Bands nur angerissen werden, mit einem Literaturangebot auch vertieft und damit ideologisch verfestigt.

Darüber hinaus kooperiert „Micetrap Distribution" mit der internationalen rechtsextremistischen Web-Seite „Odins Lounge". Hinter der Homepage verbirgt sich eine der größten MP3-Sammlungen neonazistischer Musik, die weltweit im Netz stehen. Hier finden sich fast alle indizierten Titel zum Gratis-Download, was die Seite besonders verlockend macht. In einer Art Hitliste der „Most Popular Downloads This Week" finden sich folgende Titel: auf Platz 1: „DJ Adolf – SS/SA Mix", auf Platz 2: „DJ Adolf – Es geht los", gefolgt von „Skrewdriver", „Batallion" und „Landser". (Stand: 30.9.2000)

Unter den Bands im Angebot sind Nazi-Bands wie „Bound for Glory", „Blue Eyed Devils", „Bully Boys", „White Wash", „Kraftschlag", „Landser", "No Remorse", „Rahowa", „Stahlgewitter", „Zillertaler Türkenjäger" bis hin zu Marschmusik oder „Ku-Klux-Klan Country and Western".

Insgesamt sind die meisten Titel Transporteure von rechtsextremistischer Ideologie, die in zahlreichen Jugend-Subkulturen andocken soll. Beispielhaft hierfür seien Nazi-Techno, Nazi Oi bis hin zu Rock'n Roll mit neonazistischen Texten genannt. (Stand: 30.9.2000)

Banner-Verweise setzt „Odins Lounge" bereits auf der Startseite zu den Partnern: zu „Micetrap Distribution" und zu den „Top 88 – Racialist Sites". Unter der Rubrik „Links" findet sich eine Fülle internationaler Kontakte wie „Blood & Honour Scandinavia", „Freie Nationale Jugend Celle", „Russian White Nationalism", „Stormfront", „Nation Europa", „Rahowa" oder die Online-Vertriebe „Nordland Records", „Rac Records", „Panzerfaust Records" oder „Ressistance Records". Dazu verlinkt die Seite zur revisionistischen Szene wie „Radio Islam", „Zündel-Site", „IHR", „Adlaide-Institute" und „David" oder politischen Parteien wie „NPD", „American National Party" sowie dem KKK. (Stand: 3.10.2000)

Auch die im Internet allgegenwärtige Rangliste rechtsextremistischer Homepages „Top 88 – Racialist Sites Walhalla", kurz „Top 88", wird von „Micetrap Distribution" finanziert, wie der Verlag am 2.10.2000 auf seiner Internetseite schreibt.

**Imperium Records**
Aus Portland, Oregon in den USA kommt der rechtsextremistische Versand „Imperium Records", der über die Homepage des Verlags „Thule Publications" läuft. Der Vertrieb gilt nach Aussagen von ADL neben „Ressitance Records" und „Panzerfaust Records" als eines der „bekannten Labels" der Vereinigten Staaten. (ADL: White Power Music, *www.adl.org*) Das Ange-

bot des Verlags umfasst die gesamte Bandbreite neonazistischer Skinhead-Musik wie CDs von „Skrewdriver", „Skullhead", „WarHammer" oder „Spree-geschwader", „Division 250", „Brigada SS" sowie die Band „Dirlewanger" mit dem Titel „Rocking for the Golden Race".

Als Appetitanreger für weitere CD-Bestellungen dienen Gratis-MP3s der „Intimidation One", die auf ihrem CD-Cover „Fallen Heroes", eine Mixtur aus Germanenkult und SS-Runen präsentiert.

Das angeschlossene Magazin „Thule: Prisoners Historical, Political, Philosophical and Spiritual Journal" ist den „arischen Kameraden" im Gefängnis gewidmet. Die rassistische Ausrichtung der Publikation wird bereits in der Einführung deutlich:
„Bist Du ein Arier mit echtem Blut ? Dann hat Thule Lesestoff für Dich, der Dein Blut zum Sieden bringt und Dein Herz bewegt. Thule Publi-cations hat die Schriften von den größten Männern unserer Zeit! (...)"
Gemeint sind unter anderem Artikel, die „Thule Publications" von „po-litischen Gefangenen" zur Veröffentlichung gespendet wurden. So stellt das Organ eine Brücke zwischen inhaftierten Neonazis und Gleichge-sinnten in der Freiheit dar. Nicht umsonst heißt es auf der Homepage zum Anspruch des Magazins:
„Der Feind hat die Körper unserer Brüder verhaftet, aber nicht ihren Geist. Wir geben ihnen eine Stimme, und es liegt an Dir ihnen zuzuhören."

Beleg für die internationale Ausrichtung von „Thule Publications" ist ein Übersetzungsservice, der die Beiträge vom Englischen unter ande-rem ins Portugiesische, Deutsche, Holländische, Französische, Isländische,Russische, Ungarische, Bulgarische und selbst ins Japani-sche übersetzt.

Links setzt „Thule Publications" unter anderem zur „Rudolf Hess Sei-te", der „National Alliance", „Jew Watch" oder dem Vertrieb „Panzer-faust Records". Ebenfalls vernetzt sind das revisionistische „AAARGH", die „American Nazi-Party", „British National Party", „CODOH", „KKK", „World Church of the Creator" und die „Zündel-Seite". (Stand: 30.10.2000)

### 3.1.2. Internationale Skinhead-Bewegungen

**Blood & Honour**

Der derzeit bedeutendste weltweite Skinhead-Zusammenschluss ist die „Blood & Honour"-Bewegung, deren Vereinssymbol die in altdeutscher Schrift gehaltene Losung der Hitlerjugend „Blut und Ehre" ist. Auf den weltweit stattfindenden Aufmärschen tritt die Organisation oftmals in einheitlich schwarzer Kleidung auf. Ein besonderes Merkmal ist auf T-Shirts und Jacken neben dem „Blood & Honour"-Symbol die Sektionsbezeichnung, die häufig aufgedruckt wird. In Deutschland war die „Blood & Honour"-Bewegung bis zu ihrem Verbot am 14.9.2000 die wichtigste neonazistische Skinhead-Vereinigung. Die ca. 300 deutschen Mitglieder waren vor allem durch die Veranstaltung von Skinhead-Konzerten und die Verbreitung von Fanzines aufgefallen. Innenminister Otto Schily (SPD) begründete die Verbotsverfügung gemäß Paragraph des Vereinsgesetzes damit, dass die „Blood & Honour-Division Deutschland" sowie ihre Jugendorganisation „White Youth" die nationalsozialistische Ideologie verbreiten wollten. Darüber hinaus seien ihre Aktivitäten „gegen die verfassungsmäßige Ordnung und den Gedanken der Völkerverständigung" gerichtet. (Bundesministerium des Innern, Pressemitteilung, 14.9.2000) Dass die Organisation auch über Geld verfügt, dokumentieren Sparbücher mit fünfstelligen Beträgen, die bei Polizeimaßnahmen im Zuge der Verbotsverfügung beschlagnahmt wurden. „Blood & Honour" ist ein feingliedriges und konspiratives Skinhead-Netzwerk, das Konsumenten weltweit mit verbotenener nationalsozialistischer Szene-Musik versorgt. Die Infrastruktur besteht aus Dutzenden Postfachadressen, Szenevertrieben und zahlreichen Internetadressen. Im World Wide Web ist die deutsche „Blood & Honour"-Bewegung auch nach der Verbotsverfügung vertreten, was eine Kontinuität der Geschäfts- wie auch der Propagandaaktivitäten sichert.

Die deutschsprachige „Blood & Honour"-Homepage dient primär der Szenevernetzung. Ein Blick auf die Homepage-Rubrik „Adressen" dokumentiert, dass die „Blood & Honour"-Bewegung neben einer zentralen Adresse in Werder, unter anderem über zwölf deutsche E-Mail- und neun deutsche Postfach-Adressen verfügt, neben Werderr in Schwandorf, Hoyerswerda, Gera, St. Ingbert, Baden-Baden, Minden, Bad Rodbach und Oschatz, was auf eine bundesdeutsche Infrastruktur verweist. Darüber hinaus existieren E-Mail-Adressen in der Schweiz, in Österreich, England, Dänemark, Schweden, Finnland, Spanien, Serbien, Slowenien und den USA. (Stand: 17.9.2000)

Die Wurzeln von „Blood & Honour" gehen zurück in das Jahr 1977, dem Gründungsjahr der britischen Band „Skrewdriver", die später zur Gründerin und treibenden Kraft der Bewegung wurde. Bis Mitte der achtziger Jahre arbeitete die Gruppe zunächst mit der rechtsextremistischen „British National Front" (NF) zusammen. „Skrewdriver" gehörte dem „White Noise Club" an, der NF-Zentrale für rassistische Skin-Musikgruppen, die ihren politischen Einfluss auf die noch wenig politisierte Skinhead-Szene zu vergrößern versuchten. Die „British National Front" leistete finanzielle Unterstützung. 1985 brach der „Skrewdriver"-Bandleader Ian Stuart, der mit bürgerlichem Namen Ian Stuart Donaldson hieß, infolge interner Auseinandersetzungen mit der rechtsextremen Partei und verließ den „White Noise Club". (vgl. Backes/ Moreau 1993, S. 94) Andere rassistische Bands wie „No Remorse" und „Brutal Attack" zogen nach. Stuart gründete die Vereinigung „Blood & Honour" (Blut und Ehre), die Skin-Gruppen eine ideologische Plattform bot. Ziel war es, die Skinheads unabhängig von anderen Organisationen zu machen und die Szene verstärkt unter dem Banner „Rock against communism" (RAC) durch rechtsextreme Inhalte zu beeinflussen. (vgl. Landesamt für Verfassungsschutz Berlin: Durchblicke – Skinheads, Nr. 9, S. 17) Gemeinsamer Nenner war die Idee von der Überlegenheit der „weißen Rasse", die es musikalisch zu stärken gilt.

Am 24. September 1993 starb Stuart bei einem Autounfall und wird seitdem in der Szene als Märtyrer aufgebaut, was zahllose T-Shirts, Aufnäher, Poster, Sticker etc. mit seinem Namen belegen. Aber auch nach dem Tod Stuarts gelang es „Blood & Honour", das weltweite Vertriebssystem mit neonazistischen Skinhead-Kultgegenständen und Tonträgern weiter aufzubauen.

Die aktuelle Preisliste des „Blood & Honour"-Versandes in Vantaa, Finnland, dokumentiert eine riesige Auswahl nationalsozialistischer „Videos aus dem 3. Reich" wie „Der Führer spricht", „Triumph des Willens", „Jud Süss" oder „Der Ewige Jude". Im Tonträgerangebot finden sich NS-Bands wie „Entwarnung" mit der CD „Rudolf Hess" oder „Hate

Society" mit den „Sounds of Racial Hatred". Weitere „Blood & Honour"-Organisationen existieren in Dänemark, Schweden, Norwegen, Finnland, der Slowakei, der Tschechischen Republik, Polen, Serbien, England, Kanada und Deutschland. (vgl. „Blood & Honour", Division Österreich, Ausgabe 1)

Im Internet ist „Blood & Honour" ebenfalls international aktiv. Homepages existieren unter anderem von den „Divisionen" in Australien, Dänemark, Schweden, Großbritannien, den USA, Slowenien, Bulgarien und Tschechien, die unter dem Namen „Blood on Honour Northern Bohemia" auftritt.

Auf der tschechischen Seite protzt „B & H", dass die Gruppe seit ihrer Gründung 1996 expandiert. Zu ihrem Selbstverständnis gesteht die Sektion unumwunden:
„We are the North Bohemia Section. Our task is to spread the materials and the spirit of national socialism. We also run Nordic Heroes Records and make concerts."

Erheblich professioneller ist die Seite der englischen „Blood & Honour"-Sektion gestaltet. Insgesamt steht die Seite im Zeichen von Ian Stuart, dem auf mehreren Seiten gehuldigt wird. So wird der Neonazi als „Die Flamme, die niemals stirbt" glorifiziert.

Während Ian Stuart der Held der Seite ist, markiert der Beitrag „What is Zog" die Feindbestimmung der Homepage. „Zog" steht für „Zionist Occupied Government", wohinter sich die Verschwörungstheorie verbirgt, die meisten westlichen Demokratien seien jüdisch gesteuert. Die Rede ist von den „kapitalistischen Hunden, die die Fäden der skrupellosen Eine-Welt-Rasse-Verräter ziehen", um das „jüdische Spiel ihrer Gier und Sucht nach Macht zu befriedigen." Verbunden ist die Beschreibung derartiger Klischees mit dem Aufruf:
„Now ist time to regroup! Go underground and train for the Counter-Offensive! Whatever it takes!"

Die Agitation wird, wie bei „Blood & Honour" üblich, durch ein buntes Warenangebot ergänzt. So verkaufen die Rechtsextremisten handbemalte Ku-Klux-Klan-Figuren, Skrewdriver-Poster und Szenemagazine, die weltweit verschickt werden. Darüber hinaus ist die Seite auch international vernetzt. Neben einer von Hakenkreuzen umgebenen Arbeiterfigur in Schaftstiefeln präsentiert die „Blood & Honour"-Sektion ihre „Links" unter anderem zur „Adolf Hitler Site", den „New Knights of the Ku-Klux-Klan", dem „Ku-Klux-Klan", dem „National Observer" oder dem „White Pride Network". Eine weitere Seite unterstützt die inhaftierten Extremisten der pro-britischen Ulster-Bewegung. (Stand: 17.9.2000)

Eine weitere Rubrik bespricht die „Blood & Honour"-Publikationen, die weltweit vertrieben werden. Im Mittelpunkt steht dabei das Heft „ROUTE 88", das seit 1999 vom dänischen Hillerød aus erscheint. In der Online-Selbstdarstellung heißt es:
„Wir sind nur wegen zwei Dingen in der Bewegung: Die Feinde unserer Rasse zu zerschmettern und eine Neue Ordnung des Nationalsozialismus durch eine weiße Revolution zu errichten."

Im Vorwort zur ersten Printausgabe beschreibt sich dann auch das Heft als Organ der Skandinavischen Division von „B & H", das „Rassestolz und Rassentrennung propagieren möchte und gegen „Rassenmischung und Rassenhass" kämpft. Beleg für die Radikalität von „Route 88" ist ein Beitrag über die britische Terrorgruppe „Combat 18": Hier wird die „Nationale Revolution" mit ihrer „Weißen Lösung" beschrieben und unmissverständlich klargemacht, dass es darum geht, „die Ideologie des Nationalsozialismus umzusetzen" und „die ewigen Feinde von unserem arischen Volk auszurotten." (Route 88, S. 41)

Werbung betreibt das neonazistische Skin-Zine für rechtsextreme Gruppen und Verlage auf der ganzen Welt, unter anderem für „Thule Publications" (Portland), den Schweizer Vertrieb „Mjölnir Diffusion" (Neuchatel) oder die amerikanische Nazi-Organisation „American Front", die mit der Losung „Death to the System!" wirbt.

Auch die Homepage der skandinavischen „Blood & Honour"-Bewegung gibt sich militant. Hier erklärt die Organisation:
„Die Blood & Honour ist die Hitler-Jugend des neuen Millennium und die C18-Kader sind die Gladiatoren unserer Rasse. Wir verkörpern die Idee einer wieder geborenen arischen Armee politischer Soldaten im Geiste der Waffen-SS. Dafür können wir Ian Stuart Donaldson danken (...)."
(Stand: 29.9.2000)

Ein besonderer Service dürfte vor allem nach dem Verbot der „Blood & Honour"-Bewegung im September 2000 das deutschsprachige Angebot der skandinavischen Sektion sein. Hier wird Ian Stuart fast guruhaft als „führender Fürsprecher des Weißen Stolzes und authorisierter Verfechter der weißen Macht" gehuldigt.

Geschäftstüchtig bietet die Webseite Verkaufsvideos von „NS 88". Im Angebot sind neonazistische Konzertvideos mit Bands wie „No Remorse", „Radikahl", „Sturmtrupp", „Celtic Warrior", „Störkraft" und „Max Resist" sowie die Filme „Hitler-Junge Quex", „Jud Süss" oder „Der ewige Jude". Links setzt die skandinavische Seite zu „Blood & Honour"-Sektionen weltweit und anderen neonazistischen Gruppen.

In Deutschland war die „Blood & Honour"-Bewegung seit der Gründung einer Sektion in Berlin 1994 aktiv. Die deutsche Sektion, die so genannte „Division Deutschland", war streng gegliedert in drei Hierarchiestufen auf Bundes-, Landes- und Regionalebene. Öffentliche Auftritte bestanden vor allen Dingen in der Organisation von Konzerten, die zum Teil zu Massenveranstaltungen mutierten. So versammelten sich am 4.9.1999 in Sachsen-Anhalt „weit über 2000 Anhänger der ‚Blood & Honour'-Bewegung aus allen Bundesländern sowie aus den angrenzenden Nachbarstaaten Polen, Tschechien, Dänemark, Österreich, Schweiz und aus Großbritannien in Garitz (Landkreis Anhalt-Zerbst)." (Verfassungsschutzbericht Sachsen-Anhalt 1999, S. 11) Die subkulturellen Mobilisierungsmöglichkeiten der Skinhead-Bewegung in Deutschland waren gepaart mit genuin öffentlichen Polit-Auftritten, nicht selten unter dem Dach der NPD. So besuchten „Blood & Honour"-Sektionen unter anderem Parteiveranstaltungen im September 1998 in Rostock, im Januar 1999 in Kiel, im November 1999 in Rosenheim und am 29. Januar 2000 in Berlin. Jenseits von zum Teil martialisch wirkenden Auftritten verhielten sich die Aktivisten außerhalb der eigenen Zirkel eher unauffällig:
„Die Sektionen agieren weitgehend abgeschottet. Öffentliche Veranstaltungen und Aktionen, Werbung oder jedermann zugängliche Kontakte existieren nicht. (...) Der Zugang zu einer 'Sektion' ist nur über engste Bekanntschaften möglich. Die Mitgliedschaft ist von einer halb- bis einjährigen Aufnahmezeit sowie vom einstimmigen Beschluss der jeweiligen Sektionsmitglieder abhängig. Dafür heißt es nach der Aufnahme: 'ein-

mal Blood & Honour – immer Blood & Honour'." (vgl. Landesamt für Verfassungsschutz Berlin: Durchblicke – Skinheads, Nr. 9, S. 18)

**White Power Youth**
Ende 1997 wurde in Thüringen die „White Youth Bewegung" als Teil der „Blood & Honour"-Bewegung gegründet. Deren Anhänger bestehen sowohl aus jungen Szeneangehörigen wie auch älteren Skinheads, die eine bundesweite Etablierung in der Szenelandschaft erreichen möchten. Die Zahl wurde 1999 auf ca. 75-100 Rechtsextremisten geschätzt. Die Hauptaktivität der Gruppe bestand bis zu ihrem Verbot im September 2000 in der Organisation von Skinhead-Partys und Konzerten. (vgl. Verfassungsschutzbericht des Landes Thüringen 1999, S. 58)

In Deutschland erscheint das „Blood & Honour"-Magazin „Division Deutschland", das unter einer Berliner Postfachadresse erreichbar ist. Das aufwändig hergestellte Szenemagazin arbeitet mit einer gefährlichen Mischung aus subkulturell anmutender Ansprache Jugendlicher über Band-, Konzert- und Partyberichte, die mit neo-nationalsozialistischer Agitation untermauert werden. Offen wird in dem Organ der Nationalsozialismus glorifiziert. Voll des Lobes für die Hitler-Jugend erklärt der Autor: „Man sollte sich doch einmal bewusst machen, mit welcher Opferbereitschaft die deutsche Jugend im Dritten Reich beispielhaft ihrer Dienstpflicht nachkam (...)" (Ausgabe 8)

Interviewpartner im deutschen „Blood & Honour"-Magazin sind die kanadische Band „Excessive Force" (Ausgabe 6), „Blue Eyed Devils" aus den USA (Ausgabe 6), die Thüringer Band „Legion Ost" (Ausgabe 6) oder die Gruppe „Landser" aus Berlin (Ausgabe 8).

Als zweites deutschsprachiges Printmagazin erscheint in Österreich das „Blood & Honour"-Magazin „Division Österreich". Das Organ paart ideologische Indoktrination mit subkulturellen Szeneberichten und firmiert als Kontaktbörse für die Glatzen-Bewegung weltweit. Beispielhaft hierfür stehen Kontaktadressen zum „Skingirl Freundeskreis Deutschland", zum Tonträgervertrieb „Pühses Liste" in Neuburg, zu Skinhead-Heften wie „Hass Attacke" in Neustadt, dem Braunschweiger Magazin „Violence" und Internetseiten wie dem „White Pride Network". Auffällig ist ein Szenebericht über den Ku-Klux-Klan in Österreich von Robert

Shelton, „United Confederate Knights of KKK realm of Austria", der samt E-Mail-Kontaktadresse in Ausgabe 2 abgedruckt wurde und der offen für die amerikanische Terrorgruppe wirbt: „Sei ein Mann, geh zum Ku-Klux-Klan! Kämpfe für die Zukunft Deiner Kinder und für unsere Rasse, unser höchstes Gut auf Erden."

Zusammenfassend stellt „Blood & Honour" die organisierte Methode eines modernen Neonazismus dar, der die traditionelle Agitation rechts-extremistischer Parteien über Bord geworfen hat, um über die Organisation von Konzerten, Labeln, Bands etc. die Jugendlichen zu politisie-ren. Die Bedeutung von Szenemusik zur Rekrutierung von Jugendlichen belegt am besten ein Orginalzitat des Gründers Ian Stuart: „Sie berührt die jungen Leute, die von den Politikern nicht erreicht werden. Viele finden die Politik, parteipolitisch gesehen, langweilig, was teilweise stimmt. Es ist doch viel angenehmer, mit anderen ein Konzert zu besuchen und Spaß zu haben, als in eine parteipolitische Versammlung zu gehen. Wenn die jungen Leute die Texte hören und daran glauben, treten sie der nationalsozialistichen Partei ihres Landes bei (...)" (zit. aus Pressemittelung: Bundesministerium des Innern, 14.9.2000)

**Die Hammerskin-Bewegung**
Die Hammerskin-Bewegung wurde 1986 in Dalles (Texas/USA) von den US-amerikanischen Skinheads Wollin Lange und Sean Tarrant als zunächst regionale Sammelbewegung gegründet. Die elitäre Gruppe tritt rassistisch und zum Teil offen nationalsozialistisch auf, ihr Symbol sind zwei gekreuzte Zimmermannshämmer. Sie sollen die Kraft und die Stärke der weißen Arbeiterschaft darstellen. Hauptziel der „Hammerskins" „ist die Errichtung einer ideellen, unter rassistischen Gesichtspunkten ‚reinen' Gemeinschaft, der so genannten ‚HAMMERSKIN-Nation'." (Verfassungsschutzbericht Sachsen 1999, S. 18) In der Skinhead-Publikation „Deutsche Zukunft" war 1994 die erste größere Selbstdarstellung der „Hammerskin-Sektion Brandenburg" abgedruckt; als Kontaktadresse wurde das Postfach der Bundesgeschäftsstelle der Vereinigung „Die Nationalen e.V." angegeben. (Quelle: blick nach rechts, 27.11.1996, Nr. 24, S. 2) Seither existiert in Berlin eine ca. 30 Mann starke Organisation, die an rechtsextremistischen Veranstaltungen teilnimmt, wie beispielsweise an den so genannten Rudolf-Heß-Märschen.

In Deutschland hat die Sektion rund 240 Mitglieder. In der Rekrutierungspraxis ist die „Hammerskin-Bewegung" sehr zurückhaltend, so wird die Mitgliedschaft „durch persönliche Bekanntschaften, eine Anwartschaft und eine Aufnahmeprüfung erworben." (vgl. Landesamt für Verfassungsschutz Berlin: Durchblicke – Skinheads, Nr. 9, S. 22)

Hauptaktivität der Deutschen Sektion war in den letzten Jahren primär die Organisation von Skinhead-Konzerten. Am 27. Dezember 1997 wurde im Bezirk Mitte eine weiteres „Hammerskin-Konzert" organisiert, zu dem ca. 1.000 Skinheads kamen. Aufgetreten waren die Bands: „Freikorps" aus Reinfeld, „Radikahl" aus Nürnberg, „Max Resists" (USA) und „Pluton Svea" (Schweden). (vgl. Landesamt für Verfassungsschutz Berlin: Durchblicke – Skinheads, Nr. 9, S. 25)

Zur internen Kommunikation werden die Fanzines „Hass-Attacke" und „Wehrt euch!" unregelmäßig herausgegeben. „Wehrt euch!" wirbt unter anderem mit Interviews mit internationalen Skinhead-Bands wie „English Rose" und „Konkwista 88" und promotet auch die „Anti-Antifa"-Bewegung. (vgl. Ausgabe 4) Darüber hinaus betreibt die „Hammerskin-Bewegung" auch Werbung im Internet. Seit Ende 1996 ist die „German National Socialist and Hammerskin Page" über einen US-amerikanischen Provider abrufbar. (vgl. Bundesamt für Verfassungsschutz: Extremistische Bestrebungen im Internet, Köln, Juni 1999, S. 39) Auf der englisch-sprachigen Seite der Deutschen Sektion wird deutlich, dass die Rechtsextremen das Internet gezielt für ihren Versuch, eine publizistische Gegenöffentlichkeit zu schaffen, einsetzen:
„Wir möchten Dir wahre Informationen über unser Vaterland und über die NS-Frontlinie in Deutschland geben. Wir denken, das es extrem wichtig ist, das Du weißt, was hier passiert. Du musst nicht länger den Lügen der jüdischen Medien glauben. Wir sollten unsere eigenen Medien hier im Internet machen."
Als Kontaktadresse dient ein Postfach im sächsischen Neustadt.

International kann die „Hammerskin-Bewegung" auf zahlreiche Homepages zurückgreifen. Neben mehreren Seiten in den USA existieren auch Homepages der „Hammerskin"-Sektionen Australien, Neuseeland, Finnland, Großbritannien und Spanien. Die Hauptseite mit einer Postfachadresse aus Harrison (NJ/USA) präsentiert neben einer weltweiten

Kontaktliste auch Merchandise-Material wie T-Shirts mit Aufschriften wie „Support your local Hammerskins" oder „Securing our Race". Darüber hinaus bietet die Seite „White Power Mp3's" wie „Konkwista88-Fight White Warrior", „White Wash-Hate edge" oder „Bully Boys-Hammerskins".

Auf der „Hammerskin"-Homepage finden sich auch Band-Interviews wie von „Squadron", „Dying Breed" und „The Brawlers", die im Interview Antisemitismus schüren:
„Die Nummer 1 der Feinde des Weißen Rassistischen Separatismus ist der Jude. Der Jude hat seit langer Zeit ein Netz aus Lügen und Betrügereien gesponnen."

Links existieren zur „National Alliance", dem „National Observer", „United Skins", „Panzerfaust Records" oder der Band „Freikorps".

Die britische „Hammerskin"-Homepage grüßt ihre Leserschaft mit einer Figur, die gegen die israelische Fahne uriniert. Versehen ist die Animation mit dem Spruch „Fuck the Simon Wiesenthal Center". Antisemitismen und offene Bekenntnisse zum Nationalsozialismus gehören auf den Internetseiten der „Hammerskins" zur Selbstverständlichkeit. In der Rubrik „who we are" stellen sich die „British Hammerskins" als „unabhängig arbeitende Untergruppe der Internationalen Hammerskin Nation" vor. Zur konkreten politischen Arbeit heißt es weiter:
„Wir folgen den Prinzipien von Louis Beams ‚Führerlosen Widerstand' und sind in Zellen organisiert und über ganz Großbritannien verteilt. Wir legen uns auf keine bestimmte politische Partei fest, aber unterstützen alle zuverlässigen pro-arischen Bewegungen. (...) Wir sind eine Organisation, die von Skinheads für Skinheads gegründet wurde. Es gab noch nie eine Gruppe oder Körperschaft in diesem Land, die rein und ausschließlich für Skinheads da war. Wir sind die erste."

Links bestehen zu anderen „Hammerskin"-Sektionen, der Nazi-Gruppe „British Movement", dem „National Socialist Resource Centre" und dem Musiklabel „Resistance Records" aus Hillsboro (Westvirginia/USA) das der „National Alliance" angegliedert ist. (Stand: 17.9.2000)

Im Jahr 2000 beschäftigten Sympathisanten der Schweizer „Hammerskin"-Szene die europäischen Medien. In enger Zusammenarbeit mit der Bundespolizei war es der Bundesanwaltschaft gelungen, im Mai selbst gebastelte Sprengkörper zu beschlagnahmen. Im Kennzeichen-D-Interview sagt Jürg Siegfried Bühler, stellvertretender Chef der Schweizer Bundespolizei:

„Wir hatten schon Unfälle in der Schweiz mit solchen Kapseln, die zu tödlichen Verletzungen geführt haben und in diesem Fall wurden solche Sprengkörper systematisch hergestellt, um sie an Rechtsextreme verkaufen zu können, damit sie diese gegen Gegner einsetzen können." (Kennzeichen-D, 30.8.2000)

Neben den Sprengkörpern beschlagnahmte die Polizei bei den beiden Rechtsextremisten Schlaginstrumente, Messer, Gassprays, Pistolen, Schlagringe, Munition, ein Elektroschockgerät sowie rassistisches Propagandamaterial. (vgl. Pressemitteilung der Bundesanwaltschaft, Schweiz) Insgesamt dokumentiert der brisante Waffenfund eine zunehmende Radikalisierung der Schweizer Skin-Szene, die sich in der Schweiz mit 500 Anhängern von 1997 bis 1999 bereits mehr als verdoppelt hat: Im Juli 2000 schätzt die Schweizer Polizei deren Zahl bereits auf 700 Personen. (vgl. Kleine Zeitung, 24.7.2000) Die Schweizer Skinhead-Szene wird von den „Schweizerischen Hammerskins" (SHS) dominiert. Bereits 1990 wurde die Gruppe „als erste Sektion in Europa gegründet." (vgl. Schweizer Bundespolizei: Skinheads in der Schweiz, Mai 1998, S. 12) Die ersten provisorischen Statuten wurden schnell durch  verbindliche Regeln abgelöst:

„1. Mitglieder müssen der nordischen Kultur angehören. (...)
3. Körperliche Fitness und Training sind ein Muss. (...)
10. Keine Äußerungen gegenüber der Polizei und jeglichen Medien. (...)
14. Vom Vorstand beschlossene Entscheidungen werden  nicht angezweifelt oder hinterfragt, sondern strikt befolgt.
17. Es ist erwünscht, dass sich Mitglieder durch eine Tätowierung mit dem Symbol der HS-Nation kennzeichnen. Dies ist jedoch keine Pflicht. Die Tätowierung ist auf der Innenseite des rechten Oberames zu plazieren."

Heute sind Anhänger der SHS auch für die Herausgabe der deutschsprachigen Zines „Hammer" und „Berseker" verantwortlich. Ebenfalls aus der Schweiz stammt das Heft „Race et Nation" der welschen „Hammerskins", das über ein Postfach in Lausanne vertrieben wird. Neben Aufrufen zur politischen Bildung wird auch körperliches Training propagiert, denn „es kommt der Moment, wo jede Diskussion überflüssig wird und eine strenge Bestrafung dem bornierten Gegner verabreicht werden muss."

### 3.1.3. Deutschsprachige Skinhead-Seiten

**Freyja 88**
Zu den wenigen neonazistischen Skinhead-Seiten, die von einer Frau betrieben werden, gehört die Homepage „Freyja 88", die seit August 1999 online ist. Auf ihrer Homepage porträtiert die Aktivistin unter anderem den rechtsradikalen „Bund Heimattreuer Frauen", „ein Zusammenschluss junger Frauen, die in den Bereichen des germanischen Brauchtums und des Heimatschutzes aktiv sind." Selbstbewusst schreibt die Gruppe:
„Es ist eine schöne Redensart, dass die Frau dem Mann den Rücken im Kampf ums Vaterland freihalten soll. Doch, wo sind die Männer? Wenn der Mann nicht aktiv wird, muss die Frau wohl selbst diesen Kampf antreten." Die Organisation hat ihre Kontaktadresse in Köln. Außerdem stellt sich auf der Homepage der neonazistischen Sanitätsdienst vor.

Insgesamt gilt die Aktivität von „Freyja 88" weniger der ideologischen Schulung als der logistischen Vernetzung der Szene. Ihre Netzverweise führen in die gesamte rechtsextremistische Szene wie zur „Heidnischen Front", „Saccara", „14 Words Press" und „Radio Germania". Weitere Links setzt die Homepage zu kommerziellen Vertrieben wie „Rock Nord", „Ressistance Records", „Panzerfaust Records" und dem rechtsextremen „K.d.F.-Versand" (Stand: 19.09.2000), der eine Postfachadresse in Pulsnitz als Kontakt angibt und dessen Domän-Inhaber Gunter Lotze aus Ohom ist.

Gemeinsam mit den rechtsextremistischen Szene-Homepages „Oikrach" und „Templers Reich" erstellt „Freyja" seit Anfang des Jahres 2000 eine „Combat-Germania Weltnetz-Kooperation", die ihre Seiten „zusammenschließen" mit dem Ergebnis, dass alle drei Web-Seiten über eine Adresse erreichbar sind. Ziel ist es, „ausgesuchte Seiten mit national-relevantem Inhalt zu vereinen und Kameradschaften zu stärken." (Stand: 1.10.2000)

**Oikrach**
Oikrach ist eine weitere professionelle Skinhead-Seite, auf der sich neben neuheidnisch-rechtsextremer Ideologie ein Gästebuch, ein Forum

und eine große Auswahl von Netzverweisen befinden. Als eine der wenigen Szene-Homepages liefert „Oikrach" einen Überblick über die Geschichte der eigenen Homepage:

„Die Oikrach-Seite gibt es seit dem 13.1.1999. Am Anfang war meine Seite noch bei XOOM, wo sie leider nur 3 Wochen online war. Danach zog ich mit meinen Seiten zu Webjump, wo sie ebenfalls nur 8 Wochen bleiben durften. Leider wurden die Seiten oft vom Server gelöscht. Da die Seiten ständig gelöscht wurden und ich mir immer wieder neue Adressen zulegen musste, hatte ich es satt, und legte mit eine Weiterleitungsadresse bei come.to zu. Da meine Seiten aber angeblich zum Rassenhass aufrufen würden, wurde mir auch diese wieder genommen. Am 03.02.2000 hatte ich unerwünschten Hausbesuch wegen meiner HP (=Homepage – die Autoren), es wurden 2 PC/s und alles was ich an CD/s hatte mitgenommen. (...) Da sich dadurch immer wieder meine Adresse änderte, sah ich mich gezwungen, mir eine feste Domain zuzulegen, damit wenigstens meine Adresse die gleiche bleibt!"

Inzwischen ist die Domain in den USA angesiedelt. Als Kontaktadresse dient ein Postfach in Halle, als Ansprechpartner für Verwaltungsfragen wird mit derselben Postfachadresse Thomas Richter genannt.

Inhalt der Homepage sind „Grundlagen der nordisch-heidnischen Schöpfungsgeschichte", Runenkunde und selbst eine Rezeptur zur Erstellung des germanischen Göttertrankes Met. Neben uralter Tradition vermittelt die Seite in eigenen Rubriken auch praktische Tipps für die Szene wie „Verhalten bei einer Hausdurchsuchung" oder „Was ist § 86a". (Stand: 26.9.2000)

Im „Nationalen Forum" von Oikrach besprechen Rechtsextremisten ihre Erfahrungen bei Hausdurchsuchungen oder tauschen sich mit gleich gesinnten Gamern aus, die für gemeinschaftliche Ego-Shooter-Nächte mit dem Videospiel „Suddenstrike" Mitspieler suchen. (19.9.2000)

Links setzt „Oikrach" zur „Heidnischen Front", „International Knights of the Ku-Klux-Klan: Realm of Germany", „Bündnis Rechts", „Radio Wolfsschanze", „Siegener Bärensturm", acht internationalen „Blood & Honour"-Adressen, „Nationaler Widerstand" und dem „NPD Kreisverband Dresden" (Stand: 26.9.2000)

## Templer's Reich

Die dritte Seite in der „Combat-Germania Weltnetz-Kooperation" heißt „Templer's Reich" und startet mit dem markigen Spruch: „In meinem Reich gelten meine Gesetze und wer diese bricht, beginnt einen Krieg!!!"

In der Rubrik „über diese Seite" beschreibt der Neonazi mit dem Nic-Namen „Templer" seine Internet-Aktivität als Teil einer virtuellen Kriegsführung:

„Die Zeiten von Straßenkämpfen und ähnlichen Aktivitäten sind vorbei. Der Kampf, der Überlebenskampf, am Computer hat begonnen. Viele sperren sich dieser Tatsache noch und werden auf kurz oder lang auf der Strecke bleiben."

Die Homepage legt ihren Schwerpunkt auf rechte Verschwörungstheorien und thematisiert Illuminaten, Freimaurer, die Templer, Theosophie, Geheimdienste sowie UFOs. (Stand: 1.10.2000)

Die Seite bietet Diskussionsboards zur „Sicherheit in der Computerwelt", „Illuminaten und Verschwörungen" und „Oikrachs Nationalisten Board".

Links setzt der „Templer" zu Frank Rennicke, „Nachrichten Informationen Theorie" von André Goertz und zum „Ewert Verlag" oder zur Webseite „Germanisches Leben", hinter der sich eine Gruppe verbirgt, die mit dem Motto: „Unser Vorbild – Hermann der Cherusker" auftritt.

## Keltenkreuz

„Was mit unserer Seite bei Tripod geschehen ist, wissen wir noch nicht, entweder hat Tripod Probleme oder Vater Staat hat wieder mal zugeschlagen. Naja, auf jeden Fall ist unsere Seite wieder online und wir werden uns auch diesmal nicht scheuen, auch verfassungswidrige Symbole zu benutzen. Noch was, ihr könnt euch jetzt Hitlers ‚Mein Kampf' Band 1 und 2 downloaden."

Versteckspiel neonazistischer Skinhead-Seiten im World Wide Wep – zu den radikalsten Homepages gehört „Keltenkreuz". Als Kontaktadresse werden eine E-Mail-Adresse sowie ein Fax- und Telefonanschluss angegeben. Die Betreiber nennen sich „Basisgruppe Keltenkreuz". Trotz des Verbots der deutschen „Blood & Honour"-Sektion wird hier offen die

Sympathie für den neonazistischen Verein bekundet. So sprüht in einer Animation eine Zeichentrickfigur das Logo der Nazi-Skinhead-Bewegung an eine Wand.

Die interaktive Seite bietet indizierte und nicht indizierte neonazistische Musik wie „An der Nordseeküste" der Pseudoband „Zillertaler Türkenjäger" oder Lieder wie „Das Reich Das Reich" und „Die Fahnen hoch". Interaktiv sind auch ein Chat sowie ein Gästebuch, das von Szeneangehörigen genutzt wird, die Nic-Names wie „Rudi1488", „Skinlady" oder „Wpitbull" nennen. Besonders hoch im Kurs ist das illegale Material zum Downloaden: „Diese Webseite bietet wirklich einiges zum Runterladen und fantastische Links" (8.8.2000)

Die Internetverweise von „Keltenkreuz" führen dann auch mitten in die neonazistische Skinhead-Szene, wie Links zu „Blood & Honour", „Bulldog 88" oder „Kraftschlag" belegen. (Stand: 29.9.2000)

**Lefty's Homepage**
Hinter dem unverfänglichen Namen „Lefty's Homepage" verbirgt sich eine der brisantesten deutschsprachigen Skinhead-Seiten. Der Herausgeber stellt sich als verheirateter Vater von zwei Kindern und Fan der neonazistischen Bands „Hauptkampflinie", „Kraftschlag", „Landser" und „Volkszorn" vor. Seine Seite nennt er „Netz gegen Links". Dahinter verbergen sich eine Szeneseite, MP3-Dateien, CD-Booklets und ein Kleinanzeigenteil, der sehr nah an der Lebenswelt rechtsextremistischer Skinheads Ideologie verbreitet. Transporteur sind hier nicht Parteiprogramme, sondern beispielsweise volksverhetzende Liedtitel. So befinden sich unter den MP3-Dateien zum Downloaden menschenfeindliche Titel wie „An der Nordseeküste" der „Zillertaler Türkenjäger", ein Titel, der Fremdenfeindlichkeit zur Melodie eines Schunkelhits transportiert:
*„ Damals vor gar nicht einmal langer Zeit,*
*da machten Kanaken in Deutschland sich breit.*
*Sie leben in Deutschland in Saus und in Braus*
*Und gehen von alleine nie wieder nach Haus.*
*An der Nordseeküste, am arischen Strand,*
*wollen wir keine Kaffer in unserem Land. (...)"*

Weitere MP3-Angebote sind die Lieder von der Berliner Band „Landser" „Schlagt sie tot", „Sturmführer" und „Arisches Kind", von „Oi

Dramz" der Titel „Blut & Ehre" oder von „Die Härte" das Hass-Lied „Am Tag, als Ignatz Bubis starb". Links setzt „Lefty's Page" zur „Deutschen Volksunion" und zu Szeneseiten wie „Der Bunker", „Masse 2000", „Meck 88" oder „Oikrach". (Stand: 26.9.2000)

**Holocaust 88**
Die Skinhead-Seite wirbt nicht nur mit dem provokanten Domain-Namen „Holocaust 88", sondern auch mit einem riesigen MP3-Download-Angebot kompletter CDs. Ein Beispiel ist die CD der Pseudoband „Die Härte". Auf dem Tonträger sind zu Melodien der „Neuen Deutschen Welle" menschenverachtende Texte gepackt. So besingt die Band das Ableben des Vorsitzenden des Zentralrates der Juden in Deutschland bereits vor dessen Krebstod am 12.8.1999 mit dem Lied „Am Tag als Ignatz Bubis starb". Der Refrain des Titels lautet:
*„ Am Tag als Ignatz Bubis starb*
*und alle Juden heulten,*
*am Tag als Ignatz Bubis starb*
*und alle Gläser klingen,*
*das wird ein schöner Tag,*
*wir pissen auf sein Judengrab. "*

Andere Bands zum Downloaden heißen „Legion Ost", „Macht und Ehre", „Radikahl", „Rheinwacht", „Saccara", „Triebtäter", „Volksverhetzer" und „Volkszorn". (Stand: 30.9.2000)

Zu dem breitem MP3-Angebot bietet die Homepage ein Archiv mit „über 370 Cover online". (Stand: 3.11.2000) Für die Homepage zeichnet eine Gruppe verantwortlich, die sich nur über Nic-Names zu erkennen gibt. Im „Holocaust 88 Team" tritt als Webmaster „Hybird88" auf, den Kontakt per E-Mail zu Interessierten hält „Shifter88" und als Uploader wirken „Odins Daughter" sowie „Combat18". Neben der Agitation kann sich der Besucher in einem Gästebuch eintragen, das als wichtige Kontaktbörse der neonazistischen Skinhead-Gemeinde fungiert.

Links setzt die Seite zu „Bad World", „Kraftschlag", der „NSWAP Division III", „Deutsche Jugend Ammerland" und bereits auf der Startseite zu den „WhiTe PoWeR MP3's" sowie zum „Skadi-Net".

**Gegenwind 88**

Zu den neuen rechtsextremistischen Szeneseiten gehört „Gegenwind 88“. Als Webmaster der Homepage stellen sich zwei Rechtsextremisten vor, die mit den Nic-Namen „Klansman & Patriot88“ auftreten, und ihr Online-Angebot in Gästebüchern streuen. (vgl. Holocaust 88, 30.9.2000) Weitere „Mitglieder“ nennen sich „Skrewdriver88“ und „Benny“. (Stand: 3.11.2000) Die Seite sieht sich als Teil der „Deutschen Jugend Ammerland“. Die Webseite arbeitet mit einer einfachen, aber sehr übersichtlichen und radikalen Aufmachung und präsentiert ein Gästebuch, Chat und MP3-Dateien. Die Bands zum runterladen sind aus der rechtsextremistischen Musikszene bekannt wie die „Holsteiner Jungs“, „Konkwista 88“, „Nahkampf“. Zudem sind zahlreiche „Kraftschlag“-Titel wie „Trotz Verbot nicht tot“, „elansman“ und „Ausländerhure“ im Angebot. Dass hier musikalisch zum Teil alte nationalsozialistische Inhalte in neuen Jugend-Subkulturellen Kanälen transportiert werden, belegt das Lied „Trotz Verbot nicht tot“:

*„Wir schaun zurück in die Vergangenheit,*
*in unseren Augen eine herrliche Zeit.*
*Doch die Mächtigen, sie dachten damals schon rot,*
*und verhängten ein NS-Verbot.*
*Doch Gedanken kann man nicht verbieten,*
*wir glauben nach wie vor an die alten Riten.*
*Wir stehn zum Volk und zur Nation,*
*und eines Tages stürzen wir sie vom Thron.*
Refrain: *Trotz Verbot sind wir nicht tot,*
*Ja, wir sind immer noch da.*
*Doch trotz Verbot sind wir nicht tot,*
*Wir stehn zum Volk und zum Reich, ist doch klar (...)*
*Für die Reinheit unserer Rasse sind wir bereit,*
*zu den Waffen zu greifen, es kommt unsere Zeit.*
*Für Deutschland und Europa – so soll es diesmal sein.*
*Für die Widergeburt des Guten – stolz, weiß und rein. (...).“*

Die Seite liefert noch weiterführende Informationen zur NS-Band „Kraftschlag“ und anderen gleich gesinnten Kombos. Unter anderem finden sich Interviews mit „Kraftschlag“ oder ähnlich ausgerichteten Musikgruppen wie „Kreuzfeuer“, „Division Wiking“ und „Landser“, die Szeneheften wie „Rock Nord“ und „Blood & Honour“ entnommen sind. Außerdem hat die Seite noch eine große Download-Rubrik, die neben Hitlers „Mein Kampf" auch Bildpakete und selbst einen rechtsextremen Ego-shooter „Germania Doom" anbietet. (Stand: 30.8.2000)

## Badworld 88

Offen neonazistisch ist auch die Homepage „Badworld 88", die mit ei-ner Hakenkreuzflagge für sich wirbt und unter anderem im Gästebuch der Homepage „Holocaust88" auf sich aufmerksam macht. (Holocaust 88, 25.9.2000) Die Betreiberin mit dem Nic-Namen „Badgirl" bemüht sich um die Vernetzung der Szene online und versucht eine Mailingliste „88 Wi-derstand88" im Netz zu etablieren. Als Kontaktadresse fungiert eine E-Mail-Adresse, die ebenfalls „Badgirl88" lautet, was bereits den politi-schen Hintergrund der Betreiberin verrät. Auffallend ist die Einbindung der Homepage in die Skinhead-Szene und das Fehlen von Verweisen zu rechtsextremistischen Parteien. Auch die Gästebucheinträge dokumen-tieren den subkulturellen Charakter der Plattform. So schreibt „Alex 88" am 24.9.2000:

„Hallo meine Schöne, finde ich echt gut, dass du dir solche Mühe machst. Aber leider habe ich zuviel getrunken, um jetzt was richtig Konstrukti-ves zu sagen. Machs gut und 88."

Der Glatzen-Szene treu bietet die Seite unter der Rubrik „Songtexte" eine breite Palette von Liedtexten der Neonazi-Band „Kraftschlag". Hier findet sich unter anderem der Song „Scheiß Punks", in dem brutalste Gewalt gegen eine andere Subkultur besungen wird:

*„Sein Kiefer zersplittert, durch die Dock-Stahlkappe.*
*Jetzt noch ein Eiertritt, und dann liegt er auf der Matte.*
*Er blutet aus dem Schädel und bewegt sich noch,*
*da tret ich nach mal rein mit meinem 14-Loch,*
*mit meinem 14-Loch, immer auf den Schädel – Skinhead!"*

Links setzt „Badgirl" zu den „Hammerskins USA", „Holocaust88", „Stormfront", „Thule Netz", „Die bayerischen Madl" sowie zu kommer-ziellen rechtsextremistischen Vertrieben, dem „Nord-Versand", „Dikotex" oder „Micetrap Distribution". (Stand: 30.9.2000)

## Allesweg

Zu den bekannten Skinhead-Szeneseiten im Netz gehört die Homepage „Allesweg". Im Sommer 2000 wurde die rechtsextremistische Webseite überarbeitet und liefert mit Rubriken wie „Handel", „Verweise" oder auch „Besprechungen" einen fast kompletten Szeneüberblick.

Wie auf jeder modernen Szene-Homepage liefert „Allesweg" auch MP3-Dateien mit „CD's, welche schwer zu bekommen sind". Die Bands zum Downloaden heißen „Commando Pernot" oder „Oidoxie" und kommen aus dem rechtsextremistischen Spektrum. „Oidoxie" wurde 1995 gegründet und besteht aus vier Musikern, „von denen zwei u. a. im Zusammenhang mit der DLVH bzw. mit der verbotenen FAP in Erscheinung getreten sind." (Innenministerium des Landes Nordrhein-Westfalen: Skinheads und Rechtsextremismus, Düsseldorf 1999, S. 44)

In dem Kapitel „88! Kameraden" werden Fotos von Gleichgesinnten abgedruckt, mit dem Ziel, einen „Froindeskreis im Internet" aufzubauen. Eine ähnliche Funktion erfüllt auch das Gästebuch. Hier findet sich die einschlägige Szene wie „Radio Wolfsschanze", das mit „DJ Adolf – Operation Stahlgewitter" wirbt (28.8.2000), der Schweizer „FinnSkin 88" mit seiner „Kraftland"-Seite (26.8.2000), die „Blood & Honour"-Sektion „White Youth Deutschland" oder „Badfriend". (24.8.2000)

Besonders die Linkliste verlässt aber die Subkultur der Skinhead-Bewegung und schaft ein engmaschiges Netz zur organisiert rechtsextremen Szene. Unter den Verweisen finden sich „Badfriend", „Siegener Bärensturm", „Kraftland", die „NPD" und der Liedermacher Frank Rennicke. Dazu kommen kommerzielle Vertriebe wie „Hagal-Records", „Hanse-Records" und dem Parteiversand der NPD „Deutsche Stimme Verlag". (Stand: 29.9.2000)

**Kraftland**
Homepage-Betreiber der Schweizer Seite ist ein Rechtsextremist, der unter dem Nic-Namen „FinnSkin88" arbeitet. Auf seiner Internetseite stellt sich „FinnSkin88" als 22-jähriger Student vor, der „irgendwo in der Schweiz Medizin" studiere; seine Lieblingsbands seien „Landser, Kraftschlag und Stahlgewitter".

In der Einführung der Homepage wird ein ausländerfeindliches Bedrohungsszenario aufgebaut, gegen das man Widerstand leisten müsse:

„Es kann doch nicht sein, dass ich Angst haben muss, wenn ich alleine durch die Straßen meines Heimatorts laufe. Ich möchte hiermit alle aufrufen, egal ob Schweizer, Deutsche, Österreicher oder andere Arier, endlich etwas dagegen zu unternehmen. Die Zeit des Widerstandes ist gekommen."

Die interaktive Homepage bietet auch ein Gästebuch und ein Forum. Hier sucht ein Rechtsextremist mit dem Nic-Namen „doitsch 88" am 22.9.2000 einen Schlagring, während an anderer Stelle Kontaktadressen für Szenematerial gefragt sind. Auffallend auf der „Kraftland"-Homepage ist die breite Auswahl neonazistischer CDs, die als MP3-Dateien abrufbar sind. Hierzu gehört unter anderem das Lied „Das Reich, das Reich" der „Zillertaler Türkenjäger". Andere Titel kommen von Bands wie „Arisches Blut" mit „Stolz Deutscher zu sein". Zudem sind Bands wie „Gestapo" mit dem Titel „Nigger" und die Thüringer Gruppe „Reichssturm" mit „Tritt einfach rein" oder die Gruppe „Dr. Sommer Team" mit ihrem Lied „Rassenschande" vertreten.

Links setzt die Homepage unter anderem zum „NPD-Kreisverband Greifswald", „Bündnis Rechts", der Schweizer Seite „saccara" und den Neonazi-Seiten „Tune 88", „Blutbad 88" und zur so genannten „nationalen Informationsseite Das 3. Reich", die mehrfach gespiegelt, das heißt kopiert, im Internet auftaucht unter anderem auch über Russland. (Stand: 27.08.2000)

**Skinheads Deutschland**
Die Seite „Skinheads Deutschland" gehört zu den echten nicht-kommerziellen Skin-Seiten auf der keine Schleichwerbung für neonazistische Organisationen betrieben wird: Hier steht die Subkultur im Vordergrund. Trotzdem ist die Weltsicht des Betreibers eindeutig rechtsextrem, was sich in der Rubrik „Für was stehen Skinheads" deutlich zeigt:
„In meinen Augen kämpfen wir Skins für ein freies, von der EU unabhängiges Deutschland. Wir kämpfen gegen sämtliche Ausländereinwanderungen, gegen sämtliche Ungerechtigkeit, die gegen uns herrscht."
Darüber hinaus erkenne man einen Skinhead „an seinen inneren Werten. An seinen Gefühlen für sein Vaterland. Dass er stolz ist auf sein Vaterland. Dass er stolz darauf ist, wenn er seine Nationalhymne hört. Dass er niemals vergisst, was unsere Vorväter für unser Land getan haben."

Den Vorvätern gilt wohl auch das Download-Angebot, in dem Hitlers „Mein Kampf" Band 1 und 2 abrufbar sind. Das Gästebuch der Homepage wird vorwiegend für subkulturellen Austausch genutzt. Bespielsweise sucht ein Besucher am 17.9.2000 „dringend Kontakte zu Skinheads aus der Nähe von Hamburg", und am 11.9.2000 sind „dringend Kontakte zu österreichischen Skinheads" gefragt. Besucher aus der neonazistischen Szene waren die Betreiber von „NS Sturm" (31.8.2000) sowie die „White Youth Deutschland". (31.8.2000) Verweise existieren zu den rechtsextremen Szeneseiten „Kraftschlag", „Allesweg", „Radio Germania", „Radio Preußen" und „SkinheadsXX". (Stand 30.9.2000)

### Skingirl Freundeskreis Deutschland (SFD)

Der Skingirl Freundeskreis Deutschland ist ein Zusammenschluss rechtsextremistischer Frauen in der Skinhead-Szene. Verantwortlich für die Domain zeichnen die Berlinerinnen Stella Palau und als Kontoinhaberin Claudia Jaeppelt. Der SFD bezeichnet sich auf seiner Homepage als „eine gut funktionierende Frauen- und Mädelkameradschaft". Voraussetzung für eine Mitgliedschaft sind „eine ernste nationale Grundeinstellung sowie Interesse am politischen und geschichtlichen Geschehen". Zum weiteren Selbstverständnis heißt es:

„Wir Mädels vom SFD sind keine primitiven, betrunkenen Schlägerweiber, sondern engagierte, gebildete und stolze Frauen. Viele von uns sind bereits verantwortungsvolle Mütter. Ohne Emanzentick, mit genug Selbstvertrauen, sind wir die ‚bessere Hälfte' unserer Männer. Wir kämpfen für dieses urgermanische Prinzip der Gleichwertigkeit von Mann und Frau."

Die Geburtsstunde der Organisation war nach eigenen Angaben eine Neujahrsfeier in Berlin 1991, auf der sich „einige Skingirls und andere Mädels" zusammenfanden und beschlossen, eine Frauengruppe zu gründen: „Man einigte sich auf den Namen Skingirl Front Deutschland, später sollte hieraus Skingirl Freundeskreis Deutschland werden."

Insgesamt ist der „Skingirls Freundeskreis" aufgegliedert in verschiedene Interessengemeinschaften (IG) wie den IG Tierschutz, IG Brauchtum, IG Tattoo, IG Politik und IG Gefangenenhilfe.

Das Gästebuch der Homepage liefert eine Kontaktbörse ins gesamte neonazistische Umfeld wie „Moin Moin Records" (9.10.2000), „NS-

sturm" (2.9.2000), „Imperium Records" (6.7.2000), Kaisers „Heimatseite" (26.4.2000) oder „Freyja 88" (27.03.2000).

**White Unity**
Seit 1998 ist das Fanzine „White Unity: The German WHITE POWER
Onlinezine" im Netz. Die Publikation richtet sich direkt an die Skinhead-
Szene, was eine breite Übersicht an Interviews, Konzertberichten und
Beiträge über Tonträger der Subkultur belegt. Besprochene CDs stam-
men von rechtsextremistischen Bands und Verlagen wie „Storm/Spree-
geschwader" (Svea Musik), „Code of Violence" (Hate Records), „White
Pride World Wide" (Nordland) oder „Fortress" (Great White Pro-
ductions).

Bandinterviews im „White Unity"-Online-Zine stammen von den Bands
„Patriotic Front", „White Wash", die bei „Hate Records" unter Vertrag
stehen, oder „Endstufe". Während „Endstufe" die Interviewaussagen eher
unpolitisch-subkulturell hält, agitieren die Musiker von „Patriotic Front"
rechtsextremistisch gegen die „Multikulti-Scheiße" und pro „White Power". Neben Informationen zu Bands liefert die Homepage auch Software wie Grafikprogramme, Schriftarten und Videoclips.

Links setzt das Online-Zine zu rechtsextremen Szeneseiten wie „Altbier-
gott", „Blood & Honour", „Hammerskin Nation", „Skinhead XX", „Skin-
head-Pride", „Nationaler Widerstand" und „Hanse Records".

**White Power Online Magazin**
Das Online Magazin hat seinen Sitz in Schwäbisch Hall, verantwortlich
zeichnet Achim Schmid. Als Kontaktadresse wird ein Postfach in Crails-
heim angegeben. Auf der Homepage informieren die Betreiber über
Neuigkeiten in der Skinhead-Szene wie Hausdurchsuchungen oder Kon-
zerte. Auffallend auf der Internetseite ist das Internetradio-Programm
„White Power Radio", das wöchentlich ein neues Lied von Skinhead-
Szenebands wie „Kraftschlag" präsentiert. Ebenfalls an das Skinhead-
Publikum gerichtet sind Interviews mit rechten Szenebands wie mit Ken
Mc Lellan von der Neonazi-Kombo „Brutal Attack", der bayerischen
Gruppe „Aufmarsch" oder mit den „Vinland Warriors".
Darüber hinaus informiert das Internet-Organ auch über Neuerschei-
nungen auf Deutschlands rechtsextremem Musikmarkt wie der „Live

CD von Wolfsrudel bei Wotan Records" oder „United Blood" bei dem Label „Hate Records".

Verwiesen wird zur Homepage „White Power Radio", die ebenfalls von Achim Schmid stammt. Besucher haben Zugang zur gesamten rechtsextremistischen Szene weltweit. So setzt die Webseite Links zu „Blood & Honour", zur „Aryan Video Page", dem „Düsseldorfer Beobachter", „White Unity Press", „Radio Preußen", dem „NPD Kreisverband Gladbeck", direkt gefolgt von den „Knight Riders of the Ku-Klux-Klan". (Stand: 13.9.2000)

**White Power MP3**
Die Seite „WhiTe PoWeR MP3's" gehört zu den modernen rechtsextremen deutschsprachigen Internet-Seiten, die neben einer breiten Palette von legaler und illegaler Skinhead-Musik und Guestbooks auch einen Schwerpunkt auf die neonazistische Gamer-Szene legt.

Die interaktive Seite ist in verschiedene Foren gegliedert wie ein „White Power MP3-Forum", das auf Tausende von Posts zurückblicken kann, und weiteren Foren wie „CD-Besprechungen", auf dem „Kommentare zu legalen und illegalen CD's" veröffentlicht werden.

Die Seite wird sehr häufig frequentiert und weist auf ihrer Netzstatistik im Oktober Besucherzahlen von bis zu 1.420 (22.10.2000) auf. Während die durchschnittliche Besucherzahl bei ca. 900 Hits liegt, ist die niedrigste Frequentierung bei 174 Besuchern am 25.10.2000. Die meisten Seitenaufrufe kommen mit 78.460 (42,63 Prozent) aus Deutschland, 29.109 (15,82 Prozent) aus dem „Netzwerk", 8.835 (4,8 Prozent) „USA Kommerziell", 5.674 (3,08 Prozent) Österreich, 2.439 (1,33 Prozent) Schweiz, gefolgt von den Niederlanden, Großbritannien, Frankreich, Belgien und Schweden. Selbst aus Japan (70 Aufrufe), Südkorea (34 Aufrufe), Taiwan (10 Aufrufe), Mauritius (10 Aufrufe), Malaysia (6 Aufrufe) und Thailand (3 Aufrufe) kamen Besucher.

Neonazistische Surfer präsentieren sich in den Chaträumen mit ungefilterten Gewaltphantasien. Die Verfasser der Texte treten mit Nic-Names wie „Klansmen 2000", „Trieb88taeter", „Kanakenkiller" oder „Odin77" auf. Diskutiert werden vorwiegend neue CDs wie von Neonazi-Bands à la „Landser", „Höllenhunde", „Proisenheads" oder dem neonazistischen „Radio Wolfsschanze", das hier bereits den Status eines „Kultradios" (3.9.2000) besitzt und dessen neue russische Internet-Adresse zur 4. Sendung gleich mehrfach promotet wird. Darüber hinaus existiert eine Seite mit Tipps und Adressen, als „Seite, wo man verbotene CDs bestellen kann".

Bezeichnend für die Militanz der Homepage ist auch der Chat „Brauche Hilfe gegen Roten Abschaum", die rechtsextremistische Aktionen gegen Linke thematisiert. Hier fragt ein Neonazi am 7.9.2000:
„Ich bin leider noch nicht in der nationalen Szene aktiv – wird jetzt aber langsam Zeit – ich habe die Schnauze voll von Bolschewisten, Zecken, Zitronenpflückern und anderen Parasiten."

**American Skinheads**
Die Homepage auf der Domain der „American Skinheads", mit Sitz in Atlanta (USA) stellt anderen rechtsextremistischen Online-Seiten – auch deutschsprachigen – Speicherplatz zu Verfügung. Bei den „American Skinheads" findet sich mit einem riesigen Angebot auch die Homepage „White Power MP3". Als deren Betreiber stellt sich ein Team vor, das aus Neonazis mit Nic-Names wie dem 1. Webmaster „Pedigree", „Triebtäter", „Berzerk" und „Stalker" für die „Spiele Sektion – Programmierer Abteilung" besteht. (Stand: 1.10.2000) Bereits in der Kopfzeile danken die Betreiber von „White Power MP3" den „American Skinheads" für den „Webspace", das heißt den Speicherplatz, in dem Dokumente im World Wide Web abgelegt werden.

Zum Selbstverständnis erklärt die Homepage:
„WPMP3 sind keine Raubkopierer oder so genannte InterNet-Skins! Wir versuchen lediglich patriotisch-nationale Musik, die in unserem System verboten ist, auch anderen nationalbewussten Menschen außerhalb des BRD Einflussbereichs zu vermitteln!"
Auf diese Aussage folgt sodann eine riesige Anzahl legaler und illegaler rechtsextremistischer MP3s.

Die Domain setzt Verweise zu Seiten, „wo Du einfach vorbeischauen musst!", wie „NPD", „Rock Nord", „Panzerfaust", „Oikrach", „NIT" und dem „Skadi-Net". Darüber hinaus verweist die Homepage in der „MP3-Sektion!" direkt zu „Radio Preußen".

Außerdem finden sich bei den „American Skinheads" auf Wunsch so genannte Menues wie „Tyr88", hinter dem sich unter anderem die Fanzines „Bembelsturm" und der „Moloko Plus"-Katalog verbergen, die Homepage „Waffen-SS", „Sturmseite", „Fight for Whites", „WP Chat" oder „White Power MP3s". Damit beherbergt die Domain einen Teil der brisantesten neonazistischen Skinhead-Domains. (Stand: 1.10.2000) Wie gut besucht der „WP-Chat" ist, belegt ein Besuch: Am Sonntag, den 1.10.2000 um 23.00 Uhr nehmen knapp 40 Teilnehmer am Online-Talk teil. Nic-Names wie „Stooley88", „Perun88", „Blutruf", „WHITEHOPE", „Wiking CS", „Wotan88", „MICETRAP" oder „Ken88" verraten den ideologischen Hintergrund. Hier schwärmt „Black Order" zum Beispiel „Racism is beautiful" und „Gothson" ergänzt „Niggers are ugly". Insgesamt nehmen Hunderte Surfer an diesem biologisch-rassistischen WWW-Stelldichein teil.

Die den „American Skinheads" angeschlossene „Waffen-SS"-Seite transportiert neben allgemeinen Glorifizierungen der Truppe auch NS-Symbole. So finden sich unter der Rubrik „Graphics Libery" ohne erkennbaren Zusammenhang zur „Waffen-SS" Hakenkreuzfahnen und allgemeine NSDAP-Symbolik.

**Bembelsturm**
Ebenfalls Speicherplatz bei den „American Skinheads" bekommt die Skinhead-Seite „Tyr88", hinter der sich die neue Adresse des hessischen Zines „Bembelsturm" verbirgt, die samt Frankfurter Postfachadresse für Ihr Zine wirbt. Hier findet sich eine ausführliche Präsentation des rechtsextremistischen Zines, in dem unter anderem Bands wie „Schlachtruf", „Sturm und Drang" und „Südsturm" interviewt werden. (vgl. „Bembelsturm", Nr. 8) Unter der Rubrik „Lyrics" präsentiert „Tyr88" zahlreiche neonazistische Musiktexte von Bands wie „Arresting Officers", „Aryan", „Blue Eyed Devils" oder „Bound for Glory". Inhalte sind unverhohlener Rassismus, was der Titel „Which Way White Man" der Gruppe „Das Reich" belegt:
*„White Man wake up*
*Fence sitters we cant't afford.*
*In the name of the Reich the White man's fight*
*It's time to take the sword. "*

Darüber hinaus beinhaltet die Homepage MP3-Downloads und zahlreiche Links wie beispielsweise zu den Skinhead-Bewegungen „RAHOWA", „Blood & Honour" und „Hammerskin Nation" sowie die Seiten „Freyja 88", „Oikrach" und „Blutbad 88". Dazu kommen Verweise zu den rechtsextremistische Black-Metal-Seiten „BURZUM" und „Heidnische Front". (Stand: 2.10.2000)

Der „Moloko-Plus"-Katalog wird ebenfalls über die „Bembelsturm"-Postfachadresse angeboten und verkauft allseits bekannte Szene-Kleidung wie „14-Loch Undercover Boots" und Textilien von den Firmen „Fred Perry", „Harrington", „Donkey Jackets" bis hin zu „Bomberjacken mit gestickten Brustlogos". (Stand: 23.10.2000)

**88mp3**
Mit Gästebuch, Chatroom und Download-Hilfen ausgestattet ist die professionelle Homepage „88mp3".

Die Seite setzt ebenfalls auf die Verknüpfung musikalischer Skinhead-Subkultur und neonazistischer Ideologie. In der Rubrik „Neue Bands" bietet der Betreiber als Service: „Neue Bands können sich gerne bei mir melden. Hier könnt ihr euere Lieder vorstellen." Als erste Gruppe wird die rechtsextreme Gruppe „Aggressive Force" samt Vertrieb promotet und vier Lieder zum Probe hören als Download angeboten. (Stand: 24.9.2000)

In der Rubrik „Alben" wird eine breite Auswahl selbst illegaler Neonazi-Bands zum Herunterladen angeboten. Zu den CDs im Angebot gehört die Gruppe „Bonzenjäger", deren Lieder offen zum Mord an Politikern aufrufen. Zur bekannten Schlagermelodie „Marmor, Stein und Eisen bricht" singt die Gruppe:
*„Weine nicht wenn der Richter hängt, er hängt, er hängt*
*weil er doch in falsche Bahnen lenkt, er lenkt, er lenkt.*
*Marmor, Stein und Eisen bricht, aber unser Deutschland nicht,*
*alles, alles geht vorbei, doch wir werden frei!"*

In dem Lied „Gegen Hochverrat" wird der Mord an demokratischen Politikern und Juristen besungen:
*„ Ein Schuss von hinten, ein Schuss von vorn,*
*Richter und Politiker haben jetzt verlorn.*

*Die waren gegen uns alle vor Gericht mit aller Macht,*
*wir haben jetzt die Knarre, mal sehen, wer noch lacht. (...)*
*Stürzt endlich den verrückten Staat, nehmt Waffen, Äxte, Speere,*
*stürmt die Hochburg des Hochverrats, selbst wenn man sich hier wehret."*

Außer der Terrorband „Bonzenjäger" finden sich Szenebands der Skin-head-Subkultur wie „Brutale Haie", „Kraftschlag", „Störkraft", „Stu-ka" und „Standarte". Ebenfalls im Programm: Neonazistische Polit-CDs wie der Nazi-Techno-Tonträger „DJ Adolf" oder die CD „Die Härte – Nationale Deutsche Welle", die unter anderem den Mord an Schwar-zen besingt.

Beispielhaft für die Ideologie der Skinhead-Band „Brutale Haie" ist das volksverhetzende „Doitschlandlied". (vgl. Verfassungsschutzbericht des Landes Thüringen 1998, S. 45)

Das Gästebuch der Homepage ist eine riesige Kontaktbörse neonazistischer Gruppen und Verlage, wie der „WhiTe PoWeR MP3's"-Seite (24.9.2000), „Radio Preußen" (20.9.2000), NS-Homepages wie „Holocaust 88" (19.9.2000) oder den „American Skinheads" (19.9.2000). Die Nic-Names der Rechtsextremisten im Chat sind „Tischbombe", „Mr. Massaker", „Wing 88" oder „Krieger Odins". Insgesamt finden sich auf jedem dritten bis vierten Eintrag rechtsextreme Internetseiten aus der ganzen Welt, die hier gebündelt werden. Seit dem ersten Eintrag Mitte Juli 2000 bis September 2000 gibt es knapp 70 Gästebucheinträge.

### 3.1.4. Skinband-Seiten

**Rhönwacht**
Mit einer interaktiven Homepage ist die hessische Band „Rhönwacht" im Internet. Die Musikgruppe verortet sich ideologisch wie folgt:
„Wir haSSen – Kriminelle Ausländer (...) – Asylanten und Sozialschmarotzer – Die ach so korrekte jüdische Lobby", während „Unser Land – Die Fahne ‚Schwarz-WeiSS-Rot' – Das deutsche Bier – Oi Musik – Echte Blondinen" auf der Beliebtheitsskala der Gruppe ganz oben stehen.
Wie auch andere für Jugendliche attraktive rechtsextremistische Seiten bietet die Homepage der Band „erste Hörbeispiele der ‚EdelweiSS' CD" als „MP3" zum Downloaden oder Hören an.

Interaktiv arbeitet die Seite mit einem Forum und einem Chatroom. Im „Doitschen Forum von Rhönwacht" geht es dann auch offen rassistisch zu. Ein Autor mit dem Nic-Namen „Arischer Freak" frägt in der Diskussion mit dem Titel „Machen jetzt KanackKKKen Fernsehen für die arische RaSSe?":

„Was soll die ScheiSSe? Wer mal BigBrother (Wie wäre es mal mit DEUTSCHEN Titeln) einschaltet, der sieht da einen verdammten Nigger, eine olle türkische Hure, 'ne Schwuchtel und Namen, die wohl kaum einem Arier gehören können." (21.9.2000)

Am 12.9.2000 appelliert ein weiterer Rechtsextremist mit dem Nic-Namen „Denny":

„Rauft euch zusammen und lasst euch nicht unterkriegen von den scheiss alis die gehören nicht in unser Land wenn sie nur scheisse bauen muessen sie vernichtet werden. Heil Dir 88 14 WORDS."

Daneben ist auch dieses Forum eine Kontaktbörse für internationale Rechtsextreme, wie beispielsweise der Verweis von „FinnSkin88" aus der Schweiz auf seine eigene Seite „Kraftland". (13.8.2000)

Links setzt „Rhönwacht" zu „Radio Preußen", den „Top 88/14", der Skinhead-Seite „Kraftland" und zur offiziellen Homepage des Fußball-Bundesligisten von Eintracht Frankfurt.

**Eugenik**

Aus Thüringen stammt die Band „Eugenik", die seit Herbst 2000 mit einer Homepage im Internet vertreten ist. Die Musikgruppe aus Gera existiert seit 1996 und gehört nach eigenen Aussagen der „White Youth-Organisation" an. Mit dem provokativen Namen will die Band ihr Bestreben nach Reinhaltung der deutschen Rasse zum Ausdruck bringen. Die interaktive Seite ist recht professionell aufgemacht und enthält neben MP3-Angeboten auch ein Gästebuch. Als Kontaktadresse gilt die E-Mail-Adresse „Schwarze Garde". Die Homepage dokumentiert zahlreiche Informationen über die Band und Fotos von ihren Auftritten. Deutlich wird die große Nähe der Skin-Musiker zur Schwarzen-Szene, deren Konzerte ebenfalls von „Eugenik" besucht und empfohlen werden. So organisiert die Gruppe gemeinsam mit der Kombo „Stahlgewitter" „eine Art Freundschaftskonzert zwischen der Black-Metal-Bewegung und der Skinhead-Bewegung". Auf der Eugenik-Homepage finden sich Interviews mit Black-

Metal-Bands wie „Peststurm". Hier loben die Musiker die NPD als „gute Partei" oder die neonazistische „Allgermanische Heidnische Front" als „sehr gute Organisation". Zur Black-Metal-Szene heißt es weiter: „Black Metal stand schon immer für etwas Extremes & sollte Sachen wie Misantrophie, Sodomie, Hass, Schmerz, Folter, Tod, Winter, Heidentum usw. behandeln. Black Metal sollte seinen eigenen Geist besitzen, der nicht Massenkompatibel ist & nicht gnadenlos vermarktet wird und solch kiffendem Untervolk nicht zugänglich gemacht wird."

In einer riesigen Sammlung mit über 200 Links verweist die Gruppe zu internationalen „Blood & Honour"-Sektionen, internationalen Hammerskin-Sektionen, „German 88", „Oikrach", „Hass Attacke", „Junge Freiheit", „Nation & Europa", „Deutsche Stimme", „Stormfront", Frank Rennicke, „New Knigths of the Ku-Klux-Klan", „NSDAP/AO", „Niggerwatch", „14 Word Press", „Heathenfront", „Polish NS Black Metal" und revisionistischen Seiten wie David Irving, Radio Islam, CODOH, IHR bis hin zur islamistischen Hisbollah. Damit wird auch die Gefahr der subkulturellen Skinhead-Seite deutlich. Jugendliche, die über Musik auf diese Homepage kommen, haben sofort alle wichtigen Kontakte in den weltweiten Rechtsextremismus.

### Noie Werte
„Noie Werte" ist eine der traditionsreichsten rechtsextremen Szenebands in Deutschland. Verantwortlich für die Domain zeichnet Oliver Hilburger von „German British Friendship Records" (GBF-Records) in Lautenburg. Gründer von „GBF-Records" ist Steffen Hammer, Bandleader von „Noie Werte", das heute als eines der wichtigen Labels und Versandunternehmen im süddeutschen Raum gilt. (vgl. Torsten Lemmer: Skinhead Rock, Düsseldorf-Langenfeld 1994, S. 72f) Die Gruppe wurde 1987 gegründet und tritt seit 1998 mit anderen Skinheadbands auf. Seit 1990 erfolgen gemeinsame Auftritte mit bekannten europäischen Nazi-Kombos wie,, Skrewdriver" in England. Das erste Album „Kraft für Deutschland" brachte die Band 1990 beim französischen Szenelabel „Rebelles Européens" heraus. Die 1991 veröffentlichte Langspielplatte wurde 1992 von der Bundesprüfstelle für jugendgefährdende Schriften (BPjS) indiziert. Ermittlungen des Landeskriminalamtes in Baden-Württemberg ergaben jedoch keine strafrechtliche Relevanz der Texte. (vgl. Landesamt für Verfassungsschutz Ba-

den-Württemberg: Skinheads, Stuttgart November 1997, S. 13) Weitere Tonträger heißen unter anderem „Sohn aus Heldenland" oder „Am Puls der Zeit". In Kooperation mit Torsten Lemmers Label „Funny Sound" entstand die CD „Danke/Ein harter Weg". Inhaltlich bedient die Gruppe rechtsextreme Vorurteile wie das Lied „Kennst Du unser Land" belegt:

*„ Kennst Du das Land, wo man Soldaten zu Verbrechern macht*
*und die beschmutzt, die fielen für ihr Land in der Schlacht.*
*Kennst Du das Land, wo man Unsinn in den Schulen lehrt*
*und es keinen gibt, der sich dagegen wehrt.*
Refrain: *Kennst Du dieses Land – Deutschland wird es genannt. "*

Neben aktuellen Bandnews veröffentlicht die „Noie Werte"-Homepage auch ausführliche Infos zur Bandgeschichte und den Tonträgern. Unter derselben Internet-Adresse ist auch der „GBF-Versand" aus Winnenden in Baden Württemberg erreichbar. Im rechtsextremen Programm ist „fast alles von NOIE WERTE, sowie einiges von TRIEBTÄTER, ULTIMA RATIO ...". Dahinter verbergen sich CDs, Pullover, Poloshirts und anderes Merchandising-Material der Bands. (Stand: 30.10.2000)

Politisch steht die Band der NPD nahe. Jahrelang gehört auch der NPD-Spitzenkader Michael Wendland zur Besetzung, der es später zum Landesvorsitzenden von Baden-Württemberg brachte. 1996 schreibt der Verfassungsschutzbericht des Landes Baden-Württemberg, dass die Gruppe „auf mehreren Veranstaltungen (spielte), deren Organisatoren der NPD/ JN angehören." (S. 40)

Links setzten die Musiker zu der Splatterseite „Rotten". Auf der Startseite verweist „Solution" zu den neonazistischen Charts „Top 100 Nationalist and revisionist Sites", „top 88/14" sowie den „Top 88 racialist sites". (Stand: 27.10.2000)

**Kraftschlag**
Die Seite, die der rechtsextremistischen deutschen Band „Kraftschlag" gewidmet ist, gehört mit über 30.000 Besuchern seit ihrem Bestehen zu den stark frequentierten NS-Skin-Homepages in Deutschland. Die Domain hat ihren Sitz im US-amerikanischen Burlington und besitzt wie zahlreiche andere gleich gesinnte Homepages eine zweite russische Adresse. Sie wird in zahlreichen rechtsextremen Szeneseiten als „Kraft-

schlag-Fanseite" geführt: Eine Mail-Adresse führt direkt von der Start-seite zur „offizielle(n) E-Mail" der Musikgruppe. Die Band ist sehr eng in die europäische Nazi-Skin-Szene eingebunden und fehlt in kaum einem Verlagsprogramm. Die Musiker der extremistischen Kombo haben zahlreiche Strafverfahren hinter sich, unter anderem verurteilte das Amtsgericht Itzehoe die Bandmitglieder wegen Aufstachelung zum Rassenhass, Volksverhetzung und Gewaltdarstellung. Das Urteil wurde im Sommer 1994 von einer Berufungsinstanz bestätigt. (vgl. Verfassungsschutzbericht Schleswig-Holstein 1994, S. 17) Während eines Konzertes im September 1996 in Nordrhein-Westfalen trat der Liedsänger von „Kraftschlag" mit Musikern der Musikgruppe „Entwarnung" auf und sang:
„*Wetzt die Schlachtmesser auf dem Bürgersteig,*
*lasst die Messer flutschen in den Judenleib.*
Refrain: *Blut muss fließen knüppelhageldick,*
*und wir scheißen auf die Freiheit dieser Judenrepublik!"*
(Verfassungsschutzbericht Schleswig-Holstein 1996, S. 45)

Besonders wegen derlei Radikalität wird „Kraftschlag" immer mehr zur Kultband innerhalb der Neonazi-Szene. Beleg dafür ist auch das Lied „Deutsche Jugend":
„*Die deutsche Jugend im Zeichen der Gewalt,*
*ohne Tugenden und stets die Faust geballt.*
*Die Jacken voller Waffen und Stiefel mit Stahl,*
*so ziehn wir durch die Straßen und die Köpfe sind kahl.*
Refrain: *Skinhead, Skinhead heißt die Devise,*
*für die Vernichtung der Ausländerkrise!"*
(Stand: 30.10.2000)

Auf der Webseite ebenfalls vorhanden ist ein Gästebuch, in dem sich neonazistische Besucher wie „Stormtrooper88" von der Hompage „Gegenwind88" (29.10.2000), „Troublemaker" von „Thule-Netz" (25.10.2000) oder „Tonstörung" von der „Macht und Ehre"-Seite finden. Inhalt der Einträge sind neben ideologischen Schulterschlussparolen auch infrastrukturelle Tipps wie Demonstrationshinweise. Insgesamt ist das Gästebuch der Band eine der wichtigen Einstiegsadressen der neonazistischen Skinhead-Szene. Links setzt die Web-Seite zu „Freyja88", „Bündnis Rechts", „Tonstörung" und bereits auf der „Startseite" zu den „Top 88 Racialist Sites".

## Macht und Ehre

Die „Fanseite" der 1989 gegründeten Berliner Neonazi-Band „Macht und Ehre" hat ihren Domain-Sitz in Los Gatos/USA. Ende der neunziger Jahre kam es zur Umbenennung der Gruppe in „Schwarzer Orden": Unter diesem Namen erschienen bis zum 11.6.2000 die CDs „Schwarzer Orden" und „Revolution". Die Band tritt nur sehr selten bei Konzerten auf und produzierte die Tonträger „Thorsten Koch" (1991), „Sturm 20" (1992), „Volkssturm 92" (1992), „Volkssturm 93" (1993), „NSDAP" (1996), „Herrenrasse" (1997) und „Nigger out" (1997). Von den sieben Musikscheiben sind bis heute fünf indiziert. Darüber hinaus erließ das Berliner Amtsgericht Tiergarten am 3.2.1997 gegen die CD „NSDAP" einen Beschlagnahmebeschluss. (vgl. Landesamt für Verfassungsschutz Berlin, Skinheads: Durchblicke, Nr. 9, 1998, S. 31) Die neonazistischen Tonträger sind begleitet von antisemitischen Interviews, die Steven, der Bandleader von „Macht und Ehre" in Skinhead-Heftchen gab. Beispielhaft hierfür stehen Aussagen des Musikers im Szeneheft „Der Aktivist", das am 20.4.1992 veröffentlicht wurde:

„Die NS-Politik ist sehr wichtig! Nach meiner Meinung hat jede Politik seine Fehler, aber die NS-Politik ist die einzigste Macht, die Doitschland und Europa noch retten kann!!! Denn nur dann kann man die jüdische Rasse ausrotten und fremde Völker vernichten, die nicht zu uns gehören!!!"

Die „Macht und Ehre"-Homepage liefert zahlreiche MP3-Dateien wie den Titel „Arische Musik" des Albums „Herrenrasse" oder den Titel „Hast du Hunger" des Tonträgers „Nigger out". Für Fans der Band gibt es auch die Cover zum Downloaden. Hier zeigt sich, dass die Kombo beispielsweise mit SS-Runen für ihre Alben wirbt. Zum Repertoire der Lieder gehört der Song „Kein Mensch", dessen Text offen Gewalt propagiert:

*„Siehst Du seine Farbe,*
*seine Farbe siehst Du nicht,*
*doch ist sie schwarz und häßlich,*
*ja dann schlag ihm ins Gesicht.*
*Er ist kein Mensch, er ist ein Aff,*
*drum denk nicht nach, mach einfach ‚PAFF'!"*

Die Homepage verweist auf die rechtsextremen Webringe „Vereinigtes Brandenburg", „Webring Resist@nce", „Klick Heil Webring" und den

amerikanischen „Creator Webring". Eine ausführliche Link-Liste vernetzt die Web-Seite mit „Kulturkammer", „Bündnis Rechts", „Nationaler
Beobachter", „Vereinigte Rechte", „Freyja 88", „Oikrach", „Die Kommenden" und den neonazistischen Radioprogrammen „Radio Nord", „Radio Germania", „Radio Preußen" und „Radio Wolfsschanze". (Stand:
30.10.2000)

## 3.2. NS Black Metal

„Für uns ist Musik eine Waffe. Das ist besser als jedes Flugblatt, wenn
die sich ein Lied zwanzigmal anhören, dann haben sie den Text drauf."
(Interview der Autoren mit den Redakteuren des Fanmagazins „Kreuzritter" 18.11.1999) Black Metal wird zum Instrument für politischen
Ideologietransfer. Die bisher größtenteils unpolitische Jugend-Subkultur durchlebt eine Veränderung. Stand der Kult jahrelang für eine
martialisch zur Schau getragene „antichristliche Rebellion" (Farin/
Weidenkaff, 1999, S. 61), mischen seit Mitte der neunziger Jahre
europaweit immer mehr Schwarzmetaller ihren jugendzentristischen
Satanismus mit neonazistischer Ideologie. 1998 schwappte die Politi-
sierung der Szene auch strukturell nach Deutschland über: Kennzeichen
sind neben den deutschen Bands, die seit 1994/95 rechtsradikale Inhalte vertreten, eine prosperierende Infrastruktur von Verlagen und
Magazinen, die sich speziell auf den ideologischen Teil der Black-
Metal Bewegung spezialisiert haben, und eine Schwemme von
Homepages, die ebenfalls die metallisch-braune Nische besetzen.

In der Extremismusforschung wird das Phänomen bisher nur randständig
reflektiert, die Fachliteratur streift den Themenkomplex meist in Bezug
auf die satanischen und menschenverachtenden Inhalte des Black-Metal-
Kults, ohne auf die politische Phänomenologie näher einzugehen. So
muss sich der vorliegende Text vor allem auf die Auswertung von aktuellen Homepages, Szenezeitschriften und eigenen Interviews mit Szeneangehörigen sowie den vorhandenen spärlichen Informationen von Straf-
verfolgungsbehörden und Geheimdiensten beschränken. Beispielhaft hierfür steht der Verfassungsschutzbericht des Landes Thüringen 1999, der
erstmals in einem eigenen Kapitel auf die neue Entwicklung hinweist. In
einer ersten Bestandsaufnahme der Black-Metal-Szene heißt es:

„Zur antichristlichen, neuheidnischen Ausrichtung kommt die Glorifizierung von Gewalt, Krieg und Tod. Einige der Black-Metal-Bands greifen auf nazistische Symbole zurück und betreiben in ihren Liedtexten rassistische Propaganda." (Verfassungsschutzbericht des Freistaates Thüringen 1999, S. 66)

Auffälligstes Merkmal der rechtsextremen Ideologisierung des Black Metal ist, besonders in Osteuropa, eine wachsende Zahl neuer schwarzmetallischer Bands, die ihre Musikrichtung selbst als Pagan Metal bezeichnen. Hierunter versteht man eine Form des Black Metal, der in seinen Musikinhalten nordische und germanische Mythologien pflegt und auch folkloristische Elemente in den Musikstil einbaut. Besonders bei den Pagan-Metallern verwischen die Grenzen zwischen Neuheidentum und offenem Neonazismus.

### Was ist Black Metal?

„Für die einen ist Black Metal Musik eine schnelle, rüde Spielart des Heavy Metal, für die anderen eine zügellose Leidenschaft, der man sich einfach nicht entziehen kann. Für die einen ist das Hören des Black Metal eine Abstumpfung der Sinne, für die anderen intensivere Selbsterfahrung. Für die einen ist Black Metal das zerstörerische und aggressionsstiftende Werk Satans, für die anderen das Zerfließen in und mit der Musik." (Farin/Weidenkaff 1999, S. 61)

Black Metal entstand in den achtziger Jahren als eine Stilrichtung der Heavy-Metal-Rockmusik und ist wegen der meist antichristlichen und gewalttätigen Texte über Tod und Gewalt seit seinem Bestehen in der öffentlichen Kritik. Namensgeber der Musikrichtung ist eine Langspielplatte der britischen Band „Venom", die 1982 erschien. (vgl. Christiansen, 2000, S. 73) Was oftmals von der schockierten Öffentlichkeit übersehen wird, ist die Intention vieler jugendlicher Schwarz-Metaller, denen es nicht um den Teufel oder Gewaltorgien, sondern um eine authentische Abgrenzung zum kulturellen Mainstream geht. Die Texte der Bands sind tabulos, besungen wird selbst Triebmord wie beispielsweise von der Gruppe „Slayer":
*„Ich lauere im düsteren Nebel, hungrig nach deinem Blut,*
*suche harmlose Opfer, um meine Bedürfnisse zu befriedigen.*

*Schizophrener Irrer, unkontrollierbare Gier,*
*Vergewaltigung und Verwüstung, schöne Dame zum Tode bestimmt."*
(zit. aus Christiansen 2000, S. 75)


Nicht umsonst sehen sich auch viele Black-Metal-Fans als „real Undergrund" des Heavy Metal, der ihnen bereits als zu kommerzialisiert erscheint. Doch selbst die düsteren Bands der ersten Stunde wie „Venom" oder „Slayer" sind wohl bei Licht betrachtet „eher vom Götzen Mammon als vom Bösen besessen" (Informationsdienst Jugendsekten 1/1995), was eine weitere Radikalisierung in den Texten und den Ausdrucksformen der Jugend-Subkultur mit sich brachte. Das Motto vieler Musiker der neuen Black-Metal-Generation: „Die alten Bands haben nur darüber gesungen – wir tun es!" Für diesen harten, authentischen Stil stehen Gruppen wie „Mayhem", „Emporer", „Dark Throne" oder „BURZUM". Nicht wenige Musiker dieser Strömung engagieren sich in satanistischen Organisationen wie beispielsweise der „Church of Satan" oder predigen offen Hass- und Gewaltaufrufe gegen Christen. Einigen Black-Metal-Bands gehen jedoch die Verbalbekundungen nicht weit genug: Musiktexte werden immer brutaler und Bühnenshows verwischen sich mit der Realität. Ein kleiner Teil der Schwarzmetaller wird zu Extremisten. Alleine in Norwegen gingen von 1991 bis 1994 13 Kirchen in Brand auf, darunter die in Stavanger, Bergen und Holmenkollen. Damals entpuppte sich der Black-Metal-Musiker Varg Vikernes, der sich auch Count Grishnackh nannte, als einer der Drahtzieher einer Szene, die nicht nur musikalisch agitiert, sondern auch handelt. 1993 bekennt er im Interview: „Wir brennen Kirchen ab, um die Wut der Christen zu verstärken. Wir können dann vielleicht Krieg mit ihnen führen." (Die Woche, 30.9.1994)

**BURZUM und Vikernes**

In der Folgezeit stilisierte sich Christian (Varg) Vikernes zur Gallionsfigur des Black Metal. Sein Erfolg setzte ein, nachdem er im August 1993 den Sänger und Kopf der Kultband „Mayem", Oystein Aarsetz, mit über 20 Messerstichen in Kopf, Brust und Hals ermordete. Nach seiner Verhaftung fand die Polizei in seiner Wohnung über 100 Kilogramm Sprengstoff, der zur Sprengung der Nidarosdomen-Kirche gedacht war. Darüber hinaus ermittelt die Polizei, dass Vikernes an mehreren Anschlägen auf Kirchen sowie Grabschädungen beteiligt war – alleine vier Brandanschläge auf Gotteshäuser gab er vor Gericht zu. Daraufhin verurteilte ihn ein norwegisches Gericht im Mai 1994 zu 21 Jahren Haft. In der Verhandlung agitiert er weiter:

„Nicht jene, die Kirchen niederbrennen, sind Verbrecher, sondern jene, die die Kirchen errichten." (Die Woche, 30.9.1994)

Derlei Radikalität machte Vikernes zum Kultstar des Black Metal – die Szenemagazine reißen sich um Interviews mit ihm. Hier stilisiert sich Vikernes zum Retter der Black-Metal-Szene vor angeblich kommunistischen Einflüssen, die er seinem Mordopfer Aarsetz zuschreibt (vgl. Blood & Honour, Nr. 6). Konsequent kommt es in dieser Rolle zu einem weiteren ideologischen Radikalisierungsprozess, der aus dem Black-Metal-Musiker einen rechtsextremistischen Überzeugungstäter werden lässt. Noch heute legitimiert er seine Anschläge gegen Kirchen in Musikzeitschriften:

„Die Brandstiftungen haben einen Wechsel in der Geschichte markiert. Seitdem werden die semitischen Religionen systematisch aus Europa hinausgeworfen. Wir sollen diese semitischen Tempel auf unserer heiligen Erde nicht länger tolerieren." (vgl. Rock Nord, 10-11 1999, S. 32)

Derlei Radikalität zeigt in der rechtsextremistischen Szene Wirkung. Auf eine Interview-Anfrage schreibt die mit Vikernes eng kooperierende „Norsk Hedensk Front" am 16.11.1999:

„Varg Vikernes is a hero and rolemodel for many youths of today."

Auch in Deutschland werden rechtsradikale Fans nicht müde, Vikernes als neuen Szenestar zu feiern. Im Interview mit den Autoren bekennt ein leitendes Redaktionsmitglied des Fanzines „Kreuzritter":

„Varg Vikernes mag zwar auch seine Schattenseiten gehabt haben, die man wohl nicht obenaufhängen sollte, also er hat wohl auch ein paar Amokläufe gemacht, aber was er an Ideologie rüberbringt, und wie er es rüberbringt, machT ihn schon zu einem Vorbild; nicht nur für Black Metaller, sondern auch für Skinheads und andere Leute, die religiös nur so denken." (Interview mit den Autoren, 18.11.1999)

Auch im Internet macht sich der BURZUM-Kult bemerkbar. International gibt es immer mehr Fan-Seiten des inhaftierten Szene-Idols wie beispielsweise die „Free Varg Vikernes"-Seite. Die ideologische Ausrichtung der Homepages ist sehr unterschiedlich und reicht von offen neonazistischen Inhalten bis hin zu unpolitischem Black-Metal-Szenekult.

## BURZUM

Die Homepage „BURZUM" steht ganz im Zeichen eines Personenkults um Varg Vikernes. Sitz der Domain ist McLean (USA). In der ausführlichen Band-Geschichte erfahren die Surfer, dass Vikernes am 11. Februar 1973 geboren wurde. Die Homepage-Betreiber feiern den angeblich ritterlichen Black-Metal-Musiker im Kampf gegen eine christliche Übermacht:

„If the forest could speak, the setting might not seem so peaceful, because a forest in Norway represents a force of nature that has been robbed – Christianity deserted it of its people 1000 years ago. Only recently with the advance of the Black Metal and heathenism, have the forests begun to be re-populated with people who seek their power."

Das Leben von Vikernes wird zur Rebellion gegen das Jüdisch-Christliche stilisiert: Der Schwarz-Metaller mutiert vom Musiker zum Führer der militanten Seite der Bewegung. Zur Motivation heißt es:

„Varg had long identified  Judeo-Christianity as the ‚spiritual plague' which had destroyed Norway's heathen roots – and had resolved to do something about it"

und

„Varg has always declared himself a soldier of Odin, and the pagan religions have much to be avenged for."

Nachdem eine Legitimationsgrundlage für den politischen Extremismus gebastelt ist, wird auch eine flotte und leicht verdauliche Erklärung zur Mordtat am 10.8.1993 an Euronymous vorgeschoben: „Euronymous was planing to kill him."

Die dann folgende Gefängniszeit nutzt der BURZUM-Musiker zur weiteren ideologischen Selbstschulung:

„In jail Varg set about educating himself further a history of Scandinavia and Germany. He developed further his ideas the revival of the Pagan spirit, and set up the Norsk Hedensk Front (NHF) dedicated to saving the Germanic peoples from the clutches of Judeo-Christianity."

Verlinkt ist die Fan-Seite mit Musikvertrieben wie „Evilmusic", aber auch mit rechtsextremistischen Organisationen wie der „Svensk Hednisk Front".

## Hail Count Grishnackh!

Nach eigenen Angaben handelt es sich bei der Betreiberin der Homepage um eine 22-jährige Spanierin. Die englischsprachige Seite stellt den Black-Metal-Musiker Vikernes mit einem ausführlichen Lebenslauf vor. Zur martialischen Aufmachung der Seiten gehören Leisten, aus denen Blut tropft, und Fotos des Black-Metal-Musikers, die ihn als Kind im Supermann-T-Shirt und im Nazi-Outfit zeigen. Darüber hinaus erfährt die Leserschaft die Gefängnisadresse von Varg Vikernes für Fanpost („vielleicht geben sie ihm Deine Briefe") und die Label-Adressen von „Cymophane Productions" im norwegischen Sarpsborg beziehungsweise des englischen Labels „Misanthrophy Records" aus Suffolk, bei denen die Schallplatten von Vikernes erhältlich sind. Wie differenziert das Verhältnis des Homepage-Betreibers zum neonazistischen Engagement seines Idols ist, wird bei der Präsentation der „Norsk Hedensk Front"-Adresse im norwegischen Sandsli deutlich:
„To contact Varg's nazi organization (that I'm NOT trying to promote)".

Darüber hinaus dokumentiert die Seite das internationale Netzwerk um Vikernes. So werden zahlreiche weitere Links zu anderen „BURZUM"-Seiten angeboten, aber auch immer wieder Links in die rechtsextremistische Szene.

Beispielhaft hierfür stand lange der Verweis auf die schwedische Neonazi-Organisation „Svensk Hednisk Front", die in Lulea ihren Sitz hat und ebenfalls Varg Vikernes feiert. Derzeit führt ein Link auf die in Norwegisch und Englisch erscheindende „Propatria"-Seite, die zahlreiche Beiträge des Vorsitzenden der amerikanischen Neonazi-Organisation „National Alliance" veröffentlicht.

## Hendrik Möbus und die Deutsche Heidnische Front

Einer der wichtigsten Drahtzieher im rechtsextremen Black-Metal-Netz Deutschlands ist Hendrik Möbus, der am 28.8.2000 nach einer längeren Flucht vor der Polizei in West Virginia verhaftet wurde. Möbus ist Kopf der am 2.1.1992 gegründeten Musikband „Absurd". Sein Vorbild ist Varg Vikernes, ideologisch zählt Möbus seine Band zur „arischen Elite", die beim Aufbau einer neuen „arischen Gesellschaft" in erster Linie stehe. (Berliner Zeitung, 1.12.1998) Und auch sein Lebenslauf weist Parallelen mit dem von Varg Vikernes auf. Beide Black-Metal-Musiker wurden zu Mördern, beide wurden nach der Bluttat zu Kultfiguren ihrer Szene und bei beiden vollzog sich der Wandel von einem diffusen neuheidnisch-neosatanistischen Weltbild hin zum Neonazismus.

Wie bei Vikernes sind auch die Inhalte der Hendrik-Möbus-Band „Absurd" von Anfang an Gewalt verherrlichend. Im November 1992 nimmt seine Gruppe das Demoband „Wehrwolf" auf:
*„ Ich stille meine Gier mit Menschenfleisch,*
*mit Zyklon B, mit Gift und Blut.*
*Willst Du mich, so komm' in mein Reich,*
*deine Eingeweide schmecken sicher gut. "*
(vgl. Christiansen, 2000, S. 86)

Wenige Monate nach der obigen Aufnahme wurde der Neonazi 1993 bundesweit als so genanntes „Satanskind" bekannt, als er in Sondershausen mit zwei Freunden seinen fünfzehnjährigen Mitschüler Sandro Beyer erdrosselte. Möbus musste für die Tat wegen gemeinschaftlichem Mord fünf Jahre Haft absitzen. Im Gefängnis wurde Möbus zur Märtyrerfigur vieler Black- Metal-Fans: Seine Mordtat wurde zum kalkulierten Ritual. In einem Szeneinterview (vgl. Black Metal Almanach, „Wolfenstein"-Homepage, 27.11.98) sagt Hendrik Möbus, er habe „dem Leben eines lebensunwerten Geschöpfs ein Ende" gesetzt, im Zeitungsinterview „plaudert" er über den Mord mit den Worten:
„Ich weiß ja nicht, ob man in der Nazizeit bestraft worden wäre, wenn man Volksschädlinge unschädlich gemacht hätte." (Berliner Zeitung, 1.12.1998)
Eine Aussage, die ein neues Verfahren nach sich zog. Wegen seiner Schmähungen des ermordeten Mitschülers wird Möbus in Berlin wegen Volksverhetzung im November 1999 zu einer Gefängnisstrafe verurteilt. Zu dem Urteil erklärte der Richter, eine Gesellschaft, die so etwas hinnehme, sei „tot". (vgl. BerlinOnline GmbH, 20.11.1999)
Bereits kurz nach seiner Haftentlassung auf Bewährung 1998 kam es ebenfalls zu einem Schuldspruch gegen Möbus, diesmal wegen Verwenden von Kennzeichen verfassungswidriger Organisationen. Der Rechtsextremist hatte auf einem Black-Metal-Konzert im Kulturzentrum der thüringischen Kleinstadt Behringen am 26. September 1998

den Hitler-Gruß gezeigt. (vgl. Thüringer Landtag, 2. Wahlperiode, Drucksache 2/3906 vom 31.8.1999)

Am 29. Oktober 1999 schließlich widerrief das Amtsgericht Erfurt die Haftaussetzung zur Bewährung. Kurz vor dem erneuten Haftantritt Mitte Dezember 1999 floh Möbus und schrieb seinen Eltern, er gehe „ins Exil". (vgl. Stern, 19/2000, S. 64; dpa, 14.12.1999)

Politisch tätig ist Hendrik Möbus in der „Deutschen Heidnischen Front", die ihn in ihrer Homepage „als einen ihrer Aktivisten bezeichnet". (Verfassungsschutzbericht des Freistaates Thüringen 1999, S. 65) Auch sein Bruder Ronald Möbus, der „gerne mit dem Pseudonym ‚ Wolf' auftritt", wird in der Literatur als ein weiterer Drahtzieher des rechtsextremen Black-Metal-Netzwerks gesehen, der „die Fäden der so genannten Heidnischen Front in der Hand hält." (Farin/Weidenkaff, 1999, S. 80)

Insgesamt beziffert das Thüringer Innenministerium die Mitglieder der DHF im Freistaat auf acht Personen. (Antwort der Landesregierung auf die Kleine Anfrage 218 vom 7. Juli 2000, Drucksache 3/889 vom 22.8.2000) Die „Deutsche Heidnische Front" ist ein Ableger der „Allgermanischen Heidnischen Front" (A.H.F.), die weltweit aktiv ist und von Vikernes „indirekt mitbegründet" wurde. (Rock Nord, 10-11 1999, S. 33)

**Allgermanische Heidnische Front (AHF)**

Die „Allgermanische Heidnische Front" setzt den Schwerpunkt ihrer Agitationstätigkeit im Internet. Angemeldet ist die Domain der so genannten „Heathenfront" auf eine Postfachadresse in Stockholm/Schweden für die Mattias Henriksson als Kontakt für geschäftliche Angelegenheiten zeichnet. Zu ihren Zielen schreibt die Gruppe am 8.9.2000 im Internet:
„ – We strive to free Europe from alien powers, influences and doctrines.
– We fight for European, and primery Germanic culture, spirituality and view of life.
– We will reintroduce our pre-christian values, these will in renewed form lead our people into the future.
– We shall permanetly clean our soil from the judeo/christian plague, we will and MUST see that this is done, and this to any price."

Die aufwändig produzierte Homepage gehört zu den wichtigsten Seiten im internationalen Rechtsextremismus, da Verknüpfungen zu Dutzenden gleich gesinnter Gruppen in Kultur, Politik, Esoterik und auf Jugendsubkultureller Ebene aus aller Welt bestehen, wie eine Auswertung im September 2000 belegt. Die Rubrik „Those who have linked us" reicht von neuheidnischen Publikationen, von der „Nordischen Zeitung", dem Organ der rassistischen Artgemeinschaft aus Hamburg, der „Hellenic Heathen Front" über „Skinhead Pride" bis hin zur Musikseite „The Swedish Black Metal Page".

In der Abteilung „other links" werden verschiedene Rubriken aufgeführt. Unter „Revisionism" finden sich die wichtigsten revisionistischen Seiten wie die „Zündel-Site", „Radio Islam", die „Air Photo Evidence" von John C. Ball oder die Seite des Amerikaners Bradly Smith „CODOH", aber auch die rechte Dark-Wave-Homepage „Sigill Magazine + Eislicht Verlag". Die Rubrik „Music/Labels/Bands" dokumentiert eine eigenwillige Mischung aus Dark Wave, Black Metal und Skinhead-Kult. Hier finden sich neben „Blood Axis", „Der Blutharsch" und „Laibach" auch „BURZEM" oder der amerikanische Skinhead-Vertrieb „Panzerfaust Records" aus Newport. Außerdem werden neonazistische Musik sowie in Deutschland verbotene nationalsozialistische Devotionalien im großen Stil angeboten. Unter den Verweisen ist auch die Homepage „Odins Lounge". Hinter der Homepage verbirgt sich ein riesiges Archiv rechtsextremistischer MP3-Dateien von „DJAdolf – SS/ SAMix", „Landser: Rudolf Hess", „Zillertaler Türkenjäger: Das Reich Das Reich" oder „Landser: Arisches Kind".

Auch die „Allgermanische Heidnische Front" finanziert sich über das Internet mit einem Szene-Vertrieb. Das Angebot dokumentiert einen „BURZUM-Fan"-Cult, in dem CDs, LPs, aber auch „BURZUM"-T-Shirts und „BURZUM"-Sweat-Shirts angeboten werden. Darüber hinaus vermarktet die AHF Musik der Bands „Allerseelen", „Blood Axis", „Barad Dür", „Mjölnir" oder „Thors Hammer".
Insgesamt sind im Verbund der AHF die „Dansk Hedensk Front", die „Deutsche Heidnische Front", die „Islenska Heioni Fyllkingin", die „Norsk Hedensk Front", die „Svensk Hednisk Front", die „Vlaams Heidens Front", die „Nederlands Heidens Front" und als „angegliederte Unterabteilungen" die „Vinland Heathen Front" sowie die

„Russian Heathen Front" und auch die „Suojelluskunta Kaleva". (vgl. AHF-Homepage, 15.7.2000)

**Deutsche Heidnische Front**
Der deutsche Flügel des Netzwerks ist die „Deutsche Heidnische Front". Nach Hausdurchsuchungen und zunehmendem staatlichen Verfolgungsdruck auf die Rechtsextremisten verschwindet die Seite aus dem Netz und taucht erst im Sommer 2000 wieder auf. Selbstzufrieden heißt es zur eigenen Homepage:
„ Abgesehen von den organisatorischen und strukturellen ‚Umarbeiten' an der AHF/DHF, versuchen wir auch unsere Präsenz im Weltnetz wesentlich zu erweitern. Unsere Seiten verzeichnen die meisten Zugriffe auf dieser Domain, da wollen wir unseren Besuchern auch etwas bieten."

Geboten bekommt das Publikum eine krude Mischung aus Antisemitismus, Rassismus und Neuheidenkult. In der „Vorstellung" bekundet die Gruppe als ein Hauptziel, die „Entchristiansierung der Bewegung". Weiter heißt es in der Präsentation:
– „Die Allgemeine Heidnische Front ist eine neuheidnische und
   völkische Bewegung mit dem Hauptziel der Existenzsicherung
   für alle germanischen Völker.
– Wir betrachten das Christentum als einen ‚Schwächeanfall' der
   germanischen Völker, weil die christlichen Grundlagen so
   beschaffen sind, dass Schwäche glorifiziert und Stärke ignoriert
   wird. (...) Denn jede Nation, die sich an der christlichen Krankheit
   angesteckt hat, trägt zur  spirituellen Zersetzung unter diesen
   Völkern bei.
– Unsere Völker haben genug davon, einen jüdischen Rabbiner
   anzubeten und sich länger jene Lügen & Märchen anzuhören, mit
   denen unser sog. ‚demokratisches System' uns Tag für Tag weiter
   verdummen will.
– „Wir sollen unsere Waffen nicht allein dazu verwenden, um zu
   vernichten und zu zerstören, wir müssen sie benützen, um  unsere
   eigene Halle zu errichten, unser Neues Reich!"
   (vgl. DHF-Homepage, 9.9.2000)

Zu ihrer „politischen Vision" ergänzt die „Deutsche Heidnische Front" online:

„Unser Kampf gilt der Erschaffung eines freien Großgermaniens (...).
An der Heimatfront müssen wir den ‚Ewigen Feind' bekämpfen, welcher durch die Freimaurerei und den Marxismus, ausländisches Kapital
und Stagnation im materiellen und spirituellen Leben der Völker, die
Weltherrschaft für sich zu erringen versucht. Diese Feindmacht will auch
ihren Jehova-Glauben den germanischen Völkern aufzwingen, indem
sie einst die christliche Sklavenreligion in das heidnische Abendland
einschleppte." (DHF-Homepage, 9.9.2000)

Folgerichtig umfassen die Verweise im Internet rechtsextreme und
neosatanistische Organisationen, Bands und Verlage wie bespielsweise
„BURZUM", „Thule Publications", „Wotansvolk", die „Nordischen
Zeitung" und selbst revisionistische Seiten. (vgl. Linkliste, 15.7.2000)
Auf den Internetseiten bleibt es allerdings nicht nur bei der Ideologie.
Im Diskussionsforum der „Deutschen Heidnischen Front" werden
Gewaltakte propagiert und Kirchenzerstörungen begrüßt, wie folgender
Auszug belegt:
„Wir verurteilen NIEMANDEN, der eine Kirche anzündet! Warum?!
Wir betrachten diese Brandstiftungen, wenn sie wirklich von AKTI-
VISTEN gelegt werden (...) als Teil der allumfassenden Kriegsführung
gegen unsere Unterdrücker." (vgl. Diskussionsforum Deutsche Heid-
nische Front, 28.9.1999)

**Fraternitas Surtur und White Order of Thule (WOT)**
Seit 1999 wirbt im Internet eine Organisation namens „Fraternitas Surtur". Die Gruppe beschreibt sich als Orden und „autonome(r) Teil" der
rechtsextremen Organisation „White Order of Thule" (WOT) aus den
USA, die sich vor ihrem Namenswechsel „Black Order of Pan-Europa"
nannte. Chef der Organisation ist der Rechtsextremist Nathan Pett, der
sich auch des Pseudonyms „Nathan Zorn" bedienen soll. (vgl. Intelligence
Report, Frühjahr 2000, Nr. 98) Pett hat in der rechten Szene Amerikas
bereits länger einen Namen, da er für den 1984 bei einer Schießerei ge-
töteten Rechtsextremisten Bob Mathews öffentliche Ehrungen organisierte. (vgl. NNA-Breaking News, 13.3.2000)
In dem Positionspapier „Einführung zum Weißen Orden von Thule"
wird die Organisation als „esoterische Bruderschaft" definiert, „die
für die Wiederbelebung der Kulturseele des europäischen Menschen
arbeitet."

Insgesamt ist die Ideologie des Ordens eine eigenwillige Mixtur aus Satanismus, okkultem Neonazismus und Neuheidentum. Mitglieder müssen diverse Grade der Mitgliedschaft durchlaufen und unter anderem die Arbeiten von Friedrich Nietzsche und Adolf Hitler studieren. (vgl. Intelligence Report, Frühjahr 2000, Nr. 98) In den USA verfügt der WOT über zwei „Hauptquartiere", als deren Kontaktadressen zwei Postfächer in Deerpark, (WA, USA), und Richmond , (VA, USA) angegeben werden.

In einer Erklärung im World Wide Web zur eigenen politischen Positionierung vom 7.8.1999 erläutert „Fraternitas Surtur", dass sie mit der „Allgermanischen Heidnischen Front" zusammenarbeite. Intern ist die Organisation hierarchisch aufgebaut und setzt ein für die Szene typisches Elitedenken restriktiv um. Im World Wide Web verbreitet die Gruppe ein „Konzept der Evolution":

„Der höhere Mensch vs. Die Masse; Die harte Wirklichkeit vs. Die höhere Ebene (...) Größe vs. Güte (...) Demokratie vs. Parlamentarismus (...) Dionysos vs. Der Gekreuzigte (...) Die alte Welt vs. Die dritte Welt; Kulturkampf vs. Ausbeutung (...) Qualität vs. Quantität; Kultur vs. Dekadenz; Aristokratie vs. Pöbelherrschaft; Schichtenbildung vs. Egalitarismus (...) Wolfsrudel vs. Schafsherden (...) Naturrecht vs. Sozialdoktrin; (...) Imperium vs. Nation (...)"

Darüber hinaus droht die Gruppe in ihrem Positionspapier vom 7.8.1999 ihren Anhängern unzweideutig bei Ungehorsam mit Gewalt, wie folgender Auszug verdeutlicht:

„Undiszipliniertes Verhalten (wird) hart und ohne Gnade bestraft."

Das Weltbild der Organisation mutet apokalyptisch-rechtsradikal an:

„Wir befinden uns im Zeitalter des Untergangs der ‚westlichen' Zivilisation, und wir wollen aktiv uns daran beteiligen, Grundlagen zu schaffen, dass auf den Grundlagen der alten Zivilisation eine neue, eindeutig europäische Kultur erbaut werden kann."

Die Gruppe versteht sich als Scharnier zwischen den traditionell satanistischen Kreisen und völkischen Organisationen. In dem Positionspapier heißt es dazu eindeutig:

„Der Surturismus ist eindeutig als ein heidnischer Satanismus oder auch satanistisches Heidentum definiert, das heißt die Bruderschaft ist absolut heidnisch als auch satanistisch, die Mitglieder hingegen brauchen nur eins zu sein."

Problematisch erscheint neben der Ideologie das Verhältnis der Organisation zur Illegalität. Hierzu schreibt die „Fraternitas Surtur" unzweideutig: „Die Zukunft der Bruderschaft wird immer eine Frage der Entwicklung sein und von daher wird auch dieses Thema unter vielen offen bleiben müssen."

**Verlage**

Aus Deutschland kommt das „Darker Than Black"-Label (DTB), das sich vorwiegend auf neonazistische Black-Metal-Bands spezialisiert hat. Die Verlagsköpfe sind der „Absurd"-Musiker Möbus und sein Bruder Ronald. Im Angebot des Mailorder-Vertriebs finden sich Musikkassetten, T-Shirts mit „verbotenen Aufschriften oder Symbolen" sowie CDs. (vgl. Verfassungsschutzbericht des Freistaates Thüringen 1999, S. 64) Zum Musikangebot gehören wiederum rechtsextreme Bands wie „Kristallnacht" oder „Winterblut". (vgl. Angebot im Internet, 10.11.1999)

Die Texte vieler Szene-Bands im DTB-Angebot sind volksverhetzend und legitimieren Gewalt. Beispielhaft hierfür stehen Aussagen der Band „Absurd" während eines Interviews im „Black Metal Almanach": "Es gibt im Black Metal keine Trennlinie zwischen Fiktion und Realität, beides geht ineinander über und somit ist es aus unserer Sicht völlig legitim, nicht nur über extreme Handlungen zu singen, sondern diese auch zu begehen." (vgl. Black Metal Almanach, "Wolfenstein"-Homepage, 27.11.98)

Vernetzt ist das „Darker Than Black"-Label mit Links zur „Allgermanischen Heidnischen Front", der „BURZUM"-Homepage und einschlägigen Vertrieben wie „Moribund Records".

Am 6. Oktober 1999 kam es zur Polizeirazzia gegen den Mailorder-Vertrieb, in deren Verlauf die Polizei ein Foto beschlagnahmte, das Hendrik Möbus mit einer rechtsextremen Flagge in einer ehemaligen Auschwitz-Baracke zeigt. Dass der Vertrieb in der rechtsextremen Szene nicht isoliert ist, belegen die Ergebnisse der Hausdurchsuchungen in insgesamt 20 Objekten. Neben „Darker Than Black" wurden auch die

Geschäftsräume des Szene-Vertriebs „No Colours", der Erfurter Bands „Barad Dür" und „Holocaust" sowie des Labels „Burznazg Productions" in Nordthüringen durchsucht. (vgl. Rock Nord 10-11/1999, S. 9)

Gefunden werden „umfangreiche Mengen von CDs, Musikcassetten, T-Shirts etc. mit verbotenen Texten bzw. Symbolen". (vgl. Pressemitteilung der Staatsanwaltschaft Erfurt, 7.10.1999) Silke Becker von der Staatsanwaltschaft Erfurt bestätigt öffentlich eine neue subkulturelle Szene zwischen schwarzer und brauner Subkultur und „dass es aus diesen beiden Strömungen eine neue Strömung gibt, die im rechtsextrem-satanistischen Bereich tätig ist, auch geschäftlich tätig ist." (vgl.: Kennzeichen-D, 24.11.1999)

Im Jahr 2000 findet sich eine „Darker Than Black"-Adresse in Midland, Texas, die eng mit dem Black-Metal-Verlag „Ancestral Research Records" (ARR) verbunden ist. Beim AAR verraten bereits der Name und das Hakenkreuz im Logo den rechtsextremen Hintergrund. Auf seiner Homepage schreibt der Verlag unumwunden:
„Es ist nicht die Musik alleine, die Black Metal zu der Musik macht, die wir lieben gelernt haben, es ist die Weltsicht, die Ideologie der Bands, der Musiker, die uns zusagen."

Um welche Ideologie es den Herausgebern geht, zeigen auch die Hitcharts. Auf vorderen Plätzen kursieren rechtsextremistische Bands wie „BURZUM", „Graveland", „Absurd", „Aryan Hellenic Art", „Herrenvolk" oder „Aryan Blood".

Auch im so genannten „mp3-Archiv" des Verlags, der zum Gratis-Herunterladen von Szenesongs einlädt, finden sich einschlägige Gruppen wie „Aryan Terrorism", „Holocaust" oder „Absurd". (vgl. AAR- mp3-Archiv, Internetliste, 16.5.2000)

Aus Deutschland kommt der Vetrieb „Hate Records" mit Verlagssitz in Neustadt (Sachsen), der Mirko Hesse, einem führenden Mitglied der neonazistischen Skinhead-Vereinigung „Hammerskins" zugerechnet wird. Der Verfassungsschutz Sachsen beschreibt die „Hammerskins" als „eine Vereinigung elitär, rassistisch und z. T. neonazistisch eingestellter Skinheads." (Verfassungsschutzbericht Sachsen 1999, S. 15)

1998 veröffentlichte „Hate Records" bereits die Dark-Metal-Band „Voice of Blood" mit der Single „Eine Nacht auf der Wewelsburg". Die CD preist „Hate Records" im Firmenprospekt „als was völlig Neues auf dem ‚rechten' Markt" und „düsteren NS-Metal". Zum Inhalt heißt es weiter: „Die Vocals sind sehr böse und bringen so die nötige Portion Hass rüber."

1999 folgen enge Geschäftsbeziehungen mit dem „Absurd"-Label „Darker Than Black". Aus dieser Zusammenarbeit geht die Veröffentlichung der Kölner NS-Black-Metal-Band „Mjölnir" mit dem Titel „Hinweg über die Tore der Zeit" hervor. Laut Prospekt „brachialster Blackmetal der harten Schule." Im Katalog finden sich darüber hinaus rechtsextreme Skinhead-Bands wie „Legion Ost" oder „Legion of St. George" neben neonazistischen Black-Metal-Kombos wie der Thüringer Band „Barad Dür" oder „ Absurd".

„Barad Dür" wurde 1995 gerüdet. Die ersten Demo-Tapes der Gruppe erschienen 1997 und hießen „Endless War" und „Land ohne Götter". Optisch setzt die Gruppe auf brutale Attribute wie Patronengurte und Waffen. Im Szeneinterview, das „Barad Dür" dem „Black Metal Almanach" gegeben hat, beschreiben die Musiker ihre ideale Welt:
„Es würde keine Rasse als die Weiße geben. Teile anderer Rassen wären in Zoos als Schauobjekte gehalten und bei Verlust nachgezüchtet. Zur Erinnerung, was für ekelige Sachen sich einmal frei bewegen durften. Keine Kirche, Moschee oder Ähnliches würde Europa mehr verunreinigen; es wäre frei von allen ausländischen Götzen, Kultstätten und ihren Dienern. Die Zeit alter Riten würde auferstehen und eine neue Zeit anbrechen, in der sich nur die weiße Rasse zu gottesgleicher Größe erhebt."

Ebenfalls aus Sachsen kommt der Vertrieb „No Colours Records". Im Angebot der Firma aus Borna ist die gesamte Palette rechtsextremer europäischer Black-Metal-Bands wie beispielsweise „Graveland" aus Polen, „Stormfront" aus Norwegen oder die deutsche Band „Absurd". (vgl. Black Metal Almanach, „Wolfenstein"-Homepage, 27.11.98) „No Colours" ist auch in der unpolitischen Black-Metal-Szene hoch angesehen, da es neben dem neonazistischen Musikangebot auch ein breites Inventar unpolitischer Undergroundmusik vertreibt. Insofern kann der Verlag als ideologische Einflugschneise der rechtsextremen Bands in die Mainstream-Subkultur bewertet werden.

Unter dem Logo „Dark Art for Black Souls" wirbt der amerikanische Musikvertrieb „Moribund Records" mit Sitz in Seattle (USA). Im Internettext beschreibt der Verlag sein Angebot als die neue „Schwarze Bibel" für die „echte Untergrund-Szene".

Das Verlagsangebot umfasst die gesamte Palette des Black Metal von neosatanistischen bis zu rechtsextremen Inhalten. Für 15 Dollar beispielsweise ist Demo-Material der thüringischen Band „Absurd" erhältlich. Im Prospekt als „Very CULT and strictly limited edition" angepriesen. (vgl. Angebotskatalog im Internet, 13.7.2000)

Die Texte der ebenfalls angebotenen Szeneband „Acheron" sind radikal antichristlich. Im Prospekt heißt es:
„Retourning from the black abyss, this cult Satanic band brings their darkest, most crushing antichristian release ever !! (...) we await the spilling of pure christian blood upon our Streets."

Ideologisch fühlt sich der Verlag der „Church of Satan" verwandt, was im Internettext unter der Rubrik „Verlagsphilosophie", zugegeben wird:
„Der Moribund Kult ist Anhänger der Philosophie von Anton Szandor Laveys Satanischer Bibel."
Folgerichtig führen dann auch Links direkt zum „Satanic Network".
(Internet-Selbstdarstellung, 13.7.2000)

**Kreuzritter**
Die zunehmende Sympathie zahlreicher Black-Metal-Bands für neonazistische Inhalte haben in Deutschlandsin der rechtsextremen Publizistik zum Umdenken geführt, immer mehr Szeneheftchen widmen sich der düsteren Subkultur. Am weitesten geht derzeit das NPD-nahe Jugendmagazin „Kreuzritter" aus Münnerstadt. Inhalt sind Konzertberichte der Skinhead-Szene, Wikingerkult, die Glorifizierung des Deutschen Reiches und offen fremdenfeindliche Parolen wie „Rassismus ist Not eines Volkes". (Ausgabe 3) Seit der dritten Ausgabe gibt es im „Kreuzritter" einen Innenteil namens „Blutaar", der sich als „Die Stimme der satanistisch-heidnischen Bewegung" bezeichnet. Zur Begründung des neuen Schwerpunkts heißt es auf Seite 2:
„Dass ab jetzt ein Heft im Heft erscheint, nämlich das ‚Blutaar', welches dazu dienen soll, den Zusammenhalt zwischen BM und NS zu fördern." (

Inhalt von „Blutaar" sind die theoretische Schulung der Leserschaft in „Begriffe(n) aus der Nordischen Kultur", „satanische und okkulte Symbole" und Details über germanische Opfer an die Götter. So soll Pferdefleisch „Weisheit/Erkenntnis" bringen, während Rindfleisch der „Lust/ Liebe" förderlich sein soll. (vgl. Blutaar, in: Kreuritter, Nr. 4, S. 25)

Im Interview mit den Autoren erklären die Herausgeber von „Kreuzritter" zum Zusammenwachsen von Black-Metal, Skinhead- und der neonazistischen Szene:
„Diese Bewegung hat schon vor einigen Jahren begonnen, dass Black Metal und Skinhead-Szene und ganz normale Nationalisten immer enger zusammenrücken und sich auch zusammenschließen, da die Inhalte ja gleich sind, wenn auch der Lebensstil in den Jugend-Subkulturen wohl ein anderer ist. Aber die Aussagen der Texte innerhalb der Musik, aber die politischen und ideologischen Gesichtspunkte sind bei den Skinheads wie auch bei den heidnischen Black Metallern ganz klar dieselben. Also wir bekennen uns also wie die Black Metaller zu unserem Volk, zu unserer Heimat, führen das auf unsere rassische Herkunft zurück, also die heidnischen Aspekte sind für uns sehr wichtig. Also naturverbunden zu leben, das ist also in allen Szenen dasselbe und deswegen arbeitet man zusammen." (Interview mit den Autoren, 18.10.2000)

Seit Frühjahr 1999 ziehen die anderen großen Rechtsrock-Vertriebe und -magazine nach, was eine Analyse der promoteten Bands unzweideutig bestätigt.

**Rock Nord**
„Rechtsrock, Black Metal, Darkwave etc. in Rock NORD: Annäherung patriotischer Musikstile oder Ausgrenzung ‚entarteter Kunst'? – Wir möchten gerne Euere Meinung erfahren."
In der September-Ausgabe 1999 startet Deutschlands wichtigste rechtsradikale Musikzeitschrift eine Leserumfrage. Hier zeigt sich deutlich, dass das Szenemagazin aufbricht, um an einer neuen Subkultur anzudocken. Das für die „Skinhead-Musikszene bedeutende, professionelle Fanzine" (Verfassungsschutzbericht Nordrhein-Westfalen 1996, S. 103) etabliert seit 1998 neben dem herkömmlichen Skinhead-Publikum auch kontinuierlich den Black-Metal-Kult. Beleg ist das „Rock Nord"-Magazin 3/99, S. 10 ff , in dem Black Metal als „Die Wiederkehr alter My-

then" gefeiert wird. Die Propagandisten des neuheidnisch-rechtsradika-
len Flügels werden als eine „Gegenbewegung zur fortschreitenden
Kommerzialisierung des Black Metal" bejubelt. Die Musikgruppen des
rechten Flügels werden hier als „'back-to-the-roots'-Protagonisten" bezeichnet, denen unter anderem die Bands „GRAVELAND, THOR'S
HAMMER und VELES aus Schlesien, ABSURD, NARGAROTH,
BARAD DÜR und MENHIR aus Deutschland; OSCULUM, KRISTALL-
NACHT und BLESSED IN aus Frankreich" zugerechnet werden. Insgesamt wird den Stammlesern der Black Metal als Stil vermittelt, dem man
„verstärkte Aufmerksamkeit" widmen möchte. Und tatsächlich folgen
schon Wochen später im Rechtsrock-Magazin Band-Portraits, wie mit
der neonazistischen Gruppe „Absurd". Die Musikzeitschrift schreibt zum
Interview mit der Black-Metal-Band und deren neuen CD:
„Hoffentlich wird nun ‚Asgardschrei' auch einen Teil dazu beitragen
können, dass Black Metal als eine Musikform des nordischen Menschen
(...) angenommen wird. Diesem Bestreben möchte ich im Namen des
RockNORD ebenfalls Gelingen wünschen. Absurd jedenfalls sind als
bisher einzige deutsche Black Metal-Band wirklich dazu in der Lage,
eine Vermittlerrolle zwischen den Szenen einzunehmen." (Rock Nord,
Homepage, Nr. 48/49, 12.11.1999)

Bereits auf der Titelseite der Ausgabe 5/99 mit der Überschrift „Finden
Christen zum kotzen" lädt „Rock Nord" zum Lesen des Interviews mit
der Gruppe „Barad Dür" aus Thüringen ein.

In der Ausgabe 10-11/1999 folgt ein vierseitiges Interview mit Varg
Vikernes. Als Resümee des Beitrags schreibt der „Rock Nord"-Autor:
„Unter den Black Metal-Fans hat Varg eine treue und stetig wachsende
Anhängerschaft gefunden (...) Stößt er damit (dem Interview – die Au-
toren) nun auch unter Skinheads auf mehr Akzeptanz und Verständnis,
dann hat dieses Interview seinen Zweck erfüllt."

Mit diesen Aussagen wird überdeutlich, dass es den Herausgebern
von „Rock Nord" um weit mehr geht, als um den Verkauf einiger
neuer Tonträger einer anderen Jugend-Subkultur. Es geht um die Etablierung der rechtsextremen Black-Metal-Multiplikatoren in der eigenen Szene.

**Blood & Honour**

Die „Blood & Honour"-Bewegung hat ihren Ursprung in Großbritannien, wo sie in den achtziger Jahren mit dem Ziel gegründet wurde, der Skinhead-Szene im Musikbereich eigenen Strukturen zu schaffen. (vgl. Verfassungsschutzbericht Berlin 1999, S. 83) Seit 1999 hat die Szene als neuen „Star" den neonazistischen Black-Metal-Ideologen Varg Vikernes entdeckt. Im zweiseitigen Interview agitiert Vikernes: „Die Alliierten mögen den Krieg gewonnen habenm aber A.H. hat unsere Herzen gewonnen! 88! Heil Wotan!"

Hier empfiehlt Vikernes die Adresse des „Darker Than Black"-Verlages aus Erfurt als „einen Stützpunkt" seiner „Allgermanischen Heidnischen Front". (vgl. Blood & Honour, Nummer 6, S. 50 f)

Die Zuwendung der „Blood & Honour"-Bewegung zur Black-Metal-Ikone Vikernes, wurde vom damaligen Berliner Verfassungsschutzpräsidenten Dr. Eduard Vermander als richtungsweisend für die Vernetzung der Szenen eingestuft:
„Das ist sicherlich ein Signal, dass dieses Interview in diesem Bereich gekommen ist, weil wie ich bereits sagte, Blood & Honour versucht Strukturen aufzubauen und versucht, politisch zu wirken und wenn dann eine solche Kultfigur der Black- Metal-Musik hier zu Wort kommt, dann ist das sicher ein sehr eindeutiges Zeichen." (zit. aus Kennzeichen-D, 24.11.1999)

Es kann noch längst nicht davon gesprochen werden, dass die gesamte Black-Metal-Szene in den Rechtsextremismus abdriftet. Die Auswertung dokumentiert allerdings, dass die rechtsextreme Ideologie in Teilen einer weiteren Jugend-Subkultur bereits Fuß gefasst hat.

## 3.3. Dark Wave

Rechtsextreme versuchen seit einigen Monaten immer stärker, auch Einfluss auf die Dark-Wave-Szene zu nehmen. Beleg sind unter anderem Konzertberichte in zahlreichen rechtsextremistischen Zeitschriften, das Wachstum rechtsradikaler Dark-Wave-Webseiten, Link-Setzungen auf rechtsextremen Homepages in die Gothic-Szene und starke Umarmungsversuche durch das rechtsextremistische Vertriebswesen, das auf Grufti-

Veranstaltungen auch mit Ständen präsent ist. So beobachtete das sächsische Landesamt für Verfassungsschutz auf dem Gothic-Festival 2000 in Leipzig „rechtsextreme Bands und Verkaufsstände mit rechtsextremen Artikeln", wie der Präsident des LfV Reinhard Boos am 6.10.2000 im Interview bestätigt. Darüber hinaus beobachtet das Landesamt, dass in Szenezeitschriften zum „Rechtsextremismus hingeführt" werde, was sich „in Musiktexten, der Symbolik und dem theoretischen Hintergrund" dokumentiere.

Die rechtsextreme Wochenzeitschrift „Junge Freiheit" wusste schon früh über ideologische Andockstellen rechtsradikaler Ideologie in der düsteren Jugend-Subkultur. 1996 schreibt das Blatt in einem Beitrag über Dark-Wave-Musik:
„Deutschland ist das Zentrum einer Musikkultur geworden, die ihre Wurzeln im antidemokratischen Gestus der ‚Gothic' (gemeinhin auch Grufti-) Szene besitzt. Dieses Gemisch birgt eine Sprengkraft, vor der sich alteingesessene Sittenwächter des Musik-Mainstreams in Acht nehmen müssen. Wenn das Mystische und Irrationale, der Wunsch nach anti-aufklärerischer Innenschau und gelebter Transzendenz ihre Stimme in der Jugendkultur finden, ist der ästhetische Konsens des Westens gebrochen. Wenn die Bezugspunkte Mittelalter und deutsche Geisteskultur darstellen statt ‚Love and Peace', wenn die Seele gegen den Intellekt ins Feld geführt wird – dann schneidet sich ein Keil in das Establishment oberflächlicher Beliebigkeit." (Junge Freiheit 4/96)

Offenkundig werden die Schulterschlussversuche und Anbiederungen des Autors an die Jugend-Subkultur, wenn gegen „alteingesessene Sittenwächter" schwadroniert wird. Insgesamt folgt bis heute aber nur ein kleiner Teil der Szene den Rechtsaußen-Signalen, Tendenz allerdings steigend.
Ihre Geburtsstunde hatte die Grufti-Jugendsubkultur Anfang der achtziger Jahre als Abspaltung der Punk-Bewegung. Während jedoch die Punker mit ihrer Losung „No Future" einen schrillen Gesellschaftsprotest formulierten, zeichnete die Grufti-Szene offen zur Schau getragene Resignation aus. In einer Aura von mittelalterlichem Dunkelmännertum und Mystik ist der Protest der Szene emotional. Einer emotional leeren Gesellschaft antwortet diese Subkultur mit dem Habitus persönlicher Leere und Hoffnungslosigkeit. Augenscheinlich ist die Kleidung besetzt

mit Insignien des Todes. Gruftis verbindet ein Gefühl von Sinnlosigkeit und Zukunftsangst. Nicht umsonst heißen Szeneläden „Art of Dark" oder „Trauma Music Store", der in Szeneheften mit „Freitod Melodien für lebensmüde und depressive Seelen" (Orkus 3/98) wirbt. Zusammenge-fasst sind Merkmale der Dark-Wave-Szene eine intensive Beschäftigung mit dem Ende allen Seins, was auch eine intensive Beschäftigung mit dem Tod (Friedhofsnostalgie) mit sich bringt, eine mystisch verklärte Todesakzeptanz, eineVorliebe für die Farbe Schwarz sowie eine stän-dige Präsenz von Okkultismus in der Szene. Diese Merkmale werden bereichert durch die neue Subkultur des „Neo Folk", die sehr eng mit Dark Wave korrespondiert. „Neo-Folk" zeichnet sich durch keltische und germanische Anleihen aus, die sehr häufig vor der Kulisse mittelalterli-cher Märkte zu finden sind. Natürlich gehen beide Subkulturen auch ineinander über und bilden neue Abspaltungen. Den Szenen gemeinsam ist die Faszination und Nachahmung mittelalterlicher Kleidung bis hin zu einem Vampir-Look und die Faszination für okkulte Phänomene und neuheidnische Religionsvorstellungen, was unter anderem in einer Vor-liebe für Runen zum Ausdruck kommt. Zur Ideologie vieler Szenean-gehöriger gehört oftmals auch eine mehr oder wenige ausgeprägte Ableh-nung des Christentums. (vgl. Farin/Weidenkaff, 1999, S. 42; Ver-fassungsschutzbericht des Bundes 1999, Pressefassung, S. 89)

Auch wenn bisher nur eine deutliche Minderheit in der Dark-Wave- und Grufti-Szene für Rechtsextremismen anfällig ist, nimmt die Vernetzung dieser Gruppen ständig zu.

**Von Thronstahl**

Eine wichtige Funktion als Bindeglied zwischen Rechtsextremismus und Dark Wave kommt dem Gothic-Musiker Josef Klumb zu. Klumb war Frontmann der Gruppe „Weissglut". Nachdem der Sony-Konzern, der die Band unter Vertrag hat, Druck machte, kam es zur Trennung der Band von dem Sänger, der wegen seiner Anbindung an die rechtsextre-mistische Szene unter Beschuss geraten war (vgl. blick nach rechts, 6.4.2000). Ein Grund für die Kritik an Klumb in der Öffentlichkeit war seine Beschäftigung in der rechtsextremen Firma „Verlag + Agentur Werner Symanek" (VAWS). Noch heute wirbt der Verlag mit seinen Tonträgern. In der April-Ausgabe 2000 wurde Klumbs Musikprojekt „Von Thronstahl" mit der CD „Imperium Internum" vorgestellt, die auch zum Verkauf angeboten wird. Ein Foto im Prospekt zeigt die Band vor dem Nürnberger Reichstagsgelände.

## VAWS

Verlagsleiter des VAWS-Verlags ist Werner Symanek, der 1998 das „revisionistische" Buch „Deutschland muss vernichtet werden" veröffentlichte. (Verfassungsschutzbericht des Bundes 1999, Pressefassung, S. 90) Neben seinem monatlich erscheinenden Informationsdienst ist der Verlag auch im Internet vertreten. Domain-Inhaber sind „VAWS Verlag und Agentur Werner Symanek" mit Sitz in Duisburg.

Im rechtsextremen Verlagsprospekt 1999 finden sich in der Rubrik der „Okkulten Geschichte des Dritten Reiches" verschwörungstheoretische Schriften wie Jan v. Helsings „Die Innere Welt" oder das Video „Geheimgesellschaften". Daneben gibt es sich im Verlagsprogramm noch eine Reihe von Bänden, die die offizielle Kultur des Nationalsozialismus wie Arno Breker oder Josef Thorak würdigen. Ebenfalls im Angebot sind die esoterisch-theosophischen Grundlagenwerke von Helena P. Blavatsky wie „Die Geheimlehre" oder „Praktischer Okkultismus" oder Literatur des Ariosophen Guido von List wie „Das Geheimnis der Runen". Blavatsky gilt als die ideologische Wegbereiterin der rassistischen Esoterik-Strömungen unserer Zeit.

„Die Grundlage ihrer Lehre lassen sich als faschistisch und rassistisch bezeichnen. So fordert Blavatsky die Unterordnung unter einen Führer und bezieht sich in ihren Werken auf die indische Kastenlehre, die sie auch auf europäische Gesellschaften anwenden will." (Bellmund/Siniveer: Kulte, Führer, Lichtgestalten, München 1997, S. 25)

Passend zur esoterischen Literatur ist das Schmuckangebot Symaneks, das die „Schwarze Sonne" als Anstecker, Thors Hammer als Anhänger oder Runenringe beinhaltet.

Den musikalischen Rahmen für den Germanenkult stecken rechtsradikale Gothic-Bands wie „Forthcoming Fire" mit dem Frontmann Josef Klumb alias Jay Kay. Mit einer ganzen Palette von Klumb-Merchandising-Material wie Postkarten, T-Shirts und Gedichtbänden und selbstverständlich CDs und LPs soll augenscheinlich eine Kultfigur etabliert werden. (Katalog, S. 53) Im Verlagsangebot findet sich zudem eine bunte Auswahl ideologisch unterschiedlichster Szenebands wie

„Aghast", „Coil", „Current 93", „Kapo", „Moon Lay Hidden", die allseits bekannte Gruppe „Laibach" und andere ultrarechte Szenebands wie „Allerseelen", „Blood Axis" und „Death in June". Weiterer Beleg für die politische Brisanz ist die CD der Gruppe „Feindflug", deren Repertoire unter anderem aus Hitler-Reden besteht, die kommentarlos auf Dark-Wave-Musik gelegt werden.

Auffällig sind auch CDs aus VAWS-eigenen Produktionen, zu denen Sampler mit Titeln wie „Riefenstahl" gehören, welcher der Regisseurin mehrerer NS-Propagandafilme gewidmet ist:
„Dass die Würdigung dieser Personen in dieser Form durch das VAWS nicht als unpolitische Huldigung ihrer Ästhetik anzusehen ist, geht aus dem (...) sonstigen politischen und rechtsextremistischen Verlags- und Vertriebsprogramm hervor." (Verfassungsschutzbericht des Bundes 1999, Pressefassung, S. 90)
An dem Riefenstahl-Projekt nahmen unter anderem Dark-Wave-Bands wie „Allerseelen", „Swirlings Swastikas", „Tombstone", „Von Thronstahl", „Death in June/Kapo" und „Forthcoming Fire" teil.

Den Grund für die aktive Beschäftigung des rechtsextremen VAWS-Verlags bleibt Verlagsboss Werner Symanek nicht schuldig. In einem Beibrief zum Verlagsprospekt Mai 2000 schreibt er auf Seite 1:
„Um es noch einmal zu wiederholen. VAWS ist ein sehr politischer Verlag. Nur die Erfolglosigkeit der politischen Parteien hat uns andere Wege gezeigt. Wir wollen die ohnehin schon bescheidenen und unter großem Opfer aufgebrachten finanziellen Mittel nicht in Wahlkämpfen verpulvern, in denen die Flugzettel, Zeitungen und Plakate lediglich die städtischen Müllwagen bereichern. Wir verrichten gezielte Arbeit an der Wurzel, überlegt und gut abgewogen, mit klaren Ziel und einer berechenbaren Erfolgschance. (...) Wir sind angetreten, um die Medien, Jugendzentren und letztlich die politischen Bühnen in Deutschland zurückzuerobern."
Eng verknüpft ist Symanek mit der rechtsextremistischen Zeitung „Unabhängige Nachrichten" (UN). Bis zur Ausgabe 3/1999 ist „die Postfachadresse der UN in Bingen identisch mit dem Verlag von Werner Symanek". (Verfassungsschutzbericht des Landes Nordrhein-Westfalen 1999, S. 135)

## Sigill/Zinnober

Seit 1993 erschien in Dresden das neurechte Gothic-Fanzine „Sigill", das vom Dresdner „Eislicht-Verlag" von Stephan Pockrandt heraus-gegeben wurde und bis Juni 2000 regelmäßig erschien. Das Nachfolge-Organ desselben Verlages heißt „Zinnober", hat den Anspruch, noch regelmäßiger zu erscheinen und definiert als „Fernziel", ein „von der Werbung unabhängiges Magazin zu schaffen." Bisherige Werbekunden von „Sigill" waren unter anderem das „White Label", der „Arun-Ver-lag" oder „Tesco Distribution" aus Mannheim, das ganzseitig mit „Death in June" wirbt (vgl. Sigill, Nr. 20, S. 2) und ansonsten Gruppen wie „Allerseelen" oder „Turbund Sturmwerk" vertreibt. (vgl. Sigill, Nr. 19) Für den Verfassungsschutz in Sachsen befindet sich das Organ derzeit „in der Prüfphase" zur Einordnung in die Rubrik „Rechtsextremismus". So werde „für rechtsextreme Verlage geworben und auch rechtsextreme Ideologie" verbreitet, doch fehle noch das „nötige aktionistische Ele-ment" für eine klare Zuordnung, so der LfV-Präsident Reinhard Boos im Interview am 6.10.2000. In einer Selbstdarstellung beschreibt sich „Sigill"-Herausgeber Pockrandt als Vertreter der typisch neurechten-Gesellschaftskritik und als konservativer Revolutionär:

„Der Herausgeber der Sigill, Jahrgang 73, kann nicht gerade als Freund des American way of life bezeichnet werden. Quantität, Seelenlosigkeit, Gleichmacherei, Naturverschmutzung und Prinzipienlosigkeit, kurz: bür-gerliche Gesellschaft, die Unfähigkeit des Homo sapiens zu Alternati-ven und Visionen sowie die Angewohnheit der Masse Mensch, alles Tun und Sein in Zahl und Dollar zu fassen, haben aus ihm einen leidenschaft-lichen Provokateur, einen ironisch-zynischen Misantrophen und einen reaktionären Lebensstilakrobaten gemacht." (Sigill, Nr. 20, S. 7)

Weitere „Sigill"-Mitarbeiter sind Jens Hermann, der sich in der Dark-Wave-Szene mit seinem Projekt „Mjölnir Tonkunst" einen Namen mach-te, oder Martin Schwarz, der als „Waffenträger des spirituellen Krieges" vorgestellt wird und zu dessen Philosophie „Sigill" schreibt: „Er benutzt Cyberspace und Lichtscheiben, Fanzines und Kampfschriften immer nur zu einem übergeordneten unpersönlichen Zweck – der TRADITION." (Sigill, Nr. 20, S. 5) Ebenfalls aus der Musik-Szene kommt Markus Wolff, 1986 Gründungsmitglied der Band „Crash Worship": 2000 nimmt er die CD „Waldteufel" auf und zeichnet für die Homepage „Heidnischwerk" mit einer Postfachadresse im US-amerikanischen Portland verantwortlich.

Die „Eislicht"-Homepage gibt einen umfassenden Überblick über die gesamten „Sigill-Ausgaben" sowie über Termine in der Grufti-Szene und das Verlagsangebot. Als Domain-Inhaber wird die Firma „Bueker Web Design" in Hoexter genannt. Das Angebot an Interviews auf der Homepage ist eine eigentümliche Mischung aus Germanenkult, Rechtsradikalismus, plakativem Antichristentum und Dark-Wave-Subkultur.

In der „Sigill"-Ausgabe 17 beispielsweise, die ins Internet gestellt wurde, ist sich ein ausführliches Interview mit der rechtsradikalen Band "Death in June" abgedruckt, der Pockrandt eine große Bedeutung für den eigenen Lebenslauf zuschreibt:
„Die Musik und alles andere um DEATH IN JUNE haben mein Leben sicherlich nachhaltig beeinflusst und inspiriert. Ohne Douglas P. gäbe es eventuell Sigill nicht, wäre ich heute schon durch Dancefloor oder HIP-HOP verblödet wie all die anderen Jugendlichen meines Alters, wer weiß?"

In dem darauf folgenden Interview beschreibt der „Death in June"-Bandleader Dougles Pearce seinen Besuch bei der nationalistischen kroatischen Einheit HOS (Kroatische Verteidigungskräfte) und verharmlost deren Aktivität als „Verteidigungskräfte". Seinen Besuch im HOS-Hauptquartier beschreibt er wie folgt:
„Als ich mich dann in dieses Hauptquartier begab, stellte ich fest, dass diese Leute auf surrealistisch elegante Weise charmant sind. Alle diese Männer umgab eine extrem disziplinierte Atmosphäre, die Frauen waren alle blond und in Leder gekleidet, Freiwillige standen Schlange und das Weinen der Frauen, die auf Nachrichten ihrer vermissten Männer von der Front warteten, erfüllte die Räume."

In weiteren Interviewpassagen dokumentieren sich Mystik, Irrationalität und Kulturpessimismus der rechten Gothic-Gruppe:
„Wir leben schon in den Zeiten der Schwarzen Sonne. Sie schwebt schon über uns allen als wahrer Niedergang Europas, ganz egal, wo auch immer wir uns in der Welt befinden sollten. Sie schaut auf uns herab und wartet. Sie steht als Zeichen für unseren kollektiven Faustischen Pakt. Es ist die Flagge der arischen Nation, die winselt. Es ist Gott."

Gefragt nach seiner Besichtigung der Schwarzen Sonne im Marmorfußboden der Wewelsburg bei Paderborn, sagt Douglas Pearce:

„Für mich ist dieser Ort ein Platz göttlicher Erscheinung. Dieser Ort verstörte mich zutiefst und erleuchtete mich ebenso."

Ebenfalls im Internet ist das Interview von „feuer & eis", das in der „Sigill" Nummer 8 veröffentlicht wurde. Musiker des Projekts ist Ian Read, der bereits bei den Bands „Death in June" und „Sol Invictus" mitgewirkt hat. In dem Interview schwadroniert er über einen „riesigen Komplex", der den Deutschen „von einer Nachkriegsgehirnwäsche eingeimpft worden war" und philosophiert über neuheidnischen Odinismus: „Mein Odin ist der der Runengilde. Er bringt das Höchste in mir hervor."

Ein weiteres „Sigill"-Interview im Netz stammt von Zeena LaVey, die fünf Jahre lang Sprecherin der neosatanistischen „Church of Satan" war. Die Aussagen sind von sehr stark antichristlichen und antijüdischen Klischees geprägt, was folgende Passagen belegen: „Die Welt leidet gegenwärtig an einer Überbevölkerung, die das direkte Resultat der jüdisch-christlichen Idee ist, die besagt, dass alles Menschliche heilig ist, während einige Tiere, vor allem die Raubtiere, Boten des Teufels' wären."
An anderer Stelle positioniert sie die nationalsozialistische Esoterik gar über die christlich-jüdische Glaubenslehre:
„Die okkulten und magischen Glaubensüberzeugungen der Nationalsozialisten variierten ebenfalls sehr stark. Zum Beispiel war Rosenberg stark antichristlich; Heß beschäftigte sich mit Astrologie; Himmler suchte den Gral und Darre vertrat die ‚Blut und Boden' Ökologie. Alles weicht voneinander ab und ist dennoch vereint in der Suche nach dem europäischen Mythos. Es ist auf alle Fälle besser als die Forschung in dem östlichen Sklavenkult."

Im Warenangebot des „Eislicht"-Versandes finden sich Tonträger bekannter Szenebands wie „Neuschwabenland" der österreichischen Gruppe „Allerseelen" oder die Brandenburger Neo-Folk-Band „Sonne Hagel". Links bestehen unter anderem zu Bands wie „Allerseelen", „Blutharsch", „Blood Axis", „Death in June", „Fire + Ice" oder „Waldteufel" sowie „zur befreundeten Szene" wie „Las e.V.", „Pagan Muzak" oder „Lichttaufe". (Stand: 16.9.2000)

**Gaia-Versand**
Der „Gaia-Versand" ist ein neuheidnisch-esoterischer Vertrieb aus Engerda in Thüringen, der auch im Internet mit einer Homepage vertreten ist. Das

Verlagsangebot wird auf der Startseite mit „Naturreligionen, Schamanismus, Esoterik und Spirituelle Ökologie" beschrieben, wohinter sich bei genauerem Hinsehen ein umfangreiches neuheidnisches Angebot verbirgt. Domain-Inhaber ist Stefan Ulbrich, der ebenfalls Verlagschef des „Arun-Verlags" ist. Im Literaturangebot befinden sich rechtsradikale Bücher unter anderem von Jürgen Hatzenbichler, Sigrid Hunke, Julius Evola und Russel Mc. Clouds „Die schwarze Sonne von Tashi Lhunpo". Hatzenbichlers Buch „Querdenker" porträtiert „konservative Revolutionäre" wie Julius Evola, Kurt Eggers und Alain de Benoist. Julius Evolas „Revolte gegen die Moderne Welt", die ebenfalls über Ulbrich zu erwerben ist, dokumentiert den Kulturpessimismus der Neuen Rechten und zeigt das angeblich „unaufhaltsame Versinken der jahrtausendealten spirituellen und kulturellen Weltordnung auf." (Verlagskatalog, 2000)

Der Chef des 1989 gegründeten „Arun-Verlages" ist in der rechtsextremen Szene kein Unbekannter: „Ulbrich war ‚Horstführer' in der Wiking-Jugend, der er bis zum August 1984 angehörte. Von begrenzter Dauer war seine spätere Redaktionszugehörigkeit (Ressort: Politik) bei der Jungen Freiheit." (Paul Heller/Anton Maegerle: „Thule: Vom völkischen Okkultismus bis zur Neuen Rechten", 2. Auflage, 1998, S. 161)
Inzwischen distanziert sich Ulbrich von seiner offen neonazistischen WJ-Vergangenheit und deren Führern, „die mich ja eigentlich leiten sollten, aber stattdessen, wie ich nun merkte, nur missbraucht hatten." Heute definiert sich Ulbrich als Heide, der sich dem „Schutz des Lebens in all seinen Erscheinungsformen" verschrieben hat. (Interview auf der Homepage, Rubrik „in eigener Sache", 3.10.2000)
Im Mailorder-Vertrieb „Gaia" befinden sich rechtsradikale Dark-Wave-Tonträger von „Blood Axis" und „Allerseelen", angepriesen als „experimentelle Versuche, dem Wesen unserer heidnischen Ahnen auf die Spur zu kommen", oder der neonazistischen Black-Metal-Band „BURZUM". Links setzt der „Gaia"-Versand zur „Earth Family e.V." oder dem „Orden der Kraft" und zu „Druidenblut".

## Kshatriya

Bemerkenswert ist auch die Homepage Martin Schwarz, der im Internet sein „Kshatriya"-Prinzip vorstellt, „das die Schlachtordnung der Eisernen Garde des eisernen Zeitalters" verkörpert. (Sigill, Nr. 20, S. 5) Die Seite orientiert sich eindeutig an der konservativen Revolution und an

dem faschistischen Theoretiker Julius Evola. Typisch für die Homepage ist
der elitäre und zivilisationspessimistische Aufsatz „Die Eiserne Krone":
„Europa befindet sich heute in seiner völligen sittlich-kulturellen Dekadenz und geistig-politischen Lähmung bei gleichzeitig scheinimperialer
Machtentfaltung des EU-Molochs in einer ähnlichen Lage wie das Rö-
mische Imperium in seiner letzten Phase."

Diese ausweglose Situation wird angeblich begleitet vom „herrschen-
den Ungeist des Feminismus und dem mit der ,sexuellen Befreiung des
Weibes' einhergehenden Sittenzerfall."
Einen Ausweg aus diesem gesellschaftlichen Dilemma findet der Autor
in den Schriften Julius Evolas und dessen „Orden der eisernen Krone".
Ziel der Ordensgründung soll sein, die „spirituellen Werte im politischen
Chaos und der moralischen Zersetzung (...) zu bewahren und zu verteidi-
gen." Die antidemokratische Ausrichtung wird in den Auszügen der
Ordensrichtlinien deutlich, die Julius Evola 1973 skizzierte:
„Gegen die Verzerrungen, die der modernen Zivilisation zu eigen sind,
Position zu beziehen, ist die natürliche und unbestrittene Bedingung zur
Mitgliedschaft im Orden. Dies führt dazu, jede Form von Demokratie und
Gleichmacherei zu brandmarken und ihm ein Prinzip entgegenzustellen:
die spirituelle Quelle der Autorität und der Hierarchie. Weiter gilt es jeden
,sozialen' – kollektivistischen und proletarischen – Mythos zu bekämpfen."

Eine kleine, konservativ-elitäre Gemeinschaft als Löserin angeblichen
gesellschaftlichen Übels. So preist dann auch die Homepage die Ordens-
Schriften Evolas als „Dokumente für das Ende des dunklen Zeitalters" an.

## Death in June

1980 wurde die Band „Death in June" von den Musikern Douglas Pearce,
Patrick Leages und Tony Wakeford gegründet, die inzwischen in der
Dark-Wave-Szene einen echten Kultstatus genießt. Inzwischen gehört
von dem Anfangstrio nur noch Douglas der Gruppe an, deren Name für
den Todesmonat des SA-Führers Ernst Röhm steht. Auf den CD-Covern
arbeitet der Musiker mit rechtsextremen Symbolen und Uniformen. Wer
allerdings primitiven Nationalsozialismus in den Texten vermutet, liegt
falsch. Vielmehr setzt die Gruppe auf neurechte Romantik, gepaart mit
gezielten Provokationen wie im Song „Brown Book" auf der CD „The
Cathedral of Tears", in dem das Horst- Wessel-Lied gesungen wird.

In der Dark-Wave-Szene produziert „Death in June" auch Gemeinschafts-projekte mit anderen rechten Szenebands. Im „Eislicht"-Interview sagt er zur Kooperation mit „DER BLUTHARSCH":

„Als Albin Julius von THE MOON LAY HIDDEN BENEATH A COULD und DER BLUTHARSCH seinen Urlaub hier in Australien verbrachte, haben wir uns getroffen und auch gleich für einige Zeit ein Studio gemietet. (...) Es war phantastisch, mit ihm zu arbeiten, da er fast augenblicklich die Arbeitsweise von DEATH IN JUNE verstanden hat und sich einfügen konnte."

Auch die rechte Skinhead-Szene in Deutschland ist auf „Death in June" aufmerksam geworden. Beispielhaft hierfür steht ein Portrait der Grup-pe von dem Europakreuz-Herausgeber Michael Thiel in der Publikation „Rock Nord". Die besondere Aufmerksamkeit in dem Artikel gilt dem rechtsextremistischen Leumund von „Death in June":

„Ob nun der SS-Totenkopf, die Katalognummer 30.06.34 ihrer ersten Single – bekanntlich das Datum des Röhm-Putsches –, die Wahl des Namens Death in June, Douglas' offensichtliche Sympathie für Röhms SA – er nannte sich sogar zeitweise D. Roehm – oder sein Interesse und engagierter Einsatz für nationale Gruppierungen in ganz Europa verstärk-ten diesen Ruf nur, doch Douglas geschicktes Agieren ist frei von Aus-sagen (...)." (Rock Nord, Nr. 26, S. 16f.)

**Europakreuz**

Eine der ersten Internetseiten in der Grauzone zwischen der rechtsextre-mistischen Szene und der Dark-Wave-Musik ist die Publikation von Marco Thiel „Europakreuz", die seit 1992 als monatlicher Rundbrief erscheint. Parallel dazu werden die Beiträge auch im Internet veröffent-licht. Verantwortlich zeichnet Michael Thiel mit einer Berliner Postfach-adresse. Das Theorieorgan veröffentlicht nationalrevolutionäre Texte von Ernst Jünger und präsentiert einen Informationsdienst, der Neuigkeiten aus der rechtsextremistischen Szene Europas liefert. Die Fachliteratur charakterisiert die Homepage politisch eindeutig: „Auffällig ist der ex-treme Sozialdarwinismus und Rassismus". (Dokumentationsarchiv des österreichischen Widerstandes: Das Netz des Hasses, Wien 1997, S. 74) Links existierten zu den Homepages von „Rock Nord", der NPD, der „Jungen Freiheit" und der FPÖ bis hin zum „Thule Netz". Seit einigen Monaten ist die Homepage aus dem Internet verschwunden.

**Blood Axis**

Bei vielen rechten Musikprojekten- und Verlagen ist die 1989 entstandene Gruppe „Blood Axis" des Amerikaners Michael Moynihan vertreten. Im Internet ist die Band auf einer Homepage, die eine gemeinsame Postfachadresse mit „Storm" angibt und im amerikanischen Portland ihren Sitz hat. Auf der Internetseite werden die Musikprojekte der Band vorgestellt und Links zu anderen neuheidnischen Internetseiten gelegt. Darüber hinaus wird die Homepage von dem Vertrieb „Storm Mailorder" auch kommerziell genutzt. Im Angebot sind rechtsradikale Dark-Wave- und Black-Metal-Bands wie „Allerseelen", „Blood Axis" und auch die Nazi-Black-Metal-Band „BURZUM" mit der CD „Filosofem". Zur „Allerseelen"-CD „Gotos Kalanda" jubelt „Storm" in seinem Internetkatalog: „Ein famose musikalische Wiedergabe der packenden heidnischen Musikzyklen des SS-Runologisten und Okkultisten K.M. Wiligut, der auch als Himmlers Rasputin bekannt ist." Bei der ebenfalls im Angebot dargebotenen CD von „AIN SOPH" wird die Gruppe als „italienische Esoterikband" vorgestellt, „die in der magischen westlichen Tradition und den Ideen des revolutionären Philosophen Julius Evola" ihre Wurzeln hat.

„Blood Axis" selbst taucht auf Samplern im VAWS-Verlag auf. Beispielhaft hierfür stehen Projekte wie „Cavalcare La Tigre", das im Katalog 1999 als „eine Tributzollung an Julius Evola" feilgeboten wird. Der Italiener Evola war „Mussolinis Hofphilosoph" und Verfasser der „Grundrisse der faschistischen Rassenlehre". (vgl. Hundseder, 1995, S. 96) Musikalisch zollen dem faschistischen Theoretiker auf dem Sampler neben „Blood Axis" Bands wie „Allerseelen", „Von Thronstahl" und „Waldteufel" ihre Anerkennung.

**Allerseelen**

„Allerseelen" ist eine Musikgruppe aus Österreich, die mit neuheidnischen und mythischen Inhalten in der so genannten schwarzen Musikszene zu den bekannteren Bands in Europa gehört. Die Projekte des österreichischen Musikers Gerhard Petak („Kadmon") finden sich ebenfalls im Internet auf der Seite „Ahnstern, Aorta, Allerseelen". Am bekanntesten ist die rechtsradikale Band „Allerseelen", deren Musiker Kadmon sich auf der Homepage vom Vorwurf des „Nazi-Esoterikers"distanziert: „Mag sein, dass ich Esoteriker bin. Was immer das bedeuten mag. Aber ich trage weder Braunhemd noch Totenkopfring. (...) Ich halte mich fern von wurmstichigen linken und rechten Ideologien. Gerade, weil ich völkisch denke und mein kleines Österreich liebe, halte ich nichts von Anschlüssen an Großmächte aller Art. Gleichgültig, ob sie Nationalsozialismus oder Europäische Union heißen (...). Offenbar widersteht kaum eine Kultur der Versuchung, gewissen personae non gratae den Judenstern anzuheften."

Neben den eigenwilligen Vergleichen in der Distanzierung zum Neonazismus muss sich Kadmon auch die Frage gefallen lassen, warum „Allerseelen" auf Samplern des rechtsextremen VAWS-Verlages und einem weiteren Projekt im Dresdner „Eislicht"-Verlages vertreten ist.

Darüber hinaus gibt „Allerseelen" auch rechtsradikalen Fanzines wie „Sigill" (Ausgabe 13) bereitwillig Interviews. Auch Deutschlands wichtigste rechtsextreme Theoriezeitschrift „Nation und Europa" wirbt für den österreichischen Musiker:
„Mögen seine vorherigen Werke durch lärmige Dissonanzen den konservativen Hörer erschreckt haben, so gilt das nur mehr zum Teil. Musikalische Ruhe („Dunkelgraue Stille") harmoniert mit poetisch anspruchsvollen Texten. Die optische Gestaltung der CD präsentiert in ansprechender Form das wenig bekannte „Atlantis"-Haus in Bremen (errichtet um 1930), einen ‚völkisch'-expressionistischer Bau von Bernhard Hoetger, inspiriert von Herman Wirth". (Nation & Europa 5/97, S. 66)
Die Publikation des „Thule-Seminars", „Thule-Briefe", bejubelt in der Juni-Ausgabe 1997 die „leisen, bedrohlichen Klanglandschaften, die blutigen Opferfeste und Schwerttänze", die für den Autoren „eiserne musikalische Meditation in steter Dämmerung" darstellen.

Das Printheft „Ahnstern" erscheint auf Deutsch und Englisch, alle darin abgedruckten Traktate stammen von Kadmon, wie er selbst auf seiner Homepage schreibt. Zu seinen Interviewpartnern gehört der amerikanische Filmemacher und Okkultist Kenneth Anger (Ahnstern II), eine andere Ausgabe widmet sich „Heidnat" unter anderem „Heimat und Heidentum". In seiner IX. Ausgabe berichtet „Ahnstern" über die Theorien angeblicher UFOs als „Wunderwaffen" des „Dritten Reiches".

Die neuheidnisch-neurechte Ausrichtung der Publikation ist allgegenwärtig. In Ausgabe V schreibt Kadmon:

„DER AUSDRUCK HEIDNAT verknüpft Heimat, Heidentum, Umwelt-schutz in einem einzigen Kraftfeld. Heide ist, wer mit dem Wort Heimat noch etwas anfangen kann, dem Heimat noch nicht leeres Wort, Nie-mandsland geworden ist. (...) Heidentum ist spirituelle Ökologie, Umwelt-schutz, ökonomischer Widerstand gegen eine maßlose, drakonische Technokratur. Im Kristentum hatte der Mensch wenigstens noch eine Seele. Dem nachkristlichen Panzermaterialismus, der uns heute allerorten beschattet und überschattet, uns in allen Lebensräumen heimsucht, ihm nichts heilig, ihm nichts mehr beseelt, auch nicht der Mensch. (...) Hier wächst kein Gras mehr, hier herrscht das öde Land: Von der Moderne zur Apokalypse ist es nur ein Schritt." (Ahnstern 5, S. 9)

An anderer Stelle ergänzt Kadmon:
„Ein grünes Heidentum muss konservative Avantgarde sein, in man-chen Bereichen konservativ, in anderen revolutionär, es muss eine Aus-lese aus allen technischen Errungenschaften schaffen." (Ahnstern 5, S. 10)

Das Heft „Aorta" widmet sich unter anderem Corneliu Codreanu, dem „ Gründer der mystisch-martialischen Eisernen Garde Rumäniens" (Aus-gabe IX), dokumentiert „Blood Axis" als heidnische Avantgarde eines amerikanischen Künstlers (XIX). Das XX. Heft „Oskorei" beschäftigt sich mit Black Metal und beinhaltet selbst ein Interview mit der neona-zistischen Band „BURZUM". Hier hetzt er gegen christliche Kirchen: „Alle Kirchen, ganz gleich, wie sie aussehen, sind jüdisch-kristlich, und wir können nicht gut heißen, dass sie auf unserer heidnischen Erde ste-hen." (Aorta XX, S. 23)
In einem weiteren abgedruckten Vikernes-Zitat werden Kirchen-zerstörungen begrüßt: „Ich selbst habe nie eine Kirche angezündet. Aber ich beglückwünsche alle, die es taten. Wer einen kristlichen Tempel auf unserem heidnischen Grund baut, entweiht das Land Odins."

Statt einer deutlichen Absage an derlei Fanatismus fügt Kadmon eigen-willig hinzu:
„Einige Black Metal-Musiker bezeichneten diese Zerstörungen als Ra-cheakte am Schadenzauber des Kristentums, das vor Jahrhunderten eben-so zu allen Mitteln gegriffen hatten, um heilige Haine, Lichtungen, Quel-len, Steinsetzungen zu vernichten oder zu kristianisieren: Es kreuzigte die alten Heiligtümer oder nordische Bevölkerung." (Aorta XX, S. 9)

An anderer Stelle schwärmt Kadmon:

„BLACK METAL ist Oskorei Romantik. Viele Lieder handeln von nordischen Mythologie, vom Heidentum, vom Kampf gegen das Kristentum und teilweise auch gegen den Antiamerikanismus, der heute in Europa in allen Lebensbereichen heimsucht. (...) sie verknüpfen in ihrer Arbeit ariosophische Mythologie mit einer von Selbstachtung und Widerstand geprägten Einstellung zu einem nordischen Nietzscheanismus. Hier wird Black Metal zu einer heidnischen Avantgarde, die Mythos und Moderne vereint, einer nordischen Okkultur." (Aorta XX, S. 9)

Insgesamt dokumentieren die Magazine Kadmons eine eigentümliche Mischung aus faschistoider Philosophie, rechtsradikaler Esoterik, Neosatanismus und Neuheidentum.

Die Homepage beinhaltet auch ein breites Musikangebot der „Allerseelen"-Tonträger, darunter auch der Sampler „Mysteria Mithrae", das gemeinsame Projekt mit „Blood Axis" „Käferlied" sowie die CDs „Stirb und Werde" oder „Sturmlieder".

# 4. „Revisionismus"

Kernpunkte des „Revisionismus" sind die Relativierung und Leugnung der Schuld Deutschlands am Zweiten Weltkrieg, der Massenvergasungen der europäischen Juden und eines „Führerbefehls" für diese Vernichtung. „Revisionisten" tragen zum Verwischen der historischen Wahrheit und damit, gewollt oder ungewollt, zur Apologie und Rehabilitierung des Nationalsozialismus bei.

Die Webmasterin der „Zündelsite", Ingrid Rimland, versteigt sich gar zu der absoluten Aussage:
„I don't think even one person was ever gased, not one person in Germany. In America people get gased for crimes, not in Germany. The gasings did not happen, people were not gased in Germany, from all we know." (Interview mit den Autoren, 23.10.1999)

Analysiert man rechtsextreme Äußerungen, so stellt man fest, dass sie zwischen zwei Polen oszillieren: dem Verharmlosen der Gräueltaten und dem trotzigen Beharren, dem Stolz auf die Verbrechen.

Die Skinband „Zyklon B" höhnt auf dem Cover ihrer CD „Kanakenkiller": „Over six million satisfied costumers!", „Über sechs Millionen zufriedene Kunden!". Auf der Homepage von „Blutbad 88" gerät der Holocaust in die Rubrik Witze:
*„Was tragen Juden unter der Kappe? – Den Gasanschluss!"*
*„Was ist ein Knubbel in der Gasleitung? – Ein Jude auf der Flucht ..."*
*„Wie groß war der größte Jude? – 3 Meter Stichflamme ... Wie groß war*
*der kleinste Jude? – 2 cm Asche ..."*
(Stand: Mai 2000)

In der Gedenkstätte Buchenwald bei Weimar häufen sich Zwischenfälle mit jungen Rechtsextremisten. Sie kommen nicht mehr, um die Verbrechen zu bagatellisieren, sondern um sie zu rechtfertigen, wovon Einträge in den Besucherbüchern zeugen. Auszüge aus den vergangenen Jahren:
*„Ich hab Hunger, mir ist kalt, ich will zurück nach Buchenwald ... Duschen, duschen das macht Spaß. Aus den Duschen strömt das Gas."*

*„ White Pride – World Wide" und „ Nobelpreis für Adolf Hitler".*

*„ Blut muß fließen knüppeldick und wir scheißen auf die Freiheit dieser Judenrepublik."*

*„ Das geschah den Juden recht."*

*„Sieg heil. Das KZ ist eine sinnvolle Einrichtung, die auch heute wieder nötig wäre, wenn man bedenkt, was die Asylanten und Ausländer für Schäden anrichten."*

Zuweilen entlarven sich die Leugner selbst, wie der Neonazi Thomas Dienel, der Anfang der neunziger Jahre in einer Thüringer Gastwirtschaft unter dem Beifall seiner Kameraden agitierte: „In Auschwitz wurde niemand umgebracht. Und ich sage es klipp und klar, **leider** wurde niemand umgebracht", gekoppelt mit der Drohung: „Und wir als junge deutsche Generation haben **leider** niemand umgebracht. Und wir als junge deutsche Generation werden aber alles dafür tun, dass in Zukunft das deutsche Volk vom Joch des Weltjudentums, von dem Weltparasiten, befreit wird." (Spiegel-TV, 10.9.2000)

Doch das ist die Sprache der Straße, von der sich die „Revisionisten" bewusst abgrenzen. Sie gießen ihre Propaganda in eine andere Form. Im Unterschied zu vielen Skin-Websites, die mit Hakenkreuzen und sonstigen einschlägigen Emblemen sofort ihren Standpunkt deutlich machen, achten „Revisionisten" auf Seriosität und vorgebliche Wissenschaftlichkeit in der Präsentation.

„Die meist umfangreichen Beiträge sind wissenschaftlich verbrämt in der Weise, dass sie Quellen zitieren und auswerten, die der Leser jedenfalls von seinem Platz aus nicht überprüfen kann. So ist er nicht in der Lage einzuschätzen, ob der Verfasser das Quellenzitat manipuliert hat, ob er durch Auslassung oder unangebrachte Kombination mit anderen Zitaten eine gefälschte Aussage erwirkt hat, oder ob die Quelle selbst sich für die Holocaustforschung tatsächlich als diffus oder untauglich erwiesen hat." (Brockhorst, in: BPjS 1999, S. 71)

Die inhaltlichen Schwerpunkte des Revisionismus haben sich im Laufe der Jahrzehnte verschoben. In den fünfziger und sechziger Jahren ging es den Apologeten des „Dritten Reiches" vor allem um die Relativierung der Schuld Deutschlands am Zweiten Weltkrieg. In diesen Kontext gehören die Schrift „Auch Du warst dabei" (1952) des engen Mitarbeiters des NS-Außenministers Ribbentrop Peter Kleist, „Der erzwungene Krieg" des Amerikaners David L. Hoggan, 1961 im rechtsextremen Tübinger Grabert-Verlag erschienen, und „Wahrheit für Deutschland – die Schuldfrage des 2. Weltkriegs" (1964) von Udo Walendy, damals im Bundesvorstand der NPD.

In den siebziger Jahren rückten die Vernichtungslager der Nazis und die Massenvergasungen ins Zentrum der Agitation. Die „revisionistische" Hetzpropaganda erlebte erstmals einen Höhepunkt mit Werken wie
– das „Hexen-Einmal-Eins einer Lüge" (1970) von Emil Aretz,
– „Die Auschwitz-Lüge. Ein Erlebnisbericht" (1972) des SS-lers Thies Christophersen, der im Landwirtschaftsbetrieb des Konzentrationslagers Auschwitz gearbeitet hatte,
– „Der Auschwitz-Mythos. Legende oder Wirklichkeit?" (1979) des pensionierten Hamburger Oberfinanzrichters Dr. Wilhelm Stäglich,
– „Die Tragödie der Juden. Schicksal zwischen Propaganda und Wahrheit" (1979) von Erich Kern.

Im Ausland wurden:
– „Starben wirklich sechs Millionen?" („Did six million really die?") (1975) von Richard Harwood und
– „Der Jahrhundert-Betrug" (1977) („The Hoax of the Twentieth Century") von Arthur R. Butz
publiziert.

Erwin Schönborn, Gründer des „Kampfbundes deutscher Soldaten", setzte 10.000 Mark Belohnung „für jede einwandfrei nachgewiesene 'Vergasung' in einer 'Gas-Kammer' eines deutschen KZ's" aus. In einem Flugblatt hieß es weiter: „Wir akzeptieren keine KZ-Zeugen aus Polen, Israel oder den USA, die, wie in den NS-Prozessen, Meineide geschworen haben, ohne dafür belangt werden zu können." 1979 stand Schönborn in Frankfurt vor Gericht, weil er das „Tagebuch der Anne Frank" als Fälschung bezeichnet hatte.

Die spektakulärste Aktion fand im Mai 1978 in Hamburg statt. Mitglieder der Neonazigruppe „Aktionsfront Nationaler Sozialisten" (ANS) wie Michael Kühnen und Christian Worch, außerdem Erwin Schönborn und Edgar Geiss von der „Bürgerinitiative gegen Kriegsschuld und antideutsche Gräuellügen", marschierten maskiert mit Eselsmasken durch den Hauptbahnhof der Hansestadt. Sie trugen Plakate mit der Aufschrift „Ich Esel glaube noch, daß in deutschen KZ's Juden 'vergast' wurden".

Ende der achtziger Jahre setzte eine neue Phase des Revisionismus ein, nämlich die angeblich (natur-)wissenschaftliche. Sie ist mit dem Namen Fred Leuchter verbunden. Dieser reiste Ende Februar 1988 auf Kosten des deutsch-kanadischen „Revisionisten" Ernst Zündel mit seiner Frau als Sekretärin, einem technischen Zeichner, einem Kameramann und einem Dolmetscher für einige Tage nach Polen, inspizierte dort die ehemaligen KZs Auschwitz und Majdanek und entnahm Proben von Wandverkleidungen in Gaskammern und in einem Desinfektionsraum. Anfang April stellte er sein „Gutachten" fertig. Die Kernpunkte des Leuchter-Reports sind:

Es ließen sich in den Gaskammern nur äußerst geringfügige Spuren von Blausäureresten feststellen. Die Räume verfügten über keine Belüftungsanlage. Sie seien nicht beheizbar gewesen. Blausäure (Zyklon B) geht aber erst bei 27,5 Grad Celsius in den gasförmigen Zustand über. Daraus folgerte Leuchter, in den Konzentrationslagern könnten keine Vergasungen stattgefunden haben. Verschiedene Experten haben sich eingehend mit diesen „Ergebnissen" auseinandergesetzt und sie als pseudowissenschaftlich und unhaltbar verworfen. Im Einzelnen lässt sich folgendes sagen:

Die Nazis wollten möglichst billig möglichst viele Menschen ermorden. Deshalb verwendeten sie viel geringere Mengen an Zyklon B, als das bei Hinrichtungen in den USA der Fall ist. Außerdem pferchten sie so viele „Männer, Frauen und Kinder – zusammengepresst in einer Weise, wie man es sich nicht einmal in den schlimmsten Alpträumen vorstellen kann" (Wellers 1991, S. 233) in die Kammern, dass die Opfer das meiste Gift einatmeten. Logischerweise konnten also nur äußerst kleine Spuren von Blausäure zurückbleiben. Außerdem muss berücksichtigt werden, dass Leuchter seine Proben entnahm, nachdem die Gebäude über 40 Jahre lang Wind und Wetter ausgesetzt waren. Da die Blausäurekonzentration nach den Vergasungen nicht sehr hoch waren, bedurfte es auch keiner Belüftungsanlagen. Die Kammern konnten ohne größere Gefahr „entsorgt" werden. Die Masse an Menschen in den Gaskammern erwärmte zudem die Luft in kurzer Zeit auf über 27,5 Grad, so dass keine Heizung nötig war.

Leuchter argumentierte außerdem, in den Räumen könnten gar nicht so viele Menschen Platz gefunden haben, wie das Zeugen berichteten. Er meinte, „dass man auf einer Fläche von 232 m$^2$ lediglich 278 Personen unterbringen" könne, „also 1,2 Personen pro m$^2$." (Wellers 1991, S. 235) Der französische Auschwitz-Überlebende Georges Wellers kommentierte mit bitterer Ironie:

„Wie allgemein bekannt, ist in den USA ja alles immer 'das Größte auf der Welt'; Auschwitz aber liegt in Europa, wo auf der Wand eines normalen Güterwagens der Zwischenkriegszeit, mit einer Ladefläche von 20 m$^2$, weiß auf rot zu stehen pflegte: 'Pferde: 8 – Menschen: 40'. (...) Bei den Transporten von Deportierten aber gab es ein Minimum von sechzig Personen pro Waggon, meistens waren es siebzig bis achtzig, sehr häufig hundert, manchmal hundertzwanzig, und es hat sogar Juden-transporte mit zweihundert Personen pro Waggon gegeben: das heißt drei, dreieinhalb, vier, fünf, sechs und zehn Personen pro Quadratmeter, wobei es bei den letztgenannten Transporten zu zahlreichen Todesfällen kam. Und die 'Betriebsanleitung' für die Benutzung von fahrbaren Gas-kammern, unterzeichnet vom SS-Obersturmbannführer Rauff mit Da-tum vom 5. Juni 1942, führt unter § 2 aus: 'Das normale Fassungsvermö-gen der Fahrzeuge liegt bei neun bis zehn [Personen] pro Quadratme-ter'" (Wellers 1991, S. 235).

Leuchter hatte es auch nicht für nötig befunden, frühere Studien zu berück-sichtigen, so zum Beispiel eine Expertise des Gerichtsinstituts in Krakau von 1945. Untersucht wurden damals Haare von Frauenleichen, die nach der Vergasung geschoren worden waren, und metallische Gegenstände, die in den Haaren gefunden wurden, wie etwa Spangen aus Zink, Haar-nadeln aus Messing und Bügel eines Brillengestells, sowie Zinkverschlüsse von Ventilationsöffnungen, die aus dem „Leichkeller 1" des Krematori-ums II in Birkenau stammten. An all diesen Gegenständen wurden Blausäurekomponenten nachgewiesen. (Wellers 1991, S. 235/236)

Weiterhin präsentierte es Leuchter als Sensation, dass die Zyanidspuren in den ehemaligen Gaskammern beträchtlich niedriger waren als jene in den Entlausungsanlagen. „Doch ist in seinem Report an anderer Stelle angemerkt, dass die Zyanid-Dosis, die ausreicht, um Menschen zu töten, zweiundzwanzig Mal niedriger ist als jene für Läuse. Läuse halten Zyanid einfach länger aus." (Menasse 2000, S. 145/146)

In Deutschland nutzten Neonazis den zweifelhaften Bericht in den neunziger Jahren zu einer propagandistischen Offensive: Am 11. Mai 1990 sprach der französische „Revisionist" Robert Faurisson in München über das angebliche Gutachten. Am 30. September 1990 organisierte Ewald Althans ein „revisionistisches Mittagessen" für rund 150 Neonazis. Die größte Veranstaltung fand am 21. April 1990 unter dem Motto „Wahrheit macht frei" im Münchner Löwenbräukeller statt. Redner waren David Irving, Raimund Bachmann, Karl Philipp und einer der Unterzeichner des „Heidelberger Manifests", Professor Helmut Schröcke. Im Publikum befanden sich unter anderem der Neonazi Michael Kühnen, der Rechtsterrorist Manfred Roeder und der Generalmajor a. D. Otto Ernst Remer, der 1944 maßgeblich an der Niederschlagung des Aufstands vom 20. Juli beteiligt gewesen war. Für den 23. März 1991 war wiederum in München ein internationaler Kongress geplant, der allerdings verboten wurde. Rund 350 Personen hielten eine „Mahnwache" vor dem Deutschen Museum ab. „Faurisson, Irving, Leuchter, Roques u.a. hielten kurze Ansprachen. Ernst Zündel war bereits am Vortag in München festgenommen worden. Gegen ihn lag ein Haftbefehl des Amtsgerichts München wegen der Propagierung der 'Auschwitz-Lüge' vor. Am 28. März 1991 wurde Zündel wieder auf freien Fuß gesetzt, nachdem er einen Strafbefehl über 31.500,- DM in Empfang genommen hatte – u.a. wegen Verunglimpfung des Andenkens Verstorbener und Aufstachelung zum Rassenhaß." (Backes/Moreau 1993, S. 133)

In Deutschland fertigte der Diplom-Chemiker Germar Rudolf, ehemaliger Angestellter des Max-Planck-Instituts für Festkörperforschung in Stuttgart, 1992 im Auftrag des Generalmajors a. D. Otto Ernst Remer ein „Gutachten über die Bildung und Nachweisbarkeit von Cyanidverbindungen in den 'Gaskammern' von Auschwitz". Auch das Rudolf-„Gutachten" kommt zu dem Schluss, es hätten keine Massentötungen mittels Gas stattgefunden. Remer verschickte die vermeintliche Expertise seinerzeit an den Bundeskanzler, den Zentralrat der Juden, den Generalbundesanwalt, den Justizminister und an rund 1.000 weitere Politiker, Naturwissenschaftler, Journalisten und Historiker. In der Einleitung schrieb er: „Für die Vergasungsbehauptungen gibt es bis heute keinen Sachbeweis. Kein Dokument, kein Foto, keinen Befehl. (...) Unser Volk soll mit Hilfe einer unglaublich satanischen Geschichtsverdrehung wehrlos und 'erpressbar' gehalten werden (...). In diesem Zustand von Selbstaufgabe will man uns letztlich mittels einer teuflischen Multikultur abschaffen." Der Leuchter-Bericht und Rudolfs „Gutachten" stellen eine neue Etappe des „Revisionismus" dar, nämlich die scheinbar naturwissenschaftliche „Beweisführung" gegen den Holocaust. So gut wie alle aktuellen „revisionistischen" Homepages im Internet beziehen sich auf diese Argumentation.

Mit dem Internet erschließen sich den „Revisionisten" neue Verbreitungswege. Bislang war es relativ schwierig, auf traditionellen Wegen einschlägige Schriften zu besorgen. Das World Wide Web bringt dieses Material jetzt sozusagen ins Arbeitszimmer der Jugendlichen. Wer sich mit der Zeitgeschichte des 20. Jahrhunderts befasst, kommt am „revisionistischen Angebot" nicht vorbei. David Irving formulierte das so: „Wenn ein Student jetzt in einer Universität (...) eine Aufgabe bekommt, eine Schulaufgabe, einen Aufsatz muss er über Hitler und den Holocaust schreiben. Da geht er sofort ans Computersystem, was über Hitler und den Holocaust vorhanden ist, und da stößt er unweigerlich auf meine Website." (Dokumentarfilm „Rechtsextremismus im Internet", Stuttgart 2000, *www.matthias-film.de*)

Gängige Suchmaschinen etwa liefern bei Begriffen, die mit dem Holocaust und dem Nationalsozialismus zusammenhängen, eine Fülle von Daten. Auf den ersten Blick und ohne Vorkenntnisse lassen sich viele Angebote nicht einordnen. Bei Altavista (Ergebnis vom 13.9.2000) steht zu „Gaskammer" an erster Stelle eine anscheinend private, blasphemische Homepage „Christenwelt Meinungshort: Ab in die Gaskammer". An zweiter Position folgt „Ostara – the number one German website for patriots, law and order – die deutsche Webseite der Patrioten und Nationalisten". Immerhin ein Hinweis auf die ideologische Verortung. Nach diversen Informationen zu Todeskandidaten in den USA kommt an siebter Stelle mit der Homepage der Gedenkstätte Mauthausen erstmals ein seriöser Verweis zum Holocaust. Direkt anschließend stößt man auf die „Vierteljahreshefte für freie Geschichtsforschung", herausgegeben von Castle Hill Publishers in Hastings, die einen wissenschaftlichen Eindruck erwecken, tatsächlich jedoch in die Riege der „Revisionisten" gehören, denn der Verlag wird von Germar Rudolf geleitet. An zehnter Position steht das „National Journal" aus demselben Lager. An elfter Stelle kann man einen Aufsatz von Brigitte Bailer lesen. Die renommierte Historikerin arbeitet beim „Dokumentationsarchiv des Österreichischen Widerstandes" (DÖW) in Wien. Diese Informationen gehen aus der Homepage der „Gesellschaft für politische Aufklärung" allerdings nicht hervor. Auf Platz 13 lässt sich ein sehr ins Detail gehender Beitrag zum Thema „'Gaskammer' im Stammlager Auschwitz I" abrufen, ein Kapitel aus dem so genannten „Rudolf-Gutachten". Unter Punkt 15 und 18 rangiert „Dipl.-Ing. Wolfgang Fröhlich" mit seinem „Gaskammer-Schwindel", dazwischen eingestreut „Hinrichtungsmethoden – elektrischer Stuhl – Gaskammer – Giftspritze" in den USA. An Position 20 schließlich finden wir das „Sachverzeichnis" von „Recht und Freiheit" mit dem gut klingenden Untertitel „Einsatz für Meinungsfreiheit in der Schweiz", hinter dem sich jedoch ebenfalls Holocaust-Relativierer verbergen.

Die Leugnung des Holocaust steht in Deutschland unter Strafe (§ 130, § 185, § 189 StGB) und wird, falls die Möglichkeit besteht, konsequent sanktioniert. Für die Arbeit im und mit dem World Wide Web gelte, so der Vizepräsident des baden-württembergischen Verfassungsschutzes, Hans-Jürgen Doll: „Weder das Herunterladen rechtsextremistischer Texte aus dem Internet noch ihr Einsatz im Unterricht noch das Surfen der Schüler im Internet ist strafbar." Voraussetzung sei allerdings die Beachtung der so genannten Sozialadäquanz-Klausel im Strafgesetzbuch (§ 86 Abs. 3 StGB). Die Benutzung von Propagandamaterial verfassungswidriger Organisationen muss demnach „der staatsbürgerlichen Aufklärung, (...) der Kunst oder der Wissenschaft, der Forschung oder der Lehre, der Berichterstattung über Vorgänge des Zeitgeschehens oder der Geschichte oder ähnlichen Zwecken" dienen. Hans-Jürgen Doll zieht die Grenze „dort, wo ein Geschichtslehrer (...) revisionistische Literatur ohne Anleitung an Schüler im Unterricht ausgibt, lediglich sie darüber berichten lässt und so zur Verbreitung des Revisionismus beiträgt." In einem solchen Fall müsse mit straf- und disziplinarrechtlichen Konsequenzen gerechnet werden.

Allein mit dem Strafrecht ist dem „Revisionismus" nicht beizukommen. Die inhaltliche Auseinandersetzung tut not, in einer Zeit, in der die Schatten von Auschwitz verblassen. Diese Entwicklung spiegelt sich in diversen Meinungsumfragen der vergangenen Jahre wieder, die alle zu ähnlichen Ergebnissen kommen. Eine Forsa-Erhebung im Juni 1998 fand bei Jugendlichen große Wissenslücken über den Nationalsozialismus. 59 Prozent der 14- bis 18jährigen wussten nicht, was in der so genannten Reichskristallnacht im November 1938 geschah, der Name des Vernichtungslagers Auschwitz-Birkenau sagte 31 Prozent der Befragten nichts, nur 13 Prozent hatten eine Vorstellung von den „Nürnberger Gesetzen". Der Soziologe Alphons Silbermann und der Pädagoge Manfred Stoffers kommen bei der Auswertung einer Emnid-Umfrage aus dem Jahr 1997 zu dem Resultat, dass knapp 22 Prozent der 14- bis 17jährigen mit dem Begriff Auschwitz nichts anfangen können.

„Ungenaues Wissen um die Vorgänge des von den Nationalsozialisten durchgeführten Völkermordes bedeutet unsicheres Wissen. In einer Zeit, in der die letzten Zeugen des Geschehens das Senioren- und Greisenalter erreicht haben, dient unsicheres Wissen nur den Holocaust-Leugnern, die sehr genau um ihr Instrumentarium an Argumentationslinien wissen, mit dem sie allzeit bereit aufwarten," warnt Bettina Brockhorst von der Bundesprüfstelle für jugendgefährdende Schriften (BPjS 1999, S. 71). Die „revisionistischen" Seiten im Netz verzichten auf provokative Symbolik (wie Haken- oder Keltenkreuz), erwecken einen seriösen Eindruck und bewegen sich technisch häufig auf hohem Niveau. Viele verfügen über eine eigene Suchmaschine für die eigene Website und zum Teil für das Internet. Sie sind meist politisch auf den ersten Blick (und oft auch auf den zweiten) nicht einzuordnen, zumal sie mit Toleranz, Meinungsfreiheit, Antirassismus usw. argumentieren. Inhaltlich gibt es naturgemäß zahlreiche Überschneidungen, dennoch sind die Angebote unterschiedlich gewichtet. Das „Institute for Historical Review", die „Zündelsite" oder die „Vrij Historisch Onderzoek" legen den Schwerpunkt auf den Holocaust. David Irving konzentriert sich vor allem auf den Zweiten Weltkrieg. „Radio Islam" thematisiert den Kampf gegen die Politik Israels und die Anliegen islamischer Kreise. Hinter diesen „großen" Seiten mit entsprechend umfangreichem Material stehen in der Regel Organisationen oder Verlage. Daneben haben einzelne Aktivisten aus dem „revisionistischen" Spektrum Homepages aufgemacht wie Fred Leuchter, Verfasser des gleichnamigen Berichts, oder der Autor von „The Hoax of the Twentieth Century" Arthur R. Butz.

## 4.1. Die „Zündelsite"

Der 1958 nach Kanada emigrierte Deutsche Ernst Zündel gilt als der weltweit aktivste „Revisionist". Über seinen 1976 gegründeten 'Samisdat'-Verlag vertreibt er einschlägige Schriften, Audio- und Videokassetten in verschiedenen Sprachen. Seit 1993 verbreitet er seine Ansichten weltweit über das Radioprogramm „Deutsche Stimme der Freiheit". Im Oktober 1996 funkt Zündel „zum ersten Mal (...) über Radio Moskau aus Königsberg nach Deutschland hinein" (Selbstdarstellung). Mittlerweile existiert die „Voice of Freedom" auf Englisch via Satellit auch als Fernsehsendung. Im Internet informiert die „Zündelsite" über die wöchentlichen Sendedaten. Dieser „unermüdliche Einsatz" hat Zündel im eigenen Lager den Spitznamen „Revisionist Dynamo" eingebracht. Sein Engagement begründet er folgendermaßen:
„Unser Volk ist im Großen und Ganzen ein anständiges, schwer arbeitendes moralisches Volk. Ich habe in Deutschland meine Jugendjahre, meine Lehrzeit verbracht. Bin oft wieder nach Deutschland zu Besuch gekommen, meine ganze Verwandtschaft ist deutsch, ich habe unter denen, die ich kennen gelernt habe, auch der Kriegsgeneration, keinen solchen mörderischen Hass gefunden, wie man uns den angedichtet hat." (Interview der Autoren mit Ernst Zündel am 25.10.1999 in Toronto)

Daraus leitet er eine moralische Verpflichtung ab:
„Die meisten Kriegsteilnehmer sind entweder sehr alt oder schon längst tot. Wir Deutschen schulden uns selbst und unserer Vergangenheit, uns selbst zu befreien. Es ist eine noble, eine heilige Mission für jeden anständigen Deutschen, dass er nicht die Generation seiner Väter und Großväter schlecht macht, wenn sie etwas nicht begangen haben. Kein anständiger Mensch macht so etwas, kein anständiges Volk macht so etwas, keine anständigen Historiker besudeln die Geschichte ihres eigenen Volkes." (Interview der Autoren mit Ernst Zündel am 25.10.1999 in Toronto)

Die wesentlichen Etappen seines Lebens schildert Zündel in dem Buch „Sein Kampf für Deutschland", das auch ins Internet eingestellt ist. So lernte er bald nach seiner Übersiedlung nach Kanada den „Parteiführer einer pro-Deutschen, National-Sozialistischen Christlichen Partei" kennen. Ein weiteres „Schlüsselerlebnis" war Anfang der siebziger Jahre die „Begegnung mit Thies Christophersen und dessen Augenzeugenbericht, ‚Die Auschwitz-Lüge‘, die Zündel ins Englische übersetzte". Die Proteste bleiben nicht aus. Der „Revisionist" interpretiert das als „antideutsche Hetz-Propaganda": „Am 31. März 81 rotten sich 2.000 jüdische Demonstranten mit Plakaten und Sprechchören, Zündels Ausweisung aus Kanada verlangend, vor dem Zündel-Haus im Stadtkern von Toronto zusammen und versuchen, das Gebäude zu stürmen." Ernst Zündel schlachtet das Ereignis medienwirksam aus. „Mit Tonbandgeräten und Filmkameras ausgerüstete und als Reporter getarnte Zündel-Freunde mischen sich unter die Demonstranten und photographieren und dokumentieren diesen Aufruhr aus allernächster Nähe. Der erste große Zündel-Aufklärungsfilm ‚Genocide by Propaganda‘ (‚Genozid durch Propaganda‘) entsteht."

Er entdeckte auch als Erster unter den Holocaust-Relativierern im Frühjahr 1995 das Internet. Als Webmaster der „Ingrid Rimland's – ‘Zündelsite'" fungiert die amerikanische Staatsbürgerin Dr. Ingrid Rimland in Kalifornien. Zu den Vorteilen des World Wide Web sagte Zündel: „Beim Student auf seiner Bude sehen die revisionistischen Seiten genauso gut aus wie die von Microsoft oder die vom Wiesenthal-Zentrum oder die von der Jüdischen Verteidigungsliga oder die Anti -Defamation League der B'nai Brith. Also urplötzlich hat es dieses verschriene, verfolgte Thema vom Revisionismus salonfähig gemacht. Urplötzlich ist der Revisionismus, der Geschichtsrevisionismus, der Gaskammerrevisionismus ebenbürtig mit den anderen. Das war der große Unterschied, den das Internet gemacht hat. Es ist billig, weltumspannend, neu, es spricht eine neue Generation an." (Dokumentarfilm „Rechtsextremismus im Internet", Stuttgart 2000, *www.matthias-film.de*)

Seine Webmasterin Ingrid Rimland wurde als Kind deutschstämmiger Mennoniten in der Ukraine geboren. Während des Zweiten Weltkriegs kam die Familie nach Deutschland und wanderte dann nach Paraguay aus. In den sechziger Jahren ging Ingrid Rimland nach Nordamerika. Ihre und die Geschichte ihrer Vorfahren hat sie unter anderem in der Romantrilogie „Lebensraum" verarbeitet. Ideologisch liegt sie ganz auf der Linie ihres Idols Ernst Zündel:
„We challenge three points. We say the numbers are highly inflated. Nobody knows what the numbers of victims are, but they are highly inflated. It looks like 300.000 but nobody knows. (...) Number two, we

say, there was never a Führer order for genocide, never, it did not happen. If they had had such a document they would have thrown it in our face long ago. So that's number two. Number three. Most importantly what we challenge is that gasings did not happen. The forensic evidence tells us that gasings did not happen." (Interview mit den Autoren am 23. 10.1999)

Gräueltaten an Juden streitet sie keineswegs ab, sie scheinen in der Argumentation auch nicht zu stören: „You see, we contest the gasings, we do not say that atrocities did not happen and we do not say that Germany may have done wrong. We say the gasings did not happen. It's a very important point."

Die „Zündelsite" präsentiert sich im Sommer 2000 mit veränderter optischer Gestaltung. Daneben existiert die vorherige Fassung „Zundelsite" mit einer eigenen Domain weiter, „Markenzeichen" ist der wie eine Luftblase zerplatzende Holocaust. Im Mittelpunkt auch der neuen Homepage steht Ernst Zündel. Mehrere Fotos zeigen ihn in Aktion: bei Pressekonferenzen, Diskussionen, im Gerichtssaal. Die Informationen sind in drei Niveaus eingeteilt: „Revisionism 101" als „Entgiftungsprogramm mit Grundsatzbeiträgen" zum Thema, „Revisionism 201" mit Material für Fortgeschrittene. „Revisionism 301" dokumentiert Zündels juristische, drei Jahrzehnte währende Auseinandersetzung.

Als Einführung versteht sich der Text „Holocaust Myth 101". Neben Englisch existiert eine deutsche, finnische, ungarische, portugiesische, rumänische, schwedische und französische Version. Der „Revisionismus", so wird erklärt, wende sich gegen die so genannte „‚Holocaust Promotion Lobby' (...) ein zusammenfassendes Konstrukt, gedacht als eine Abkürzung, um einen Teil der menschlichen Rasse zu beschreiben, der mehrheitlich aber nicht vollständig, aus Juden besteht."

Der erste Punkt „der Revisionisten: Der Holocaust ist Nutzen bringende Nachkriegspropaganda, die als eine systematische, heimtückische Kampagne während des Zweiten Weltkrieges begann, als eine der Strategien der Hochfinanz, Truppen zusammenzuziehen und die Welt, insbesondere Amerika, in einen Krieg hineinzuziehen, der, wie sich herausstellte, im Grunde ein Bruderkrieg war."

Weiterhin gebe es „keinen Beweis dafür, dass der Holocaust, so wie er von der Hollywood Promotion Lobby und der extrem politisierten Hollywood-Filmindustrie dargestellt wird, tatsächlich stattgefunden hat."

Die dritte These besagt: „Die Zahl der ‚Holocaust'-Opfer ist in unverantwortlicher Weise übertrieben worden." Viertens heißt es, „die offizielle Politik des Dritten Reiches gegenüber den Juden war Emigration, nicht Ausrottung." Zudem sei „nicht ein einziges Dokument mit Hitlers Unterschrift gefunden worden, das die Ausrottung der Juden angeordnet hätte." Bei „Zyklon B" habe es sich um „ein Entlausungsmittel" gehandelt. „Es war für einen Massenmord ungeeignet."

Das Fazit gesteht Grausamkeiten gegen die jüdische Bevölkerung ein, rechtfertigt sie jedoch:
„In Lagern wie Auschwitz wurden Juden inhaftiert, ebenso wie viele andere Nationalitäten. Dort waren auch Kriminelle inhaftiert, deutsche Kriminelle eingeschlossen. Auch Verräter, Spione und andere, die Deutschland im Krieg sabotierten, kamen dorthin. Noch einmal: Es waren Haftlager. Keine Tötungszentren. (...) Man muss, sich klarmachen, dass der ‚Holocaust' der einzige Fall von Völkermord ist, der täglich von Überlebenden ‚bewiesen' wird."

Als Belege für ihre Sichtweise dienen den Verharmlosern des Holocaust Veröffentlichungen von Gleichgesinnten. Es gehört unter „Revisionisten" zum guten Ton, sich gegenseitig zu promoten und jeweils die Schriften der Mitstreiter ins Netz zu stellen, um durch die Fülle des Materials zu beeindrucken. Auch die „Zündelsite" verfährt nicht anders. Sie offeriert „revisionistische" Bücher online, darunter Werke wie „Der Holocaust auf dem Prüfstand", „Did six million really die?" und natürlich der „Leuchter-Bericht". Immerhin reiste der amerikanische „Hinrichtungsexperte" in Zündels Auftrag nach Polen, um Auschwitz zu inspizieren, angeblich völlig unvoreingenommen.

Die „Links to friends and foes", zu Freund und Feind, unterscheiden zwischen dem eigenen Lager, das freundlich mit „Holocaust Skeptics Websites" umschrieben wird, und der Gegenseite, tituliert als „Holocaust Enforcer Websites". Hier finden sich die bei vielen „Revisionisten" üblichen Verweise zu „Nizkor", zum „Wiesenthal Center", der ADL,

„Hatewatch" und zur „Jewish Defense League". In der eigenen Szene sind die wichtigsten Homepages in alphabetischer Reihenfolge aufgeführt, vom australischen „Adelaide Institute" bis zum „Vrij Historisch Onderzoek". Aufgeführt ist auch „Michael Hoffman's Campaign for Radical Truth in History". Initiator dieser „seit 1996 im Internet laufenden Homepage ist Michael A. Hoffman II." (Lasek, in: DÖW 1997, S. 129) Er konzentriert sich auf die Propagierung von antisemitisch geprägten Verschwörungstheorien und von „revisionistischen" Ideen und bietet so genannte „Radical Truth Videos" zum Verkauf an, die unter anderem „The Great Holocaust Trial" von Ernst Zündel 1985 in Kanada dokumentieren. Erwähnung in der Linkliste der „Zündelsite" finden ferner kleine Seiten wie die von Arthur R. Butz, dem Autor des Buches „The Hoax of the Twentieth Century" (1976). Er stellt einige seiner Aufsätze und Artikel über die weltweite „Revisionismus"-Gemeinde ins Netz.

Außerdem bietet die „Zündelsite" Links zu Projekten, die ebenfalls „revisionistisches" Material enthalten, darunter das „Thule-Netz", „Nation Europa" oder das „Journal of Historical Review". Die Verweise zu verschiedenen Publikationen wie den „Annales d'Histoire Révisionniste", „Criticon", „Deutschland in Geschichte und Gegenwart", den „Huttenbriefen", „Sleipnir", oder den „Staatsbriefen" führen nicht zu den Zeitschriften selbst, sondern zu einer VHO-Seite, der man dann weitere Informationen entnehmen kann.

## 4.2. Institute for Historical Review (IHR)

Die Website des „Institute for Historical Review" (IHR) im kalifornischen Costa Mesa, eine internationale Schaltstelle der Holocaust-Relativierer, ist in der Aufmachung einfach gehalten. Es existieren keine Fotos, ebenso wird weitgehend auf den Einsatz von medialen Elementen verzichtet. Allerdings können die Vorträge der IHR-Konferenzen über das Internet abgerufen werden. Der angeblichen Seriosität tut diese Schlichtheit in der Präsentation keinen Abbruch, zumal das IHR seine Unabhängigkeit betont und sich „non-ideological, non-religious, and non-political" gibt.

Mit der Neutralität ist es jedoch nicht weit her. Der erste Direktor des „Institute for Historical Review" (1979–1982), der Ire Lewis Brandon alias David McCalden, war zuvor in Großbritannien in der „National Front" und der „British National Party" aktiv. Mark Weber, seit März 1995 an der Spitze der Organisation, engagierte sich in den siebziger Jahren bei der „National Alliance".

Von 1996 bis 1998 stellte das IHR-Verwaltungsratmitglied Greg Raven über seine persönliche Homepage umfangreiches Material des Instituts ins Netz. Seit März 1998 existiert eine offizielle IHR-Website, die dieses Angebot übernommen hat. Daneben besteht Ravens Privatseite weiter (vgl. ADL: Poisonig the net, *www.adl.org*). Die aktuelle Domain der Gruppe wird über den Server Host4U eingestellt, als „billing contact" firmiert Raven, der als Computerspezialist in der Riege des IHR die Seite hauptsächlich betreut.

Das Internetangebot des Instituts enthält vor allem Informationen auf Englisch. Die meisten Surfer kommen von daher aus den USA und der englischsprachigen Welt, so der Direktor Mark Weber. Ende 1999 zählte das IHR rund 2.000 Besucher pro Tag auf seiner Homepage. Das World Wide Web hat den Aktionsradius des „Institute for Historical Review" beträchtlich erweitert:
„We do reach a lot of new people who don't otherwise know about the IHR. One of the most important things is that through the internet a person can obtain instantly access to a tremendous amount of information that otherwise even if they did know about the IHR would take a lot of time and effort to inquire individual copies of the Journal of Historical Review, of books and so forth and now instantly this information is accessible all over, all over the world, too, without the government control that we have seen in a number of countries." (Interview der Autoren mit Mark Weber am 22.10.1999)

Das „Institute for Historical Review" entstand 1978 als „a not-for-profit research, educational and publishing center devoted to truth and accuracy in history", wie es auf dem Flugblatt „A few facts about the IHR" heißt. Gründer war der „Führer der antisemitischen Gruppe Liberty Lobby" Willis Carto, „dessen Weltbild von einem militanten Rassismus und Antisemitismus, gepaart mit einschlägigen Verschwörungstheorien, geprägt ist." (Lasek, in: DÖW 1997, S. 136) Nach Streitigkeiten hat sich das Institut mittlerweile von Carto getrennt.

Ziel des IHR sei es „to bring history into accord with the facts", die Geschichte in Übereinstimmung mit den Fakten zu bringen. Seine Arbeit solle „peace and understanding" dienen, behauptet das IHR und besetzt somit positiv konnotierte Begriffe. Propagiert wird eine angeblich differenzierte Betrachtungsweise der Ereignisse im 20. Jahrhundert:

„(...) history is written by the victors. This is particularly true with regard to the History of the Second World War. Routinely the origins and nature of that catastrophic conflict are deceitfully portrayed as a simplistic struggle between good and evil."

Im Zentrum der Studien steht der „Holocaust issue". Die Selbstdarstellung zitiert einen Artikel der „Los Angeles Times" vom 15.5.1994, in dem das IHR als „revisionist think tank that critics call the ‚spine of the international Holocaust denial movement'" eingeordnet wird. Das Verdikt der Holocaust-Leugnung will das Institut allerdings nicht stehen lassen, es stelle lediglich bestimmte „aspects of the orthodox Holocaust extermination story" in Frage.

Der Direktor des IHR, Mark Weber, verweist auf die angeblich ungenügende Beweislage, ein von „Revisionisten" oft wiederholtes Argument:

„I think there is a great deal of evidence that there was not a policy or plan or program to exterminate the Jews in Europe during the Second World War, now that does not mean that many Jews were not killed, many Jews were killed during the Second World War as an indirect and direct result of German policy, I'm thinking of shootings of Jews for ex. in occupied Russia or in Poland. I don't think there's any dispute about many of, about these claims, but it's amazing that we have no real record or even references to records of an extermination plan or program from all the documents that were taken, from the archives during the Second World War, and even though thousand and thousand of new documents are now being found in the Soviet archives, not one of these documents refers to any plan or program to exterminate the Jews of Europe during the Second World War. To the contrary there is a great deal of evidence in documentation and so forth what makes it very difficult to uphold or support this view that there was such a program." (Interview der Autoren mit Mark Weber am 22.10.1999)

In der Rubrik „Leaflests" stellt das IHR kurze, nur wenige Seiten umfassende Pamphlete ins Netz. Zum Teil sprechen die Titel schon für sich selbst, so „Auschwitz: Myths and facts" von Mark Weber. „Auschwitz is widely regarded as the most terrible Nazi extermination center. The camp's horrific reputation cannot, however, be reconciled with the facts." Als Beispiel dient dem Autor das Schicksal der Anne Frank, die 1945 im Konzentrationslager Bergen-Belsen an Typhus starb und deren Vater Auschwitz überlebte. Weber zieht die zynische Schlußssfolgerung: „If the German policy had been to kill Anne Frank and her father, they would not have survived Auschwitz. Their fate, tragic though it was, cannot be reconciled with the extermination story." Die Tatsache, dass der Vater Otto Frank als einziger Überlebender zurückkehrte, demonstriert vielmehr die mörderische Logik des NS-Systems. Im übrigen scheint es Weber entgangen zu sein, dass das Tagebuch des Mädchens den Alltag einer in Holland untergetauchten jüdischen Familie dokumentiert und nicht etwa als Beleg für Massenvergasungen gelesen wird. Doch mit der Realität tun sich die „Revisionisten" schwer, wie anhand des vielleicht berühmtesten Textes des Instituts deutlich wird. Es handelt sich um die „66 Fragen und Antworten über den Holocaust", ein Pamphlet, das in mehrere Sprachen übersetzt ist und auf vielen rechtsextremen Websites auftaucht. Der Beitrag legitimiert in vielen Punkten die Politik des „Dritten Reiches" und kolportiert unreflektiert Elemente der antijüdischen Nazi-Propaganda, denen – fälschlicherweise – der Charakter historischer Fakten beigemessen wird: „1. Welche Beweise gibt es dafuer, dass die Nationalsozialisten Voelkermord begingen oder sechs Millionen Juden umbrachten? Keine. Die einzigen ‚Beweise' sind die Aussagen gewisser ‚Ueber-lebender', deren Aussagen sich widersprechen. Keiner hat bisher ausge-sagt, selbst Zeuge einer ‚Vergasung' gewesen zu sein. (...) 9. Warum wurden die Juden in Deutschland interniert? Die Juden wurden als eine unmittelbare Existenzbedrohung des national-sozialistischen deutschen Staates betrachtet, nachdem fast die gesamte kommunistische Elite aus Juden bestand. 10. Welsche (sic!) extremen Massnahmen gegen die Deutschen wurden von den Juden bereits im Jahre 1933 in die Wege geleitet? Ein internationaler Totalboykott aller deutschen Produkte. 11. Hatte das internationale Judentum Deutschland den Krieg erklärt? Ja. Die Weltpresse berichtete darueber unter den Schlagzeile: ‚Judea erklaert Deutschland den Krieg'."

In Wirklichkeit war es so, dass nach der Reichstagswahl vom 5. März 1933 an mehreren Orten gezielte gewalttätige Ausschreitungen seitens der SA gegen jüdische Anwälte, Ärzte und Geschäftsleute begannen. Teilweise kam es bereits zu Boykottaktionen gegen jüdische Geschäfte. Bei den Gewaltsamkeiten kamen auch Juden ums Leben, zahlreiche andere sind verhaftet worden.

„Darüber wurde in der ausländischen Presse ausführlich berichtet und wohl auch manches übertrieben, nicht zuletzt in anti-nationalsozialistischen Artikeln deutscher jüdischer Emigranten. Gegen solche Berichte wandte sich am 17. März 1933 der nationalsozialistische ‚Völkische Beobachter' mit einem polemischen Artikel, der die Überschrift trug: ‚Der jüdische Krieg beginnt'. In den folgenden Wochen schaukelten sich die antijüdische Propaganda in der NS-Presse und die anti-nationalsozialistische Polemik mancher englischer und amerikanischer Blätter gegenseitig hoch. Am 24. März 1933 erschien die englische Boulevardzeitung ‚Daily Express' mit der Schlagzeile ‚Judea declares War on Germany'. Das Blatt brachte darunter aber lediglich Berichte über Proteste und Androhungen von Boykottmaßnahmen englischer und amerikanischer Juden (...). Von nationalsozialistischer Seite wurden diese Schlagzeile und andere, weniger sensationelle Berichte aber gerne aufgegriffen zur Rechtfertigung der groß angelegten Boykottaktion gegen die deutschen Juden am 1. April 1933. Der im ‚Völkischen Beobachter' vom 27. März 1933 groß aufgemachte Bericht, 200 Autos mit der Aufschrift ‚Juda erklärt Deutschland den Krieg – Boykottiert deutsche Waren' seien durch London gefahren, wurde aber nirgends bestätigt und auch nicht durch Fotos belegt. Die Vertretung der in Großbritannien ansässigen Juden, der Jewish Board of Deputies, erklärte vielmehr (The Times vom 27. März 1933), er wolle sich nicht in innerdeutsche Angelegenheiten einmischen." (Benz 1992, S. 122)

Doch historische Reflexionen sind nicht die Sache der „Revisionisten". Das zeigt sich auch bei der Liste der Bücher, die zum Teil vollständig ins Netz eingestellt sind und online gelesen werden können, darunter der Leuchter-Bericht „Forensic Examination and Engineering Report on the alleged Nazi gasing facilities at Auschwitz, Birkenau, and Majdanek", David Hoggans „The Myth of the Six Million" und Richard Harwoods „Did six million really die?" Die Werke sind natürlich auch als

Printversion im IHR-Verlag „Noontide Press" erhältlich, dessen ausführlicher Katalog ebenfalls im WWW abrufbar ist. Das Angebot „of books and tapes" geht weit über den „Holocaust-Revisionismus" hinaus und enthält auch Literatur zu diversen Gebieten wie „Healthy Living", „Banking and Money" oder „Religion and Philosophy".

Seine Gesinnung verbreitet das IHR außerdem über die Hauszeitschrift „The Journal of Historical Review", „the leading periodical of its kind in the world" („A few facts about the IHR"). Die Zeitschrift existiert seit 1980, erschien bis Januar 1993 viermal, danach sechsmal im Jahr. Bis heute sind über 60 Ausgaben erschienen, es wurden u.a. die Konferenzen des IHR dokumentiert. Seit April 1992 fungiert Mark Weber als Herausgeber. Im beratenden Redaktionsbeirat sitzen unter anderem Arthur R. Butz (Autor von „The Hoax of the Twentieth Century"), Robert Faurisson, Jürgen Graf, Carlo Mattogno, Henri Rocques, Wilhelm Stäglich und Udo Walendy.

Seit 1979 hat das IHR dreizehn internationale Konferenzen organisiert. Zu den Treffen kommen alle, die in revisionistischen Kreisen Rang und Namen haben. Als Referenten traten auf: Ernst Zündel, Robert Faurisson, Henri Rocques, Thies Christophersen, Léon Degrelle, Otto Ernst Remer, Florentine Rost van Tonningen, die Witwe des Finanzministers während der Besetzung Hollands durch das NS-Regime, Carlo Mattogno, Wilhelm Stäglich, der Schwede Ditlieb Felderer („Anne Franks Tagebuch – Ein Betrug"), Arthur R. Butz, der Brite David Irving. Zur 11. Konferenz des IHR im Oktober 1992 kam aus Deutschland Wolf Rüdiger Heß: „Der Sohn von Rudolf Heß, des Friedensgefangenen des 20. Jahrhunderts, spricht über Leben und Tod seines Vaters, Adolf Hitlers Stellvertreter, dessen mutiger Flug nach Schottland mit dem Ziel, den Zweiten Weltkrieg zu beenden, ihm 46 Jahre Haft einbrachte. Wolf Hess beweist auch überzeugend, dass sein Vater ermordet wurde." (The Journal of Historical Review, 2/93) In seiner Selbstdarstellung nennt das IHR als weitere Referenten unter anderem: „Pulitzer prize-winner American historian John Toland (...), Fred Leuchter, America's foremost expert on execution hardware. Author of a widely discussed forensic report on the alleged extermination ‚gas chambers' at Auschwitz (...), Hideo Miki, retired professor at Japan's National Defense Academy." Die 13. Konferenz Ende Mai 2000 war mit 150 Teilnehmern die größte und „perhaps the most important since the Institute's first, in 1979." (Bericht auf der IHR-Website) Zum ersten Mal wurde die Tagung, bei der u. a. David Irving, Robert Faurisson, Ernst Zündel, Jürgen Graf, Germar Rudolf und Frederick Toben sprachen, über das Internet übertragen.

Selbstverständlich ist die Organisation mit den Referenten und ihren Homepages verlinkt. An erster Stelle kommt ein Verweis zu „Greg Raven's revisionist materials", auf der das IHR-Führungsmitglied präzisiert: „This Web site is my personal ‚spare time' project, and is not supported, sponsored, or financed by the Institute for Historical Review or any other group or individual." Auf der Startseite beruft sich Raven auf das „First Amendment" in der US-Verfassung, das das Recht auf Meinungsfreiheit gewährleistet, auf die „Section 2b of the Charter of Rights and Freedom" in Kanada sowie auf Artikel 19 der UN-Menschenrechtskonvention und erklärt Surfern, die seiner Ideologie mit Vorbehalten begegnen:
„Although I firmly believe in the truth and accuracy of the materials on this Web site, I also understand that they might be offensive to some. If you are one of those who are or would be offended, please browse elsewhere. If you find material on this Web site that is not factual, please tell me and I will correct it. If you find material on this Web site that is racist or hateful, please tell me and I will remove it."

Optisch ist die Seite genauso gestaltet wie die des Institute of Historical Review, inhaltlich ist das Angebot ähnlich, nur begrenzter. Die Verweisliste ist fast identisch. Beide legen Links zu jüdischen und anti-revisionistischen Homepages. Das eigene Lager präsentiert sich geographisch unterteilt in USA (Ingrid Rimlands Zündelsite, Arthur Butz' Holocaust revisionism site etc.), Canada (Air photo evidence von John Ball), Europa (VHO, David Irving's Focal Point Press etc.) und Australien (Toben's Adelaide Institute). Die Seite des so genannten „Commitee for Open Debate on the Holocaust" (CODOH) von Bradley Smith wird in Mexiko verortet, wo sich auch tatsächlich ein Wohnsitz von Smith befindet. Die Website beschränkt sich hier auf eine Postfachadresse in San Diego in Südkalifornien.

## 4.3. Committee for Open Debate on the Holocaust (CODOH)

Der Gründer dieser Seite, Bradley R. Smith, wird von einer anderen „revisionistischen" Homepage (AAARGH) als Mitglied der amerikanischen Literatur-Boheme, ehemaliger Torero und Schriftsteller vorgestellt. Seine „'Karriere' als ‚Revisionist' begann in den späten siebziger Jahren, nachdem er sich mit den Schriften von Robert Faurisson beschäftigt hatte. Bis 1986 gab er die Zeitschrift Prima Facie heraus." (Lasek, in: DÖW 1997, S. 133) Er steht dem IHR nahe, beteiligte sich 1986 am Aufbau eines IHR-Radioprojektes und war drei Jahre lang dessen „Media Project Director". Anfang der neunziger Jahre versuchte er, seine Propaganda schwerpunktmäßig in Colleges und Universitäten zu verbreiten. „Zu diesem Zweck veröffentlichte er in mehreren Universitätszeitschriften Inserate, in denen er seine Zweifel am Holocaust zur Diskussion stellte." (Lasek, in: DÖW 1997, S. 133) Der Titel der „Anzeige lautete: ‚Die Holocaust-Story: Wie viel ist falsch? Ein Fall für eine offene Debatte.' Viele Campuszeitungen wiesen die Anzeige ab, viele veröffentlichten sie, manche sogar statt als Anzeige im Kommentarteil und so gut wie immer unter dem Hinweis auf die Meinungsfreiheit." (Menasse 2000, S. 47)

Im „Statement of purpose" nennt Bradley Smith im Internet als Motive für die Gründung des CODOH (Committee for Open Debate on the Holocaust) „to encourage intellectual freedom with respect to the holocaust controversy." Zugleich betont er seine politische Unabhängigkeit und suggeriert Objektivität: „CODOH is not a membership organization and is not affiliated with any political party or political group." Auf den ersten Blick scheint er den Nationalsozialismus sogar abzulehnen:
„It is not the purpose of CODOH to prove ‚the holocaust never happend,' or the European Jews did not suffer a catastrophe during the Hitlerian regime. (...) I understand perfectly well that the Hitlerian regime was antisemitic and persecuted Jews and others. I understand many peoples, European Jews among them, experienced unfathomalbe tragedies in Europe during World War II."

Erst im dritten Absatz wird der Autor deutlich und bekennt sich zum „Revisionismus". Der deutsche Staat habe die Juden nicht planmäßig verfolgt und auch keine Gaskammern zum Massenmord eingesetzt: „(...) I no longer believe the German State pursued a plan to kill all Jews or used homicidal ‚gassing chambers' for mass murder." In bekannter Manier bestreitet Smith die Gültigkeit der vorliegenden Beweise und kommt zu dem Schluss, alles sei nur Schwindel: „I believe the gas chamber story to be a grotesque hoax."

Der Grundsatztext „The Holocaust Controversy: The Case for open Debate" gibt vor, sich methodisch auf die Aufklärung zu beziehen, und fordert: „Students should be encouraged to investigate the Holocaust story the same way they are encouraged to investigate every other historical event." Immerhin stimmen die „Revisionisten" mit seriösen Historikern, im Sprachgebrauch des CODOH „establishment historians", darin überein, dass der nationalsozialistische deutsche Staat die Juden für eine grausame Sonderbehandlung aussortiert hat. Massenvergasungen werden jedoch als alliierte Kriegspropaganda abgetan. Diese Lüge sei auch nach 1945 beibehalten worden, und zwar angeblich, weil die Siegermächte die Opfer von zwei Weltkriegen rechtfertigen mussten, um von ihren eigenen Verbrechen wie der Bombardierung deutscher und japanischer Städte abzulenken und um die Annektierung eines Teiles von Polen und von Deutschland durch die Sowjetunion zu legitimieren.

Für viele Opfer in deutschen Konzentrationslagern macht der Text zynisch die Alliierten verantwortlich. Der schlechte Gesundheitszustand der befreiten Häftlinge und der Tod vieler anderer erkläre sich vor allem aus dem Zusammenbruch des „Dritten Reiches" aufgrund des Luftkriegs der Briten und Amerikaner. Die Nahrungsversorgung und das Gesundheitssystem hätten nicht mehr funktioniert, deshalb seien die KZ-Insassen an Krankheiten wie Typhus gestorben.

CODOH bietet seine Propaganda neben Englisch auch in weiteren zwölf Sprachen an, darunter Türkisch, Arabisch, Deutsch, Französisch, Spanisch und Polnisch. Von der „Multilingual Resource"-Seite kann man einzelne Beiträge anklicken wie etwa David Irvings „Action Report", den „Rudolf-Report" und, vom selben Autor „Kardinalfragen zur Zeitgeschichte, oder direkt zu anderen „revisionistischen" Websites surfen wie „Radio Islam", VHO und „Wilhelm Tell"-Seite.

Der CODOH-Chef publiziert seit 1990 einen „personal newsletter", den so genannten „Smith's Report", dessen Ausgaben zum Teil ins Internet gestellt sind, außerdem seit kurzem die Online-Zeitschrift „The Revisionist". Die aktuelle Nummer beginnt mit einer Würdigung des Buches des jüdischen Politologen Norman Finkelstein „The Holocaust Industry". Der renommierte Historiker Peter Longerich beurteilt das Werk und seinen Autoren kritisch: „Vermutlich würde das Buch ignoriert werden, wenn Finkelstein seine Herkunft nicht immer wieder in seine Argumentation einfließen ließe; Finkelsteins Eltern sind Überlebende des Holocaust, die übrige Familie wurde ausgelöscht." (Frankfurter Rundschau online, 22.8.2000) Finkelstein vertritt die These, dass der Holocaust, „das heißt die Art und Weise, wie die Ermordung der europäischen Juden heute in den USA überwiegend dargestellt werde, eine Erfindung einflussreicher jüdischer Organisationen sei – der ‚Holocaust-Industrie'. Diese Darstellung des Mordes an den europäischen Juden sei zu einer Ideologie geworden. Sie diene der Legitimierung der israelischen Politik, dem Eigeninteresse des jüdischen Establishments sowie der Durchsetzung übertriebener Entschädigungsforderungen gegenüber der Schweiz, Deutschland und demnächst gegenüber osteuropäischen Ländern." (Frankfurter Rundschau online, 22.8.2000)

Der Historiker Longerich attestiert Finkelsteins „Pamphlet (...) keine ausgewogene Kritik". Vielmehr entwickele dieser mit der „Holocaust-Industrie" einen „Kampfbegriff, den er auf alle Mitglieder des ‚jüdischen Establishments' anwendet, die seiner Ansicht nach vom Holocaust profitieren oder ihn für politische Propaganda instrumentalisieren wollen. So entsteht ein altbekanntes Klischee: das Netzwerk einer jüdischen Verschwörung." (Frankfurter Rundschau online, 22.8.2000)

„Revisionistische" Kreise greifen begierig alles auf, was in ihr Konzept passt, die Geschichte umzuschreiben. Große Resonanz fand denn auch ein Leitartikel in der englischsprachigen syrischen Staatszeitung „Syria Times" vom 6.9.2000, der den Holocaust als „Erfindung" der Israelis bezeichnet. CODOH greift die Polemik in seiner „Newsdesk"-Abteilung auf und stellt in einem Feature verschiedene Beiträge zusammen: „Assad's Syria denies Holocaust Existed" (NewsMax.com vom 7.9.2000), „Israel ‚Disgusted' by Syrian Holocaust Denial" (CNS vom 7.9.2000) und natürlich den Originalartikel der „Syria Times". „As a matter of fact, this

Holocaust exists only in the minds of terrorists like Yitzhak Shamir, Ovadia Yosef and others", heißt es dort. Der ehemalige israelische Premierminister Shamir ist ein Überlebender des Holocaust. Die syrische Zeitung bezieht sich ferner auf den französischen „Revisionisten" Henri Roques, der bestreitet, dass in KZ-Gaskammern Menschen ermordet wurden.

CODOH macht auch Geschäfte mit seiner Ideologie, das Angebot ist aus dem „Online Catalog of Revisionist Information and Materials" zu ersehen und enthält neben Zeitschriften und Büchern „numerous videos, audio tapes, newsletters and pamphlets as well". Natürlich existieren Links zu befreundeten Websites. Offensichtlich bestehen besonders enge Verbindung zur belgischen „Revisionisten"-Organisation VHO. Jedenfalls ist die CODOH-Kopfzeile mit Auswahlmenues wie „Home", „Intro", „Literature", „Store", „Links" usw. weitgehend identisch mit der der VHO-Seite. Bei einigen Rubriken kann man über Untermenues zwischen dem Angebot der beiden Homepages wählen und erhält so auch direkten Zugriff zu den Informationen der VHO im WWW.

## 4.4. Vrij Historisch Onderzoek (VHO)

Eine der technisch am besten gemachten „revisionistischen" Websites ist die der VHO. Hinter diesem Kürzel steht die 1985 gegründete belgische rechtsextremistische Organisation „Vrij Historisch Onderzoek", der zentrale Vertreiber von „revisionistischen" Schriften und Videokassetten in Europa. „Verantwortlich im Sinne des Presserechts sind die belgischen Brüder Siegfried und Herbert Verbeke." (Verfassungsschutzbericht Baden-Württemberg 1999, S. 86) Auf der Internetseite steht neben der Postfachadresse der VHO auch die Anschrift des CODOH in San Diego in Kalifornien, mit dem in Zukunft eine engere Zusammenarbeit geplant ist.

Aktivster Mitarbeiter der VHO ist der deutsche Diplom-Chemiker Germar Scheerer, geb. Rudolf, der durch das „Rudolf-Gutachten" bekannt wurde, „das anhand einer vorgetäuschten Wissenschaftlichkeit die Judenvernichtung in Auschwitz leugnet. Das Landgericht Stuttgart verurteilte ihn 1995 zu einer 14-monatigen Freiheitsstrafe ohne Bewährung. Durch

Flucht entzog er sich der Verbüßung seiner Strafe und hält sich seit einiger Zeit in Großbritannien auf. Dort ist die so genannte Auschwitz-Lüge nicht strafbar, weswegen er nach EU-Recht nicht auszuliefern ist." (ebd., S. 86)

Scheerer publiziert unter seinem Geburtsnamen Germar Rudolf oder unter dem Decknamen Ernst Gauss. Derzeit baut er für die VHO im WWW eine Bibliothek auf, die die „Standardwerke" des „Revisionismus" zugänglich machen soll. Im Gespräch mit dem „Daily Telegraph" sagte er: „In Britain I work as an Holocaust revisionist 24 hours a day. My work has brought me into contact with people of the far Right. I have met leading members of the National Front and the British National Party while I have been in England." (electronic Telegraph, 17.10.1999) Auch mit David Irving sei er in Verbindung. Rudolf betont, nicht Mitglied einer rechtsextremen Organisation zu sein. „I am not a total apologist for the Nazis like a lot of people who support my work. I miss Germany but I am a political prisoner who came here because I wanted to be free."

In einem Interview mit dem NPD-Organ „Deutsche Stimme" im September 1999 führte der Justizflüchtling indes die vermeintliche politische Unabhängigkeit selbst ad absurdum. Er sagte zu den Motiven seiner Arbeit:
„Die Ursache zum Engagement in der freien Geschichtsforschung liegt (...) eher in altruistischen Motiven, also der Frage, nützt mein selbstloser Einsatz meiner Familie, meiner Sippe, meinem Volk, meinem Kulturkreis usw. Nun ist es sicher verfehlt zu glauben, die freie Zeitgeschichtsforschung könne irgendwelche gesellschaftlichen oder politischen Probleme lösen. (...) Nur ein paar Beispiele: Bei der gegenwärtigen Bevölkerungsentwicklung wird das deutsche Volk im Jahre 2100 im Wesentlichen ausgestorben sein, und mit anderen indogermanischen Völkern sieht es nicht viel anders aus. Eine an die Wurzel des Problems gehende Politik ist aber ganz einfach mit folgendem Spruch zu verhindern: ,Schenk dem Führer ein Kind' (...)" (Deutsche Stimme, Nr. 9/1999)

Die aktuelle Lage in seinem Heimatland ist für Rudolf inakzeptabel:
„Ich bin der Überzeugung, dass es auf der Welt keinen schlechteren Aufenthaltsort für Deutsche gibt als Deutschland. Überall in der Welt erlaubt man uns Deutschen, stolz darauf zu sein, Deutscher zu sein, wenn

man es denn sein möchte. In Deutschland hingegen kann das heute fatale Konsequenzen haben. (...)Die ‚Auschwitz'- oder ‚Faschismus'-Keule ist eine Wunderwaffe, mit der alles vernichtet wird, was der politischen Linken und gewissen Minderheiten nicht ins Konzept passt." (Deutsche Stimme, Nr. 9/1999)

Im Internet erläutert die VHO, die sich als „Europäische Stiftung zur Förderung freier Geschichtsforschung" vorstellt, ihr Anliegen in fünf Sprachen (Niederländisch, Deutsch, Französisch, Englisch, Italienisch). Ziel sei es, „die historischen Geschehnisse des 20. Jahrhunderts wissenschaftlich zu untersuchen, wobei sie sich weder von wissenschaftlichen Dogmen, noch von Axiomen beschränken lässt." Daneben gehe es darum, „die Menschenrechte zu verteidigen und die Rassendiskriminierung zu bekämpfen, insbesondere wenn sich diese gegen das deutsche Volk richtet." Weiterhin will sie „eine öffentliche Debatte über das in Gang (...) bringen, was allgemein als ‚Holocaust' umschrieben wird."

Diese Diskussion soll das VHO-Hausorgan „Vierteljahreshefte für freie Geschichtsforschung" (VffG), Untertitel „Die aktuelle Zeitschrift für den Hobby-Zeitgeschichtler und den Profi", anstoßen, auf der Homepage griffig präsentiert: „Wir brechen Tabus! Revisionismus pur!" Die erste Ausgabe erschien im März 1997. Die VffG sind komplett ins Internet eingestellt. In der Online-Ausgabe werden als Herausgeber, Verlag und Vertrieb die „Castle Hill Publishers" im britischen Hastings genannt, Germar Rudolf fungiert als Chef-, der Schweizer „Revisionist" Jürgen Graf als Fremdsprachenredakteur. Die Hefte „bieten in vier Ausgaben jährlich" angeblich „brandheiße Berichterstattungen über den weltweiten Kampf um die Freiheit von Forschung und Wissenschaft, Meldungen über Gesinnungsjustiz und mediale Hexenjagden, Neuigkeiten weltweiter Zensurmaßnahmen, insbesondere von der deutschen Büchervernichtungsfront."

In einem Beitrag in den aktuellen VffG vom August 2000 beschwört Germar Rudolf ein Szenario der Verfolgung und Bedrohung:
„Ernst Zündel bekommt Briefbomben, gegen ihn und andere Revisionisten werden Brandanschläge verübt. Prof. Faurisson wird immer wieder zusammengeschlagen. Andere, weniger bekannte Revisionisten, Patrio-

ten und Nationalisten – alle vereint als Opfer staatlicher Verfolgung – werden sogar umgebracht."

Er ist erstaunt, dass das rechte Lager noch nicht zurückgeschlagen hat, obwohl er sich selbst angeblich von Gewalt distanziert. Besonders ins Visier der „Revisionisten" ist der Staatsanwalt geraten, der unter anderem Frederick Toben hatte verhaften lassen: „In der Tat, dass er noch am Leben ist, grenzt schon an ein Wunder und beweist, wie harmlos die ganze deutsche ‚Szene' tatsächlich ist. Ein Befreiungskrieg ließe sich mit derartigen Freiheitskämpfern wahrlich nicht gewinnen." Scheint hier etwa ein leichtes Bedauern durchzuschimmern? Rudolf schwingt sich zum Propheten auf: „Die Lämmergeduld des deutschen Volkes hält bestimmt nicht ewig an." Er beobachtet, dass „man nun die Bleistifte spitzt und anfängt, Strichlisten zu machen." Mit seiner „Warnung" will er „alle Seiten zur Besinnung rufen", aber „mein de-radikalisierender Einfluss auf die ‚Szene' hält (...) nicht ewig an."

Gegenüber dem NPD-Parteiorgan „Deutschen Stimme" hatte Rudolf den Sinn des Zeitschriften-Projekts erläutert:
„Eine kritische Geschichtsschreibung ist (...) in Deutschland und in vielen anderen europäischen Ländern gar nicht mehr möglich. Es lag daher nahe, im sicheren Ausland ein Organ zu schaffen, das der kritischen Geschichtsschreibung ein Podium bietet und sich bedingungslos für die Freiheit der Wissenschaft und der Meinungsfreiheit einsetzt." (Deutsche Stimme, Nr. 9/99)

Eine große Rolle kommt der Verbreitung via Internet zu. Rudolf hat erkannt, dass er über dieses „Kommunikations- und Informationsmedium des 21. Jahrhunderts" („Rechenschaftsbericht Frühjahr 2000") auch ein neues Publikum erreicht. In den VffG (2/1999) schrieb er, ein „wichtiger Ansatzpunkt" der Arbeit müsse „die Jugend" sein: „Da wir (...) gegen die alten Medien keine Chance haben, im Internet aber – einem Medium der Jugend! – mit so ziemlich allen relativ leicht mithalten können, haben wir uns vor fast zwei Jahren entschlossen, dort ein kühnes Projekt zu starten." Ziel sei, „unsere unrezensierbare revisionistische Datenbank im Internet (...) massiv" zu erweitern und „viele schwer erhältliche revisionistische Zeitschriftenbeiträge und Bücher jedem zugänglich" zu machen. Außerdem solle die „Internetseite zu einer Datenbank zum Kampf gegen die weltweit grassierende Zensur" ausgebaut werden. (VffG, Nr. 2/1999)

Deshalb wird die Abteilung „Banned books" auf der Website gepflegt, eine Liste von rund 100 Büchern, die in einem oder mehreren Ländern verboten sind. Zum Beweis sind hinter jedem Titel Gerichtsort und Aktenzeichen vermerkt. Ein Teil der Titel lässt sich herunterladen, bei anderen stehen zusätzliche Informationen über Anklage, Prozessverlauf etc. zur Verfügung. Weiterhin existiert eine kleine Übersicht über indizierte Websites. Aber auch vieles aus dem sonstigen umfangreichen VHO-Archiv verstößt gegen deutsches Recht. Die Seite wartet mit knapp 20 Zeitschriften in Deutsch, Französisch und Englisch auf, darunter das „National Journal", die „Huttenbriefe", „Deutschland in Geschichte und Gegenwart", die „Annales d'Histoire Révisionniste", die „Revue d'Histoire Révisionniste" oder das „Journal of Historical Review", von denen einige komplett oder partiell online gelesen werden können. Darüber hinaus hat der Surfer Zugriff auf knapp 70 Bücher, schwerpunktmäßig in Deutsch und Englisch, die ebenfalls teilweise oder ganz ins Netz eingestellt sind.

In seinem Rechenschaftsbericht an seine Fangemeinde (Titel „Das bin ich Ihnen schuldig") unterstreicht Rudolf die Erweiterung seines englischsprachigen Angebots im vergangenen Jahr. Dieser Tatsache schreibt er zu, dass sich die Besucherzahlen in diesem Zeitraum von 800 auf 1.600 pro Tag erhöht haben. Für die Zukunft denkt er daran, einen eigenen Server zu erwerben und selbst ein Internet-Service-Unternehmen in den USA aufzubauen, „mit dem alleinigen Zweck einer internationalen revisionistischen Datenbank, wo man Tausende von Artikeln und Hunderte von Büchern kostenlos abrufen kann." Das Know-how habe er sich angeeignet: „Dieses Ziel ist absolut greifbar geworden, da ich inzwischen die nötigen Kenntnisse erworben habe und da die Computer, die diese Dienste vollführen können, immer schneller und billiger werden." In diesem Zusammenhang schwebt ihm ein „gemeinsames Zukunftsprojekt" mit anderen „großen revisionistischen Webseiten" vor, „wie etwa die amerikanische CODOH". Da sich diese Seite „zunehmend auf aktuelle Berichterstattung und Diskussion" konzentriere, erscheint Rudolf eine „Arbeitsteilung" zwischen VHO und CODOH „sehr attraktiv". („Rechenschaftsbericht Frühjahr 2000")

240

„Absolute Priorität" räumt Rudolf bei seinen Plänen der Ausweitung der „Tätigkeit auf den englischen Sprachraum" ein, denn er ist zu der „Einsicht" gelangt, „dass man mit dem Geschichtsrevisionismus nichts erreichen kann, wenn man ihn nicht in englischer Sprache präsentiert." Daher habe er sich „entschlossen, die wichtige in Europa erscheinende revisionistische Literatur nach Möglichkeit ins Englische übersetzen und in der ganzen Welt vertreiben zu lassen." („Rechenschaftsbericht Frühjahr 2000") Weiterhin ist der Aufbau einer „Fernakademie für freie Geschichtsforschung" mit Sitz in den USA geplant, „da man dort steuerbefreit werden kann und die unbeschränkte Meinungsfreiheit genießt."

Rudolfs Orientierung Richtung Amerika resultiert vielleicht daraus, dass er in England unter Druck gerät, wie er seinen Lesern berichtet: „Nach einer Pressehetze gegen mich (...) stellte Deutschland ein formelles Auslieferungsgesuch an Großbritannien. Gegen Ende November 1999 tauchten dann tatsächlich zwei britische Beamte in meiner Wohnung auf – freilich nur um festzustellen, dass ich schneller war als sie. Ich bin vielmehr Ende Oktober in volle Deckung gegangen und arbeite jetzt quasi aus dem Untergrund. Tatsächlich kann der Revisionismus im Anfang des 21. Jahrhunderts nur noch als intellektueller Partisanenkrieg aus dem Untergrund geführt werden." („Rechenschaftsbericht Frühjahr 2000")

Diese Situation kompliziere seine Tätigkeit: „Bitte erwarten Sie von mir (...) nicht, daß ich in der Nähe des Fax-Anschlusses oder des Postfaches wohne oder arbeite, wo sie ihre Faxe/Post hinsenden." Der Verlag Castle Hill Publishers in Hastings bestehe mehr formell weiter. Rudolf selbst habe die Gegend, die ihm in den vergangenen Jahren zur zweiten Heimat geworden ist, verlassen. Seitdem verlaufe das Leben in abenteuerlichen Bahnen: „Haben Sie je in einem Krimi gesehen, wie sich Agenten in Feindesland Nachrichten zukommen lassen? Geheime Briefkästen, schmuggeln von Gegenständen mit Nachrichten... Genau so geht das." Aber keine Panik: „was ich in England tue, ist hier absolut legal. Die Briten können also meine Tätigkeit als solche und die Hilfe, die mir Dritte hier zukommen lassen, rechtlich nicht unterbinden." („Rechenschaftsbericht Frühjahr 2000", Orthographie wie im Original)

Den Schwerpunkt seiner Arbeit sieht Rudolf in der internationalen Kooperation. Deshalb versucht er, „die in Spanien, Italien, Frankreich und anderen europäischen Ländern tätigen Revisionisten so zu vernetzen, dass sie von ihren jeweiligen Publikationen Kenntnis erlangen. Wichtige (...) Beiträge werde ich nach Möglichkeit in VffG publizieren, und ich hoffe, diese auch in englischer Sprache lancieren zu können."

## 4.5. David Irving und Focal Point Publications

Der „Revisionist" David Irving unternahm im Herbst 2000 eine Vortragsreise durch die USA. Für den Briten ist Amerika das Land der Freiheit:
„Ich atme immer erleichtert auf, wenn ich nach den Vereinigten Staaten komme. Man hat eine spürbare Erleichterung, wenn man durch die Kontrolle kommt und dann wieder hier in den Vereinigten Staaten steht. Man weiß, dass man alles sagen kann, was man will, alles schreiben kann, was man will, das Klima hier ist ganz anders." (Interview der Autoren mit David Irving am 23.10.1999 in Kalifornien)

Wichtigster Termin iim Jahr 2000 war die „Conference on Real History" in Cincinnati vom 22. bis 24. September. Die Terminologie unterstellt, dass nur das eigene Lager die „richtige Geschichte" vermittelt. Auf der Website des von Irving gegründeten Verlages „Focal Point Publications" wurde das Ereignis groß angekündigt. „Four hundred visitors from all over the world will come together", hieß es dort. Über eine amerikanische „Revisionismus"-Homepage, die auf eine „Worldwide Revisionist Campaign" und eine Person in Cleveland registriert ist, kann man die Redebeiträge übers Internet anhören. „Broadcast via 3 servers around the world. Each server is updated at different times, so please try all!" Unter anderem sprach der Deutsche Germar Rudolf, außerdem natürlich David Irving selbst, der die Tagung zum Anlass nahm, um über seinen Rechtsstreit gegen die amerikanische Geschichtsprofessorin Deborah Lipstadt und deren Verlag „Penguin Books" zu berichten, in seinen Worten „against the global enemies of Real History". Er versprach, „inside details of his gigantic battle against the multi-million-dollar enemies of the truth" zu „enthüllen".

Irving hatte eine Verleumdungsklage gegen Deborah Lipstadt angestrengt. Gegenstand war ihre 1993 erschienene Studie „Denying the Holocaust. The Growing Assault on Truth and Memory", in der sie ihn in die Riege der Holocaust-Leugner eingereiht und „one of the most dangerous spokespersons for Holocaust denial" genannt hatte. Irving argumentierte, durch die Veröffentlichung habe seine Reputation gelitten, Verlagshäuser hätten sich zurückgezogen, seine Werke würden nicht wieder aufgelegt bzw. neue Bücher erst gar nicht gedruckt, so dass er auch materiellen Schaden erlitten habe. Er sieht sich als Opfer einer jüdischen Kampagne: „In 1992, as we know, Lipstadt was financed by the Yad Vashem Institution of the Israeli government and given the specific task of destroying Mr. Irving's career as a ‚particularly dangerous‘ opponent." (Irving Hompage: David Irving provides answers to frequently asked questions)

Er nimmt für sich eine differenzierte Sichtweise über die Ermordung der europäischen Juden in Anspruch. Was er bestreitet, ist ein systematisches Vernichtungsprogramm:
„Ich bin anders als die Revisionisten, ich bin bereit, einzuräumen, einige verrückte unverbesserliche SS-Typen haben wohl Versuche gemacht, Anläufe gemacht, mal sehen, ob das hier so funktioniert, aber Leute zu töten mit Zyankali ist ein sehr gefährlicher Weg. Es gibt viel einfachere Mittel. Man muss auch bedenken, die Deutschen hatten damals Giftgase, die absolut viel besser waren, die Nervengase, Sarin, Tabun usw. 30.000 Tonnen." (Interview der Autoren mit David Irving am 23.10.1999)

Nach englischem Recht mussten Deborah Lipstadt und ihr Verlag im erwähnten Verleumdungsverfahren die Irving betreffenden Behauptungen beweisen. Kern des Rechtsstreits war der Fälschungsvorwurf, das heißt die Behauptung, Irving habe mit Vorsatz gehandelt. In ihrem Buch schrieb Lipstadt, „dass er die Geschichte fälscht, um sie seiner ideologischen Neigung und politischen Agenda anzupassen." (Die Welt online, 17.3.2000) Der sowohl von der britischen als auch von der internationalen Presse aufmerksam verfolgte Prozess begann am 11. Januar 2000 und endete am 12. April mit einem für Irving vernichtenden Urteil, das über die Vorwürfe von Lipstadt noch hinausgeht. Zwar würdigte der Richter dessen Leistungen als Militärhistoriker und seine Kenntnisse des Zweiten Weltkriegs und erkannte an, „dass ohne Irvings gewissenhafte Recherchen bestimmte historische Quellen unentdeckt geblieben wären." (Menasse 2000, S. 157) Während des Prozesses hatte der Militärhistoriker Sir John Keegan die Meinung vertreten, dass es nur zwei herausragende Werke zur Kriegsführung im Zweiten Weltkrieg gäbe, für die alliierte Seite Chester Wilmotts „Struggle for Europe" und für die deutsche Irvings

„Hitler's War", und dass er einem Anfänger diese beiden Werke zur Einführung empfehlen würde.

Dennoch darf laut dem Urteilsspruch von Richter Charles Gray Irving als Antisemit, Rassist, als Freund der Neonazis und als „aktiver Leugner des Holocaust" bezeichnet werden, der „deliberately skewed the evidence to bring it into line with his political beliefs." (The Nation, 1.5.2000) Gray hob hervor, „that Mr. Irving has for his own ideological reasons persistently and deliberately misrepresented and manipulated historical evidence; that for the same reasons he has portrayed Hitler in an unwarrantedly favourable light, principally in relation to his attitude towards and responsibility for the treatment of the Jews; that he is an active Holocaust denier; that he is anti-Semitic and racist and that he associates with Right-wing extremists who promote Neo-Nazism." (electronic Telegraph, 12.4.2000)

Auffallend ist, dass Irving ein umfangreiches Material über den Prozess, auch aus der Feder seiner Gegner, ins Internet gestellt hat. Viele Artikel, die stenographierten Mitschriften der Gerichtsverhandlung, die Urteilsbegründung und Gutachten sind über die Website der „Focal Point Publications" abrufbar. Als „hate-filled book" wird dort „Der Holocaust vor Gericht – Der Prozess um David Irving" von Eva Menasse eingestuft, die das Verfahren für die „Frankfurter Allgemeine Zeitung" beobachtet hat. Dennoch bietet Irving Teile des Werks als Download an. Vielleicht geht es ihm um Diskussion, vielleicht nur um Publicity. Menasse kommt jedenfalls zu dem Schluss, der Prozess sei für Irving „wahrscheinlich die Show seines Lebens." (Menasse 2000, S. 15) Dieser hat den juristischen Streit in seinem Tagebuch kommentiert und „elektronisch um die Welt gesandt. (...) Kunst der doppelten Buchführung: David Irving führt einen zweifachen Prozess, im Gerichtssaal und im Internet." (FAZ online, 2.2.2000)

Das dreimonatige Verfahren gestattet aufschlußreiche Einblicke in das „revisionistische" Denken. Im Kreuzverhör sagte Irving, dass zwischen einer und vier Millionen Juden umgekommen seien, aber nicht sechs Millionen. Vergasungen hätte es höchstens „on (...) an experimental scale" gegeben. „The Jews who died were shot, starved and worked to death in slave labour camps or fell victim to desease." (electronic Telegraph, 12.4.2000)

Bis zu 1,5 Millionen Juden seien im Osten erschossen worden, sagte Irving, aber sie seien nicht Teil des Systems gewesen. „The system ended when the train arrived. The system put the victims on the trains and sent them to the east with food and equipment to start a new life. Once they arrived, the system broke down and the murderers stepped in." (electronic Telegraph, 18.1.2000)

Gerade in diesem Punkt musste Irving Irrtümer eingestehen. Auszüge aus dem Gerichtssaal: Er wurde mit eigenen Behauptungen (bei einer Pressekonferenz 1989) konfrontiert, denen zufolge die Nazis Gaswagen „on a very limited scale to experiment" benutzt hätten. Der Verteidiger der Gegenseite, Richard Rampton, wies ihn auf ein Dokument hin, nach dem 97.000 Juden im Laufe von fünf Wochen in drei Lastwagen vergast worden waren. Richter Charles Gray fragte Irving, ob er das als „very limited and experimental" beschreiben würde. Dieser antwortete: „No, this is systematic." Seine Aussagen in der Vergangenheit über Ausmaß und Zahl der Toten durch Vergasungswagen hätten auf seinen Kenntnissen zu diesem Zeitpunkt basiert. Irving sagte: „I am not a Holocaust expert. I am a Hitler expert." (electronic Telegraph, 20.1.2000)

Dem Gericht wurde außerdem ein Video vorgeführt, in dem David Irving bei einer Veranstaltung der amerikanischen Nazi-Organisation „National Alliance" (NA) im Oktober 1995 in Tampa in Florida sprach. Irving bestritt eine Verbindung zur NA. Allerdings wurde ihm vorgehalten, zwischen 1990 und 1998 achtmal bei der Gruppe aufgetreten zu sein. Irving wurde gefragt, warum er bei seiner Rede in Tampa gesagt hatte, er finde die Holocaust-Geschichte „langweilig". Darauf antwortete er: „I think 95 per cent of the thinking public find the Holocaust boring by now but don't say it because it's politically incorrect. What other explanation is there for the fact that it's all the Jews go on about now? There have been the most incredible episodes in Jewish history, but all you hear of in films and so on of late is the Holocaust." (The Times online, 3.2.2000) („Ich denke, 95 Prozent des denkenden Publikums finden den Holocaust mittlerweile langweilig, sagen das aber nicht, weil es politisch inkorrekt ist. Welche andere Erklärung gibt es für die Tatsache, dass die Juden ihn dauernd thematisieren? Es hat die unglaublichsten Ereignisse in der jüdischen Geschichte gegeben, aber alles, worüber Sie in Filmen usw. hören, ist der Holocaust.")

Irving provoziert gern und gefällt sich in Geschmacklosigkeiten. In einem Gerichtsverfahren in Kanada sagte er: „I don't see any reason to be tasteful about Auschwitz." (electronic Telegraph, 12.4.2000) „Es ist Quatsch, es ist eine Legende. Sobald wir zugestehen, dass es ein brutales Sklavenarbeitslager war und eine große Zahl von Menschen gestorben ist – genauso wie viele unschuldige Menschen woanders im Krieg starben – warum sollten wir den Rest von dem Quatsch glauben?" (vgl. electronic Telegraph, 12.4.2000)

„I say quite tastelessly, in fact, that more women died on the back seat of Edward Kennedy's car at Chappaquiddick than ever died in a gas chamber in Auschwitz. Oh, you think that's tasteless? How about this: there are so many Auschwitz survivors going around, in fact the number increases as the years go past, which is biologically very odd to say at least. Because I'm going to form an Association of Auschwitz Survivors, Survivors of the Holocaust and Other Liars, or the A-S-S-H-O-A-L-S." (electronic Telegraph, 12.4.2000)

In der zweiten Auflage seines Buches „Hitler's War" aus dem Jahr 1991 tilgte er alle Hinweise auf den Holocaust. Das Vernichtungslager Auschwitz nannte er jetzt Zwangsarbeiterlager Auschwitz. „In Irvings eigenen Worten: ‚Sie werden den Holocaust in keiner einzigen Zeile erwähnt finden, nicht einmal in einer Fußnote. Warum auch? Etwas, das nicht stattgefunden hat, braucht man auch mit keiner Fußnote zu würdigen.'" (Menasse 2000, S. 29)

In der ursprünglichen Fassung seines Buches von 1977 hatte Irving die Rolle Hitlers für den Massenmord an den Juden heruntergespielt, nicht aber den Holocaust als solchen bestritten. Im Prozess fragte der Verteidiger von Deborah Lipstadt und „Penguin Books", Richard Rampton, David Irving nach den Ursachen für diese Veränderung. Dieser antwortete: „Der Hauptgrund lässt sich mit einem einzigen Wort sagen: Leuchter." (Menasse 2000, S. 29)

Irving hatte den Bericht des amerikanischen „Hinrichtungsexperten" in Toronto bei einem Prozess des „Revisionisten" Ernst Zündel kennen gelernt. Die „Ergebnisse" des bereits erwähnten, unseriösen „Reports" beeindruckten den Briten, wie er bei der 10. Konferenz des „Institute for

Historical Review" im Oktober 1990 erzählte. In seinem Vortrag unter dem bezeichnenden Titel „Battleship Auschwitz", „Schlachtschiff Auschwitz" sucht Irving Erklärungen dafür, dass er und alle Welt jahrzehntelang an die Gaskammern geglaubt haben. Seine simple, nicht gerade originelle Antwort schöpft aus dem Fundus der Verschwörungstheorien: „We have been subjected to the biggest propaganda offensive that the human race has ever known. (...) The great big battleship Auschwitz, this lie that's been cruising around for the last 45 years". Aus seiner „Einsicht" leitet er die Hauptaufgabe der Historiker und vor allem der revisionistischen Historiker ab, die er in gewohnt zynischem Duktus präsentiert: „I warned you I was going to show no respect for taste (...) Sink the Auschwitz!"

Irvings Einschätzung Hitler betreffend ist facettenreich und zum Teil widersprüchlich. Einerseits erkennt er dessen Verantwortung für Verbrechen des „Dritten Reiches" an: „As head of state, Hitler was responsible for any and all crimes within the areas over which he exercised authority at the time in which they were committed." (About the author, a biographical letter, August 11, 1996) Andererseits stellte er Hitler auf eine Stufe mit englischen und amerikanischen Politikern:
„Hitler. Man wird ihn relativieren, glaube ich, und nach 100 Jahren sagen, ja, war er so viel schlimmer als ein Mann wie Roosevelt oder Truman, der eine Atombombe über eine Stadt und nicht nur eine Stadt sondern über zwei Städte abwerfen kann und in einem Bruchteil einer Sekunde 100.000 Menschen tötet. Oder wie ein Winston Churchill, der ein Dresden auslöschen kann. Da wird die Geschichte bestimmt diese Fragen stellen." (Interview der Autoren mit David Irving am 23.10.1999)

Bereits nach der Erstveröffentlichung von „Hitler's War" setzte Irving eine Belohnung für einen Beweis für die Beteiligung des Diktators an der Ermordung der Juden aus. Er führt das jetzt im Internet weiter.

„Ich habe auf meiner Website (...) zum x-ten Mal die Aufforderung gestellt, ich biete 1.000 Pfund als Prämie an für jeden, der ein Dokument finden kann, mit dem Nachweis, dass Adolf Hitler auch nur davon gewusst hat, von Auschwitz oder von der Judenvernichtung, der Vernichtung der deutschen Juden oder von dem, was heute als Holocaust bezeichnet wird. Seit 20 Jahren besteht diese Aufforderung von mir und keinem ist es bisher gelungen; ein zeitgeschichtliches Kriegsdokument, ein einziges Dokument, das hätte man schon längst finden sollen." (Interview der Autoren mit David Irving am 23.10.1999)

Trotz des vernichtenden Verdikts von Richter Gray wird Irving „in England noch immer und bis zum heutigen Tag als kontroverser Buchautor, durchaus auch als völlig irregegangener Historiker diskutiert", so die Auffassung der Prozessbeobachterin Eva Menasse (Menasse 2000, S. 13). Selbst nach dem „Urteil lud man ihn in die meistgesehenen Talkshows ein, und er durfte nun sogar vom Bildschirm herunter Auschwitz-Überlebende zu belehren versuchen, dass ihre Großeltern, Mütter, Väter, Gatten und Kinder ‚genau wie Anne Frank bedauerlicherweise am Typhus gestorben', aber bestimmt nicht in Gaskammern umgebracht worden seien." (Menasse 2000, S. 14)

Mittlerweile scheint ihm auch in seinem Heimatland der Wind stärker ins Gesicht zu blasen. Die Website der „Focal Point Publications" informiert darüber, dass Irving nicht wie geplant in Oxford reden darf. „University's Reform Club has informed David Irving that it has been forced to withdraw its May 2000 invitation to speak this Nov. 7 to a student and public audience." Angeblich lässt sich kein Raum für das Treffen finden und für Irvings Sicherheit kann nicht garantiert werden.

In Deutschland ist er, wie er im Internet schreibt, in den siebziger Jahren zwei- bis dreimal bei Veranstaltungen der „Gesellschaft für Freie Publizistik" (GFP), die vom Verfassungsschutz als rechtsextrem eingestuft wird, aufgetreten. In den achtziger Jahren sprach er bei Treffen der „Deutschen Volksunion" (DVU).

„Gerhard Frey: Hired me for a series of history lecture tours in Germany from about 1982 to about 1988. His organisation awarded to me two certificates during this period, which were each linked with a cash award; one was called Freedom Prize (I think), and the other the Rudel prize." (About the author, a biographical letter, August 11, 1996)

Für eine DVU-Kundgebung am 10. März 1990 in Passau erhielt Irving „zwar von der dortigen Stadtverwaltung Redeverbot, konnte jedoch später seine Thesen auf Veranstaltungen von Rechtsextremisten in München,

Dresden, Leipzig, Gera, Stuttgart, Weinheim/Bergstraße und Oberhausen vortragen. Der Bundesminister der Innern hatte am 9. März angeordnet, Irving bei Einreiseversuchen in die Bundesrepublik Deutschland zurückzuweisen. Irving wurde jedoch bei seinen Einreisen nicht erkannt." (Verfassungsschutzbericht 1990, S. 120)

Der Brite kommentiert das überheblich:
„Seit etwa 1990 hat das Innenministerium, ohne mich zu informieren, gegen mich ein Einreiseverbot verhängt. Das war mir damals auch unbekannt. Im November 1993 hat das Ausländeramt in München gegen mich ein Aufenthaltsverbot verhängt, ich darf bundesweit deutschen Boden nicht mehr betreten. Das kommt mir nicht sehr vor, als ob es sich um ein freies Land handelt. Die Meinungsfreiheit gibt es nicht mehr in Deutschland, aber das ist für Deutschland, für die Deutschen nichts Neues, das ist klar. Die haben im ganzen Jahrhundert nicht richtig Meinungsfreiheit gehabt." (Interview der Autoren mit David Irving am 23. 10.1999)

Am 21. April 1990 trat Irving bei der Großveranstaltung unter dem Motto „Wahrheit macht frei" im Münchner Löwenbräukeller auf. Im folgenden Jahr nahm er ebenfalls in München an einer Protestkundgebung teil, nachdem ein „Revisionistenkongress" verboten worden war. Von den Sicherheitsbehörden wurde Irving in dieser Zeit als „führender Anti-Holocaust-Redner auf deutschem Boden" eingestuft. (Verfassungsschutzbericht 1993, S. 151) Er erhielt im Jahr 1993 mehrfach die Auflage, „nicht über den Holocaust zu reden, so am 14. Januar in München und am 3. Juli in Mainburg (Kreis Kelheim). (...) Am 5. Juli wurden Irving und seine Zuhörer schon vor dem Vortrag vom Wirt aus seiner Münchener Gaststätte gewiesen. Irving konnte seine revisionistischen Thesen nur zweimal in Deutschland vortragen (...). Kurz vor Antritt einer neuen Vortragsserie, die am 9. November, dem Jahrestag der ‚Reichskristallnacht' beginnen sollte, wurde er von der Stadtverwaltung München als unerwünschter Ausländer aus Deutschland ausgewiesen." (ebd., S. 151/152)

Inzwischen hat Irving seine Agitation weitgehend ins Inter ,net verlegt. Dieses ist seiner Einschätzung nach „ein absolut freies Medium zur Zeit. Die Gegner, und zwar muss ich leider sagen, die jüdischen Gegner an erster Stelle, versuchen jetzt mit allen möglichen Mitteln, Filter und Blockierungsmöglichkeiten da einzubauen, um die Materialien und Stoffe, die ihnen unliebsam sind, zu verhindern, aber das wird ihnen nicht gelingen." (Interview der Autoren mit David Irving am 23. 10.1999)

Schwerpunkte der „Focal Point Publications"-Homepage sind der Zweite Weltkrieg und das „Dritte Reich". Irving hat das Angebot kontinuierlich ausgebaut und professionalisiert. Neben einer Vielzahl von Artikeln, Dokumenten und Büchern ist auch das „Kampfblatt des Autors", der „Action Report", abrufbar. „Seit 35 Jahren schreibt (...) David Irving Privattagebuch. In seinem unregelmäßig erscheinenden privaten Nachrichtenblatt 'Action Report' erscheint zur Belustigung seiner Mitarbeiter und Mitkämpfer eine überarbeitete Fassung." Mit dem Einstellen von attraktiven Materialien ins Internet will Irving „die Gegner ärgern", wie er im Gespräch sagt, und Interessenten anziehen:
„Ich bekomme 1.000 Besuche pro Tag zur Zeit und das verdoppelt sich alle drei Monate. Ich habe diese Website seit anderthalb Jahren und alle meine Bücher zum Beispiel sind dort zugänglich als Free Downloads. Da kann man alle meine Bücher jetzt von meiner Website ablesen und kostenlos überspielen." (Interview der Autoren mit David Irving am 23.10.1999)

## 4.6. Das Adelaide-Institut

Ein Detail, das die internationale „Revisionistengemeinde" beschäftigt, ist die Existenz von Löchern im Dach des Krematoriums II in Auschwitz-Birkenau, durch die Zyklon-B eingeworfen werden konnte. Diese Frage wurde auch im Irving-Prozess debattiert. Experten kommen zu folgendem Ergebnis:
„Die Gaskammern in den Krematorien II und III in Auschwitz-Birkenau lagen unterirdisch. Aus den Aussagen der Männer der Sonderkommandos weiß man, dass die Dosen mit dem Zyklon-B von SS-Männern durch vier Öffnungen im Dach eingeworfen wurden." (Menasse 2000, S. 100) Wegen des Vormarschs der Roten Armee zerstörten die Nazis im November 1944 „ihre Vergasungsanlagen (...) und sprengten die Krematorien. Das Dach der Gaskammer von Krematorium II brach zusammen, bloß eine Trägersäule blieb stehen." (Menasse 2000, S. 100) In Irvings Einschätzung gelten Augenzeugenberichte nicht viel. Auch von einer Luft-

aufnahme, die die Amerikaner während des Krieges gemacht haben, ließ er sich nicht beeindrucken. Der Gutachter Professor Robert Jan van Pelt von der Universität Waterloo in Kanada hat das Foto von der NASA testen lassen. „Die Aufnahme zeigt die ‚Löcher' in Form von kleinen kaminartigen Türmchen, angeordnet im Zick-Zack, nicht in einer Linie – genau wie sie von Zeugen beschrieben worden sind. Die NASA erklärte das Foto als authentisch." (Menasse 2000, S. 186)

Die Homepage des australischen „Adelaide-Instituts" zeigt dessen Leiter, „Dr. Frederick Töben, (...) visiting Auschwitz-Birkenau, Krema II". Man sieht ihn in einer Steinwüste, Bildunterschrift „er betritt die angeblichen Gaskammern", dann ein Foto des zerstörten Dachs. Auf dem nächsten Bild Töben inmitten von Steinblöcken. Natürlich findet er keine Löcher und folgert „No holes – no Holocaust" (bzw. übernimmt, wie an anderer Stelle steht, die simple Gleichung von Robert Faurisson, einem anderen „Revisionisten").

Das „Adelaide-Institut" gehört zu den internationalen Zentren „revisionistischer" Propaganda. Seine Arbeit versteht es als "the continuing intellectual adventure of the 21st century". In der Selbstvorstellung heißt es, wie nicht viel anders zu erwarten: „We are a group of individuals who are looking at the Jewish-Nazi Holocaust, in particular we are investigating the allegation that Germans systematically killed six million Jews." Das Verdikt der Holocaust-Leugnung wird zurückgewiesen. „Wir proklamieren stolz, dass bis zum heutigen Tag kein Beweis existiert, dass Millionen Menschen in Gaskammern getötet wurden. Das sind gute Neuigkeiten. Warum sollte das jemand anstößig finden?" Über die Website sind unter anderem Aufsätze von „Revisionisten" wie Robert Faurisson, David Irving und Ernst Zündel abrufbar. Die Verweise sind unterteilt in Links des eigenen Lagers, die gegnerische Seite wird unter „Myth Links" abqualifiziert. Das Institut hat im August 1998 ein internationales Symposium organisiert, an dem führende „Revisionisten" aus der ganzen Welt teilnahmen.

Direktor des Instituts ist Frederick Toben alias Töben. Beide Schreibweisen tauchen auf der Homepage der Gruppe auf. Er hat bereits mehrere Reisen quer durch die Welt unternommen, um in seinem Sinne Studien zu betreiben und mit „Freund und Feind" über den Holocaust zu debattieren. In dem über das Internet abrufbaren Tagebuch erzählt Töben umständlich und langatmig von Erlebnissen auf diversen Bahnhöfen oder Wartezeiten auf Flughäfen. Natürlich durfte er bei der Konferenz des „Institute for Historical Review", die Ende Mai 2000 in Kalifornien stattfand, nicht fehlen. Unglücklich für ihn verlief beim Europatrip 1999 ein Treffen mit dem Mannheimer Staatsanwalt Hans-Heiko Klein. „Als angeblicher Historiker wollte er" mit diesem „über seine ‚Untersuchungen' im Konzentrationslager Auschwitz diskutieren." (Verfassungsschutzbericht Baden-Württemberg 1999, S. 97) Er wurde am 8. April verhaftet.

„Ihm wurde als Verantwortlicher der in Australien angesiedelten Website des revisionistischen „Adelaide-Institute" vorgeworfen, über diese und Druckschriften seit 1996 den Holocaust leugnende Rundbriefe verbreitet zu haben. (...) Am 10. November 1999 wurde Dr. Frederick Toben vom Mannheimer Landgericht wegen Volksverhetzung, Beleidigung und der Verunglimpfung des Andenkens Verstorbener in mehreren Fällen zu einer Haftstrafe von zehn Monaten ohne Bewährung verurteilt. Der Haftbefehl wurde gegen eine Kaution in Höhe von 6.000 DM außer Vollzug gesetzt. Das Urteil ist noch nicht rechtskräftig." (ebd., S. 96/97)

Für seine Fans gilt er seitdem als „martyr to the cause of historical truth" (Newsletter, Special Töben Issue). Die Umstände der Verhaftung will Töben in einem Buch thematisieren und veröffentlichen. Als Titel schweben dem Australier vor „Where truth is no defence" oder „I want to break free" oder einfach „Mein Kampf".

In seinem Reisetagebuch kommentiert Töben ferner die seiner Meinung nach desolate Situation in verschiedenen europäischen Ländern, Tenor „Keine Meinungsfreiheit". Zwischendurch erwähnt er Besuche bei Mitstreitern, mit denen er Kaffee getrunken hat, darunter der ehemalige NPD-Chef Günter Deckert, den er während eines Hafturlaubs in Weinheim antraf, oder die Rechtsextremisten Dr. Claus Nordbruch, Udo Walendy, Klaus Huscher, Andreas Roehler und Horst Mahler. Töben erregt sich über das in seinen Augen tragische Schicksal von Josef Schwammberger.

Der frühere Kommandant der Konzentrationslager Rozwadow und Przemyl wurde 1992 von einem Stuttgarter Gericht wegen Mordes zu lebenslänglicher Haft verurteilt. Er wird von der „Hilfsorganisation für politische Gefangene und deren Angehörige" (HNG) betreut. „Sein Verbrechen?" fragt Töben naiv. „He was at the Auschwitz-Birkenau railramp and participated in the ‚selection' – to the left in the gas chamber, to the right off to work. This nonsense assertation – nonsense because it cannot be tested for truth-content in any German court on account of the special laws preventing such testing – has landed the old man into the confines of a prison." (Diary)

## 4.7. Radio Islam

„Ahmed Rami's revisionism and critical anti-zionism for hard-boiled." So kommentiert die VHO-Linkliste diese Homepage. „Radio Islam" proklamiert tolerant: „Kein Hass. Keine Gewalt. Rassen? Nur eine menschliche Rasse." Präziser heißt das: „Radio Islam führt seinen Kampf gegen alle Formen von Rassismus, also auch gegenüber Deutschen, Palästinensern und Arabern."

Die Seite wird der eigenen Web-Statistik zufolge täglich im Durchschnitt über 100.000-mal angeklinkt. Sie bietet Material in 15 Sprachen, darunter in Deutsch, Englisch, Französisch, Schwedisch, Russisch und Arabisch an und wird „von einer Gruppe von Freiheitskämpfern aus verschiedenen Ländern unterhalten, zur Unterstützung von Ahmed Ramis Kampf gegen die jüdische Besatzung und Herrschaft in Palästina und im Rest der Welt. Auch Sie sind als Freiheitskämpfer willkommen. Handeln Sie jetzt! Morgen ist es zu spät!"

Einer dieser „Freiheitskämpfer", der ehemalige Offizier der marokkanischen Armee Ahmed Rami, kam in den siebziger Jahren nach Schweden und erhielt dort politisches Asyl und die schwedische Staatsbürgerschaft. In seinem Heimatland hatte er sich an zwei Verschwörungen beteiligt, einem „Angriff auf den königlichen Palast in Skhirat am 10. Juli 1971 und dem Angriff auf das Flugzeug Hassan II. am 16. August 1972." (Interview mit Rami in Maroc Hebdo International vom 22.7.1994, Homepage Radio Islam) Ziel war der Sturz der Monarchie und die Errichtung einer islamischen Republik. Heute bezeichnet er sich als „militanter Islamist, jedoch als einer, der über den ‚Debatten über Volkstum und Riten' steht." (ebd.) Sein idealer islamischer Staat orientiert sich am

Prinzip der Freiheit, die den Pluralismus von Ideen garantiert, was immer Rami darunter auch versteht. Politische Vorbilder sind Nassers Ägypten, die Hisbollah im Libanon und das iranische Regime, zu dem er bevorzugte Beziehungen unterhält. Für ihn ist die „Islamische Republik des Iran (...) der einzige repräsentative und legitimierte Staat in der moslemischen Welt." (ebd.)

Seine Ideen erläuterte Rami unter anderem in einem Interview mit der russischen Zeitung Prawda (15.7.1997, Homepage Radio Islam). Überall in der Welt sieht er die angebliche Übermacht der Juden. Der mittlerweile verstorbene König Hassan II. sei „hauptsächlich ein Schützling fremder Mächte, vor allem Israels und der USA", Marokko eine „Judenkratie". „Der König kann keinen Schritt ohne den Juden André Azoulay machen", behauptete Rami. Nicht viel anders beurteilte er die Situation in Schweden: „Man zwingt dem Volk anti-schwedische Wertmaßstäbe auf", angeblich das „Werk des zionistischen intellektuellen Terrors und der Desinformation (...) Die Macht über die Banken, Massenmedien und Wirtschaft", so phantasierte er, „liegt in den Händen einer kleinen Gruppe ‚Auserwählter'." In Schweden seien „alle Parteien vollständig judaisiert. Der Streit findet nicht zwischen Rechts und Links statt, wie unwissende Menschen meinen, sondern zwischen verschiedenen zionistischen Klanen." Der Prawda-Korrespondent schloss den Artikel mit der Feststellung: „Irgendjemand könnte Ahmed Rami vielleicht einen Paranoiker nennen oder eine Person mit einer fixen Idee." Auch wenn der Journalist dieses Urteil, wie er schrieb, nicht teilt, so zeugt die Formulierung immerhin von einem lichten Moment.

Seit März 1987 verbreitet Rami seine Propaganda in Schweden auch über die Sendung „Radio Islam". Themen sind nach seinen Angaben das „Palästinensische Problem, der Golfkrieg und die Situation der Moslems" weltweit. „1990 verurteilte ihn ein schwedisches Gericht wegen Verbreitung ‚revisionistischer' Propaganda und antisemitischen Gedankenguts zu einer sechsmonatigen Gefängnisstrafe. Seine Radiolizenz wurde für ein Jahr eingezogen." (Lasek, in: DÖW 1997, S. 147) Seit 1996 existiert außerdem die Homepage „Radio Islam" im Internet. Rami will „auch die menschenrechtswidrigen Blockaden wahrheitsgetreuer Geschichtsschreibung von Seiten Deutschlands durchbrechen", heißt es im deutschsprachigen Teil. Er habe „am 31. Mai 1996 erneut begonnen, seine Radiosendungen in Stockholm aufzunehmen. Er sendete zwei sensationelle Interviews. Einmal mit der Ehefrau von General Remer und einmal mit dem von der deutschen Justiz gehetzten Wissenschaftler Germar Rudolf."

Die beiden erwähnten Gespräche können auf der Website nachgelesen werden, ebenso wie der Aufsatz „General Otto Ernst Remer. Vorkämpfer der deutsch-russischen Freundschaft" des Schweizer „Revisionisten" Jürgen Graf und ein Interview, das Remer der ägyptischen Zeitung „Alshaab" bzw. deren Europa-Korrespondenten Ahmed Rami gegeben hat. Die Leser werden daran erinnert, dass Remer als „Kommandant des Wachregiments (...) am 20. Juli 1944 in Berlin den Putsch gegen Hitler" niederschlug. „Er war Militärberater von Ministerpräsident Gamal Abd al-Nasir (Nasser) in den Jahren 1953/54. Remer lebte und arbeitete darüber hinaus sechs Jahre in Syrien." Gegenüber „Alshaab" sagte der ehemalige Generalmajor: „Ich betrachte die islamische Erde als meine zweite Heimat." 1992 verurteilte ihn das Landgericht Schweinfurt unter anderem wegen Volksverhetzung und Aufstachelung zum Rassenhass zu einer Freiheitsstrafe von einem Jahr und zehn Monaten ohne Bewährung. Anfang 1994 floh er nach Spanien, wo er im Oktober 1997 starb. Alshaab kann die deutschen Maßstäbe nicht nachvollziehen:
„General Remer, der von den antideutschen Medien gerne als so genannter Rassist beschimpft wird, und dem man eine ‚ausländerfeindliche' Haltung gegenüber den Menschen aus der arabischen Welt andichtet, wird gerade von diesen für seine Weltanschauung als Vorbild gefeiert."

Die Publikation „Alshaab" „(Das Volk) erscheint mit einer Auflage von mehr als einer Million zweimal in der Woche. Der Sitz der Zeitung befindet sich in Kairo (Ägypten), wobei die Leserschaft im gesamten Maghreb und in den islamischen Zentren Europas zu Hause ist." Das Remer-Interview wurde am 20. und 23. Juli 1993 zum Gedenken an Nassers Revolution von 1952 veröffentlicht. Ideologisches Verbindungsglied zwischen den islamischen Kreisen und Remer dürfte vor allem der Antisemitismus sein. Remer vergleicht die angebliche „Vorherrschaft der jüdischen Geheimdienste im Westen (...) mit den Krankheiten Krebs oder Aids" und folgert: „In den Körper sind feindliche, als körpereigene Antikörper getarnte Zellen eingedrungen. Der Organismus verlässt sich auf die verkleideten Abwehrzellen und ist dadurch gegen Virenbefall wehrlos geworden. Der Organismus stirbt." Er behauptet, die „Hetze gegen den Islam" sei eine „Propagandataktik der Juden-Organisation, die seinerzeit dazu diente, die öffentliche Meinung für einen Krieg gegen Irak zu gewinnen. Dieselbe Taktik wird heute zur Hetze gegen Iran benutzt." Deshalb, so Remer, sei der „Krieg gegen die Juden-Organisation (...) ein totaler Krieg, der auf geistiger, mediatischer, wissenschaftlicher, kultureller und politischer Ebene geführt werden muss."

Von der deutschen Internetseite von „Radio Islam" sind ferner drei von Ahmed Ramis Büchern abrufbar, die der Schweizer „Revisionist" Jürgen Graf übersetzt hat: „Ein Leben für die Freiheit. Eine Selbstbiographie", „Die Macht der Zionisten" und „Ein moderner Hexenprozess". Das letzte Werk berichtet von Ramis Schwierigkeiten in der neuen Heimat, in seiner Diktion „Hexenjagd auf Radio Islam", und von seiner Propaganda. Im Mai 1993 etwa verteilten Rami und seine Freunde ein Traktat über 400.000-mal in ganz Schweden. „In den schwedischen Schulen hat jeder Schüler sein Kästchen. Die emsigen Helfer sorgten dafür, dass eines schönen Morgens so gut wie jeder schwedische Schüler ein Exemplar des Flugblatts in seinem Kästchen vorfand." (Ein moderner Hexenprozess, Kapitel 11) Das umfangreiche Pamphlet präsentiert den „Revisionismus" als „historische Schule, welche im Licht neuer oder übersehener Fakten herkömmliche Auffassungen einer kritischen Überprüfung unterzieht" und betet ansonsten die bekannten Behauptungen nach, die „offizielle (...) Version des Zweiten Weltkriegs" sei nur eine „Fortsetzung der alliierten Kriegspropaganda gegen Deutschland und ein Bestandteil der Zionistenpropaganda zur Rechtfertigung der jüdischen Besetzung Europas."

Außerdem werden auf Deutsch diverse Texte zu „Zionismus und Judentum" angeboten, darunter „Die Gründungsmythen der israelischen Politik" des ehemaligen Chefideologen der „Kommunistischen Partei Frankreichs" (KPF) und mittlerweile zum Islam konvertierten Roger Garaudy. In der Rubrik „Revisionismus" finden sich Aufsätze von Robert Faurisson, die von Germar Rudolf herausgegebenen „Grundlagen zur Zeitgeschichte", „Im Innern der Auschwitz-'Gaskammern'" von Fred A. Leuchter, „Auschwitz – Mythen und Fakten" vom IHR-Chef Mark Weber, „Auschwitz: Das Ende einer Legende" von Carlo Mattogno. „Links to

German Sites of interest" führen unter anderem zum „National Journal", zum VHO, vorgestellt als „European Foundation for free Historical Research" und zum „Thule-Netz".

Ramis Obsession ist der angebliche Einfluss des „internationalen Judentums", wie eine Flut von Texten beweisen soll, darunter „Die Juden ohne Maske" auf Französisch, Artikel über „Jüdische Geschichte und jüdische Religion", „Jüdischer Hass gegenüber dem Christentum". Weitere Themen sind „Jüdische Medien", „Jüdische Propaganda" etc. Der Aufsatz „USA's Rulers – They are all Jews?" outet angebliche jüdische Mitglieder der Clinton-Regierung. Die „Protokolle der Weisen von Zion" sind im Volltext in Englisch, Französisch, Deutsch, Schwedisch, Portugiesisch, Russisch, Spanisch, Italienisch und Dänisch abrufbar, die „Einführung in den Revisionismus" von Ernst Zündel in Englisch, Französisch, Deutsch, Schwedisch, Finnisch, Portugiesisch und Rumänisch, das „Standard"-Werk „Did six million really die?" in Englisch, Französisch, Deutsch, Schwedisch, Dänisch, Russisch und Portugiesisch. Eine Reihe von Karikaturen auf der Website illustrieren den Nahostkonflikt aus der arabischen Perspektive oder greifen Ramis Lieblingsthema von der angeblichen jüdischen Weltherrschaft auf.

Die Linkliste führt allein über 60 „Islamic Sites" auf, darunter die des algerischen FIS (Site officiel du Front Islamique du Salut), außerdem knapp zehn Verweise zu Seiten, die sich mit Ramis Heimatland Marokko befassen. Die Rubrik „Resistance against the jewish domination, Revisionism" verfügt über 50 Einträge vom „National Journal", „Victims of Zion", dem „Intitute for Historical Review", der „French Resistance Homepage" AAARGH, der „British National Party", David Irving's „Global Vendetta"..., dem „Adelaide Institute", dem „Ostara Webserver", dem „Thule-Netz" bis zur russischen „Pamjat". Auch fehlen die Gegner nicht, tituliert als „The racist Jewish Sites", mit unter anderem dem „Simon Wiesenthal Center", „Nizkor", „Hate Watch" und der „Anti-Defamation League".

„Radio Islam's photo-album" zeigt Rami mit Aktivisten, die er über die Jahre getroffen hat, darunter General Remer, die „Revisionisten" Roger Garaudy, Robert Faurisson, Mark Weber und Jürgen Graf, verschiedene Persönlichkeiten des arabischen Lagers wie „Ayatollah Mohammed Hussein Fadlallah, the spiritual leader of Hezbullah, the islamic resistance to the Jewish occupation in the South of Lebanon". Für Rami liegt die Lösung aller Probleme auf der Welt im Islam. „Islam is the solution. Unity is the power," proklamiert er. „We must know that our weakness is Israel's strength. (...) The future belongs to the forces of Islam. The Hezbullah, Hamas and the Jihad are the Islamic response to the Zionist challenge." Für den Konflikt im Nahen Osten heißt das aus seiner Sicht: „Any ‚solution‘ voilently extorted, any injust ‚peace‘ (capitulation) will be rejected by the future generations. The only real solution of the Palestinian question lies in the return of the Palestinian people to their fatherland."

Bereits auf der Hauptseite von „Radio Islam" existieren Verweise zu dem, was Rami „Our favorite islamic sites of the resistance" nennt, nämlich zu den radikalen islamischen Gruppen „Hezbollah", „Hamas", zur ägyptischen Zeitung „Alshaab" und in den USA zu der „Nation of Islam" von Louis Farrakhan, „America's most outspoken black leader". In ihrem Programm fordert die Muslimorganisation strikte Rassentrennung, im Bildungssystem Geschlechtertrennung und auf globaler Ebene einen eigenen schwarzen Staat, das Ganze basierend auf dem Islam.

## 4.8. L'Association des Anciens Amateurs de Récits de Guerre et d'Holocauste (AAARGH)

„Critical historical research from the mother country of historical revisionism: contributions from Robert Faurisson, Paul Rassinier, Serge Thion, and, and, and ...", so kündigt die VHO-Linkliste diese Seite an. Franzosen veröffentlichten bereits Ende der vierziger Jahre die ersten „revisionistischen" Werke. 1948 erschien „Nürnberg oder das gelobte Land" von Maurice Bardèche, Freund und Schwager des als Kollaborateur hingerichteten Schriftstellers Robert Brasillach. Im selben Jahr publizierte Paul Rassinier „Le passage de la ligne", 1950 „Die Lüge des Odysseus". Rassinier, Pazifist, zeitweise Mitglied der sozialistischen Partei Frankreichs S.F.I.O. (Section Francaise de l'Internationale Ouvrière), war als Widerstandskämpfer in Buchenwald und Dora interniert. Es lag ihm „fern, den Mord an den Juden zu leugnen – er wandte sich aber gegen das, was er für Übertreibungen in der Darstellung des systematischen Judenmords hielt." (Berliner Zeitung, 25.2.1998, Quelle: AAARGH-Homepage)

Die Gruppe AAARGH, die als Anschrift ein Postfach in Chicago angibt, ist seit 1996 im Internet aktiv (vgl. Lasek, in: DÖW 1997, S. 125). Sie legt den Schwerpunkt ihrer Information auf Frankreich und französische Texte, baut jedoch internationale Abteilungen auf. Insgesamt wird Material in sechs Sprachen angeboten, darunter Deutsch und Englisch. Für den Prozess „Irving gegen Lipstadt" hat die AAARGH eine eigene Rubrik eingerichtet, die Dokumente und Presseberichte auf Englisch und Französisch enthält.

„Revisionisten sind Menschen, die wissen wollen, ob das Gesagte wahr ist", behauptet der Leitspruch. Auf seiner deutschen „Heimatseite" berichtet der „Verein der ehemaligen Liebhaber von Kriegs- und Holokaust-Erzaehlungen (sic!), deutsche Sektion der AAARGH" unter anderem über die Verhaftung von Frederick Toben, Titel „Die Neo-Gestapo stellt eine Falle", über den Fall Günther Deckert und die juristischen Probleme des Schweizer „Revisionisten" Jürgen Graf. Eingestellt ist ein Brief von Horst Mahler an den Bundeskanzler Gerhard Schröder vom 9. November 1999, in dem es heißt, dieser führe „eine Vasallenregierung". Der ehemalige Linksterrorist macht Schröder eine ganze Liste von Vorschlägen, die allesamt beweisen wie weit er von der Realität entfernt ist, darunter „Widerspreche eindeutig und unerbittlich der Kriegsschuldlüge des Versailler Diktats." Das Ganze gipfelt in der Aufforderung: „Gehe ins Exil und organisiere von dort aus den Aufstand des Deutschen Volkes gegen die Fremdherrschaft." Nachlesen kann man ferner große Teile des Urteils des Landgerichts Stuttgart gegen Germar Rudolf und „Der Auschwitz-Mythos" von Dr. Wilhelm Stäglich, angepriesen als das „Buch, das die Bundesrepublik zerstören wollte!!!" Diverse Aufsätze von Robert Faurisson und Serge Thion sind in deutscher Übersetzung abrufbar. Die AAARGH hat im Übrigen als neues Angebot ein „Faurisson Archiv" auf Deutsch eröffnet. Oft und gerne zitiert der Verein Artikel 19 der Charta der Vereinten Nationen in Englisch, Deutsch, Französisch und Spanisch, mit dem er sich einen seriösen Anstrich geben will und der besagt: „Jedermann hat das Recht auf Freiheit der Meinung und der Meinungsäußerung." In der Erklärung „Warum es uns gibt" heißt es zunächst, in begrifflicher Anlehnung an Karl Marx' Kommunistisches Manifest: „Ein Gespenst geht um in der Welt: das Gespenst des Revisionismus." Die Resultate der vorgeblichen Untersuchungen werden als offen und nicht festgelegt präsentiert.

Die „Revisionisten" behaupten von sich, neutral zu sein, sich nicht „für Rassen und Rassismus" zu interessieren, „wie es eine erfinderische Propaganda glauben machen will. Sie kümmern sich nicht um Tabus, die von dieser oder jener Interessengruppe aufgestellt werden. Sie sind politisch unabhängig." Auf alle Fälle hängen sie den in ihren Kreisen verbreiteten Verschwörungstheorien an:

„Doch sie alle sind Opfer abgesprochener und organisierter physischer, intellektueller, gerichtlicher Verfolgung seitens all derer, die Israel unterstützen und die die politischen, finanziellen und militärischen Privilegien, die Israel aus einer parteiischen und bruchstückhaften, von den Revisionisten als irrig und täuschend betrachteten Sicht der Geschehnisse des Zweiten Weltkrieges zieht, verteidigen."

An einer Stelle hieß es: „Man findet unter den Revisionisten Menschen verschiedenster politischer Einstellung." In Frankreich ist das nur allzu wahr, tummeln sich doch Ultralinke und ehemalige Linksextremisten in „revisionistischen" Gefilden.

„Exemplarisch steht dafür eine kleine Pariser Buchhandlung, deren Namen auf einen Ausspruch von Karl Marx anspielt: ,La vieille taupe' – der alte Maulwurf, der im '18. Brumaire' als jenes Tier der Geschichte gelobt wird, das da ,brav gewühlt' und den Boden der Umwälzung bereitet hat. Die Buchhandlung, Mitte der sechziger Jahre von Pierre Guillaume begründet, war Treffpunkt eines linksradikalen Intellektuellenzirkels gewesen." (Berliner Zeitung, 25.2.1998, Quelle: AAARGH-Homepage)

Pierre Guillaume bewegte sich seit Anfang der sechziger Jahre in der extremen Linken. 1965 eröffnete er im Quartier Latin in Paris den Buchladen „La Vieille Taupe" und 1967 eine Gruppe desselben Namens. Diese legte 1970 die Broschüre „Auschwitz oder das Große Alibi", die ursprünglich 1960 in Italien veröffentlicht worden war, wieder auf. Die Analyse stellte den Genozid nicht in Frage. Die Argumentation war vielmehr folgende: Sie verurteilte die „Imperialisten, die den Nazismus besiegt hatten, egal ob sie eine bürgerliche oder angeblich eine marxistische Ideologie vertreten", und warf ihnen vor, „den Genozid als Alibi zu benutzen, um die proletarischen Massen zu betrügen, indem eine faktisch total fiktive Opposition zwischen Demokratien und faschistischen Regimen aufgebaut wird." (zitiert nach Camus/Monzat 1992, S. 84/85) Guillaume schloss seinen wenig erfolgreichen Buchladen 1973. Fünf Jahre später wurde er auf Robert Faurisson aufmerksam. Seit Anfang der achtziger Jahre publizierte er dessen Schriften und die anderer „Revisionisten", lancierte die Zeitschrift „Annales d'histoire révisionniste" und machte eine neue Buchhandlung auf, die er wiederum „Vieille Taupe" nannte.

In Guillaumes Verlag (der ebenfalls den Namen „Der alte Maulwurf" trägt) erschien auch das Buch eines anderen französischen Holocaust-Relativierers, der ursprünglich von ganz links kam, nämlich Roger Garaudys „Die Gründungsmythen der israelischen Politik". Natürlich ist dieses „Standardwerk" von der Website des Vereines AAARGH abrufbar. Der ehemalige Stalinist und Chefideologe der KPF Garaudy, der im Laufe seines Lebens zum Katholiken, Ökologen und mittlerweile zum radikalen Muslim konvertierte, polemisiert darin „unter anderem gegen die ‚Überzeichnung' des Holocaust: Dieser sei ein ‚Pogrom, keineswegs aber ein Genozid' gewesen und diene heute nur dazu, eine aggressive israelische Politik zu rechtfertigen." (Berliner Zeitung, 25.2.1998, Quelle: AAARGH-Homepage) Die Frankfurter Allgemeine Zeitung kommentierte: „Seine neuen Überzeugungen vertritt der mehrfache Renegat mit einem blinden Fanatismus, der ihn schon früher auszeichnete." (FAZ, 27.2.1998, Quelle: AAARGH-Homepage)

Im Februar 1998 wurde Garaudy von einem Pariser Gericht wegen Leugnung von Verbrechen gegen die Menschlichkeit und „Rassenverleumdung" zu einer Geldbuße von 120.000 Francs (knapp 36.000 Mark) verurteilt. Er „zweifelt in seinem Buch die Zahl der von den Nationalsozialisten ermordeten Juden und die Existenz der Gaskammern in den Konzentrationslagern an. Die Angaben über den Holocaust hätten nur dazu gedient, die Gründung des Staates Israel 1948 und israelische Ausschreitungen gegen Palästinenser zu rechtfertigen. Vor Gericht machte Garaudy geltend, er billige keineswegs die Nazi-Methoden, sondern kritisiere die israelische Regierungspolitik." (Berliner Zeitung online, 28.2.1998)

Unterstützung bekam Garaudy aus der arabischen Welt, wo sein Prozess großes Aufsehen erregte. In Ägypten wurde ihm vom Kulturminister die Medaille der islamischen Verkündigung, die höchste religiöse Auszeichnung des Landes, verliehen. (vgl. Le Monde, 1./2.3.1998, Quelle: AAARGH-Homepage).

„In Ländern wie Iran, Ägypten, Syrien und Sudan waren Petitionen für den französischen Philosophen im Umlauf. In Zeitungen wurde das Pariser Gerichtsverfahren als ‚Verstoß gegen die Meinungs- und Ausdrucksfreiheit' bezeichnet. Der Oberste Kulturrat Irans forderte (...) die französischen Behörden auf, ihr ‚anti-wissenschaftliches und anti-kulturelles Verhalten zu beenden' und Garaudy freizusprechen." (Berliner Zeitung online, 28.2.1998)

## 4.9. National Journal

Auch das „National Journal" erörterte das Thema Garaudy und berichtete unter dem Titel „Die islamische Welt sagt der Holocaust-Diktatur entschlossen Kampf an! Von Pakistan bis Ägypten: Riesige Solidaritäts-Kundgebungen für Garaudy." Generell greift die Website Äußerungen aus der arabischen Welt, die sich kritisch mit Israel oder dem Judenmord im Nationalsozialismus befassen, begierig auf. Beispiel: „Syrien unterstützt David Irving: Syrische Zeitung nennt Holocaust einen ‚Mythos'." Ein weiterer Artikel der Tageszeitung ‚Syria Times' vom 5. September 2000, der den Holocaust als „einen der berühmtesten israelischen Mythen" abqualifiziert, wurde in deutscher Übersetzung ins Internet gestellt.

Seit Oktober 1997 existiert unter der in den USA gespeicherten Domain „National Journal" eine Homepage gleicher Bezeichnung. Sie bietet ein umfangreiches Angebot „revisionistischer", antisemitischer und fremdenfeindlicher Texte (vgl. BfV: Rechtsextremistische Bestrebungen im Internet, Februar 2000, S. 30.) Als „Administrative Contact" der Internet-Adresse firmiert der britische Rechtsextremist Anthony Hancock in Uckfield, East Sussex, in England. In dessen Verlag erscheint auch die monatliche Printversion des „National Journal". „Herausgeber ist eine Redaktionsgemeinschaft, deren personelle Besetzung unbekannt ist. Mehrere Indizien deuten indes darauf hin, dass die Beiträge von Redakteuren in Deutschland erstellt werden", schreibt der Verfassungsschutzbericht Baden-Württemberg 1999. Die Verlagsadresse in England sei „identisch mit derjenigen des bis zum Frühjahr 1995 erschienen 'Deutschland-Reports', der Nachfolgepublikation der von dem verstorbenen Alt- und Neonazi Otto Ernst Remer herausgegebenen gleichnamigen Depesche." (ebd., S. 85) Die Seite selbst nennt als Webmaster einen gewissen John Donovan und als Verantwortlichen den Namen Thomas Brookes.

Das „National Journal" versteht sich als „Kampfgemeinschaft gegen anti-deutsche Politik und für die Wiederherstellung der Menschenrechte in Deutschland!" und handelt „Im Gedenken an den ungesühnten Völkermord an 15 Millionen Deutschen: 1939 – 1946". In der Selbstdarstellung der Homepage, die Material auf Deutsch und mittlerweile Englisch einstellt, heißt es zur Bundesrepublik:

„Die Kerker des Regimes quellen über. (...) Was in Deutschland heute geschieht, dürfte sich niemals zuvor auf seinem Boden zugetragen haben. Das Volk ist angehalten, über seine eigene Geschichte nur Schlechtes zu sagen. Über die Zeit des 3. Reiches muss sogar ausschließlich Schlechtes gesagt, gar gelogen werden. Öffentlich ausgesprochene Wahrheiten über das 3. Reich sind mit Gefängnisstrafen bis zu fünf Jahren bedroht. Der real existierende Wahnsinn in Deutschland lässt folgende mentale Fieberblasen an die tagespolitische Oberfläche blubbern: Während sich jeder normale Mensch darüber freut, wenn tot geglaubte Menschen noch leben, lösen gute Auschwitz-Nachrichten (dass nämlich die allermeisten Totgeglaubten nach 1945 tatsächlich noch am Leben waren) bei der deutschen Führungselite exzessive Verfolgungsorgien gegenüber den Überbringern der guten Nachricht aus."

Wie nicht weiter verwundert, nimmt Adolf Hitler für die Redaktion einen hohen Stellenwert ein. So behauptet sie, sein „Kampf galt auch dem kulturellen Überleben des Abendlandes. Er formulierte die ‚verbrecherische' Idee, wonach die Rassen auf unserem Erdenrund von der Schöpfung unterschiedlich geschaffen seien. Er war der Überzeugung, dass nur Menschen mit sehr ähnlichen genetischen, kulturellen und mentalen Veranlagungen friedlich auf einem von ihnen besiedelten Gebiet zusammenleben könnten."

Daraus wird auch für die aktuelle Situation gefolgert:
„Tatsache ist: Multikultur funktioniert in keinem Gebiet der Erde. Krieg, Mord und Brandschatzung sind die Wahrzeichen von Kulturvermischung. Leben wesensfremde Gruppen auf einem Siedlungsgebiet zusammen, setzt sich immer die aggressivste durch und unterdrückt den Rest – Gewalt ist die Lebensform der Multikultur. Harmonie kann es nur geben zwischen Menschen mit der gleichen Veranlagung, dem ähnlichen Denken, den gleichen Leidenschaften, mit gemeinsamer Geschichte und bei gemeinsamer Abstammung."

Gewohnt antisemitisch-verschwörungstheoretisch findet das „National Journal" in einem anderen Beitrag auch die Ursachen des „Übels": „Die Erde wurde in kultureller und rassischer Vielfalt geschaffen. Vergleichbar mit einem wunderschönen, farbenprächtigen Gemälde. Die Israeliten, die derzeit die Welt regieren (sie kontrollieren Washington ebenso wie den Kreml sowie ihre Untertanenregierungen in Europa) wissen um den Reichtum ‚eines Gemäldes mit erhaltenen Leuchtfarben‘, wollen aber allen nichtjüdischen Völkern nur einen dunklen Mischklecks auf der Leinwand der Welt zugestehen. Sie wollen die anmutig schönen Leuchtfarben der Völker der Welt zu einer düsteren Multikulti-Tunke zusammenrühren."

Bei den Links promotet das „National Journal" diverse „revisionistische" Adressen wie die „Walendy-Website", die VHO-Homepage („verbotene Bücher"), Ahmed Rami – „Radio Islam" („Die Internetseite über einen der mutigsten Männer unserer Zeit), die „Zündel-Site", das „Adelaide-Institut" oder „Wilhelm-Tell" („Die hochinteressante Homepage aus den Schweizer Bergen"). An erster Stelle steht der Verweis zu einer Rudolf Heß-Seite, Kommentar „Es war eindeutig Mord! (...) Mit der ‚Arroganz einer Besatzungsmacht‘ wurde die abscheuliche Tat hinterher von Großbritannien vertuscht und Untersuchungen geheim gehalten." Verlinkt wird auch mit der rechtsextremen italienischen Website „Tabularasa", dem deutschen „Thule-Netz", „Radio Germania", der „Anti-Antifa"-Seite „Die Kommenden", der „British National Party" (BNP), der rechtsextremen Seite „CompuSerb", die Serbien von den Juden bedroht sieht, und „VoteForUSA", wo behauptet wird: „Our multi-ethnic United States is run by Jews, a 2 % minority, who were run out of every country in Europe; now they are committing crimes in our name world wide". Einen besonders perfiden Eindruck hinterlässt die Website des „Waco Holocaust Electronic Museum", die seit Herbst 1996 im Internet ist und den Standpunkt der Sekte der Davidianer verteidigt.

Auf deren Gelände war es im Frühjahr 1993 zu einem Drama gekommen. Als die Polizei das festungsartig ausgebaute Anwesen namens „Ranch Apocalypse" in Texas durchsuchen wollte, kam es zu einem Schusswechsel. Vier Polizisten starben, sechzehn wurden zum Teil schwer verletzt.

„Sechs Sektenmitglieder starben vermutlich ebenfalls bei dieser Schießerei. Die Polizei zog sich zurück und belagerte das Anwesen. Sektenführer Vernon Wayne Howell, der sich selbst David Koresh nannte, hielt sich für den wiedergekommenen Christus. Er erwartete das Ende der Welt. Sollte er im Kampf getötet werden, so werde er den sofortigen Einzug als Herrscher im Himmel halten, war er überzeugt." (Eimuth 1997, S. 38)

Die Belagerung dauerte 51 Tage. Schließlich zündeten die Davidianer „die Gebäude an und suchten den Flammentod. Man fand 86 verkohlte Leichen (...), darunter zwanzig Kinder. Nur wenige überlebten das Inferno." (Eimuth 1997, S. 38)

## 4.10. Ostara

Die „Webseite gegen die Holocaust-Diktatur aus Österreich. Die Stimme der Freiheit aus den Alpen", so kündigt die Schweizer „Wilhelm-Tell-Seite" das Pendant aus dem Nachbarland an. „Ostara" hieß auch eine 1905 von dem rassistischen Denker Jörg Lanz von Liebenfels alias Adolf Josef Lanz gegründete Publikation.

„'Ostara' (benannt nach der heidnischen Göttin des Frühlings) begann als Zeitschrift, die sich den politischen und wirtschaftlichen Problemen der Habsburgermonarchie von einem antiliberalen und alldeutschen Standpunkt aus widmete. (...) 'Das Manifest' (...) belehrte die Leser, daß 'Ostara' die erste und einzige 'rassenwirtschaftliche' Zeitschrift wäre, die 'die Ergebnisse der Anthropologie praktisch in Anwendung bringen will, um den Umsturz und das Urrassentum wissenschaftlich zu bekämpfen und die europäische Edelrasse durch Reinzucht vor dem Untergang zu bewahren.' (...) Hauptthemen waren rassische Somatologie, Antifeminismus, Antiparlamentarismus und Aufzeigen des spirituellen Unterschiedes zwischen der blonden und der dunklen Rasse auf den Gebieten des sexuellen Verhaltens, der Kunst, von Philosophie, Wirtschaft, Politik und Kriegsführung." (Goodrick-Clarke 1997, S. 90/91)

Vielleicht sehen sich die Macher der Homepage ja in dieser Tradition. Der „Ostara-Webserver, die Internetseite fuer Patrioten und Nationalbewusste" beziehungsweise nach der Aktualisierung vom 23. Oktober 2000 „die Internetseite fuer Patrioten und Menschen welche die Wahrheit suchen", empfängt den Surfer gleich mit der Warnung:

„Das Lesen der nachfolgenden Fakten und Informationen gefaerdet nachhaltig nicht nur ihre Gesundheit, sondern koennte im Extremfall auch zu einem schnellen Tod fuehren. Hier werden groesstenteils politisch nicht korrekte Informationen angeboten, welche von Zion-gekauften Freimaurermedien bewusst verschwiegen werden. Waehrend in den Bananenrepubliken Oesterreich und Deutschland die Moerder, Diebe, Kinderschaender und Drogendealer frei herumlaufen, verschwinden Menschen mit unterschiedlicher rechter Gesinnung auf ewig hinter Gitter." (Orthographie wie im Original)

„Ostara" beklagt sich über Probleme im Internet: „In Deutschland, das sich als Hueter der Demokratie und Meinungsfreiheit aufspielt, aber wo linke Kreaturen wie Joschka Fischer, juedischen Hass predigen und Kriege im Namen der Demokratie provozieren, hat auch die deutsche Suchengine *http://www.fireball.de* diese Seite gesperrt." Die USA werden gelobt, denn nur „der amerikanischen Verfassung ist es zu verdanken, dass das Internet noch nicht zu einer gigantischen zionistischen Luegen- und Propaganda-Maschinerie verkommen ist." Dabei gelten die Vereinigten Staaten vielen Rechtsextremisten als Hort des Judentums, so auch dem bei „Ostara" beheimateten „Orion-Verlag", bei dem es heißt: „Die Zion-Mafia hat aber nicht nur Oesterreich im Wuergegriff, sondern ganz Europa und Amerika." Der Widerspruch fällt den Autoren nicht auf. „Ostara" versteht sich „als Gegenpol zu den (...) oeffentlichen Medien" und behauptet, „oberstes Ziel" sei „die Meinungs- und Redefreiheit und der Kampf gegen die menschenvernichtende Neue Weltdiktatur der ‚Humanitaet' auch ZOG genannt (Zion Occupied Government)."

Neben dieser Einleitung steht als Symbol ein durchgestrichener Davidstern mit dem Logo „Just say no! To Pax Juidaica". „Ostara" erkärt sich solidarisch „mit den Arabern, wahren Semiten und dem geknechteten palaestinensischen Volk (...). Und denken Sie daran, heute sind es noch die Palaestinenser, aber morgen schon die Deutschen." Leider, so wird bedauert, „fehlt den fett gefressenen und wohlstandsdegenerierten Deutschen und Oesterreichern der Mut, so wie die Palaestinenser heute, fuer ihre Freiheit und eine sichere Juden- und Freimaurerfreie Zukunft ihre khasarischen Peiniger und Sklavenhalter zum Teufel zu jagen."

Der „Ostara Webserver" stellt Texte und diverse umfangreiche Linksammlungen ins Netz und tritt darüber hinaus als Host auf. Zu den gehosteten

Homepages gehört die „Lachout Webseite" des „Ing. Emil Lachout", der als „Gerichtssachverständiger für die Themen Auschwitz und Holocaust bzw. den Gaskammerschwindel" vorgestellt wird. „Da er die Themen mit wissenschaftlicher Akribie und Korrektheit behandelt, wird gegen ihn seit neun Jahren (!) ein unbeschreiblicher Justizterror geführt. Selbst vor Zwangs Psychiatrierung schreckte dieser stalinistische Unrechtsstaat nicht zurueck." (Orthographie wie im Original) Lachouts Bekanntheit in neonazistischen und „revisionistischen" Kreisen basiert „auf einem in der österreichischen Zeitschrift Halt publizierten angeblichen ‚Dokument' eines ‚Militärpolizeilichen Dienstes' des ‚Alliierten Kommandos', datiert mit 1.10.1948. Darin wird behauptet, ‚alliierte Untersuchungskommissionen' hätten ‚festgestellt', dass in einer Reihe von Konzentrationslagern, unter anderem auch im KZ Mauthausen, keine Ermordung von Häftlingen mittels Giftgas stattgefunden hätte. Für die Richtigkeit dieses ‚Dokuments' zeichnete ein ‚Emil Lachout, Leutnant'. Nachdem von Fachleuten dieses ‚Dokument' als Fälschung eingestuft wurde, erstattete das DÖW gegen Lachout Anzeige wegen nationalsozialistischer Wiederbetätigung. Gegen ihn und den Herausgeber von Halt, Gerd Honsik, wurden gerichtliche Voruntersuchungen eingeleitet. In Zusammenhang mit einer Ehrenbeleidigungsklage Lachouts erbrachte das DÖW in einem umfangreichen Wahrheitsbeweis den Nachweis der Fälschung des Lachout-‚Dokuments'. Zehn Jahre später, am 2. Juli 1997, endete das Gerichtsverfahren gegen Lachout mit einem Abbruch des Prozesses wegen mangelnder Verhandlungsfähigkeit des Angeklagten." (Lasek, in: DÖW 1997, S. 145)

Die „Site for Controversial Books & Files" bietet unter anderem „politisch nicht korrekte Texte" als Download. Einige der angeboteten Bücher seien „im demokratischen Deutschland und der Schweiz bereits (...) verboten und vernichtet worden. Es wird sogar schon der Besitz bestraft. Der Begriff Orwell 1984 wurde anno 1996 durch die Kohl-Doktrin 96 und eine absoluten Meinungsdiktatur um Klassen übertrumpft. Die Umvolkung, Geschichtslügen und Umerziehung der deutschen Nation unter Kohl hat 1996 einen einsamen Höhepunkt erreicht. (...) Das ‚freieste' Deutschland aller Zeiten des Freimaurers und Krypto-Juden Helmut Kohl hat neben der Tuerkei die hoechste Rate an politischen Gefangenen und die absolut weltweit hoechste Rate an ‚verbotenen' Büchern."

Deshalb bietet die Website als Service für die Surfer „eine Liste von Web-Adressen (URL) wo Sie weitere gute Bücher abrufen koennen, (...) da wir aus Platzgruenden nicht alle guten Bücher dieser Welt auf dieser Seite speichern koennen."

Über den „Ostara Webserver" erreichbar sind auch der „Orion Verlag" und „VTS Publishing International", Inhaber ist der österreichische Computerexperte Frank Swoboda. Dieser baute „einen Vertrieb für Software und rechtsextreme Propaganda" auf und „versorgte die Kunden seiner Software-Firma VTS (Virentelegramm Spezial) nicht nur mit den bestellten Disketten sondern, auch mit Schriften, die einschlägiges Gedankengut zu den Themen ‚Judentum' und ‚EU' enthielten." (Zellhofer, in: DÖW 1997, S. 162) Das Motto von VTS Publishing International sagt alles:
„Demokratisch, revolutionär, patriotisch, fortschrittlich, unabhängig-parteilos, Anti-freimaurerisch – Anti new world order, Anti EU, Anti UNO, Anti Umvolkung, gegen Währungsunion, für Meinungsfreiheit und gegen linken Meinungsterror (DÖW), Österreich muss österreichisch bleiben, der Wahrheit und unseren Lesern verpflichtet".

In der „Download Section" des „Orion-Verlags" finden sich unter anderem "Hitler – Mein Kampf (1927 edition)", „Geheimbuende regieren die Welt", Kommentar: „Van Helsings Geheimgesellschaften Band II, in Deutschland verboten, wir offerieren hier eine stark erweiterte, noch brisantere Version", „Henry Ford – The International Jew", „Die toedliche Macht der Zionisten", „Clintons Pandemonium – Khasars Tule USA", Werbetext: „The deadly Government of Clinton. For America and the World. Khasar Jews and Communist rule the White House and control Clinton. Clintons crime and murder cases" oder „Wer regiert die Welt?", „Wenn Sie wissen wollen, wer seit tausenden Jahren die Weltpolitik beeinflusst und die Richtung vorgibt, der Uebergott der Juden, Zaddik ist der Mann. Den juedischen Buechern nach ist er die Bruecke zwischen Mensch und Gott. Zaddik steht ueber Jahwe." (Orthographie wie im Original)

Auf einer anderen Seite wirbt „Orion Publishing Int." Für „Jürgen Graf – Neue Visionen Verlags GmbH" in der Schweiz, verlinkt zur „Buecherliste der Artgemeinschaft Hamburg", „Buecher von und ueber die deutsche Sprache, Kultur, Brauchtum, Goettersagen, Mythologie, Religion, Inquisition, Kreuzzuege, Gralsgeschichten, Kirchen-Chronik, Heldensagen, Weihnachts- und andere Braeuche, u.v.m., Ideal für Weihnachtsgeschenke..." Weiterhin existieren Verweise zum VHO-Verlagshaus in Belgien, zu einer „Oesterreichischen Landsmannschaft", zum „Institute for Historical Review" in Kalifornien, zu Ernst Zündels „Samisdat-Verlag" in Kanada und zum „Aryan Bookstore", zu dessen Angebot „Mein Kampf", „White Power" (George Lincoln Rockwell), die „Turner Diaries" und „The International Jew" zählen.

Gehostet wird ferner die Seite „Kampf der Beamtendiktatur (K.d.B.)", ein so genannter „Verband der Politik-, Verwaltungs- und Justizgeschaedigten". Dieser „kaempft fuer die Abschaffung dieses, bis in die Knochen korrupte und diktatorisch-unhaltbare System und Missstaende." (Orthographie wie im Original). Dieser Kampf soll anscheinend nicht nur friedlich geführt werden. Denn, so schreibt die Gruppe: „Wir planen und betreiben: (...) in Oesterreich die Organisation und Bewaffnung von Widerstandsgruppen auf allen Ebenen. Notwehr ist angesagt und Buergerpflicht."

## 4.11. Die Wilhelm Tell Seite

„Swiss national politics and revisionism, as free and naughty as Wilhelm Tell himself", „so frei und frech wie Wilhelm Tell selbst", kommentiert die VHO-Linkliste die Seite, die sie dem Schweizer „Revisionisten" Jürgen Graf zurechnet. Anliegen der überwiegend deutschsprachigen Homepage ist es, darüber zu berichten, „was die hinter den Kulissen wirkenden Machthaber wirklich wollen." Zum Teil sind auch Beiträge auf Italienisch und Französisch eingestellt. Jürgen Graf hatte in seinem Heimatland mehrfach juristische Probleme.

„Am 21. Juli 1998 verhängte das Bezirksgericht Baden gegen die beiden Rechtsextremisten und Holocaustleugner Jürgen Graf – als Verfasser von gegen die Strafnorm verstoßenden Büchern – und Gerhard Förster als seinem Verleger unbedingte Gefängnisstrafen von 15 bzw. 12 Monaten. Zudem zog das Gericht Bücher und Pamphlete ein. Bei der Verurteilung Grafs fiel ins Gewicht, dass er Computerdisketten mit revisionistischem Inhalt von der Schweiz aus u. a. nach Kanada zur –Veröffentlichung via Internet übermittelt hatte. Beim Verleger Förster wurden 45.000 Franken aus dem Erlös der inkriminierten Schriften eingezogen." (Staatsschutzbericht Schweiz 1998, *www.bupo.admin.ch/41401-sb98.htm*)

Zur Begründung „Warum es diese Homepage braucht" heißt es: „Die Mehrzahl der Schweizerinnen und Schweizer hat von der Hetzkampagne gegen unser Land die Nase voll und verspürt keinen Drang, jüdischen Organisationen für nicht begangene Missetaten Bußgelder zu entrichten." Die Verfasserin verbirgt sich hinter dem Pseudonym Agnes Stauffacher und begründet das mit der angeblichen Repression in der Schweiz: „Schriebe ich diesen Beitrag und die künftigen, die ich auf Internet zu publizieren gedenke, unter meinem wirklichen Namen, so käme ich für schätzungsweise zwei Jahre ins Gefängnis."

Der „Kampf gegen den Rassismus" diene lediglich „als Feigenblatt zur Unterdrückung jeder Meinung, die den Mächtigen unseres Landes nicht in den Kram passt." Als Beispiel wird das Vorgehen gegen den Buchhändler Aldo Ferraglia zitiert, der „zu einer (allerdings bedingten) Gefängnisstrafe sowie einer Buße von insgesamt 43.000 Franken verurteilt, weil er das Buch 'Les mythes fondateurs de la politique israélienne' ('Die Gründungsmythen der israelischen Politik') vertrieben hat. Autor ist der weltberühmte französische Philosoph Roger Garaudy. Dieser war lange Jahre Kommunist und als solcher Mitglied des Zentralkomitees der französischen KP, ehe er in den achtziger Jahren zum Islam übertrat."

Agnes Stauffacher bekennt sich schließlich offen zum „Revisionismus": „Es kann nicht stimmen, dass Millionen von Juden nichts ahnend wie die Schafe in als Duschen getarnte Gaskammern marschiert sind, worauf man ihre Leichen spurlos beseitigte. Es kann nicht stimmen, dass die Nazis die restlose Ausrottung der Juden geplant haben, denn sonst gäbe es keine Legionen von ‚Holocaust-Überlebenden', die uns in den Medien Tag für Tag berichten, durch welche Verkettung von Wundern gerade sie dem sicheren Tod entrannen."

Die Situation in Deutschland spielt auch für die Schweizer Revisionisten eine herausragende Bedeutung, was sich in der Rubrik „Politik" der „Wilhelm-Tell-Seite" und der dort eingestellten Abhandlung „Deutschland im Jahrhundert der totalen Entscheidungen und die notwendigen Strategien einer nationalen Bewegung" belegt. Der Text, unterzeichnet mit dem phantasievollen Namen Thierry de Châteauvieux, datiert Freiburg 2000, malt gleich in der Einleitung ein Schreckensszenario: „Wird in Deutschland und Europa in den Jahren 2010-2020 nicht eine radikale bevölkerungspolitische Wende erreicht, wird unsere biologische Potenz und damit die Kraft für eine künftige Selbstbehauptung erlöschen!" Die „Lagebeurteilung" kommt zu dem Ergebnis, „die Europäischen können nur noch als Einheit überleben." Denn, so heißt es an einer anderen Stelle, „alle europäischen Völker sind als weiße Rasse in ihrer biologischen Substanz bedroht." Ferner wird ein deutsch-russisches Bündnis „zur Überwindung der US-Hegemonie in Europa" gefordert und konstatiert, aufgrund des „unlösbaren Problems der Staatsverschuldung und des Auseinanderbrechens der ‚Solidargesellschaft' durch die Fremdeninvasion ist keine Reform des unheilbar kranken kapitalistischen Systems anzustreben, sondern eine völlig neue Ordnung." Als inhaltliche Gemeinsamkeiten des rechtsextremen Spektrums, die sich in den vergangenen zehn Jahren herauskristallisiert haben, gilt „in erster Linie die Ausländerfrage, die wohl für alle Nationalen ein Anliegen ist und sein muss, vor allem aus dem Blickwinkel des biologischen Volkstumsbegriffs." Als weiteres verbindendes Moment werden die „Erkenntnisse des zeitgeschichtlichen Revisionismus" ausgemacht, „die zwar unmittelbar politisch aus juristischen Gründen nicht verwenbar sind, aber doch einen wichtigen gemeinsamen Nenner der Gesinnung ausmachen."

Insofern ist dieser Text bei der „Wilhelm-Tell-Seite" gut platziert. Diese verweist auf die bekanntesten „revisionistischen" Angebote im Netz, wie CODOH („Revisionismus gegossen in reinste Wissenschaft. Vieles in Deutsch, wie das Rudolf-Gutachten, der Fall Rudolf usw."), Ahmed Rami – „Radio Islam" („der marokkanische Kämpfer für die Souveränität aller Völker. Der Freund des deutschen Volkes"), das „National Journal", Ernst Zündel („der bekannte deutsch-kanadische Aktivist"), David Irving („der weltweit bekannteste Zeitgeschichtsforscher"), „Nation of Islam", „Farakhan"-Webseite („Wir fühlen uns diesem großen Schwarzenführer verbunden"), AAARGH, „Institute for Historical Review" („Basis-Institut des wissenschaftlichen Revisionismus") und „Ostara". Gelobt wird auch die Schweizer Website „Recht und Freiheit", denn sie „nimmt sich der Schweizer Dissidenten an, die wegen Gedankenkriminalität und wegen des Publizierens der historischen Wahrheit verfolgt sind. Für den neuen Hexenverfolgungsparagraphen haben sich die jüdischen Organisationen stark gemacht."

# 5. Gewaltcomputerspiele im Internet

Gewehrfeuer, ein Lauf, blutende Menschen, die im Kugelhagel zusammenbrechen. Ein Visier sucht nach neuen Opfern, die es zu erschießen gilt, der Computerschütze ballert auf Menschen und menschenähnliche Wesen. In der Fachsprache heißen diese Spiele Ego-Shooter, der Spieler nimmt die Perspektive des Computerkämpfers ein und erlebt das Geschehen in der „Ich-Perspektive". Dabei bewegt er sich wie in einer realen Umgebung (vgl. Schindler/Wiemken 1997, S. 290). Bei Jugendlichen stehen derlei Spiele in der Beliebtheitsskala ganz oben. Besonders „Doom" erlangte Kultstatus. „Doom unterscheidet sich dabei von Vorläufer-Spielen durch die Illusion des ‚direkten Tötens‘: Es suggeriert dem Spieler, den Abzug einer Waffe ‚wirklich‘ durchzuziehen. Doom ist ein Actionfilm zum Mitspielen." (Schindler/Wiemken 1997, S. 291) Für den Beobachter ein grausames und blutrünstiges Spektakel, für den Spieler Spannung pur. Gerade aber diese sehr lebensnahen virtuellen Massaker haben „Doom" auf die Indizierungsliste der Bundesprüfstelle für jugendgefährdende Schriften (BPjS) gebracht. Im Indizierungsbeschluss heißt es:

„Die sozialethische Desorientierung rührt aus der Einübung gezielten Tötens. Die programm-immanente Logik bindet den Spieler an ein automatisches Befehls- und Gehorsamsverhältnis, dessen wesentlicher Kern das reaktionsschnelle, bedenkenlose Töten menschen- bzw. tierähnlicher Gegenüber ausmacht. Möglichkeiten des Ausweichens oder ähnlicher non-aggressiver Konfliktlösungen existieren nicht."

Über die Folgen von unpolitischen Ego-Shootern für die reale Welt wird derzeit in der Medienwirkungsforschung gestritten. Nach der Stimulationstheorie sollen aggressive Computerspiele die Aggressionsbereitschaft fördern, die so genannte Inhibitionstheorie besagt hingegen, dass diese Angst erzeugen, aber die Aggressionsbereitschaft hemmen. Der Habitualisierungstheorie zufolge schließlich sollen sie abstumpfend und gewöhnend wirken. Im krassen Gegensatz dazu steht die Katharsistheorie, nach der solche Spiele Spannungen abbauen und dadurch die Aggressionsbereitschaft mindern (vgl. c't 4/2000, S. 4). Nahezu unbestritten jedoch ist die Wirkung von Gewalt-Videospielen auf die Empathie eines Menschen. Nicht das Mitgefühl wird gefordert, sondern taktisches Kalkül: „Immer längere Aufenthalte in der virtuellen Welt können schädigen, weil sich dadurch die Zeit vermindert, in der sich diese Empathie herausbilden könnte." (Wolfgang Fehr/Jürgen Fritz: Computerspiele zwischen Faszination und Gewalt, in: Computerspiele auf dem Prüfstand, Hrsg.: Bundeszentrale für politische Bildung) Nach der Computerzeitschrift c't liegt die Brisanz im Zusammentreffen verschiedener Umstände: „Aggressive Handlungen im Spiel lassen sich nicht pauschal verteufeln. Spiele sind allerdings gefährlich, wenn ihr Umfeld für gewalttätige Handlungen die Übergänge zwischen virtueller und realer Welt verwischt." Der Spieler könne die virtuelle Gewalt im Gegensatz zur realen ohne Reue „genießen". Während reale Gewalt Angst erzeugt, bewirkt virtuelle Gewalt, so c't, Lust und vermittelt dem Spieler ein allmächtiges Gefühl der Überlegenheit. Gefährlich wird es, „wenn die virtuelle Gewalt ihren Weg zurück in die Realität findet." (c't, 4/2000, S. 134)

Genau in diese Nische stoßen die rechtsextremistischen Varianten der Ego-Shooter wie „Doom", die auf Neonazi-Seiten als Download angeboten werden. Die Opfer sind hier Schwarze und Juden. Die politische Überfrachtung und die Reproduktion rassistischer Klischees auf die zu bekämpfenden Computerfiguren lassen zunehmend Brücken zwischen Virtualität und Realität entstehen. Hans-Jürgen Doll vom Landesamt für Verfassungsschutz Baden-Württemberg analysiert, dass es sich bei den Feindbildern der gewalttätigen Videospiele um dieselben handelt, „die wir auch bei den gewaltbereiten Rechtsextremisten in Deutschland beobachten. Also etwa Juden (...), Schwarze. Und wenn man jetzt bedenkt, dass man bei einem Tötungsakt drei Dinge benötigt, eine Waffe, das Können und den Willen, und man bedenkt darüber hinaus, dass gewalttätige Videospiele zwei davon dem Spieler liefern, nämlich das Können und den Willen, und wenn (...) dann dem Spieler eine Waffe und ein ganz reales Szenario vorgegeben wird, dann werden solche gewalttätigen Videospiele zu Mordsimulatoren." (ZDF-Magazin Kennzeichen-D, 25.10.2000)

Auch der Spieleexperte der Fachhochschule Köln, Prof. Dr. Jürgen Fritz, sieht ein erhöhtes Gefahrenpotential im Zusammenwirken von den Nazi-

Shootern mit einer gewalttätigen Jugendszene: „Wenn ich an 3D-Shooter denke, die sich mit dieser Ideologie befrachtet haben, bieten diese 3D-Shooter Bildelemente, die eine hohe Transfereignung haben in die reale Welt. Wenn ich mir vorstelle, das sind Menschen, die sind bewaffnet und schießen auf andere, so lässt sich das leichter transferieren, wenn die Umgebungsvariablen stimmen. Das heißt, sie entstammen einer Szene, die gewalttätig ist, die voller Hass ist, die Waffen besitzen, die in bestimmten Situationen diese Waffen auch gebrauchen. Und wenn sie dann diese Einstellung durch Spiele verstärkt erhalten, dann könnte in einer bestimmten Situation aus dem Spiel eine reale Handlung erfolgen." (ZDF-Magazin Kennzeichen-D, 25.10.2000)

Die zunehmende Verbreitung rechtsextremer Ego-Shooter geht einher mit einem rasanten Anwachsen rechtsradikaler Spieleclans, die sich im Internet zusammenfinden. Beliebt sind in der rechtsextremen Szene neben „White Power Doom" oder „Nazi-Doom" auch unpolitische Shooter wie „Soldiers of Fortune", „Counter Strike" oder „Unreal Tournement".

Die folgende Auflistung nennt die wesentlichen rechtsradikalen Spieleclans, die derzeit online aktiv sind. Die wichtigsten Chaträume für die rechte Spielergemeinschaft befinden sich auf der Domain der neonazistischen WPMP3-Seite „American Skinheads".

**White Power MP3**
Hinter der Homepage verbirgt sich eine Vielzahl von Chaträumen, die sich meist mit Szene-Bands und Tonträgern beschäftigen (vgl. Kapitel 3.1.). Seit September 2000 hat die Seite aber auch eine „Spiele-Sektion", die vom WPMP3-Mitglied „Stalker" betreut wird. Thematisiert werden unpolitische Ego-Shooter wie „Sudden Strike" und „Half Life" aber auch andere rechtsextreme Spiele wie „Nazi-Doom", „KZ Manager" oder „Nazi Moorhuhnjagd". Meist suchen rechtsextreme Jugendliche Gleichgesinnte für virtuelle „Deathmatches" oder neue Mods. Die Spieler verwenden Nic-Names wie „Tischbombe", der allgegenwärtig auftritt, oder „Oi-Boy88", „Kanakenkiller", „Sturmsoldat88" oder „Taz88". Allen gemeinsam ist der Versuch, die Gamer-Szene zu politisieren. So wird im Forum der Spiele-Sektion die Adresse der NSDAP/ AO für den Bezug von „Nazi-Doom" weitergegeben, wie die Meldungen von „Bae 14/88" und „Prollos", der mit „White.Aryan.Revolution!" grüßt,

am 9.10.2000 belegen. An anderer Stelle sucht ein Rechtsextremist mit dem Nic-Namen „Psycho88" neue „Mods" für den Ego-Shooter „Half Life" und fragt am 15.9.2000: „Gibt es eigentlich irgendwelche guten Mods für Half-Life??? Zum Beispiel Mods, dass da paar Türken rumlaufen ..., oder man sich im 2. Weltkrieg befindet." Auch die Grußformen in der Spiele-Sektion lassen ideologisch nichts zu wünschen übrig. So verabschiedet sich „Spirit88" am 17.9.2000 mit den Sätzen: „GERMANIA, du lebst immer in unserem Herzen!!! Heil dem FÜHRER Heil dem VOLK Heil dem Reich."

**AA**

Ebenfalls unter dem Dach der „American Skinheads" läuft die neonazistische Gamer-Seite „AA", eine Abkürzung für „Angry Aryans", die auf die Ego-Shooter-Szene spezialisiert ist und Gewaltspiele wie „Counter Strike" und „Soldiers of Fortune" (SOF) thematisiert. Die Homepage versucht, den unpolitischen Shooter SOF zu instrumentalisieren. So werden Prints von Gewaltszenen gegen Schwarze ins Netz gestellt und mit Sprüchen wie „Flying Niggers", „Two Skinheads Shooting nigger", „Nigger fucked up", „Nigger Begging or life" oder „Nigger Getting Shotgunned by a skin" aufbereitet. Einen pervertierten Höhepunkt liefert die Rubrik „Bob's dead Niggers". Hier werden Fotos tatsächlich ermordeter Schwarzer, die stranguliert oder erschossen worden sind, zusammengestellt. Die Bilder sind als „Dead Nigger Whore", „Hollow Nigger" oder „Mildewie Nigger" klassifiziert und abrufbar. (2.10.2000)

Die Seite dokumentiert, wie brüchig die Schwelle zwischen digitalem Spiel und realer Gewalt geworden ist, was sich nicht zuletzt in der Aneinanderreihung von virutellen und realen Opfern dokumentiert.

**Unreal Tournement Clan Sturmtrupp 88**

Die Homepage präsentiert sich als „Heimatseite des ersten National Unreal Tournement Clan!!!". Bei diesem Spiel geht es darum, schnell und treffsicher möglichst viele Gegner virtuell zu beseitigen. Es eignet sich auch als Teamspiel, weil mehrere Personen gemeinsam die virtuelle Landschaft betreten können, um dort gegen andere Teams, im Szeneslang „Clans", zu kämpfen. Den Betreibern der Internetseite geht es angeblich nicht um eine „virtuelle Wehrsportgruppe", sondern um einen Clan mit ideologisch Gleichgesinnten, um in nächtlichen Fights „zocken" zu können „und auch mal ganz legal ein paar Zecken verhauen (zu) dürfen." Zecken ist eine Bezeichnung für „linke" politische Gegner. Die Seite illustriert die Verlagerung des Rechtsextremismus in die Gamer-Szene. Im Gästebuch freut sich am 23.9.2000 ein Rechtsextremist mit dem Nic-Namen „C18BeAsT" über einen „UT Clan", der „nicht mit Zeckenunrat übersät ist." Am 2.10.2000 begrüßt ein anderer mit dem Pseudonym „Samu" den Clan und stellt sich als „Zeckenklatscher" vor. „Zeckenklatscher" nennen sich die Rechtsextremisten, „Glatzenklatscher" die so genannten antifaschistischen Gamer. Darüber hinaus ist das Gästebuch eine Infobörse für indizierte Spiele, wie die Anfrage von „King Homer" belegt, der nach dem „Manager" oder „anderen geilen Spielen" fragt. (Stand: 26.9.2000)

Links setzt der Clan zur neonazistischen Rangliste „Top 88 Racial Sites", der „Blood & Honour"-Sektion „White Youth", „Micetrap Distribution", „Nord-Versand", „Panzerfaust Records", „Deutscher Freundeskreis Schwaben", „Nationaler Widerstand", „WhitePowerMP3" und der „Aryan Video Page". (Stand: 6.10.2000) Hier dokumentiert sich am deutlichsten, dass die rechtsextremen Gamerclans die Brücken zwischen virtuellem Spiel und extremistischer Realität einreißen.

**Combat 18 Clan**
Mit den Worten „Hass und Vergeltung", unterlegt von Schüssen, empfängt der „Combat-18-Clan" die Besucher. Die Gamer-Seite versteht sich als „Die neue Generation des Hasses". Verantwortlich für die Domain zeichnet Nikolas Beutler aus Weilburg-Hasselbach. Als „Leader und Webmaster" tritt ein Rechtsradikaler mit dem Nic-Namen „Kugelhagel" auf. Die technisch aufwändig gestaltete Seite bedient keine klassisch ideologischen Rechtsextremismen. Politisch hingegen wird es im Gästebuch. Hier grüßt „Mike" am 14.7.2000 mit der eindeutigen Losung: „Der Sieg ist unser 88." Ebenfalls präsent im Gästebuch ist ein Neonazi mit dem Nic-Namen „Klansman", der für die „White People Page" verantwortlich zeichnet, außerdem „Matthias" von der „Nationalisten"-Seite oder die „Blood and Honour"-Sektion „White Youth Deutschland", die den Betreibern mit „14/88" für die „echt geile Page" gratuliert (vgl. 1.10.2000). An anderer Stelle freut sich ein Rechtsextremist namens „Bad Dog" vom bereits oben erwähnten „Unreal Tournement Clan Sturmtrupp 88", „dass es noch einen anderen Nationalistischen Clan gibt. Vielleicht

können Combat 18 und Sturmtrupp 88 sogar eine Partnerschaft einge-
hen!" (23.9.2000) Die Kritik im Gästebuch macht jedoch auch deutlich,
dass die Mehrzahl der deutschen Gamer keinesfalls rechtsextremistisch
einzustufen ist. So fordert ein Shooter-Fan namens „Freeze" am
19.9.2000: „Komm jungs pisst euch off aus der Quaker-Szene!"

## WP-Clan

Mit einer schwarz-weiß-roten Fahne und der Inschrift „White Power Clan"
wirbt die rechtsextremistische Seite von Fans der Videospiele „Counterstrike"
und „Starkraft". Mitglieder der Spielgemeinschaft haben Nic-Names wie
„WP-Krato" als Clanführer, „WP-Valerius" als „Webmaster" oder einschlägige Szene-Bezeichnungen wie „WP-Volkstroi", „WP-Hass88",
„WP Phönix88", „WP Mademan", „WP High Quality", WP-Spion", „WP-
Platton", „WP-Dynamite" oder „WP-Hooters". Auffallend ist, dass von
den elf Clan-Mitgliedern fünf „Saufen" oder übermäßigen Alkoholkonsum als Hobby angeben. So protzt der Clan-Führer mit seinem Motto:
„Lieber Frau und Kinder erschießen, als ein Tropfen Alk vergießen."
Sein Clan-Kamerad „WP-Volkstroi" nennt als Hobby unter anderem „na-
tionale Musik". In einer Selbstdarstellung heißt es:
„Der WP-Clan wurde am 20. März 2000 gegründet von WP-Krato, der
mit mir WP-Valarius den WP-Clan ins Leben gerufen hat. Wir hatten
schnell eine provisorische Homepage gebastelt und fingen auch schon
an begeistert loszuspielen, was auch der eigentliche Sinn des Clans ist.
(...) Der Name WP-Clan heißt White Power, auf deutsch Weiße Macht.
Es kann sich natürlich ein Kiffender Drogennehmender, Alkoholiker,
Besserwissender, Langhaariger, Metal hörender, Jamaikaner liebender,
rosa Springerstiefel tragender, Lederhosentragender, Turnbeutelver-
messener und Beckenrandschwimmendes AK Kind hier anmelden. Wir
haben nichts dagegen, solange Frieden herrscht. (...) Jeder Mensch braucht
etwas, woran er glauben kann. An Jesus, An Hitler, An Fidel Castro. Ich
finde, es sind alles irgendwie Götter, solange wir an sie glauben, versteht
sich. Wer wäre denn schon Adolf Hitler, wenn er den 2. WK nicht ausge-
löst hätte. Wer wäre denn Fidel Castro, wenn er nicht für die Freiheit
seines geliebten Landes gekämpft hätte." (Orthographie folgt dem Original)

Dennoch geht es dem WP-Clan primär um aggressives Ego-Shooter-
Gaming und „nebenbei" um politische Agitation. Der Homepage-Btreiber

fordert zum virtuellen Duell: „Wenn ein anderer Clan Lust hat, uns abzuschlachten wie irgendwelche Tiere, dann meldet euch am Forum an. AM Counterstrike Board." In einer Umfrage nach politischen Präferenzen bezeichnen sich 50 Prozent der Besucher als „Nationalisten", 11 Prozent als „Nazis", 16 Prozent als „Skinheads". (Stand: 10.10.2000) Internet-Verweise setzt die Gruppe zu WPMP3 und den neonazistischen Ranglisten „Top 88/14", „Top 100 Nationalist and Revisionist Sites" sowie den „Top 88 Racialist Sites". (Stand: 10.10.2000) Dem Publikum angemessen verknüpft die Seite rechtsextreme Organisationen, neonazistische Musikszene und Fankreise von Computerspielen. So finden sich auf der Homepage „Landser"-Alben wie „Das Reich kommt wieder!", „Berlin bleibt deutsch", „Republik der Strolche" und „Rock gegen oben".

Anscheinend sind die Betreiber Fans der „Böhsen Onkelz", da knapp 25 Downloads der Band zu finden sind, unter anderem auch „Demos und unveröffentlichte Lieder". (Stand: 8.10.2000)

Der Versuch der Instrumentalisierung der Gamerszene durch rechtsextreme Kreise beunruhigt auch den Präsidenten des Bundesamtes für Verfassungsschutz, Heinz Fromm:
„Das ist erkennbar, dass man versucht, auch in die Gamer-Szene einzudringen von Seiten der Neonazis, es gibt sicher auch schon eine Schnittmenge, deren Breite ich nicht genau beschreiben kann, aber es gibt Gamer, die neonazistische Spiele besonders interessant und attraktiv finden." (Kennzeichen-D, 25.10.2000)

Der Rechtsextremismus hat die bislang unpolitische Gamer-Szene als Rekrutierungsfeld erkannt. Immer modernere und professionellere Neonazi-Seiten dürften den gefährlichen Trend, der sich an ein immer jüngeres Publikum richtet, begünstigen.

# 6. Anhang
## Bibliographie – Adressen

Akademie Frankenwarte – Gesellschaft für politische Bildung, Leutfres-serweg, 97082 Würzburg (*www.wuerzburg.de/kultur/frankenwarte.html*)

Anne Frank Haus – Anne Frank Stichting, P.O. Box 730, NL-1000 AS Amsterdam, Niederland (*www.annefrank.nl* und *www.channels.nl/ amsterdam/annefrank.html*)

Anti-Defamation League: Poisoning the web ( *www.adl.org*)

Arbeitsgemeinschaft der KZ-Gedenkstätten *(www.buchenwald.de/ memorial/gedenkst.html)*

Arbeitskreis NS-Gedenkstätten NRW (*www.ns-gedenkstaetten.de/ nrw/index_2.html*)

Baacke, Dieter: Jugend und Jugendkulturen, Weinheim/München 1993

Backes, Uwe/Moreau, Patrick: Die extreme Rechte in Deutschland. Geschichte – gegenwärtige Gefahren – Ursachen – Gegenmaßnahmen, München 1993

Bailer-Galanda, Brigitte/ Benz, Wolfgang/ Neugebauer, Wolfgang, Hrsg.: Die Auschwitzleugner. „Revisionistische" Geschichtslüge und histori-sche Wahrheit, Berlin 1996

Bastian, Till: Auschwitz und die „Auschwitz-Lüge". Massenmord und Geschichtsfälschung, München 1994

Bellmund, Klaus et al.: Kulte, Führer, Lichtgestalten, München 1997

Benz, Wolfgang, Hrsg.: Legenden, Lügen, Vorurteile. Ein Wörterbuch zur Zeitgeschichte, München 1992

Berlin Document Center, im Bundesarchiv Berlin, Finkensteinallee 63, 12205 Berlin (*www.bundesarchiv.de/standorte/berlin/index.html*)

Bundesamt für Verfassungsschutz: Material zu Extremismus, Berichte ect. (*www.verfassungsschutz.de*)

Bundesamt für Verfassungsschutz: Rechtsextremistische Bestrebungen im Internet, Köln 1998 und 2000

Bundesministerium des Innern: Verfassungswidrigkeit der NPD – Begründung des Antrags, November 2000 (*www.bmi.bund.de/*)

Bundesprüfstelle für jugendgefährdende Schriften (BPjS): Von „Antisemitismus" bis „Xenophobie". Rechtsextreme Medien in Deutschland, Bonn 1999

Bundeszentrale für politische Bildung: Der Nationalsozialismus – von den Anfängen bis zur Festigung der Macht (*www.bpb.de/info-franzis/html/body_i_251.html*)

Bundeszentrale für politische Bildung: Führerstaat und Vernichtungskrieg (*www.bpb.de/info-franzis/info_266/body_i_266.html*)

Camus, Jean-Yves/ Monzat, René: Les droites nationales et radicales en France, Lyon 1992

Christiansen, Ingolf: Satanismus, Gütersloh 2000

Dokumentationsarchiv des Österreichischen Widerstandes: Amoklauf gegen die Wirklichkeit. NS-Verbrechen und „revisionistische" Geschichtsschreibung, Wien 1991 (*www.doew.at*)

Dokumentationsarchiv des Österreichischen Widerstandes: Das Netz des Hasses, Wien 1997 = DÖW 1997

Eimuth, Kurt-Helmuth: Sekten-Ratgeber. Informationen und Ratschläge für Betroffenen, Freiburg/Basel/Wien 1997

Erinnern und Gedenken in Hessen – Gedenkstätten für die Opfer des Nationalsozialismus. Rundgänge, Rundfahrten, Spurensicherungs- projekte, Archive und Dokumentationsstellen, Hessische Landeszentrale für politische Bildung (*www.hlz.hessen.de/gedenkstaetten/frameset.html*)

Europäische Jugendbildungs- und Jugendbegegnungsstätte Weimar, *(www.ejbweimar.de)*

Farin, Klaus/ Weidenkaff, Ingo: Jugendkulturen in Thüringen, Bad Tölz 1999

Fritz-Bauer-Institut, Studien- und Dokumentationszentrum zur Ge- schichte und Wirkung des Holocaust, Rheinstraße 29, 60325 Frankfurt am Main (*www.fritz-bauer-institut.de*)

Fromm, Rainer: Am rechten Rand. Lexikon des Rechtsradikalismus, Mar- burg 1993

Fromm, Rainer: Die „Wehrsportgruppe Hoffmann": Darstellung, Analy- se und Einordnung. Ein Beitrag zur Geschichte des deutschen und euro- päischen Rechtsextremismus, Frankfurt am Main 1998

Fromm, Rainer/Kernbach, Barbara: ... und morgen die ganze Welt? Rechtsextreme Publizistik in Westeuropa, Marburg 1994

Fromm, Rainer/Kernbach, Barbara: Europas braune Saat. Die internatio- nale Verflechtung der rechtsradikalen Szene, München 1994

Gedenkstätte Bernburg – Gedenkstätte für die Opfer der NS-„Euthana- sie", Landeskrankenhaus für Psychiatrie und Neurologie, Olga-Benario- Straße 16/18, 06406 Bernburg (*www.dhm.de/ausstellungen/ns_gedenk/ ad_7.htm*)

Gedenkstätten in Berlin und Brandenburg (*www.brandenburg.de/land/ mwfk/kultur/deutsch/gedenkst*)

Gedenkstätte Buchenwald, Direktion-Haus 5, 99427 Weimar-Buchen- wald *(www.buchenwald.de)*

Gedenkstättenforum – Online Forum der Stiftung Topographie des Terrors für Gedenkstätten für die Opfer der NS-Zeit (*www.topographie.de/gedenkstaettenforum*)

Goodrick-Clarke, Nicholas: Die okkulten Wurzeln des Nationalsozialismus, Graz/Stuttgart 1997

HaGalil onLine – Judentum in Europa (*www.hagalil.com*)

Heyl, Matthias: Thema Holocaust im Internet. Eine Handreichung für die Schule und Bildungsarbeit, 1999 (36 S. plus Diskette), bei: Forschungs- und Arbeitsstelle (FAS) „Erziehung nach/über Auschwitz", Wohlers Allee 58, 22767 Hamburg (*www.fasena.de*)

Hilberg, Raul: Täter, Opfer, Zuschauer. Die Vernichtung der Juden 1933–1945, Frankfurt am Main 1992

Hundseder, Franziska: Rechte machen Kasse, München 1995

Institut für Zeitgeschichte, Leonrodstraße 46b, 80636 München (*www.ifz-muenchen.de*)

Internationale Jugendbegegnungsstätte Auschwitz, ul. Legionów 11, 32-600 Oswiecim, Polen *(www.oswiecim.petex.bielsko.pl/~mdsmijbs/)*

Introvigne, Massimo/Türck, Eckhard: Satanismus – Zwischen Sensation und Wirklichkeit, Freiburg 1995

Jüdisches Museum Berlin, Lindenstraße 9–14, 10969 Berlin-Kreuzberg (*www.jmberlin.de*)

Jüdisches Museum Frankfurt, Untermainkai 14-15, 60331 Frankfurt am Main (*www.juedischesmuseum.de*)

Jugenschutz.net, bundesweite Zentralstelle für den Jugendschutz in Mediendiensten (*www.jugendschutz.net*)

Kogon, Eugen: Der SS-Staat, München 1997

KZ-Gedenkstätte Dachau, Alte Römerstraße 75, 85221 Dachau (*www.infospace.de/gedenkstaette/index.html*)

Landesamt für Verfassungsschutz Baden-Württemberg: Rechtsextremismus in der Bundesrepublik Deutschland, Stuttgart 1998 (*www.baden-württemberg.de/verfassungsschutz*). Die Behörde hat ein Referat „Neue Medien" eingerichtet, dessen Mitarbeiter auf Anfrage für Vorträge zur Verfügung stehen.

Landesamt für Verfassungsschutz Baden-Württemberg: Die Partei „Die Republikaner" (REP) – konservativ oder rechtsextremistisch?, Stuttgart August 2000

Landtag von Baden-Württemberg: Zusammenarbeit der Republikaner mit anderen rechtsextremen Parteien, insbesondere mit der NPD. Antrag der Fraktion der CDU und Stellungnahme des Innenministeriums, 22.8.2000/ 25.9.2000 (Drucksache 12/5476)

Medien-Initiative „Netz gegen Rechts", Informationsportal gegen Rechtsextremismus von deutschen Zeitungen, Agenturen und Sendern (*www.netzgegenrechts.de*)

Menasse, Eva: Der Holocaust vor Gericht. Der Prozess um David Irving, Berlin 2000

Nizkor Project, Sammlung von Quellen, Dokumenten, Zeugnissen und Büchern zum Holocaust *(www.nizkor.org)*

Pfahl-Traughber: Rechtsextremismus in der Bundesrepublik Deutschland, München 1999

Rechtsextremismus im Internet, Dokumentarfilm von Rainer Fromm und Barbara Kernbach, BRD 2000 *(www.matthias-film.de)*

Schindler, Friedemann/ Wiemken, Jens: „Doom is invading my dreams", in: Fritz, Jürgen/ Fehr, Wolfgang, Hrsg.: Handbuch Medien: Computerspiele, Bonn 1997, S. 289 - 297

Schrenck-Notzing, Caspar von: Lexikon des Konservatismus, Graz/ Stuttgart 1996

Schütz, Waldemar, Hrsg.: Lexikon Deutsche Geschichte im 20. Jahrhundert, Rosenheim 1990

Shoa.de, deutschsprachiges Internetportal zu Holocaust und Nationalsozialismus (*www.shoa.de*)

Silbermann, Alphons/ Stoffers, Manfred: Auschwitz: Nie davon gehört? Erinnern und Vergessen in Deutschland, Berlin 2000

Simon Wiesenthal Center in Los Angeles (*www.wiesenthal.org*)

Stadt- und Universitätsbibliothek Frankfurt am Main: Judentum-Sammelgebiet der Deutschen Forschungsgemeinschaft (*www.stub.unifrankfurt.de/judaica.htm*)

Das Transatlantische Klassenzimmer (*www.tak.schule.de/*)

United States Holocaust Memorial Museum in Washington D.C. (*www.ushmm.org*)

Verfassungsschutzberichte der Länder (*www.verfassungsschutz.de/lfv/ adressen/page.html*). Verschiedene Landesämter haben Broschüren zu Spezialbereichen wie Skinheads, einzelnen rechtsextremen Parteien etc. erstellt.

Wellers, Georges: Der „Leuchter-Bericht" über die Gaskammern von Auschwitz: Revisionistische Propaganda und Leugnung der Wahrheit, in: Dachauer Hefte 7, November 1991, S. 230-241

Yad Vashem, zentrale israelische Gedenkstätte und Dokumentationsstelle, (*www.yadvashem.org.il*)

Zentrum für Antisemitismusforschung, TU Berlin, Ernst-Reuter-Platz 7, 10587 Berlin (*www.tu-berlin.de/~zfa*)

# 7. Glossar

**Chat** (to chat = plaudern): Diskussionsgruppen im World Wide Web. Fragen und Antworten von Benutzern werden direkt eingegeben und erscheinen sofort auf den Bildschirmen aller Chat-Teilnehmer. Inzwischen kann man den Computer auch wie ein Telefon nutzen und mit Mikrofon und Soundkarte Sprache übertragen.

**Domain:** Teile einer Internet-Adresse, die deren Standort anzeigen. In einer E-Mail-Adresse stehen die Domains nach dem Klammeraffen-Zeichen @. Die Domain wird auf Antrag einer Institution, einem Unternehmen oder einer Person von übergeordneten Stellen zur Verfügung gestellt.

**Download** (Herunterladen): Durch einen Download wird eine Datei (Texte, Bilder, Grafiken und Musik) aus dem Internet geholt und im eigenen Computer gespeichert.

**E-Mail** (Elektronische Post): Wer einen Zugang zum Internet hat, kann Nachrichten über das Netz senden und empfangen. Zum Verschicken eines solchen elektronischen Briefes muss man die E-Mail-Adresse des Empfängers kennen. Es ist möglich einen Brief an mehrere Empfänger zu schicken

**Gespiegelt:** Ein Duplikat von Dateien auf einer lokalen Festplatte oder einem Internetrechner.

**Guestbook** (Gästebücher): Gästebücher dienen dazu, dass Besucher in ein Formular Ihre Meinung oder Kommentare eintragen können. Diese Eintragungen werden dann auf einer Internetseite gespeichert und angezeigt. Sie sind ein beliebtes Mittel, um viele Besucher auf eine Internetpräsentation zu locken.

**Homepage:** Die Seite, bei der ein Benutzer den Zugriff auf das WWW beginnt, (bei der er "zu Hause" ist). Sie wird von jedem Benutzer in seinen Web-Browser konfiguriert.

**Host:** Ein für mehrere Terminals (Clients) Kapazitäten bereit haltender Netzwerkrechner.

**Internet** (Interconnected Networks = verbundene Netze): Zusammenschluss unzähliger unabhängiger Computernetze, die über gemeinsame Datenaustauschprotokolle (TCP/IP) miteinander kommunizieren können. Sobald Sie mit Ihrem Provider verbunden sind, ist Ihr Computer Bestandteil des Internets.

**IP-Adresse:** Die Kennzeichnung eines Rechners im Internet, mit der er eindeutig gefunden und von jedem Punkt der Erde aus erreicht werden kann.

**Kryptographie:** Form der Verschlüsselung von Nachrichten oder Daten aller Art auf der Grundlage von Algorythmen, um die drei wesentlichen Punkte Vertraulichkeit, Unversehrtheit und Authentizität zu gewährleisten.

**Link** (Kurzform von Hyperlink, Verbindung): Ein Querverweis, der per Mausklick auf eine bestimmte Webseite führt oder ein anderes Dokument oder Bild auf den Schirm lädt.

**Mailbox:** Jeder E-Mail-Nutzer erhält von seinem Provider ein elektronisches Postfach, in dem eingegangene Nachrichten zur Abholung bereitgestellt werden.

**Mailingliste:** Zu vielen Themengebieten existieren im Internet so genannte Mailinglisten, die ein Verteilersystem für E-Mails an größere Gruppen darstellen. Sie können sich in solchen Listen eintragen und erhalten von diesem Zeitpunkt an automatisch E-Mails mit entsprechenden Informationen zum von Ihnen gewünschten Thema.

**MP3-Format:** Ein spezielles Format, das eine hohe Komprimierung bei guter Qualität gewährleistet. Wird in der Regel für Musikstücke oder seit neuestem auch Videos verwendet. Mittlerweile gibt es tragbare Geräte, ähnlich einem Walkman, die das Abspielen von MP3-Dateien erlauben.

**Online:** Eine bestehende (meist über die Telefonleitung hergestellte) Verbindung zwischen  Computer und dem Internet.

**Portal** (Startseite): Hier werden Informationen zu einem Thema/Themengruppe auf  einer Internetpräsentation gesammelt.

**Provider:** Firma, die ihren Kunden den Zugang zum Internet ermöglicht. Dafür fallen periodisch Gebühren an.

**Server:** Computer im Internet, auf denen  Webseiten abgelegt sind.

**Site:** Siehe Homepage

**Soundfiles:** Musikstücke, die in Form digitaler Daten vorliegen.

**Top-Level-Domain:** Bezieht sich auf die letzten Buchstaben einer Internetadresse, die in der Hierarchie allerdings am höchsten stehen. Die Kürzel stehen normalerweise für Länder *(de* entspricht z. B. Deutschland), können aber neben der Herkunft eines Internet-Angebotes oder der Heimat eines E-Mail-Nutzers auch Auskunft über die Funktion des Angebotes geben. So steht „com" für kommerzielle Angebote, „org" für den Web-Auftritt von Organisationen oder „mil" für militärische Einrichtungen. Die explosionsartig steigende Nutzung des Internet wird auf Dauer aber mit mehr verfügbaren Top-Level-Domains befriedigt werden müssen. Wegen der gestiegenen Nachfrage, werden zur Zeit neue Domainnamen verabschiedet.

**Visits (Besuche, Nutzungsvorgänge):** Immer wenn ein Nutzer von Webadresse Kontakt zu einem Angebot aufnimmt, das außerhalb dieses Angebotes liegt, zählt dies als neuer Nutzungsvorgang.

**Website:** Die Gesamtheit des Internetauftritts eines Anbieters innerhalb einer Domain mit allen seinen Verzweigungen und Verzeichnissen.